문법화의 이해

문법화의 이해

Understanding Grammaticalization

이 성 하(Seongha Rhee)

한국문화사

개정판 **문법화의 이해**

1판1쇄 1998년 12월 31일
1판2쇄 2000년 10월 15일
1판3쇄 2006년 2월 10일
1판4쇄 2011년 1월 15일
2판1쇄 2016년 3월 15일

지 은 이 이성하
펴 낸 이 김진수
펴 낸 곳 **한국문화사**
등   록 1991년 11월 9일 제2-1276호
주   소 서울특별시 성동구 광나루로 130 서울숲 IT캐슬 1310호
전   화 02-464-7708
전   송 02-499-0846
이 메 일 hkm7708@hanmail.net
홈페이지 www.hankookmunhwasa.co.kr

책값은 뒤표지에 있습니다.

ISBN 978-89-6817-343-1 93740

Omnia Vincit Amor.

■ 머리말

"말로 그 사람을 안다."는 말이 있듯이 언어는 인간을 가장 잘 드러내주는 거울이 아닌가 싶다. 그런 점에서 언어의 연구는 곧 인간의 연구이며 언어는 우리 인간에게 주어진 가장 훌륭한 연구 대상이다. 언어를 연구해보겠다고 첫 걸음을 내디딘 지 40년 가까운 세월이 흘렀다. 도중에 여러 해 동안 학교를 떠난 적은 있지만 언어에 대한 관심은 늘 변함이 없었던 것 같다. 주위의 많은 격려와 사랑으로 다시 언어학을 공부하기 위해 유학을 떠날 수 있게 되었을 때 그 감격을 지금도 잘 기억한다.

그러나 처음 접한 형식주의 언어학 이론들은 매우 사변적인 데가 많아서 늘 이론의 타당성이나 설명력에 대한 회의를 떨쳐 버릴 수가 없었다. 그러던 중 기능주의적인 이론들을 접하게 되었고 그 중 문법화 이론에 큰 매력을 느끼게 되었다. 문법화론은 언어의 변화를 주관심 대상으로 하지만 늘 변화하고 있는 언어의 구조 즉 문법의 성격을 가장 잘 규명해 주는 이론이다. 전 세계의 모든 언어가 계속해서 변하고 있지만 그 모든 변화가 일정한 방향과 패턴이 있다는 것은 흥미로운 일이 아닐 수 없다.

문법화론이 설명력이 높은 이론이라는 학계의 확신과 더불어 미국과 유럽 그리고 이웃 나라 일본에서는 이미 70년대부터 많은 연구 업적들을 이루어 놓았다. 그리고 국내에서도 이미 80년대부터 여러 학자들에 의해 문법화 연구가 진행되어 지속적으로 언어학자와 국어학자 간에 문법화론에 대한 관심이 크게 일었다. 이처럼 활발한 관심에도 불구하고 90년대 말까지도 문법화론에 대한 개론서가 없었으며, 일부 외국학자들의 입문서들이 수입되어 있지만 문법화론에 대한 학계의 저변확대를 위해서는 우리말로 되어 있는 문법화 개론서가 꼭 필요하다는 생각을 하게 되어 1998년에 이 책의 초판을 출간하였다. 그동안 문법화에 관심을 가졌던 분들이 문법화론을 이해하는 데에 작으나마 길잡이가 되었기를 바라는 마음이다.

초판이 나온 지 17년이 지났고 그 동안 문법화론은 크게 발전하였다. 특히 인접한 분야인 인지언어학, 담화분석, 전산언어학, 심리언어학, 사회언어학, 언어접촉이론 등의 획기적인 발달과 개별 언어의 다양한 현상 분석 등의 축적된 학술 업적으로 문법화론은 그 폭과 깊이가 획기적으로 넓어지고 깊어졌다. 또한 21세기로의 전환기에 문법화론이 과연 언어학 이론으로 적합한지에 대한 성찰이 문법화 학자들 사이에서뿐만 아니라 형식언어학자들 사이에서도 크게 대두되었고 이러한 쟁점들은 문법화의 학문적 위치와 가치를 더욱 분명하게 드러나게 하였다. 따라서 개정판에 대한 필요가 커짐에 따라 오랫동안 미뤄 두었던 개정판 집필을 시작하게 되어 이제 부족하나마 이 개정판을 문법화론에 관심을 가진 분들 앞에 내놓는 바이다.

이 책을 내면서 감사드려야 할 분들이 참으로 많다. 무엇보다도 학부시절부터 지금까지 늘 자식같이 아끼시며 격려해주신 여러 은사님들께 감사드리고, 박사과정에서 학위논문을 지도해 주신 Manfred Krifka 선생님과 여러 은사님들, 그리고 동료 선생님들께 감사드린다. 또한 문법화론에 대한 이론을 소개하고 때때로 우편과 이메일 등을 통해 여러 가지 자료들까지 보내 주시면서 지도해 주신 평생의 스승이신 독일 쾰른대학의 Bernd Heine 선생님을 비롯하여, 미국 뉴멕시코대학의 Joan Bybee 선생님, 스탠포드대학의 Elizabeth Traugott 선생님, 카네기 멜론대학의 Paul Hopper 선생님, 버클리대학의 Eve Sweetser 선생님, 오레건대학의 Scott DeLancey 선생님, 독일 뒤셀도르프 하인리히하이네대학의 Tania Kuteva 선생님, 네덜란드 라드바우드대학의 Ad Foolen 선생님, 일본 나고야대학의 Kaoru Horie 선생님, 토호쿠대학의 Heiko Narrog 선생님, 미국 UCLA의 손성옥 선생님, 클레어몬트-매케나대학의 김민주 선생님께 깊이 감사드린다.

아울러 이 책의 초판과 개정판 원고를 쓰는 과정에서 한국어 자료 뿐 아니라 범언어적인 데이터들을 검증해 주시고 성조를 확인하고 형태소들을 일일이 주석할 수 있도록 도와주신 한국외국어대학교의 영어과 박정운 선생님, 중국어과 박홍수 선생님, 아프리카어과 권명식, 장태상 선생님, 포르투갈어과 이승용 선생님, 이탈리아어과 김시홍 선생님, 루마니아어과 박정오 선생님, 말레이·인도네시아어과 소병국, 정영림 선생님께 감사드린다. 그뿐만 아니라, 이 책의 초판을 쓸 때부터 다양한 문법화 현상에 대해 통찰력 있는 분석들을 함께 나눠 주신 상명대학교 구현정 선생님께 감사드린다. 또한 강의와 공부로 바쁜 남편, 아빠를 늘 기다림으로 일관하면서 살아온 가족들에게 미안함과 아울러 사랑과 감사를 보낸다. 마지막으로, 많은 어려움에도 불구하고 이 책의 출간을 기꺼이 맡아 주신 한국문화사에 깊이 감사드린다.

2016년 1월 1일
이성하

■ 차 례

제3장 문법화론의 문법관__119

제4장 문법화론의 주요 개념__141

■ 일러두기 및 약어일람

1. 용어

이 책에서는 일반 언어학에서 사용되는 용어들을 비교적 일관성 있게 사용하려 하였다. 그러나 출전에서의 용어분류방식을 일일이 점검할 수 없는 경우에는 오류의 가능성을 피하기 위하여 부득이 출전에서의 용어를 따르는 것을 원칙으로 하였다.

2. 문장부호

외국어의 자료를 인용한 경우, 해당 외국어의 단어들을 본문에서 언급할 경우에는 이탤릭체(*이탤릭체*)로 표기하였다. 그러나 예문이나 인용문의 경우처럼 자료를 본문과 분리하여 제시할 때에는 보통자체를 사용하였다. 한국어 자료의 경우에는 본문에서 언급되는 단어들의 경우에도 한글자형의 특성을 고려하여 이탤릭체 대신 홑따옴표('...')를 사용하였다. 어떤 개념을 특별히 부각시키고자 한 경우에는 주로 홑따옴표를, 어떤 언어형태를 부각시키고자 한 경우에는 주로 밑줄(___)을 사용하였다. 인용문 자료를 본문에 포함시켜 제시한 경우에는 겹따옴표("...")를 사용하였다.

3. 외국어 명칭 표기

외국어로 된 명칭은 모두 한국어로 번역하여 싣는 것을 원칙으로 하였다.

외국인의 이름은 로마자로 통일하여 표기하였으나 '플라톤', '아리스토텔레스'와 같이 널리 알려진 이름들은 한글로 표기하였다. 학자들의 이름을 표기하는 경우, 저서를 표기할 때에는 일반적인 관행을 따라 성(姓)과 발행 연도만 표시하고, 인물을 지칭하는 경우에는 성(姓)만 표시하거나 성명 모두를 표시하였다. 외국어의 언어명칭들의 경우, 로맨스어에 속하는 언어들이나 주변국의 언어들처럼 그 이름이 국내에 널리 알려진 언어들의 경우에는 주로 한글이름을 사용하였고, 그렇지 않은 경우에는 영문이름을 사용하는 것을 원칙으로 하였다. 그러나 이러한 명칭을 예문에서 사용한 때에는 약어 등과 같이 예문의 구성상 편리한 방식을 사용하였다.

4. 외국어 자료 표기

외국어 자료들은 출전에 충실하도록 인용하였으나 이해의 편의를 위하여 일반적으로 형태소별로 행간 주석을 삽입하였다. 그러나 출전에 행간 주석이 없고 형태소별 행간 주석을 삽입할 수 없는 경우에는 부득이 주석 없이 제시하였다. 예문 구성의 편의에 따라 행간 주석은 영어로 혹은 한국어로 제시하였다. 중국어 자료의 경우에는 이해를 돕기 위해 한자표기를 괄호 안에 넣었다. 성조언어 자료의 경우 출전에 성조표시가 없는 경우에는 성조표시를 첨가하기도 하였으나 부득이한 경우에는 성조표시 없이 제시하였다.

5. 약어

약어들은 영자약어를 사용하였다. 그러나 표기의 편의를 위해 동일한 기능표지가 하나 이상의 약어로 표기되기도 하였다. 예를 들어 'A'와 'Asp'는 공통적으로 'Aspect'의 약어이지만 제시된 상황에 따라 다르게 사용되기도 하였다.

A:	Aspect	Neg:	Negative
Abl:	Ablative	Nom:	Nominative
Acc:	Accusative	NP:	Noun Phrase
Agr:	Agreement	NPI:	Negative Polarity Item
Art:	Article	O:	Object
Asp:	Aspect	OE:	Old English
AUX/Aux:	Auxiliary	OED:	Oxford English Dictionary
Cl:	Class	Part:	Participle
Comp:	Complementizer	PD:	Past Disjunct
Conn:	Connective	Perf:	Perfective
Cop:	Copula	PIE:	Proto-Indo-European
Def:	Definite Article	Pl:	Plural
Dem:	Demonstrative	Poss:	Possessive
Det:	Determiner	Postp:	Postposition
Emph:	Emphatic	Pot:	Potential
Erg:	Ergative	Pred:	Predicate
Exclam:	Exclamative	Prep:	Preposition
F:	Feminine	Pres:	Present
Fem:	Feminine	Prog:	Progressive
Fut:	Future/Futurity	Pst:	Past
Gen:	Genitive	Ptl:	Particle
Ger:	Gerund/Gerundive/	Q:	Question
	Gerundival	S:	Subject
Hon:	Honorific	Sg:	Singular
Impf:	Imperfective	T:	Tense
Inf:	Infinitive/Infinitival	TAM:	Tense-Aspect-Modality
Intj:	Interjective	Top:	Topic
M:	Modality	Trans:	Transitive
ME:	Middle English	V:	Verb
ModE:	Modern English		

서론: 문법화론이란 무엇인가?

    현대 언어학은 인간 언어의 본질을 과학적으로 규명하는 것을 목표로 삼고 있다. 언어의 본질을 규명하기 위해서는 각 언어에 나타나는 현상들인 언어개별성과 범언어적으로 나타나는 현상들인 언어보편성 모두를 살펴보아야 한다. 이와 같은 목표를 가진 언어학의 관점에서 보면 다음의 예에서와 같이 어휘 형태소가 문법 형태소로 바뀌어 쓰이는 현상들은 매우 흥미로운 현상들이다.

(1) a. 한국어
       나는 밥을 먹어<u>버렸다</u>.
   b. 일본어
      Tomu-wa nyuuginiya-ni   it-te-<u>shima</u>-ta
      Tom-Top New Guinea-to   go-Conn-put.away-Pst
      '톰은 뉴기니아로 갔다.' (원 뜻: 가 치웠다/가 버렸다) (Ono 1992: 374)
   c. Diyari
      karaRi nhandu   Tukudu wayi-rna   <u>wara</u>-yi
      today   3.Sg.F.Erg kangaroo cook-Converb   throw-Pres
      '오늘 그녀는 캥거루를 요리했다.' (원 뜻: 요리해던졌다)
                       (Heine *et al.* 1993의 Müller-Bardey, p.c. 재인용)

위의 예 (1)에서 보듯이 여러 언어에서 '버리다', '치우다', '던지다' 등의 동사들은 그 본래 가지고 있던 고유한 뜻을 잃어버리고 과거시제나 완료형, 혹은 완료된 행위에 대한 화자의 주관적인 감정을 표시하는 데에 쓰이고 있다. 이러한 현상은 다른 동사들에서도 찾아볼 수 있다. 다음의 예를 보자.

(2) a. 한국어

  이제 서울에 다 와<u>간다</u>.

  b. 영어

  He is <u>going</u> to come.

  c. Haitian Creole

  li   <u>va</u>   vini.

  he   go   come

  '그가 올 것이다.' (원 뜻: 와간다) (Marchese 1986: 111)

위의 예 (2)에서는 '가다'라는 이동동사가 이동의 뜻이 없이 진행의 뜻이나 미래의 뜻으로 사용되고 있는 것을 볼 수 있다. 이와 같이 이동동사가 시제나 상의 표지로 쓰이는 예는 전 세계의 언어 속에서 매우 빈번하게 발견되는 현상이다. 한국어의 예에서도 그렇듯이 '오다'와 '가다' 두 동사는 모두 이동동사이면서도 방향성에 있어서 반의어라는 것을 생각하면 '올 것이다' 같은 표현을 '와 간다'와 같이 '오다+가다'로 나타내는 것은 매우 흥미로운 현상이다. 다음의 예를 더 보자.

(3) a. 한국어

  하루 종일 공만 차고 <u>앉아있다</u>.

  b. Telugu

  ame   iLati   vedhava   pani   cesi-<u>kurcondi</u>

  she   such   bad   work   do.Pst-sat

  '그녀는 그렇게 나쁜 짓을 했다.' (원 뜻: 하고 앉았다) (Arun 1992: 99)

c. Kanakuru

   (à)   'dùwò-tó   shír-mái

   3.Sg. sit-3.Sg.F   steal

   '그녀는 늘 훔친다.' (원 뜻: 훔치고 앉았다)

(Newman & Schuh 1974: 35)

예 (3)에서는 '앉다'라는 동작동사가 말하는 이의 부정적인 견해를 나타내는 표시로 쓰이고 있는 것을 볼 수 있다. 이들 예문에서 '앉다'가 문자적인 의미로 사용되지 않았다는 것은 '앉다'와 함께 쓰인 다른 동사들이 '앉다'와 의미상의 모순을 가지고 있다는 것에서 분명히 드러난다. 위 예문들로부터 '앉다'가 제외된 문장은 위의 예문들과 명제적으로는 동일한 의미를 가지고 있다. 그러나 위 예문처럼 '앉다'가 표시된 문장들에서는 비록 화자가 문장 상에는 나타나 있지 않지만 화자의 주관적인 가치판단, 즉 명제에 대한 불쾌감이 표시되어 있다.

이러한 현상들이나 이와 유사한 많은 현상들은 비단 위에서 든 언어들 뿐 아니라 다른 많은 언어들에서 나타난다. 이와 같이 위에서 예로 든 것처럼 단어의 의미가 달라지는 예들을 정리해보면 다음과 같이 요약할 수 있다.

(4) a. '버리다'류 > 완료상

     b. '가다'류 > 미래시제

     c. '앉다'류 > 부정적 견해

예 (4)에서 보는 바와 같이 원래는 완전한 의미를 가지고 있던 단어들이 차츰 그 의미를 잃고 시제나 상, 양태, 서법과 같은 여러 가지 문법적 기능만을 담당하는 단어로 바뀌어 가는 현상이 범언어적으로 많이 나타난다. 이처럼 의미적으로 완전한 단어들(이것을 내용어 또는 어휘어라 부른다)로부터 별 의미가 없이 문법기능만을 주로 하는 단어들(이것을 기능어라 부른다)로 바뀌는 변화를 문법화라고 한다.

　이러한 문법화현상은 단번에 일어나는 '사건적' 현상이 아니라 오랜 세월을 두고 서서히 일어나는 '점진적'인 것이다. 실제로 많은 연구에서 밝혀지고 있듯이 대부분의 변화는 여러 세기에 걸쳐 변화해 온 것이다. 예를 들어 영어에서의 *be going to*가 본격적인 미래표지의 기능을 갖는데는 4-5세기 정도가 걸린 것으로 추정할 수 있다. 옥스포드 영어사전(*Oxford English Dictionary*: OED)에 따르면 *be going to*가 '과정'이나 '준비'와 같은 미래지향성 의미로 사용된 기록은 1482년에 찾아 볼 수 있고, 이것이 *be gonna*처럼 근접한 미래를 나타내는 확실한 형태로 사용된 예는 20세기 초반에 와서 처음으로 등장하고 있다. 그러므로 이러한 변화가 일어나는데 약 400여년이 걸렸다고 추정할 수 있다.

　한국어에서 '버리다'가 완료와 '관점'표지로 쓰이게 되는 데도 여러 세기가 걸린 것으로 보인다. '버리다'는 이미 중세어에서 '관점'표지로 사용된 것으로 보이며 ['제거' > '완료' > '환원불가능성' > '바람직하지 않음'] 등의 변화를 거쳐 최근에는 '악의성'을 표시하기까지 이른 것이다.[1]

　언어의 변화는 일반적으로 매우 점진적이다. 언어변화가 점진적이지 않다면 우리 모두는 변해가는 언어를 배우기 위해 많은 시간을 들여야 했을 것이다. 그러나 언어가 늘 변하고 있음에도 불구하고 언어의 변화를 거의 느끼지 못할 정도로 언어의 변화가 점진적이라는 것은 다행한 일이다. 이러한 점진적인 변화는 한가지 형태로 변한 후에 끝나지 않고 연쇄적인 변화를 보인다. 연쇄적인 변화의 양상은 세계의 모든 언어에서 거의 일정한 패턴을 갖고 있어서 이 패턴을 통해 인간의 인식체계를 찾아 볼 수 있다. 따라서 언어변화 현상은 인간의 인식 세계를 반영해 주는 매우 흥미로운 현상이라고 할 수 있다. 이러한 흥미로운 현상을 연구하는 언어학의 한 분야를 문법화론(grammaticalization theory 혹은 grammaticization theory)이라 한다. 문법화

---

1) '버리다'의 이와 같은 변화에 대해서는 §3.3에서 더 자세히 다루기로 한다.

론을 연구하는 학자들 사이에서 문법화(grammaticalization)란 용어는 흔히 '문법화' 현상을 가리키기도 하고 그러한 문법화 현상을 연구하는 이론인 '문법화론'을 가리키기도 한다. 이것은 마치 *semantics*란 용어가 '의미'와 '의미론'을 다 가리키기도 하는 것과 유사하다. 그러나 논의의 편의상 이 책에서는 '문법화'는 현상을, '문법화론'은 이론을 가리키는 용어로 일관되게 사용하고자 한다.[2]

문법화 현상에 대한 정의와 그 주요 관심 대상, 그 범위 등은 시대에 따라 조금씩 변화하였다. 20세기 초의 문법화론 학자인 Antoine Meillet는 문법화를 "완전한 자립적 단어에 문법적 특징을 부여하는 것(l'attribution du caractère grammatical à un mot jadis autonome)"이라고 정의하였다. 그러나 현대 문법화론에서 가장 많이 인용되는 문법화론의 정의는 Jerzy Kuryłowicz의 것인데, 그는 문법화를 다음 (5)와 같이 정의했다.

> (5) 문법화란 한 형태소가 어휘적 지위에서 문법적 지위로, 혹은 파생형에서 굴절형으로의 변화처럼 덜 문법적인 것으로부터 더 문법적인 것으로 범위가 증가되는 현상이다. (Kuryłowicz 1975 [1965]: 52)

위의 (5)에서 '문법적'이란 말은 문법상의 적합성을 말하는 것이 아니고 자립적 단어가 가지는 의미상의 완전성을 나타내는 '어휘적'이란 말에 상대적인 개념을 나타내는 것이다. 즉 언어에 있어서의 '어휘'가 아니라 '체계'를 가리키는 말이다. 앞으로도 문법화의 논의에 있어서 '문법적'이란 말은 주로 이러한 의미로 사용할 것이다.[3]

---

2) 또한 일부 문법화론 학자들은 'Grammaticalization'이란 용어는 주로 변화의 결과에 주목할 때에 사용하고 'Grammaticization'이란 용어는 주로 변화의 과정에 주목할 때에 사용하는 등 두 용어를 구별하여 사용하기도 하나 여기서는 'Grammaticalization'이란 용어 하나만으로 이들 둘을 다 포함하는 것으로 한다.

3) 문장이나 구절의 문법상 적격성이나 화용상 적합성을 논할 때에도 '문법적' '비문법적'이란 용어를 사용하기 때문에 '문법적'이란 용어는 항상 문맥에 따라 받아 들여야 한다.

위의 정의에서 보듯이 문법화론은 어떤 문법소의 단회적인 변화에만 관심을 갖는 것이 아니다. 이러한 변화는 점진적인 것이며 또한 어휘에서 문법으로 이어지는 연결은 연속성을 갖고 있기 때문에 다 같이 문법적이라 불리는 것들도 '더' 문법적인 것이 있고 '덜' 문법적인 것이 있다. 따라서 문법화는 계속적으로 문법을 향해 가고 있는 어휘들의 행진을 그 시작점과 그 모든 여정과 그리고 그 종착점에 관심을 갖고 보는 것이다.

언어학 이론으로서의 문법화론은 언어 현상을 설명하는 데에 독자적인 장점들을 가지고 있다. 이들 중 몇 가지를 정리해 보면 다음과 같다.

첫째, 문법화론은 언어의 관찰 대상을 공시나 통시처럼 인위적으로 나눈 부분적인 언어자료가 아니라 언어가 가지고 있는 역사성과 그 문화, 언어 사용자의 인지작용이나 언어습득 등과 같은 포괄적인 측면들을 모두 관찰 대상으로 삼는다. 따라서 단순히 언어 자체만이 아니라 언어현상과 관련된 모든 것들을 고려 대상으로 삼음으로써 언어를 더 거시적으로 분석할 수 있다.

둘째, 문법화론은 모든 학문적 이론들이 궁극적으로 추구하는 '설명력'을 가지고 있다. 이러한 설명력은 이론내적인 설명이 아니라 이론외적으로 '독립적인 증거'를 통해 언어현상을 설명한다는 점에서 타당성이 높은 설명을 제시하고 있다.

셋째, 그 동안의 언어변화 이론들이 현상의 기술에 치중하여 언어변화의 핵심이 되는 '동기'에 대하여는 적절한 설명이 제시되지 않았지만 문법화론에서는 언어변화의 주체를 언어가 아니라 사람으로 봄으로써 언어변화의 동기에 대한 설명을 가능하게 한다.

넷째, 문법화론은 문법을 몇 가지의 독립된 분야로 구성되어 있다고 보는 것이 아니라 이들 분야가 서로 연쇄의 구조를 가지고 있음을 보임으로써 그동안 문법의 하위 분야 간의 경계설정에 대한 부자연스럽고 경직된 학문적 동향에 혁신적인 태도변화를 가져오게 하였다.

다섯째, 문법화론은 언어변화에 나타난 인간의 인지적 전략을 연구하는 데에 큰 관심을 가짐으로서 개별언어에서 고립적으로 나타나고 있는 언어 현상뿐 아니라 범언어적인 시각에서 언어 현상을 기술하려 한다는 점에서 타당성이 높은 설명을 제시한다.

여섯째, 문법화론이 가지는 이른바 범시적 시각은, 공시언어학에서 언어의 역사성을 무시함으로써 생겨나는 한계와, 통시언어학에서 언어의 공시적 현상을 간과함으로써 생겨나는 한계를 모두 극복한다. 따라서 공시적인 언어 현상의 외형적인 불규칙성을 그 언어가 가지고 있는 역사성으로부터 설명하여 주고, 역사적인 기록이 없는 언어의 연구에서도 공시적인 현상을 토대로 역사적 형태에 대한 귀류적인 재구가 가능하게 하여 준다.

위에서 언어학 이론으로서의 문법화론이 가지는 몇 가지 장점들을 살펴보았는데 이들 각각의 장점은 그와 관련이 있는 다른 장절에서 더 자세히 다루게 될 것이다.4)

---

4) 문법화론이 가지고 있는 다른 언어학 이론과 대조되는 시각들은 주로 제3장 참조.

제1장 문법화론의 역사

역사는 많은 것을 함축하고 있다. 모든 이론은 역사적인 성과들의 축적 결과이기 때문에 이론의 역사를 살펴봄으로써 그 이론이 겪어온 연구의 동향을 조명해 볼 뿐 아니라 앞으로 필요한 연구 동향을 가늠해 볼 수 있다. 이 장에서는 문법화론이라는 새로운 학문의 시각이 전체 언어학의 역사 속에서 어떻게 발전하였으며, 각 시대별 문법화론의 학자들과 학문적 성과들은 어떠한 것들이 있는지, 그리고 최근의 문법화론 학계의 연구 동향은 어떠하며, 국내 학계 및 한국 언어학자들의 연구 성과와 동향은 어떠한지 살펴보고자 한다.

1.1 언어학 역사 속의 문법화론

인간 언어에 대한 인간의 지적인 관심은 인간 언어의 기원만큼이나 오랜 역사를 가지고 있다. 그러나 인간 언어의 기원에 대해서 결정적인 증거들이 존재하지 않듯이 인간의 초기 언어에 대한 사유나 분석들도 전해지는 바가 없다. 그러나 언어에 대한 체계적 분석, 즉 문법에 관한 기록은 기원전 4-5세기경에 살았던 Panini의 산스크리트어 문법에까지 거슬러 올라간다.[1] Panini

는 이미 각각의 소리를 낼 때에 사람의 발성기관이 어떠한 역할을 하는지 연구하였고 심지어는 음들의 상호조합관계에 관한 규칙들까지 연구해 내었다.

서양에서도 이와 비슷한 시기인 기원전 4-5세기에 살았던 그리스의 플라톤이 단어의 어원과 사물의 명명에 대한 연구서인 *Cratylus*를 쓴 바가 있다. 플라톤의 뒤를 이은 아리스토텔레스는 기원전 4세기에 품사론에 대한 연구와 문장론과 소리에 관한 연구를 하였는데, 이로써 그는 고전 유럽 문법의 창시자로 불리게 되었다. 아리스토텔레스의 품사론은 그 이후 지속적으로 수용되어서 현대 언어학에서도 그의 이론이 다수 적용되어 쓰이고 있다. 아리스토텔레스 이후 기원전 2세기에는 스토아학파가 문법범주나 격에 관한 연구를 하였다.

중세시대에 와서는 주로 철학적 사유를 통한 문법 연구가 유행하게 되면서 라틴어를 사용하던 로마가톨릭 사제들에 의한 라틴어 문법 연구가 활발하였다. 이러한 철학적 사유를 통해서 언어연구가들은 결국 인간의 모든 언어는 표면적으로만 서로 다르게 보일 뿐이지 그 기초는 보편적인 원리들로 이루어져 있다고 생각하게 되었다. 대표적인 예로 13세기의 로저 베이컨은 라틴어와 그리스어 히브리어 그리고 아랍어를 비교 연구하여 그와 같은 언어의 보편성을 주장하였다.

15-6세기의 르네상스기에 와서 언어학은 중요한 변화를 겪게 된다. 이 시기에는 인쇄술이 발달하고, 새로운 세계의 탐험을 통해서 새로운 여러 언어들을 접하게 되면서 언어의 다양성에 관심을 갖게 됨에 따라 언어 비교 연구와 언어변화에 대한 관심이 높아지게 되었다. 이전 시대의 언어 보편성에 대한 관심이 이 시기에 와서 언어 다양성에 대한 관심으로 바뀌게 된 것이다.

17세기에는 포트로얄 문법학자들(Port Royal grammarians)이 등장하면서

---

1) 일부 학자들은 Panini가 어느 개인의 이름이 아니라 학파의 이름이 아니었나 생각하기도 한다.

이전 시대의 학자들이 관심을 가졌던 언어의 다양성은 결국 표면상으로만 그럴 뿐 실제적으로 모든 언어들이 보편적 원리에 기초해 있다는 주장을 폄으로써 과거 르네상스기 이전에 문법학자들이 가졌던 언어보편성에 대한 신념으로 회귀하게 되었다. 이처럼 언어보편성에 관심을 가진 학풍에 따라 이른바 보편문법(universal grammar)에 관한 관심이 생겨났다.

18세기 말에서 19세기에 이르는 기간동안 언어학은 획기적인 변신을 하게 된다. 이것은 여러 언어를 비교하고 그 역사적 변이를 주요 연구대상으로 했던 이른바 비교역사언어학(historical-comparative linguistics)이 대두된 것이다. 18세기 말까지 지구상에 약 200개의 언어가 존재한다고 알고 있던 사람들은 19세기 초에 들어오면서 약 500여 개의 언어가 존재한다고 알게 되었다. 세계에 이처럼 다양한 언어가 있음을 알게 된 사람들은 이들을 비교하여 연구하는 일에 자연스러운 관심을 갖게 되었다. 특히 영국인으로서 인도에서 활동한 법률가였던 Sir William Jones(1746-1794)는 그리스어, 라틴어, 고딕어, 산스크리트어 사이에 유사성이 있음을 발견하고 이들 언어가 한 조어(祖語)에서 나왔을 것이라고 생각하였다. 이러한 연구는 매우 획기적인 것이어서 오늘날 그는 역사언어학의 아버지로 불리고 있다. Jones의 영향으로 사람들의 관심은 과연 그리스어, 라틴어, 고딕어, 산스크리트어의 조어가 무엇일까 하는 것으로 쏠리게 되었다. 이로써 스칸디나비아어를 비교 연구한 Rasmus Kristian Rask(1787-1832)와, 인도유럽어들을 연구하여 큰 업적을 이룩한 Jakob Grimm(1785-1863), Franz Bopp(1791-1867), Karl Verner(1846-1896) 등이 나오게 되었다. 이러한 19세기의 비교역사언어학적 전통이 생겨나게 되면서 문법화론이 언어 과학의 한 이론으로 태어나게 된 것이다.

1.2 문법화론의 시대적 발달사

이러한 배경 속에서 발전한 문법화론을 시기별로 나누어 살펴보기로 하자. 문법화론의 형성 발전을 시기별로 나누는 데에는 학계에 아직 정해진 분류법이 없지만 여기서는 일단 문법화 이론의 발전과정에서 큰 획을 그었던 인물들과 그들의 연구업적과 학계동향이 자연스럽게 묶이는 시기들을 따라서 19세기 이전, 19세기, 20세기(1970년대 이전까지), 그리고 1970년대 이후를 최근이라 하여 편의상 네 단계로 나누고자 한다.

1.2.1 19세기 이전의 문법화론

언어의 통시적인 변화에 대한 관심을 가졌던 사람은 동서고금에 늘 있어 왔지만 기록상 문법화와 관련을 지을 수 있는 첫 인물은 약 800년 경의 인물이었던 Smaragdus이다. 그는 문법 범주에 대해 말하면서, 부사를 자신의 고유한 기능을 잃게 된 문법형태들이 빠져들어 모여 있는 거대한 소용돌이 범주('… lie drowned in the vast whirlpool of adverbs')라 주장하였는데(Michael 1970), 부사를 많은 문법 범주들이 변화하여 한 곳으로 모이는 일종의 창고처럼 생각하였다는 데에서 그 의의를 찾을 수 있을 것이다. 현대의 문법화론에서도 명사, 형용사, 동사와 같은 어휘적 범주에서 부치사와 같은 문법적 범주로 이동할 때에 부사의 단계를 많이 거친다는 연구를 고려해 볼 때 Smaragdus의 그러한 관찰은 중요한 것이라고 볼 수 있다.

동양에서 처음으로 언급될 만한 사람은 13-14세기에 살았던 중국 원나라의 周伯琦(Zhou Bo-qi; 1271-1368)이다. 그는 육서정위(六書正譌)라는 책에서 "모든 허사는 실사에서 유래했다"고 주장하였다.[2] 그처럼 오래 전에

---

2) Zheng & Mai(鄭奠·麥梅翹 1964: 95)의 원 인용문은 "大抵古人製字, 皆從事物上起. 今之虛字, 皆古之實字."이다.

그가 실사, 허사의 개념을 이용했다는 것은 매우 획기적인 일이다.

18세기에 이르러 프랑스의 Etienne Bonnot de Condillac(1715-1780)와 스위스 태생의 프랑스인이었던 Jean Jacques Rousseau(1712-1778)가 "문법적인 복잡성과 추상적인 어휘들은 모두 구체적인 어휘에서 유래했다"고 주장하였다. 특히 Condillac(1746, 1749)는 시제표시 접사와 같은 동사의 굴절형들이 원래 자립적인 단어에서 출발한 것이라고 주장하였는데, 이것을 후일 19세기 문법학자들이 인도유럽어 비교문법연구를 하는 데에 한 원칙으로 받아들임으로써 당시 언어 연구에 큰 영향력을 미쳤다.

1.2.2 19세기의 문법화론

시기적으로는 Condillac와 Rousseau보다 약간 뒤인 18세기말 19세기 초에 영국의 정치가이며 언어학자였던 John Horne Tooke(1736-1812)가 역사언어학 연구의 새 장을 열었다. Horne Tooke는 언어학에 문법화란 개념을 성립시키는데 큰 공헌을 하여 문법화론의 아버지로 불린다. Horne Tooke는 "단어들의 '비밀'은 그 단어의 어원에 숨어있다"고 주장하고, 부사나 전치사, 접속사 등과 같은 단어들은 명사나 동사와 같은 '필수어'로부터 축약이나 절단에 의해 만들어진 것이라고 하였다. 또한 굴절이나 파생에 쓰이는 문법 형태들을, 원래는 독립적인 단어들로서 다른 단어에 붙었다가 변화를 통해 만들어진 단어의 조각들이라고 하였다(Horne Tooke 1857 [1786 & 1805]).[3] 비록 이러한 주장이 완전히 새로운 것은 아니지만 Horne Tooke은 어떤 고립된 소수의 예에 관심을 가진 것이 아니라 더 시각을 넓힘으로써 추상적인 문법 형태는 구체적인 것에서 나온 것이라는 본격적인 학문적 발견을 한 것이라는 점에서 높이 평가된다.

---

3) 물론 위에서 소개한 Condillac는 Horne Tooke 이전 인물로서 동사 굴절형들이 자립적인 단어에서 출발한 것이라는 주장을 한 바가 있으므로 Horne Tooke의 이러한 주장이 완전히 새로운 것은 아니었다.

19세기의 문법화 이론에 대한 공헌은 거의 절대적으로 독일의 언어학자들에 의해 이루어졌다. 독일의 Franz Bopp(1791-1867)은 Horne Tooke 등의 학문적 성과를 이용해서 인도유럽어의 역사적 변이를 연구하는 데에 문법화의 시각을 가지는 것이 매우 중요하다는 것을 역설하였다(Bopp 1816, 1833). 그는 연구논문들을 통해서 [어휘적 형태소 > 조동사 > 접사 > 굴절 형태소] 등으로 변해가는 연속변이의 구체적인 예를 많이 제시하였다. Bopp은 특히 인도유럽어를 통시적으로 연구함에 있어서 문법화가 절대적인 중요성을 가진다는 것을 역설하였다.

독일의 August Wilhelm von Schlegel(1767-1845)은 19세기 초반의 학자로서 현대 문법화론에 있어 매우 중요한 학자이다(Schlegel 1818). 그는 "단어는 언어 속에서의 순환을 손쉽게 하기 위하여 의미내용을 벗어버린다."고 하였는데, 이 개념을 Heine *et al.*(1991a: 6)에서는 '지폐이론(paper-money theory)'이라고 부르고 있다. 즉, 화폐가 두루 통용되기 위해서는 실제 금이나 은으로 만들어진 것보다는 종이로 만든 것이 더 좋은 것과 마찬가지로, 단어들도 한 언어 내에서 많이 쓰이려면 그 단어들의 의미 내용이 없어져야만 한다는 것이다. 이것은 근래 Greenberg(1978)에서 보인 지시사에서 정관사로 변화한 것이나, Givón(1981)에서 보인 수사 '1'에서 부정관사로 변화하는 것, 그리고 Fleischmann(1983)에서 보인 *have*-구문에서 완료/과거표시로 변화하는 것과 같은 현상을 잘 설명해 주는 것이다.

Horne Tooke의 생각을 계승하여 발전시킨 위대한 문법화 학자는 Karl Wilhelm von Humboldt(1767-1835)이다. 최초로 Basque어를 과학적으로 연구한 학자로 유명한 그는 1822년 독일 베를린 과학원에서 행한 '문법형태의 기원과, 문법형태가 사고의 발달에 미치는 영향(Über das Entstehen der grammatischen Formen und ihren Einfluß auf die Ideenentwicklung)'이라는 제하의 강의에서 인간 언어의 문법 구조는 단지 구체적인 사상만이 표현되던 언어로부터 진화적 단계를 거친 것이라고 주장하였다. 또한 전치사와 접

속사 같은 범주의 단어들은 원래 어떤 구체적인 대상을 지칭하던 완전한
단어들에 기원을 두고 있다고 밝히고(Humboldt 1825: 63) 언어 형식의 4가
지 발달 단계를 <도표 1-1>과 같이 제시하였다(Humboldt 1825: 66).

1단계	화용적 단계 (pragmatic stage)	문법적인 관계를 나타내는 형태소는 없고 관용어, 구, 절들을 통해 사물이 지시되는 시기
2단계	통사적 단계 (syntactic stage)	어순이 고정되고, 단어의 실질의미와 형식의미 사이를 넘나들고, 몇 단어들은 기능어로 전환되는 시기
3단계	접어화 단계 (cliticization stage)	기능어들이 실질어에 달라붙어 교착적 쌍(agglutinative pair)을 만든 시기로 순전히 관계만을 나타내는 형식이 등장하는 시기
4단계	형태론적 단계 (morphological stage)	교착적 쌍이 통사적 단어 복합체 형태로 융합되어 형식어, 굴절어나 완전한 문법적 단어들이 나타나는 시기

〈도표 1-1〉 언어 형식의 발달 단계

Humboldt의 이런 모형은 후에 교착이론(agglutination theory) 또는 합류
이론(coalescence theory)이라고 불리게 되었는데, Humboldt와 Schlegel이
발전시킨 3단계 언어유형론(즉, 고립형, 교착형, 굴절형)과 직접적으로 관련
되어 있다. 즉, 1단계와 2단계는 고립형 언어, 3단계는 교착형 언어, 그리고
4단계는 굴절형 언어에 해당하는 것이다. 이 모형을 통해서 우리는
Humboldt가 문법화를 연구한 주된 목적이 언어형식들을 언어 유형론적 입
장에서 연구하려 했다는 것과, 또한 궁극적으로 언어 유형, 언어, 사고 등의
상호 관계를 확인해내는 데 있었다는 것을 알 수 있다. Humboldt는 언어가
민족정신의 외적 표현이라는 신념을 갖고 있었기 때문에 그의 언어학적 이
론을 세계관 이론(Theorie der Weltanschauung)이라고 부르기도 한다.

19세기 초반에 문법화론에 두각을 나타낸 또 다른 학자는 Franz Wüllner
이다. 그는 '언어형태의 기원과 어원에 관하여(Über Ursprung und

Urbedeutung der sprachlichen Formen)'라는 1831년의 책에서 문법화의 예
들을 들고, 모든 어려운 개념은 실제 쉬운 개념에서 출발한 것이라고 설명하
였다(Wüllner 1831: 14). 이 책에서는 자립어가 굴절형태소로 변하는 경우들
이라든가, 독립적인 인칭대명사들이 다른 단어에 종속적으로 붙여 쓰이는
인칭표지로 변하는 경우라든가, 우언적(迂言的)인 구문들(periphrastic
expression)이 시제표지로 발전하는 경우들을 예로 들고 있다.

이 시기의 미국에서는 1875년에 William Dwight Whitney가 '언어의 생명
과 성장(*Life and Growth of Language*)'이라는 책에서 문법화를 진화론, 어
원론에 입각해 설명하였다. 비록 그가 제시한 진화론적 문법화론이나 어원
의 예들이 오늘날의 문법화론 학자들에게는 받아들여지지 않는 것들이지만,
그가 제시한 의미 변화 이론, 즉 '전이(transfer)'와 '확장(extension)'에 의한
의미 변화 이론은 매우 중요한 것이다. 그는 전이와 확장이 모든 어휘로 하
여금 거칠고 크고 구체적인 의미로부터 더 미세하고 추상적이고 개념적인
것으로 이동하게 한다고 하였다(Whitney 1875: 88). 그리고 이러한 이동은
어휘부에서만 나타나는 것이 아니어서 문법 형태소가 생겨나게도 하며, 이
러한 문법 형태소의 발전에서도 "확고하고 긍정적이고 실질적인 것들이 점
차 감소하고 완전히 형식화"하는 과정을 거친다는 것이다. 그는 어휘가 문법
소로 발전하는 한 예로 라틴어의 *capere* '붙잡다' 동사가 소유의 뜻을 가진
동사(라틴어의 *habere*, 영어의 *have*)로 발전하였고 그것이 다시 완료(영어의
have + 과거분사)와 의무(영어의 *have to*), 미래 표지(프랑스어의 *habere* >
avoir)로 각각 발전한 경우를 들면서, 현재의 소유는 과거의 행위에 기초해
있기 때문에 과거의 완성된 행위를 함축하고 있어서 이로부터 완료의 의미
와 그에서 파생된 기타 의미로 발전하게 되었다고 하였다(Whitney 1875:
91).

19세기 말의 Georg von der Gabelentz는, 언어 형태는 공무원과 같아서
처음 고용되고 나면 차차 승진을 하다가 반 월급으로 줄게 되고, 은퇴하게

되며 그리고 나면 새로운 사람이 다시 고용되는 것과 같이, 언어 형태들도
이러한 순환을 되풀이한다고 하였다. 이것을 또한 '탈색(Verbleichung)'이라
는 개념을 사용하여 형태가 빛이 바래고 탈색이 되고 나면 새 페인트로 다시
칠하는 것과 같다는 원리로도 설명하였다(Gabelentz 1901 [1891]). 그는 문
법화를 불러일으키는 원인을 발음상의 '편의성(Bequemlichkeitstrieb)'과 의
미상의 '구별성(Deutlichkeitstrieb)'이라는 두 가지 요소로 보았다(Gabelentz
1901: 256 [1891]). 또한 그는 문법 형태들의 발전은 선적인 과정으로 일어
나는 것이 아니라 반복적으로 순환하는 것이며, 앞에서 일어났던 변화를 그
대로 반복하는 것이 아니라 비슷한 방법으로 진행되는 것이라는 '진화의 나
선' 모형으로 문법화를 설명하였다.

1.2.3 20세기의 문법화론

20세기에 들어와서는 Antoine Meillet(1866-1936)가 '문법화(grammati-
calisation)'(1912: 133)라는 용어를 처음으로 사용함으로써 현대 문법화론의
창시자로 불리고 있다. Meillet는 Saussure의 제자였으나 Saussure와 문법관
에 있어서 매우 의견차가 심하였다. 그 예로 그의 가장 중요한 저작인 '문법
형태의 진화(L'evolution des formes grammaticales)'란 논문에서 단 한번도
'문법(grammar)'이란 단어를 쓰지 않고 다만 형용사인 '문법적(gramma-
tical)'이란 단어만을 사용했는데, 이것은 문법이 고정 형태를 띤 대상물이라
고 생각한 Saussure에 대한 반동으로 생각된다. Meillet의 가장 큰 관심은
문법 범주의 기원 문제였다. 따라서 문법 범주가 생겨나는 과정인 문법화
에 대해 많은 연구를 함으로써 언어학 발전에 공헌을 하였는데, 그는
Gabelentz와 마찬가지로 문법화는 나선형으로 이루어진다고 주장하였다. 문
법화를 '일차어휘(mots principaux)'에서 '부속어휘(mots accessoires)'로 옮
겨가는 과정으로 보고, 이 문법화 과정을 '약화(affaiblissement)'와 '강세표

현(expression intense)'의 두 가지 요소로 이루어진다고 보았는데 이것도 Gabelentz의 '편의성'과 '구별성'의 개념과 매우 유사하다.

Meillet가 활동하던 당시에는 이른바 신문법학파(Neo-grammarian)들이 언어의 변화에 있어서 유추의 개념을 매우 중요시 했는데 Meillet는 유추와 문법화를 구별하였다. 그는 문법형태가 생겨나는 방법으로 유추와 문법화 두 가지만 있다고 주장하면서, 유추는 한 언어의 전체적인 체계에 영향을 주지 못하지만, 문법화는 전에 없던 새로운 문법 범주를 만들어 냄으로써 전체적인 문법 체계에 영향을 미친다고 보았다(Meillet 1912: 133). 그는 일차어휘에서 부속어휘로 변해 가는 과정이 연속선에 있다고 주장하였다. 또한 그는 어휘의 사용빈도와 표현강도에는 반비례 관계가 있다는 것을 보였다. 즉 언어 형태가 일차어휘에서 부속어휘로 변해 가는 과정에서 사용빈도가 늘어나게 됨에 따라 그 형태의 표현강도는 점점 감소한다는 것이다(Meillet 1912: 135-136). '약화'와 '강세표현'과 관련하여 Meillet가 사용한 또 다른 주요 개념은 '재건(renouvellement)'이란 것이다. 재건이란 어떤 단어가 약화현상에 의해 그 힘이 너무 미약해지면 그 힘을 보상하기 위하여 새로운 형태를 도입하게 된다는 것이다. 그 예로 인도유럽어에서 접속을 나타내는 'and'는 and(영어), et(프랑스어), kai(그리스어) 등 언어마다 다 다른데 이것은 'and'가 힘이 미약해지면서 자꾸 새로운 단어로 대치했기 때문이라는 것이다. 실제로 현대 영어에서도 청소년들이 and의 힘이 약화됨으로서 and 대신 plus를 사용하는 경향이 있는데 이것도 재건의 한 예라 할 수 있을 것이다.

20세기 초에 문법화론에 영향을 준 또 다른 인물은 Edward Sapir(1884-1939)이다. 그의 명저 Language(1921)에서 그는 문법화론적 시각에서 볼 때 중요한 자료가 되는 것들을 많이 보여주고 있다. 그는 언어의 변화 과정을 '감소과정(thinning-out process)'이라 불렀는데 이것은 1970년대 이후 Givón 등이 문법화의 모형으로 제시한 '탈색 모형(bleaching model)'과 근본적으로 동일한 것이다. Sapir도 언어 형태는 실제 내용을 표시하는 것과 관계성을 표시하는 것의 양극이 있고 많은 중도적인 개념들이 이 두 사이를 잇고 있다고 말함으로써 문법화론 학자들과 매우 비슷한 견해를 가지고 있었다. 그러나 그의 이론 안에서는 문법화라는 개념이 별로 주요한 개념으로 취급되지 않았다.

20세기 초부터 유럽의 제네바, 프라그, 코펜하겐과 미국의 예일대학을 중심으로 이른바 구조주의 언어학이 대두하게 되었다. 특히 미국에서는 1933년 Leonard Bloomfield(1887-1949)의 *Language*가 출간되면서 구조주의 언어학자들이 언어학을 주도하게 되었다. 구조주의 언어학은 행동주의 심리학과 경험주의 철학에 기초를 두고, 언어 현상에서 언어 형태들의 상호 의존적 관계에 중점을 두었다. 또한 Saussure의 공시·통시의 엄격한 분리를 고수하고 언어의 공시적 연구에만 관심을 가지는 학풍을 유지하였기 때문에 통시성이 강조된 문법화론은 언어학의 뒷전으로 밀려나서 유럽의 인도유럽어 학자들에 의해 간신히 명맥만 이어가게 되었다.

1940년에서 1960년대에 Jerzy Kuryłowicz와 Emile Benveniste 두 학자가 문법화론에 크게 기여하였는데, 문법화를 어휘적 형태가 문법적 형태로, 또는 덜 문법적인 형태에서 더 문법적인 형태로 변화하는 것이라고 한 Kuryłowicz(1975 [1965])의 문법화 정의는 현재 문법화론 학자들 간에 가장 널리 쓰이고 있다. Kuryłowicz의 중요한 기여는, 문법화가 단순히 어휘적인 언어 형태가 문법적인 언어 형태로 변하는 데 그치는 것이 아니라, 문법성의 정도란 연속적인 것이므로 문법소가 덜 문법적인 것에서부터 점점 더 문법적인 것으로 변화하는 과정 역시 문법화에 포함된다는 것을 지적한 데에 있다.

1960년대에 크게 활동한 Benveniste는 Meillet의 제자이었는데 스승과 의견 대립이 심하였던 그는 1968년의 그의 논저 'Mutations of linguistic categories'에서 한번도 Meillet의 저술을 언급하지 않았고 문법화란 용어도 사용하지 않았다. 그는 문법화란 용어 대신 '보조화(auxiliation)'란 용어를 만들어 사용하였다. Benveniste(1968)는 언어변화에 있어서 '혁신적 변이 (innovative mutation)'와 '보수적 변이(conservative mutation)'라는 두 가지 개념을 제시하였는데 이것은 Meillet가 제시한 '유추'와 '문법화' 두 가지 개념과 매우 유사하다. 그러나 Meillet가 주로 어휘를 대상 범주로 한 데 반해 Benveniste는 형태통사론까지를 대상 범주로 함으로써 확장된 시각을 보여 주었다는 데에 그 의의가 있다.

지금까지 주로 18세기부터 20세기 중반까지 활동한 문법화론과 관련된 학자들을 살펴보았는데 이들을 시대적인 분포에 따라 간단하게 도식화하면 <도표 1-2>와 같다.

1700년	1800년	1900년					
Condillac	Tooke	Humboldt	Grimm	Whitney	Meillet	Benveniste
Rousseau	Jones	Schlegel	Gabelentz	Saussure	Sapir	Kuryłowicz
		Bopp	Verner	Bloomfield		

〈도표 1-2〉 역사 속의 문법화론 학자들

1.2.4 최근의 연구 동향

1970년대까지는 문법화론이 단순한 역사언어학의 일부로서 자리잡고 있었지만, 1970년대 이후에는 폭넓은 많은 연구가 쏟아져 나옴으로써 문법화론이 문법현상을 설명하기에 반드시 필요한 접근법이라는 새로운 자리매김을 하게 되었다. 문법화론의 이러한 혁신적 지위 향상에는 Joseph Greenberg, Raimo Antilla, Christian Lehmann, Talmy Givón, Bernd Heine, Paul Hopper, Joan Bybee, Elizabeth Traugott 등의 연구가 크게 기여하였다.

이러한 언어학 동향의 변화에는 구조주의 언어학과 생성문법, 특히 Chomsky계의 경직된 변형문법이 언어를 설명하는 데에 많은 한계가 있음을

언어학자들이 절감하게 된 데에 큰 원인이 있다. 예를 들어 인간의 인지와
관련된 영역, 즉 공간, 시간, 방법 등의 상호 관계라든가, 은유나 기타 수사법
등이 언어에 가지는 밀접한 관련성을 전혀 설명할 수 없다는 한계를 보게
된 것이다. 이러한 불만으로부터 생겨난 새로운 이론 가운데 하나로 Lyons
(1977: 718)의 주장과 같이 언어의 문법에서 사용되는 많은 개념이 공간성
개념에서 출발했다고 생각하는 이른바 처소주의 이론(localism)이 생겨나게
되었다.4) 이 처소주의에 따르면 모든 SOURCE, GOAL, LOCATION,
THEME 등의 문법적 개념은 모두가 장소 개념에 기초한 것이다. 또한 이처
럼 모두 문법 개념을 장소의 개념에서 도출된 것으로 보는 관점에서는 모든
직시소(deixis)에는 <도표 1-3>과 같은 중심역(origo)들이 있다고 본다(Diehl
1975; Heine *et al.* 1991a: 12에서 재인용).

사회적 공간:	나 (me)
장소적 공간:	여기 (here)
시간적 공간:	지금 (now)
논리적 공간:	현재의 경우 (in this case)

〈도표 1-3〉 직시소의 중심역

이러한 처소주의 시각은 언어학의 동향에 새로운 변화를 제공하였지만
많은 학자들은 단순한 시각 변화가 아닌 언어학의 전체적인 이론 수준에서
혁신이 있어야 할 필요를 느꼈다. 특히 인간의 언어에 나타나는 현상은 언어
외적 현상, 즉 인간의 인지 과정의 표출이라는 것에 착안하여 새로운 접근법
을 발달시켜 나갔다. 이러한 학자 중에는 Leonard Talmy, George Lakoff,

---

4) 사실상 처소주의의 기원은 코펜하겐 학파의 설립자이며 언리학(glossematics)의 창시자인
   Louis Hjelmslev(1899-1965)의 1935년 논저 '격의 범주(*La catégorie des cas*)'로 거슬러
   올라가지만 이 프랑스어로 쓰인 논문은 별로 읽히지 않아서, 대개 1965년에 처소주의적
   격이론을 제시하고 의미역 관계(thematic relations, θ-roles)를 제시하였던 Gruber가 흔히
   그 기점으로 간주되고 있다.

Ronald Langacker 등이 있다.

경직된 언어학 이론에 대한 또 다른 반동은 1970년대부터 독일의 Köln 대학의 Bernd Heine를 중심으로 한 일군의 학자들과 미국의 Oregon대학 Talmy Givón 등을 중심으로 한 학자들의 언어유형론 연구이다. 물론 이러한 새 연구 동향은 세계 언어의 보편적 특징을 연구했던 Joseph Greenberg의 성과에 크게 힘입은 것이다. 이전까지의 문법화론 연구의 추세는, 문법화에 흔히 동반되는 음운적 감소에 주목해 음운적으로 감소된 형태, 특히 형태소 화하는 경우에 관심을 가지게 되면서 소위 형태음소론(morphophonemics), 또는 형태론(morphology)적인 지향성을 갖게 되었다.

Givón은 현대 아프리카 여러 언어에서 접사가 붙은 동사형태가 원래는 나란히 나타나던 대명사와 동사, 즉 두 개의 독립된 단어였음을 밝혀내면서, 문법화론에서는 금언처럼 많이 인용되는 "오늘의 형태론은 어제의 통사론 (Today's morphology is yesterday's syntax)" (Givón 1971: 413)이란 슬로건 을 내세우게 되었다. 이로써 문법화된 형태소를 단순히 하나하나의 고립된 경우로 보던 시각에서 벗어나 형태론과 통사론의 인터페이스라는 더 큰 안 목으로 현상을 바라보는 혁신의 선구자가 된 것이다. 이처럼 통사론적 체계 에서 형태론적 체계로 옮겨가는 문법화 현상을 그는 형태화(morphologiza-tion)라 칭하였다. 그는 이에서 더 나아가 통사화(syntacticization)라 불리는 현상을 지적하였는데, 이러한 현상은 기본적으로 '오늘의 통사론은 어제의 화용론'이라는 말로 요약될 수 있는 것이다. 다시 말하자면, 통사화는 옛날 의 담화의 구조들이 통사론적 현상으로 발전한다는 것이다. 즉, 한 개 이상 의 문장들이 어떤 특징을 갖고 담화 기능을 하다가 이것이 굳어지면서 하나 의 통사적 단위로 변한다는 것이다. 따라서 이때부터 많은 문법화론 학자들 이 담화에서의 특정한 형태의 출현빈도가 통사적인 구조로 발전하는 것과 매우 밀접한 관계를 맺고 있을 것이라는 가정을 세우게 되고 담화의 구조에 특별한 관심을 갖게 되었다.

Givón 등은 언어의 구조를 설명하는 데에 문법화론을 도입하고 언어유형론적인 시각으로 접근하였다. 이러한 시각에서 이루어진 연구 중 괄목할 만한 것으로는 1974년 발간된 Charles Li와 Sandra Thompson의 세 편의 논문이 있다. Li & Thompson(1974a,b,c, 1975, 1976)에서는 중국어의 어순이 SVO에서 SOV로 바뀌게 된 현상을 논의하였다. 다음의 예를 보자.

(1) a. zuì   bǎ   zhū-gēn-zǐ   xì   kàn (醉把茱根仔細看)
       drunk take/Acc dogwood-tree careful look
    b. 'While drunk, I took the dogwood tree and carefully looked at it.'
    c. 'While drunk, I carefully looked at the dogwood tree.'

(두보 8c., Li & Thompson 1976: 485)[5]

중국어에서 bǎ(把)는 원래 '취하다', '잡다'라는 의미를 가진 동사인데 후에는 목적어를 표시하는 목적격조사로 발전되었다. 예 (1a)의 문장에서 bǎ는 구문의 통사적 특징상 동사의 원래 의미인 '잡다'로 해석할 수도 있고 '-를'이라는 목적격표지로 해석될 수 있는 위치에 놓여 있다. 만일 본동사처럼 해석하면 (1b)의 '나는 산수유나무를 붙잡고 자세히 바라보았다'와 같이 두 개의 절을 가진 복문의 구성이 된다. 이때의 어순은 [V-O-V]의 구조가 된다. 만일 이 예문에서 bǎ를 목적격표지처럼 해석하면 (1c)의 '나는 산수유나무를 자세히 바라보았다'와 같이 하나의 절로 이루어진 단문이 된다. 이때의 어순은 [O-V]의 구조가 된다. 즉 SVO의 어순에서 [S-V1-O-V2]의 구조가 V1이 목적격표지로 바뀌면서 결국은 SOV의 어순이 된다는 것이다. 이것을 도식화해 보면 (2)와 같다(Heine et al. 1991a: 14).

(2) S=V1=O=V2 > S-object case-O-V

---

5) 이 시는 두보의 「九日藍田崔氏莊」의 일부이다.

따라서 이러한 어순 변화에서 오는 격표지 체계는 격표지가 목적어의 앞에 오는 전치사 체계임을 지적하였다. 1970년대에 많은 언어학자가 수형도(樹形圖; tree diagram)를 그리고 있던 시대에 이처럼 뛰어난 통찰력을 발휘한 것은 매우 놀라운 일이었다. 이러한 공헌이 그 후 많은 학자들에게 영향을 주었음은 물론이다.

1980년대 초반에 들어서면서 문법화론은 또한 새로운 전기를 맞이하게 되는데 이러한 혁신은 Stanford 대학의 여성언어학자인 Elizabeth Traugott에 의해 시작된다. 즉 지금까지 문법화의 형태적인 측면에 관심을 갖고 음운적인 축소현상에 주로 관심을 갖던 경향에서 벗어나 문법화에 나타나는 의미 변화의 규칙적인 양상에 더 관심을 갖게 되었다. Traugott은 문법화의 의미 변화는 외부적인 것에서 내부적인 것, 즉 심리적인 것으로 변화된다고 주장하였다. 그녀는 이러한 의미 변화를 추적하여 문법화 현상에서 나타나는 인간의 인지현상을 확인해보려 함으로써 문법화 현상의 적극적인 동인을 규명해 보려 했다는 점에서 큰 기여를 한 것이다. Traugott은 문법화론에 새로운 시각을 도입하여 문법화에서 일어나는 의미 변화들은 주로 주관화(subjectification) 현상임을 지적하였다. 특히 그녀는 1991년의 König과의 공저인 논문을 통해 의미-화용적 변화의 세 가지 경향성을 다음 (3)과 같이 제시하였다.6)

   (3) 경향성 I   외적인 기술적 상황 > 내적 (가치판단/지각/인지적) 상황
       경향성 II 외적/내적인 상황   > 텍스트적 상황
       경향성 III (텍스트적 상황)   > 화자의 주관적 신념 상태

위의 경향성의 예로 고대영어의 *hwilum*에서 현대영어의 *while*로의 변화를 들고 있는데 이것을 도식화 하면 다음 (4)와 같다.

---

6) 의미-화용적 경향성의 추가적인 예는 §4.6의 '주관화'에 관한 논의 참조.

(4) OE   *hwilum* 'at times'   실제 세계에 존재하는 상황
                               (명제의 일부)

    ME   *while* 'during'   실제 세계의 두 가지 상황의 시간적 연결, 두
                               절의 연결 (텍스트의 일부)

    ModE   *while* 'although'   화자의 심리적 태도
                               (주관적 신념 상태 일부)

    Traugott은 이와 같이 문법 범주가 생겨나는 변화의 기제로 정보성의 강화, 담화적 함축, 그리고 환유 등을 들고 있는데 이것은 후에 Heine *et al.* (1991a)에서 제시한 환유-은유 모형(metonymic-metaphorical model)에 큰 영향을 주었다.[7)]

    Traugott의 영향을 받은 이후의 많은 연구들은 이런 문법화 현상의 인지적인 기제를 찾아보기 위해서 은유(metaphor), 환유(metonymy), 대화상의 함축(conversational implicature), 유추(inference) 등의 인지적인 언어전략에 관심을 갖게 되었다. 이처럼 문법화가 단순한 외부적 현상으로서가 아니라 더 깊게는 인간의 인지와 관련되어 있다는 확신이 생겨나면서, 문법화와 인간 인지간의 관련성에 대한 증거를 검증해 보려는 노력이 있었고, 따라서 범언어적인 통계를 통한 일관성 있는 패턴을 찾으려는 연구가 매우 활발하게 추진되었다.

    이처럼 1970년대 이후 인도유럽어와 아프리카 제언어 그리고 많은 어족들의 언어에 대한 문법화론적 연구가 급속도로 진행됨에 따라 문법화 현상이 고립된 현상이 아니라 매우 규칙적이며 따라서 이러한 문법화 현상 뒤에는 언어를 사용하는 언중의 인지적인 활동이 드러나 있는 것이라는 점을 통계적으로 보여주게 되었고 범언어적으로 문법화 현상에 상당한 공통점이 있다는 것이 지적되기에 이르렀다. 특히 언어변화에는 연속성이 있을 뿐 아니라 이러한 변화는 일종의 연쇄를 가지고 있음이 지적되었다. 이러한 학계

---

7) 이 모형에 대한 소개는 후에 §7.5에서 이루어질 것이다.

동향 속에 Charles Ferguson과 Joseph Greenberg 두 학자에 의해 주도된 Stanford Project on Language Universals라는 연구프로젝트에서 많은 범언어적 데이터베이스를 이용한 연구가 진행되었다. 이 프로젝트에서 연구된 많은 논문들은 1978년에 Greenberg, Ferguson, Moravcsik 세 학자의 공저로 *Universals of Human Language*라는 4권의 책으로 발간되었고 이것은 이후 문법화론 학계에 큰 영향을 미치게 되었다. 이러한 연구들에 힘입어 추진된 괄목할 만한 프로젝트는 독일 Köln 대학에서 시행된 Cologne Project on Language Universals and Typology라는 프로젝트인데, 이것은 Hansjakob Seiler에 의해 주도되어 이 프로젝트에서 나온 많은 연구 성과가 *Arbeiten des Kölner Universalienprojekts*(흔히 AKUP이란 약어로 불림)라는 논문 시리즈로 발간되었다.

또한 1980년대에 Joan Bybee 등은 범언어적 통계처리를 통한 연구를 진행하였는데, 세계 50여 개 언어의 통계에 기초한 연구가 Bybee의 1985년 *Morphology: A Study of the Relation between Meaning and Form*이란 책으로 발간이 되었다(한국어 역, 이성하·구현정 2000). 또한 Bybee와 그녀의 동료 학자들은 이 범언어적 통계에 의한 연구를 더 확장하여 전 세계의 4,000여 개 언어 중에서 범언어적으로 어족 간의 통제를 거쳐 선별한 76개 언어에서의 언어자료를 데이터베이스로 하여 문법소(그들은 grammatical morpheme을 'gram'이라 명명했음[8])가 어떠한 어원에서 어떠한 방법을 통해 만들어지는가를 연구하였다. 이 데이터베이스는 GRAMCATS Sample이라 불리는데 이 통계에 의한 논의가 Bybee, Perkins, Pagliuca 세 학자의 공저로 1994년 출간되었다.

1980년대 초반의 중요한 저술로는 Christian Lehmann(1982)의 저술이 있다(제3차 개정판은 2015년 발행). 이 저술은, 비록 문법화가 이미 이루어진

---

8) 원래 이 용어는 William Pagliuca에 의해서 처음 만들어졌으며 Bybee(1986)에서 처음으로 사용되었다.

경우처럼 쉽게 관찰이 가능한 경우만을 설명할 수 있다는 흠이 있긴 하지만, 과거 다른 학자가 언어 구조의 어느 일부만을 연구 대상으로 한 데 비해 언어 구조를 포괄적으로 다루고 있다는 점에서 그 공로를 인정받고 있다. 개정판(3판)은 2015년에 출간되었다.

1980년대의 또 다른 문법화론 학자로서 주목할 만한 이는 Paul Hopper이다. 그는 문법화의 가장 중요한 원인이 담화에 있다고 봄으로써, 담화에서의 참여자가 대화의 의미를 협상하는 절차에서 문법이 이루어진다고 보았다. 따라서 문법은 늘 협상이 가능하며 정형이 없고, 늘 미래적이며 지연적인 특성을 갖는다고 주장하고 "문법은 없다, 문법화만 있을 뿐이다"라는 격언과 같은 말을 남겼는데, 이로써 그는 문법화를 문법과 동일시하였다. 즉, 문법을 지속적으로 변화하고 있는 '경향성의 총체'로 본 것이다.

또한 1980년대 후반에 문법화 이론에 큰 영향을 끼친 학자로 버클리 대학의 Eve Sweetser가 있다. 그녀는 Givón(1975), Lord(1976), C. Lehmann (1982), Bybee & Pagliuca(1985) 등의 학자들과 관점을 같이 하여 문법화에 의한 의미 변화는 일차적으로 의미 탈색에 의한 것이라고 보았다. 또한 한 걸음 더 나아가 Sweetser는 문법화에서 단순히 의미 탈색이 일어날 뿐 아니라 새로운 의미의 추가도 일어난다고 보았다. 이러한 모형을 '잃고-얻기 모형(loss-and-gain model)'이라 부른다.[9]

오늘날의 문법화론에 지대한 공헌을 한 학자 중에 꼽힐 인물은 독일 Köln 대학의 Bernd Heine이다. 아프리카 제 언어들을 전문으로 연구한 그는 1984 년 Mechthild Reh와 함께 아프리카어 전체를 연구 대상으로 한 논문을 통해서 문법화론의 공간적 범위를 크게 확장시켜 놓았으며, 2000년대부터 Tania Kuteva와의 일련의 연구를 통해 언어생성과정의 재구, 언어접촉, 지역현상, 담화문법 등의 분야에서 큰 성과를 이루어 내었다. Heine는 언어 연구의 주된 관심을 언어학 이론의 설명력에 두었다. 다시 말하면 학문으로서의 언어

---

9) 이 부분에 관한 소개는 §7.2에서 이루어질 것이다.

학 이론은 반드시 "왜?"와 "어떻게?"라는 질문에 답을 주어야 한다는 것이다. 언어학 이론은 단순히 현상을 나열하는 데 그쳐서는 안 되며 반드시 그러한 현상이 왜 일어나는지 설명할 수 있어야 한다는 것이다. Heine는 언어현상을 설명하는 이론에는 약한 설명력을 가지는 것과 강한 설명력을 가지는 것이 있다고 주장하고 이론의 설명력을 다음과 같이 분류한다.

(5) 언어학 하위 분야 내적 설명 → 설명력 없음
    언어학 분야 내적 설명 → 설명력 적음
    언어학 외적 설명 → 설명력 큼

위의 분류 (5)에 따르면 어떤 언어 현상의 문제에 대한 설명을 그 해당 언어학 분야 내에서 찾으면 그 설명은 설명력이 없다. 예를 들어 통사론적인 문제를 통사론 내에서 설명하는 것은 이론 내적인 설명이므로 설명력이 없는 것이다. 한편 통사론적인 문제의 설명을 의미론이나 형태론 등의 다른 언어학 하위 분야에서 찾는 것은 설명력이 적긴 하지만 설명력이 있다. 그러나 통사론적 문제의 설명을 인간의 인지, 역사, 담화, 지역적·사회적 영향, 문화 등 언어학 외적인 분야에서 찾게 되면 그 설명은 설명력이 큰 것이며 이것이 학문으로서의 언어학이 추구해야 할 설명력이다. 문법화론은 바로 이러한 설명력을 제공해 준다. Heine는 문법이란 인지가 문법화를 거쳐 실현되는 언어 형식이라고 생각하여 문법의 인지적 근원을 찾는 것을 연구 활동의 가장 중심적인 과제로 삼는다. 이러한 그의 입장을 잘 소개한 저서로는 1984년 Reh와의 공저 *Grammaticalization and Reanalysis in African Languages*와 1986년 Claudi와의 공저 *On the Rise of Grammatical Categories: Some Examples from Maa*, 1991년의 Claudi, Hünnemeyer와의 공저 *Grammaticalization: A Conceptual Framework*와 1997년 발간된 *Cognitive Foundations of Grammar*(한국어 역, 이성하·구현정 2004, 문법의 인지적 기초) 등이 있다.

이처럼 문법화론은 학문적인 설명력을 이론 내적 현상에서 찾지 않고 이론 외적 현상에서 찾으려 함으로써 학문의 시야를 점점 넓혀가게 되었다. 특히 위에서 언급한대로 Givón은 종래의 단어 형성 연구 중심에서 벗어나, 형태론과 통사론 그리고 통사론과 담화·화용론이 통시적으로 연결되어 있음을 보였다. 또한 1993년 독일 Köln 대학의 언어학 연구소와 아프리카 연구소에서 행한 강의에서, Givón은 의미론과 화용론의 관계에 대해 "의미론은 문법화된, 즉 굳어진 화용론(Semantics is grammaticalized or frozen pragmatics)"이라고 말하였다. 이러한 연구들을 바탕으로 문법화론의 관심 영역은 형태론, 통사론, 의미론, 화용론 등 언어학의 모든 하위 분야들은 물론, 인간의 인지와 경험, 문화, 역사 등 방대한 범위를 포괄하는 학문으로서 성장하게 되었다.

문법화론의 발전에 있어서 반드시 언급해야 할 학회 활동은 1988년 미국 오리건대학에서 개최된 문법화론 심포지엄이다. 이 심포지엄은 그동안 여러 시각에서 문법화를 연구해오던 학자들의 연구 성과를 집약하고 문법화론을 강력한 언어학 이론으로 발전시키는 데에 학자들의 관심과 노력을 결집할 수 있는 소중한 기회가 되었는데 이때에 발표되었던 다양한 세부 분야의 논문이 1991년 *Approaches to Grammaticalization*이라는 두 권의 책(Traugott & Heine 1991a)으로 발간되었다. 이 책에는 문법화론의 일반적인 방법론과 문법화의 방향성을 비롯하여, 동사류, 논항구조, 접속법, 양태 등 다양한 문법 범주들의 문법화 현상들과 이와 관련된 범언어적 패턴을 구체적으로 다룬 중요한 논문이 게재되어 있다. 이 심포지엄 이후 여러 국제 학회에서는 문법화론을 강력한 설명력을 가진 언어학 이론으로 인정하고 이를 학회 관련 분야로 지정하고 있어서 매년 문법화에 관한 많은 연구 논문이 발표되고 있다. 특히 미국 내 유수한 언어학회로 언어학계에 주도적인 역할을 하고 있는 버클리언어학회(Berkeley Linguistics Society)는 1988년의 연례 학회에서 문법화론을 그 해 학회의 핵심주제로 지정하였으며 발표된 논문들은 학회지 *BLS 14*에 수록되었다. 또한 일본에서도 1993년에 Toshio Ohori를 중심으로 하여 일본영어학회(Japan English Linguistic Society) 연 례 모임에서 문법화론 워크샵이 있었고, 이 학회의 기고 논문이 *Studies in Japanese Grammaticalization*이라는 책으로 1998년에 발행되었다. 이 학회 에서는 일본어에서의 후치사, 접속사, 조사 등의 문법화 과정을 연구한 논문 이 발표되었다. 또한 미국언어학회(LSA: Linguistic Society of America)에 서는 격년제로 시행되는 여름학기 강좌(Summer Institute; LI: Linguistics Institute)를 운영하고 있는데, 1995년 뉴멕시코대학에서 실시된 여름학기 강 좌에서는 문법화를 주제로 하여, 문법화 일반론은 물론이고 문법화가 인지, 보편문법, 통시성, 은유, 기능주의 등 여러 가지 언어와 관련된 분야들과 갖 는 폭넓은 관련성들을 탐색하는 많은 강좌를 개설하고 세계적으로 권위 있 는 학자들의 강의를 통해 문법화론의 학문적인 정착과 보급에 크게 기여한 바 있다.

문법화 이론의 빠른 발전과 더불어 문법화의 이론적 타당성을 재조명해 보고자 하는 New Reflections on Grammaticalization학회가 1999년 처음으 로 Potsdam에서 열렸으며, 2회 학회는 2002년 Amsterdam, 3회 학회는 2005 년 Santiago de Compostela, 4회 학회는 2008년 Leuven, 5회 학회는 2012년 Edinburgh에서 각각 열렸다. 이 학회들에서는 문법화와 밀접한 관련을 맺고 있는 다양한 언어변화 현상을 문법화 이론의 시각에서 어떻게 다뤄야 할지 를 다양한 각도로 살펴본 중요한 계기가 되었다. 또한 역사언어학회에서도 문법화 연구에 초점을 두고 문법화 워크샵을 개최해 오고 있으며, 그 중에도 2009년 라드바우드대학에서 열린 19회 국제역사언어학회와 2011년 오사카 에서 열린 20회 국제역사언어학회의 발표들이 주목할 만하다.

문법화 연구의 또 다른 중요한 성과는 개념사전과 어휘사전류의 출판이 다. 1993년 Bernd Heine를 비롯한 여러 학자가 참여하여 주로 아프리카 언 어의 자료를 중심으로 *Conceptual Shift*라는 문법화 항목의 어휘사전(Heine *et al.* 1993)을 출간한 이래, 1994년 Donald Lessau에 의한 *A Dictionary of Grammaticalization*이 출간되었고, 2002년에는 Heine *et al.*(1993)을 바탕으로 대상 언어의 폭을 더 넓힌 어휘사전인 *World Lexicon of Grammaticalization*이 Bernd Heine와 Tania Kuteva에 의해 출간되었다. 또한 2011년에는 문법화 학자 73인이 참여한 *The Oxford Handbook of Grammaticalization*이 Heiko Narrog와 Bernd Heine에 의해 출간되었다. 우리나라에서도 2009년 이성하의 문법화 개념사전이 출간되었는데 이 사전에서는 문법화 이론에서 사용하는 용어 900여 개를 해설하고 용례를 소개하고 있으며, 문법화 이론 정립에 크게 기여한 우수 논저 130여 편에 대한 해설도 함께 싣고 있다.

1.3 국내의 연구 동향

1.3.1 20세기 국내의 연구 동향

20세기 말 한국의 언어학계에서는 문법화론이 언어 현상에 대해 높은 설명력을 가지고 있다는 공감이 일어나면서 많은 학자가 문법화론에 큰 관심을 보이고 있다. 여기서는 문법화론의 시각에서 이루어진 국내외 학자들의 한국어 연구 동향 뿐 아니라 재외 한국 학자들에 의한 범언어적 문법화론 연구도 포함하여 국내의 문법화론 연구의 역사와 그 공헌들을 간단하게 소개하고자 한다.10)

원래 문법화론이 비교-역사언어학적 전통에서 나온 것과 마찬가지로 한국어에서의 언어변화에 관한 업적들은 문법사 연구 학자나 역사언어학자들에

---

10) 일반 역사언어학적 전통에서 이루어진 통시적 연구나 다의어적 상관성을 연구한 공시적 연구 중에는 문법화적 관점에서 매우 중요한 연구들도 많이 있으나 문법화론적 시각이 크게 부각되지 않은 연구들은 본서의 성격상 생략된 것이 많이 있음과, 저자의 불충분한 자료 확인에 의해 중요한 논문이 빠져 있을 수 있음을 미리 밝혀둔다.

의해 이루어졌다. 그러나 문법화론이란 용어가 소개되기 이전에는 '허사화 (虛辭化)'란 이름으로 연구들이 나왔다. 이처럼 문법소들을 '허사'로 명명한 것은 중국학자들의 영향인 것 같다. 유창돈(1962: 201)에서는 허사화를 다음 (6)과 같이 정의하고 있다.[11]

(6) 허사화란 일정한 의미를 가지고 쓰이던 실사가 타어사의 뒤에 연결되어 선행 어사의 영향 하에 들어가게 될 때, 그로 인하여 본래의 어의가 희박화 내지 소실되며 선행어사의 기능소인 허사로 변히는 현상이다.

위 (6)의 정의에서 사용한 허사화란 문법화론에서의 문법화의 정의와 매우 유사하다. 특히 허사화 과정에서는 원래 어의가 완전히 소실되기만 하는 것이 아니라 일부 의미 요소만 없어져 '희박화'되기도 한다고 한 것은 1970년대 이후 시작되어 한때 서양의 문법화론에서 가장 많은 지지자들을 가졌던 이른바 '탈색 모형(bleaching model)'의 입장과 매우 유사한 데가 있다.[12] 그러나 안주호(1996: 15)에서도 지적하고 있듯이 당시까지의 문법화에 대한 국내 연구는 주로 완성된 것들을 주로 다루어 왔으며 중세 한국어와 근대 한국어의 자료들을 주된 연구대상으로 삼아왔다.

1970년대까지의 주목할 만한 연구로는, 존재동사 '있다'가 형태요소로 발전한 과정을 연구한 이희승(1956), 주격조사의 생성과 변화를 연구한 논문들인 김방한(1957), 이기백(1958), 이숭녕(1958), 정광(1968), 김승곤(1970), 이병선(1976), 그리고 허사화 과정을 논한 유창돈(1962) 등이 있다. 김영희(1975)는 '닥-아서'에서 '-다가'가 변화한 과정을 연구하였으며, 이숭녕(1976)은 존재동사로부터 후치사 '셔'가 발달하는 과정을 논하였고, 김승곤(1978, 1992a,b)에서는 조사의 어원을 밝히고 조사가 발달되는 원리를 제시하였다. 1977년부터 1982년까지의 논문을 모은 허웅(1987)은 시상태 체계에

---

11) 안주호(1996: 15)에서 재인용.
12) 탈색 모형에 대한 논의는 §7.1 참조.

대한 중요한 연구들을 모아 싣고 있으며, 김문웅(1975, 1978, 1979, 1982)은 일련의 연구를 통해 불완전명사를 비롯한 여러 가지 어휘들의 문법화 현상을 보였다.

1980년대에 들어서면서 비교적 많은 문법화 연구가 나오는데, 의미 변화를 설명하고 원인을 분석한 논문들인 정교환(1980)과 김종학(1982), 남성우(1982), 그리고 상태지속상의 변화를 설명한 이기갑(1981), 주격표지의 발달을 연구한 이승욱(1981), 제주방언에서의 문법화 과정을 연구한 강정희(1982), 의문법과 종결어미의 발달을 통시적으로 고찰한 이현희(1982a,b), 격표지와 여러 조사들을 연구한 홍윤표(1981a,b, 1984), 조사와 어미들의 발달과정을 연구한 안효팔(1983), 보조동사의 생성을 화석화라는 시각으로 본 김기혁(1984), 속격과 처격 표지의 발달과정을 논한 홍종선(1984), 의문사의 발달을 연구한 김광해(1984), 주격조사 '가'의 변화를 다룬 이태영(1984, 1985) 등이 1980년대 전반의 주목할 만한 연구라 할 수 있다. 1980년대 후반에 오면, 존재동사의 시대적 변화를 연구한 이승욱(1986), 과거시제표지 '엇'의 변화를 연구한 한동완(1986), 시제표지의 발달을 연구한 홍종선(1987), 동사 '겨다'의 문법화를 다룬 이태영(1987), 동사 '가지다'의 문법화를 분석한 김태엽(1987), 동반표지들의 통시적 의미를 다룬 전재호(1988), 조건을 나타내는 '-거든'의 변화 과정을 연구한 구현정(1996a [1989]), 연결어미의 변화를 통시적 관점에서 다룬 리의도(1989), 조사와 종결표지의 변화과정을 연구한 허웅(1988a,b), 문법변화의 여러 주제들을 다룬 1985년부터 1994년까지의 여러 편의 논문들을 한 데 모아 소개한 권재일(1994) 등이 있다.

1990년대에 들어서면 문법화 연구는 매우 활기를 띠게 된다. 의존명사와 종결어미의 문법화를 다룬 김태엽(1990, 1998), 여러 조사들의 문법화를 연구한 이태영(1991, 1997), 원인을 나타내는 연결표지들의 문법화를 다룬 손성옥(1992, 1994), 의존명사와 보조동사들의 문법화를 다룬 권영환(1993, 1996), 후치사류와 연결사의 문법화를 다룬 안주호(1994, 1999), 조동사의 변천과 보조용언 '-어 버리다'를 통시적으로 비교 연구한 김미영(1995a,b), 불완전명사 '뿐'이 토씨로 발달하는 과정을 분석한 채영희(1995), 소유동사 '가지다'가 후치사 '가지고/갖고'로 문법화한 현상을 다룬 김정민(1995), 담화표지 '뭐냐, 있지, 말이야' 등의 문법화를 연구한 임규홍(1995, 1998), '밖에'의 문법화와, 국어와 영어의 자료를 비교하며 문법화 현상을 연구한 박승윤(1994, 1997), 보조동사구문을 문법화적 시각에서 다룬 김명희(1996a), 문법형태소들의 소멸과 생성을 소개한 권재일(1996), '가지고', '더브러, 드려, ᄒ야' 등으로 문법화한 동사들을 연구한 이태영(1997), '이'계 특수조사의 문법화를 다룬 최동주(1999), 보문소 '것'과 종속연결어의 문법화를 다룬 박기성(1997), 한국어의 여러 가지 언어변화 현상을 문법화 이론에 비추어서 고찰한 최형용(1997), 담화표지 '왜냐면'의 발달을 다룬 이원표(1994), 인용조사 '-고'의 문법화와 주관화를 다룬 이원표(1999), 영어와 한국어를 중심으로 완결상의 문법화를 다룬 백미현(1998), 문법화의 이론과 연구동향을 소개한 이정애(1998b), 현대국어의 조건형태가 문법화된 과정을 분석한 구현정(1998a), 조건의 의미를 인지적으로 접근하여, 인접 범주와의 상관성을 인지의미론과 문법화론의 관점에서 분석한 구현정(1998b), 범언어적으로 조건 범주가 어떻게 변화하는지를 분석한 구현정(1999), '때문에' 구성의 문법화를 다룬 정연희(1999), 몽골어의 발화동사 *ge*-의 문법화를 다룬 송재목(1999) 등이 주목할 만하다.

문법화론에 있어서 1990년대의 가장 큰 성과는 여러 편의 박사학위 논문이 나옴으로써 문법화 전공학자가 학계에 배출되었다는 것이다. 이들 중 몇 편을 소개하고자 한다.13)

이태영(1993 [1988])은 동사 '닥다', '겨시다', '겨다', '시다/이시다', '가다' 등의 문법화를 소개하고 동사가 문법화하는 일반적인 원리를 형태-통사

---

13) 학위논문은 학위수여년도와 논문발행년도가 차이가 나는 경우가 있다. 여기서는 논문의 발행 연도를 따랐으며 판이 바뀐 경우에는 일반적인 관행에 따라 초판1쇄의 연도를 각 괄호([19xx]) 안에 넣었다.

적 입장에서 제시하였다.

리의도(1990 [1989])는 15세기부터 19세기까지 연결어미의 변화를 통시적으로 연구한 논문이다. 여기서는 구속법, 양보법, 나열법, 첨가법, 선택법, 의도법, 전환법, 견줌법, 동시법, 설명법, 비례법, 가치법, 반복법, 부정법 등 14가지 범주의 연결어미의 변화를 시대별로 비교 분석하였다.

이효상(1991)은 한국어 시상태 체계를 연구한 논문이다. 여기서는 한국어의 각종 시상태표지들을 담화화용적 측면에서 기술하여 공시적인 분석을 하면서 아울러 통시적인 문법화 현상을 소개하였다.

정재영(1996 [1993])은 중세국어의 의존명사 '드'의 문법화를 다루었다. '드'는 여러 가지 통합형 접속어미와 통합형 종결어미 등으로 변화하는데 이들 어미의 생성과 기능을 문법화적 관점에서 형태·통사·의미적 분석을 제시하였다.

박인선(1994)은 외국어 자료를 이용하여 문법화를 연구한 논문이다. 이 논문에서는 Burmese, Tibetan, Hayu 등 세 가지 Tibeto-Burman 언어들의 문법화 현상을 연구하였다. 이 논문은 언어유형론적 시각에서 이들 언어에서의 동사의 문법화 현상을 비교하고 공통점과 차이점을 논하고 문법화는 언어계통적 관련성보다는 언어유형적 관련성에 더 크게 의존적이라는 점을 제시하였다.

고영진(1995)은 국어의 용언의 문법화를 연구한 논문이다. 여기서는 용언이 본용언에서 보조용언으로 문법화하는 과정이라든가, 접두사, 접미사 등 '가지'로 혹은 조사로 문법화하는 과정을 연구하였다. 또한 이 논문에서는 문법화의 끝 단계에서는 오히려 어휘화가 일어난다고 하여 합성어나 파생어가 어휘화하는 예들을 들고 있다.

김영욱(1995)은 국어 문법형태의 4가지 일반적인 원리 즉, 일대일 대응의 원리, 일음절의 원리, 후접성의 원리, 인접성의 원리 등을 제시하였다. 또한 문법형태들의 통시적인 변화 양상들을 보인 후 구체적인 실례들을 보였다.

최동주(1995)는 시상태 체계에 대한 통시적인 변화를 다룬 논문이다. 여기서는 시상태 형태소들의 의미와 배열 원리 등을 소개하고 또한 '-엇-'의 문법화 과정을 다루었다.

김미영(1996)은 용언의 접어화 현상을 통시적으로 다룬 논문이다. 이 논문에서는 한국어의 '버리다', '가지다', '주다', '오다', '가다' 등 20여 개의 동사가 [용언 > 보조용언 > 접어 > 접사]의 연속변이를 나타내고 있음을 여러 방언자료들을 이용해 보여주었다.

안주호(1996)는 명사의 문법화를 다룬 논문이다. 이 논문에서는 문법화를 그 진행 정도에 따라 세 단계로 나누고 각 단계별로 명사의 문법화를 연구하였다. 즉, 완전한 명사가 차츰 의존성을 띠어가면서 의존명사화하는 1단계로부터 접어화 단계라 불리는 2단계를 거쳐 2단계에서의 일부 문법형태가 완전한 문법소로 변화하는 과정인 3단계를 거친다고 하였다.

이성하(1996c)는 한국어 동사의 문법화를 다룬 논문이다. 여기서는 한국어 동사의 세 가지 의미 범주 즉 '버리다', '두다' 등 4개의 행위동사, '있다', '계시다'의 존재동사, '가다', '지다', '붙다' 등 14개의 직시동사 등을 연구하고, 이러한 한국어 동사들의 문법화를 다른 언어의 해당 동사들의 문법화와 비교한 논문이다. 이 논문은 주로 은유나 화용적 추론의 역할, 그리고 화자의 관점에 주목하여 담화 및 인지적 시각에서 문법화를 연구하였다.

오상석(1998b)은 한국어의 '버리다', '치우다', '말다', '놓다', '내다', '먹다', '지다', '보다' 등의 동사들과 의존명사 '것'이 관련된 다양한 시상태 표지들의 발달을 의미변화와 통사적 재분석의 관점에서 분석하였다.

이정애(1999)는 한국어의 화용표지의 발달을 문법화적 관점에서 분석한 논문이다. 특히 통사구조에 독립적인 전형적인 담화표지들인 '말이야', '이제', '이, 그, 저', '그냥', '뭐' 등뿐만 아니라 비독립적인 형태들인 '가지고', '로', '요' 등도 화용표지로 분류하여 이들의 명제적 의미와 화용표지로서의 의미, 그리고 이들의 발달과정을 분석하였다.

호광수(2003[1999])는 한국어 보조용언 구성 중 '보다' 구성의 문법화를 다룬 것으로 [연결어미+보다] 유형과 [종결어미+보다] 유형에 속한 구문이 '시행'과 '추측'의 의미를 취득하여 의미 추상화 과정을 거친 과정을 의미, 통사적 관점에서 분석하였다. 또한 문법화의 정도에 따라 [본용언 > 보조용언 > 접어 > 문법소]로 단계를 설정하여 논의하였다.

국외에서 활동하고 있는 한국 학자 중에서도 문법화론에 대한 관심이 높아지면서 한국어의 문법화 연구가 활발하게 진행되었다. 외국에서 개최되는 학회들에서 한국어 문법화의 연구가 많이 제시됨에 따라 외국 학자 간에도 한국어의 문법화 현상에 많은 관심을 보이고 있다. Falsgraf·박인선(1994)에서는 한국어와 일본어의 복합 서술어들을 공시·통시적으로 분석하였다. 또한 Strauss(1997)에서는 한국어의 '-서'를 분석하였고 Strauss·손성옥(1998)에서는 문법화와 상표지 감정표지 등의 상관관계를 한국어의 '버리다'와 일본어의 *shimau*의 용례를 통해 연구하였다. 국제한국언어학회(ICKL: International Conference on Korean Linguistics)에서는 1996년에 호주에서 개최된 제10회 학회에서 손호민·손성옥(1996)의 한국어 문법화에 관한 개괄적인 소개가 있었고 1998년에 하와이대학교에서 개최된 제11회 학회에서도 여러 편의 한국어 문법화 논문이 발표되었다. 이 중 하나인 오상석(1998)에서는 행동주 중심의 양태표지들이 문법화하는 현상을 다루었다. 구문들이 은유나 화용적 추론과 같은 기제들을 통해 문법화하는 과정을 논하였다. 또한 손성옥(1998b)에서는 조사들의 문법화를 연구하였는데 동사가 여러 가지 연결사들과 결합한 구조에서 조사로 변화하는 과정과, 명사와 조사가 결합한 구조가 새로운 조사로 문법화하는 현상, 그리고 존재동사에서 여러 가지 문법표지로 문법화한 현상들을 다루었다. 또한 Strauss(1998a,b)에서는 동사 '버리다'와 '말다'가 우연성(accidentality)을 표시하는 문법소로 발전한 현상을 연구하였다. 여기서는 이들 동사가 [totality > accidentality]로의 변화를 통해 완결상(completive) 표지로서뿐 아니라 화자의 주관적 감정을 함께 표현하는 표지로 발전하였음을 보이고 이 문법화를 일본어 동사 *shimau*의 경우와 대조하여 분석하였다.

2000년대 이전, 국내 문법화 연구의 초기에 이루어진, 서구의 문법화 이론에 대한 본격적인 소개로는 1996년 담화인지언어학회에서 구현정(1996b), 김명희(1996b) 두 학자에 의해 Hopper & Traugott(1993)의 강독이 있었으며, 한국언어학회에서의 특강으로 이효상(1997)의 문법화론 소개가 있었으며, 인지의미론의 측면에서 문법화의 기제와 단계들을 설명한 임지룡(1997)의 저술이 있다. 문법화 연구의 흐름을 정리하고 소개한 논문으로는 허재영(1997)이 있다. 1997년 한국언어학회 제 4회 서울 국제 언어학 학술대회에서도 한국어의 문법화를 다룬 몇 편의 연구 논문이 발표되었다. 이들 중에는 명사의 문법화를 다룬 정재영(1997a,b), 동사의 문법화를 다룬 이태영(1997), 접속어미의 문법화를 다룬 백낙천(1999) 등이 있다.

1.3.2 21세기 국내의 최근 연구 동향

2000년대에 들어서면, 한국어를 대상으로 한 문법화 연구가 학위 논문으로 다수 출간되어 문법화 연구가 매우 활발하게 이루어진다. 예를 들어, 국어 의존명사의 문법화 과정을 논의한 안효경(2000), 국어용언의 문법화를 다룬 배현숙(2000), 명사류의 보문구성이 문법화되는 과정을 분석한 강소영(2001b), 한국어 지시대용어의 문법화를 다룬 박근영(2001), 연결어미의 문법화를 다룬 정연희(2001), 영어와 한국어의 문법화를 중복모형과 환유-은유모형으로 분석한 주소영(2002), 언어 단위 변화와 조사화를 연구한 한용운(2003[2002]), 명사, 동사 등 실사에서 접두사로 발달한 과정을 연구한 정경애(2004), 인용문 형식에서 문법화된 어미와 조사를 연구한 이금희(2005), 언어처리의 관점에서 '구묶음'을 위한 명사 특성을 분석한 최운호(2005), 미래성표지의 발달과정을 다룬 이병기(2006), <노걸대>와 <박통사>를 중심으로 연결사의 발달을 분석한 장숙영(2008), 한국어 보조용언의 문법화를 다룬 김문기(2007a), 대우법 어미가 형태화되는 과정을 분석한 김현주(2010), 연결어미가 종결어미로 발달하는 과정과 억양의 역할을 분석한 조민하(2011), 화자의 관점과 증거성 체계의 발달을 논의한 권익수(2012), 명사의 문법화 과정을 분석한 송대헌(2014), 그리고 동사 '가다'의 문법화를 다룬 유세진(2014), 비격식체에서 연결표지가 종결표지로 문법화되는 과정을 다룬 목지선(2015), 조사와 용언 활용형이 결합하여 조사 상당 구성을 이룬 형태들의 문법화를 다룬 문병열(2015), 의존명사와 선어말어미 '-오-'의 실현 양상을 분석한 안신혜(2015), 동사 '하'-의 축약현상을 다룬 양지현(2015), 접속부사가 담화표지로서 기능을 가진 형태로 발달하면서 겪게 되는 기능, 형태, 운율의 변화를 다룬 하영우(2015), '-거든'과 '-잖아'의 종결어미화 현상을 다룬 김아림(2015) 등의 박사학위 논문이 주목할 만하다.

한국어 이외에도 다른 언어의 문법화 현상을 다룬 학위논문이 있는데, 영어를 대상으로 한 문법화 연구 학위논문을 예로 들자면, 영어에서 공간과 관련된 어휘들이 전치사로 발달한 과정을 분석한 백정혜(2006a), 영어의 원인표지 전치사들의 문법화를 분석한 안미경(2009a), 영어의 양보표지 접속사들이 문법화된 과정을 분석한 이현숙(2011), 영어의 감정구문에서 선택되는 전치사의 문법화를 다룬 김은미(2015), 영어에서 유추에 의해 복합전치사들이 문법화하는 과정을 분석한 안규동(2015), 영어의 복합전치사들이 문법화한 과정을 문법화 이론의 다양한 원리들로 분석한 김수경(2015), 영어의 서법조동사들이 문법화한 과정을 분석한 이윤희(2015), 영어의 담화표지 *well, like, indeed, I think* 등을 문법화적 관점에서 분석한 배주용(2015) 등이 있다.

또한 이 시기에 국내 대학에서 중국어의 문법화나, 한국어와 중국어의 문법화를 대조한 학위논문가 다수 출간되는데, 예를 들어, <노걸대>, <박통

사>와 언해류를 중심으로 중국어의 문법화를 분석한 신용권(2007), <수호전>을 중심으로 술보결구의 발달을 분석한 박원기(2007), '得'으로 표시되는 상태보어구문의 문법화를 다룬 윤유정(2009a), 관용어구들의 발달과정을 분석한 문홍(2012), 방위사 '이(裏)'와 '중(中)'의 문법화를 다룬 박지영(2014), 'V個X'구문의 문법화를 다룬 곡효여(2014), 보어 구조의 문법화를 다룬 범노신(2014), 양태표지 '要'의 문법화를 다룬 홍연옥(2014)과 박성하(2015), 개사의 문법화를 다룬 여나(2015), 부사 '就'의 문법화를 다룬 주기하(2015), 주관성 동량사의 문법화를 다룬 성기은(2015) 등을 들 수 있다.

이외에도 러시아어의 서법표현의 문법화를 다룬 정연우(2007), 일본어와 한국어의 보조용언을 문법화적 관점에서 대조분석한 강덕구(2008), 일본어의 보조동사를 문법화적으로 분석한 동소현(2008), 일본어의 부정의문문의 문법화를 다룬 유경희(2008), 몽골어의 후치사 문법화를 다룬 박상택(2014), 몽골어의 격형태를 분석한 고종열(2015) 등의 연구를 들 수 있다.

2000년대에는 학위논문 이외에도 한국어에 대한 다양한 문법화 연구가 학술지의 논문으로 발표되는 데 구현정의 일련의 연구가 주목할 만하다. 특히 한국어 어휘에서 고빈도를 차지하고 있는 동사 '주다', '드리다', '*달다'의 의미 빈도를 분석한 후 빈도적 비대칭성을 이용하여 각 동사들의 원형의미와 이로부터 확장된 의미들을 분석하고 문법화 과정을 밝힌 연구(2003), 조건표지가 공손어법의 전략으로 사용되는 기능을 분석한 연구(2005b), '안', '아니', '않다' 등의 부정표현이 문법화되는 과정을 분석한 연구(2008), 조건표지가 패러다임과 패러다임의 결합을 통해 확대되어 가는 문법화 과정을 분석한 연구(2010), 한국어의 '-기는'이 명사화 표지와 주제 표지의 결합으로부터 다양한 담화의미 기능의 표지로 문법화되는 과정을 밝힌 연구(2013), 그리고 구현정과 이성하의 공동연구에서는 조건표지 '-거든'이 새로 등장한 '-으면'에 의해 대부분의 기능영역을 빼앗기고, 원형적인 조건표지로서의 기능으로부터 특수한 영역에서만 층위화를 이루고 있음을 보인 연구

(2001), 한국어의 도구격 표지가 어떻게 인지적, 의미적으로 네트워크를 형성하고 있는지를 보인 연구(2006), 한국어의 약속형 '-을게'가 공손한 명령 표현으로 발달하는 과정을 분석한 연구(2013a), 사동과 피동표지가 공손법 표지로 발달하는 과정을 분석한 연구(2014) 등을 들 수 있다.

또한 한국어의 문법화 현상을 활발하게 연구하는 손성옥의 경우, '-고, -니까, -면서' 등의 연결사가 문장종결표지로 발달하는 과정을 밝힌 연구(1995)를 비롯하여, 존대 격표지인 '-께, -께서' 등의 문법화 과정을 밝힌 연구(2002), 문장 종결부에서 쓰이면서 상호주관화를 표시하는 '-니까'의 발달과정을 분석한 연구(2003), '-는데'가 관계사 구문에서 출발하여 절접속사로 발달하는 과정을 분석한 연구(2006), 인용표지의 문법화 과정을 분석한 연구(2011) 등이 주목할 만하다.

또한 김민주의 일련의 연구도 문법화 연구에 크게 기여하였는데, '가지다' 구문이 다양한 문법표지로 발달한 과정을 밝힌 연구(2008), '-어 있-, -었-, -고 있-' 등의 상표지가 동일한 존재동사에서 출발하여 발달하게 된 과정을 분석한 연구(2009), 동사 '싶-'이 다양한 문법표지로 발달한 과정을 분석한 연구(2010), 연결표지 '-나'가 다양한 의미기능을 획득하게 된 과정을 분석한 연구(2015) 등을 들 수 있다.

그뿐만 아니라 이 시기에는 여러 문법화 학자들에 의해 한국어의 다양한 문법화 현상을 분석한 중요한 연구가 나오게 되었는데, 다양한 영역의 문법화를 다룬 김태엽의 일련의 연구, 즉 종결어미화(2000), 어미의 문법화(2001), 담화표지의 발달(2002a), 문법화의 단계성(2002b) 등과, 안주호의 일련의 연구, 즉, '그러-' 계열 접속사의 문법화(2000), 인용표지의 문법화(2003), 명사의 문법화(2004a,b), 연결어미의 문법화(2006), 조사의 문법화(2011, 2014) 등이 주목할 만한 연구이다.

이 외에도 주제별로 주목할 만한 중요한 연구들로는 명사류에서의 문법화를 다룬 황경수(2000), 박주영(2000), 강소영(2001a, 2005a), 김상윤(2002),

김언주(2002), 강정희(2002, 2012), 안주호(2004a, 2004b), 김한샘(2006), 최
전승(2007), 이성하(2008b, 2011b), 구현정(2009), 조현용(2009), 손성옥
(2010a), 이현희(2010), 시정곤(2010), 이금희(2012), 최대희(2012), 윤보영·
김인균(2013), 안신혜(2013, 2014), 백정혜(2014a), 이동석(2014), 동사류의
문법화를 다룬 양인석(2000), 이성하(2000, 2003a,b), 허재영(2000), 김태엽
(2002b), Strauss(2002), 범금희(2002a,b), 정언학(2002, 2003, 2007), 손호민
(2003), 박승윤(2003), 유석훈(2003), 이수련(2003), 장호종(2003), 백정혜
(2003, 2011a), 한영균(2004), 강소영(2005a), 안규동(2005), 백낙천(2005),
김문기(2007b), 정언학(2007), 이현희(2009), 신근영(2010), 김민국(2011),
예선희(2012), 손혜옥(2012), 조미희(2013), 박용찬(2014), 전후민(2014), 조
경순(2015), 강화사의 문법화를 다룬 김희진(2008), 예선희(2015), 시상태 문
법화를 다룬 김용경(2002), 조민진(2006), 나라바야시(2007), 손호민(2008),
Knoob(2008), 강수진(2009), 박진호(2011), 담화표지의 문법화를 다룬 박근
영(2000), 구종남(2000), 목정수(2001), 김태엽(2002a), 주경희(2004), 김태
호(2004), 정윤희(2005a,b), 강소영(2005b), 손성옥·김지은(2008), 임규홍
(2005, 2009, 2011), 이기갑(2010), 김현옥(2011), 김민국(2011), 손성옥·김혜
리(2014), 조민정(2015), 김혜리·손성옥(2015), 이성하(2013, 2014a, 2015),
격표지, 보조사, 불변화사류의 문법화를 다룬 한용운(2001), 김유범(2003),
최전승(2003), 정윤희(2005b), 이성하(2006), 허재영(2007), 김민주(2008),
박선자(2008), 이현희(2009), 황병순(2007, 2008, 2010), 이승연(2010), 안주
호(2011), 남미정(2011), 고영근(2012), 정연희(2012), 이영제(2012), 윤보영·
김인균(2012), Narrog·이성하(2013), 장요한(2013), 손호민(2014), 박용찬
(2014), 여나(2014), 연결표지들의 문법화를 다룬 안주호(2002a, 2000, 2003,
2006, 2011), 김유범(2003), 하치근(2003), Strauss(2003), 손성옥·박미정
(2003), 손성옥(2006a), 이금희(2006), 진정란(2006), 오규환(2008), 이성하
(2009), 송대헌·황경수(2013), 이성하·구현정(2014), 김동민(2014), 이금영

(2015), 김민주(2015), 종결어미의 문법화를 다룬 김태엽(2000), 손성옥
(2003, 2013), 유현경(2003), 우창현(2004), Strauss(2005), 김현옥(2006), 조
은영·이한민(2011), 이숙(2012), 구현정·이성하(2013a,b), 이금희(2013), 이성
하(2012, 2014b), 이소흔(2013), 조민하(2015), 부정표현의 문법화를 다룬 구
현정(2005a, 2008), 김태호(2004), 손성옥(2010b), 정희창(2010), 분류사의
문법화를 다룬 김선효(2005), 파생형태소들의 문법화를 다룬 이성하(2001),
정민영(2003), 김민주(2011b), 손춘섭(2014), 그리고 한국어의 특성과 관련
하여 문법화 이론을 전반적으로 고찰하거나 연구 동향을 논의한 이승욱
(2001), 김태엽(2001, 2002b), 이지양(2003), 이호승(2003), 백낙천(2007,
2009), 최동주(2007), 이성하(2007, 2008a, 2011a), 임근석(2008), 남미정
(2010), 손성옥(2015), 박진호(2015a,b) 등의 연구를 들 수 있다.

　2000년대에 들어서 문법화 이론이 언어변화의 역동성을 잘 보여 주는 이
론틀로서 국내 학자들 사이에서 큰 호응을 얻으면서, 외국어에 대한 문법화
분석이 활발하게 진행되었다. 이미 앞서 설명한 바와 같이 여러 언어에 대한
문법화 학위논문이 출간되었을 뿐만 아니라 학술지 논문도 다수 출간되는데
이들 중 일부를 목록으로 간략하게 보이면 다음과 같다.

(7) a. 영어: 임혜순(2000), 엄수진(2003a,b, 2007), 정은(2003), 김은일
　　　(2003), 박경선(2003), 박상수(2002, 2006, 2008), 김희진(2004),
　　　이현숙(2005, 2010, 2013a,b, 2014), 노진서(2006), 김혜리(2006),
　　　백정혜(2006b, 2011b, 2012, 2014b, 2015), 양용준(2007), 예선희
　　　(2008, 2010, 2014a,b), 이동국(2010), 안미경(2007a,b, 2009b,c,
　　　2010a,b, 2012)

　　b. 중국어: 김선아(2004), 손경옥(2004), 박향란(2004, 2012, 2013), 윤
　　　유정(2004, 2006a,b, 2009b), 이지현(2007), 최재영(2007, 2014),
　　　박원기(2007, 2009, 2010a,b, 2011, 2012(저서), 2013, 2014a,b), 김

윤정(2008), 임병권(2008), 최재영·김윤정(2008), 김인순(2010), 김혜경(2010), 임영택(2011), 최규발(2011), 최신혜·최규발(2012), 백은희(2012), 안소민(2012), 홍연옥(2012), 최재영·권선아(2012, 2013), 왕군상(2013, 2014), 유수경(2013), 유승국(2014), 홍연옥(2014), 김홍실(2015), 쉬리(2015)

c. 일본어: 강덕구(2004), 김정민(2010, 2011a,b, 2012), 김정민·Horie(2009), 송경안(2011), 이정옥(2014), 박강훈(2012a,b, 2014a, b, 2015), 하재필(2014)

d. 독일어: 손성호(2000), 이강호(2001), 문미선(2003), 김재명(2005), 신용민(2006)

e. 프랑스어: 곽노경(2011)

f. 러시아어(슬라브어): 김원회(2001, 2004), 정연우(2005, 2008a,b, 2009), 이희숙(2008), 이남경(2015)

g. 이탈리아어: 조문환(2006), 윤종태(2008, 2009, 2010, 2012)

h. 태국어: 정환승(2006), 박경은(2015)

i. 스와힐리어: 권명식(2002, 2004, 2005)

j. 몽골어: 박상택·고종열(2014)

k. 인도네시아어: 전태현·목정수(2005)

제2장 문법화 형태

문법화는 점진적인 현상이다. 따라서 문법화에는 어휘적인 것으로부터 문법적인 것으로 발전하는 현상뿐만 아니라 '덜 문법적인' 것으로부터 '더 문법적인' 것으로 변화하는 중간적 과정도 포함되어 있기 때문에 문법화된 형태 즉 문법소라고 하는 것은 그 종류가 매우 다양하다. 즉 엄밀하게 말해 모든 언어형태들은 어휘적인 지위를 벗어남과 동시에 그 모든 변화가 문법화인 셈이며, 이때의 언어형태들은 모두 문법소인 셈이다. 이 장에서는 어떤 단어가 문법소로 문법화되었을 때 문법화론에서는 어느 것을 문법소라 하는지, 문법소의 종류에 대하여 살펴보고자 한다. 문법소가 무엇이며 문법소에 어떠한 종류가 있는지 살피는 것은 어떤 특정한 언어변화 현상이 문법화인지 아닌지를 판단하는 데 있어 중요하다.

2.1 기초 논의

문법화 형태를 살펴보기 전에 언어형태와 관련된 기본적인 사항을 먼저 생각해 보고자 한다. 첫째는 언어 형태를 크게 두 범주로 나누는 개방범주와 폐쇄범주의 개념이고, 둘째는 범주의 유동성 문제이다.

2.1.1 개방범주와 폐쇄범주

문법화의 형태를 이해하는 데에는 언어학 일반론에서 말하는 개방범주어 (open class word)와 폐쇄범주어(closed class word)의 구별이 아주 유용한 개념이다. 다음의 예를 보자.

(1) a. 원숭이가 사과를 먹고 있다.
  b. 개방범주어 : 원숭이, 사과, 먹(다)
  c. 폐쇄범주어 : -가, -를, -고 있(다)

위의 예 (1a)와 같은 문장을 구성하고 있는 요소들은 개방범주어와 폐쇄범 주어로 나눌 수 있다. (1b)에서 보듯이 '원숭이', '사과', '먹(다)' 등은 지시 대상이나 지시 행위가 분명한 언어단위, 즉 내용어로서 개방범주어이고, (1c)에서 보듯이, '-가', '-를', '-고 있(다)' 등은 문법적인 기능을 가진 언어단 위, 즉 기능어로서 폐쇄범주어이다. 언어를 벽돌 건물로 비유할 때 개방범주 어인 내용어들은 벽돌과 같고 폐쇄범주어인 기능어들은 벽돌들을 서로 잘 붙도록 해 주는 시멘트와 같다고 할 수 있다.

인간 언어의 기원에 대하여는 거의 알려진 바가 없고 대부분의 언어 기원 설이 추측에 불과한 경우가 대부분이어서 인간의 최초 언어가 어떠한 형태 이었는지는 알 수 없지만, 먼 옛날 조상이 '언어행위'를 시작했을 때에 그 언어는 오늘날 개방범주어 또는 내용어라고 부르는 명사, 동사, 형용사, 부사 등의 어휘들, 특히 명사, 동사 등과 같은 단어들로부터 시작되었을 것이다.[1] 이 초기 언어에는 문장 안의 어순도 정해져 있지 않았을 것이며, 전치사,

---

[1] 일반적으로 사용하고 있는 품사분류를 따를 때 사실상 어느 것이 개방범주어에 속하고 어느 것이 폐쇄범주어에 속하는지에 대해서는 학자간의 이견이 많다. 대부분의 학자가 명 사와 동사가 개방범주어에 속한다는 점에 대해서는 의견을 같이 하고 있지만 형용사에 대하여는 이견이 있다. 또한 대부분의 학자들은 부사를 개방범주어와 폐쇄범주어의 중간에 위치하는 것으로 생각한다.

후치사, 대명사, 접속사, 각종 격표지, 시제표지 등도 없었을 것이다. 역사적 변천 과정을 살펴보면 이러한 폐쇄범주어 가운데 그 역사가 분명하게 드러나는 것들은 거의 모두 개방범주어에서 유래되었다. 따라서 '모든' 폐쇄범주어가 개방범주어에서 유래된 것이라는 가정이 성립된다. 언어가 완제품으로 인간에게 주어진 것이 아니라 점진적으로 변하여 형성된 것이라고 볼 때 이러한 추측을 역사적 사실로 받아들이는 일은 합리적인 것이다.2)

문법화론이 현대언어학의 한 분야로서 태동하던 시기에 대부분의 문법화론 학자들은 주로 새로운 단어가 생겨나는 과정에 대해 관심을 가졌다. 이러한 논의의 대상이 되었던 단어들은 명사나 동사, 부사 등이 포함되어 있어서 기능어를 주 연구 대상으로 하는 문법화론의 논의로는 부적절한 경우가 많이 있었다. 그 일례로, 문법화라는 용어를 처음으로 사용하여 현대문법화론의 창시자로 불리는 Meillet는 현대 독일어의 *heute* 'today'가 Old High German의 *hiu tagu* 'this day'에서 유래되었음을 문법화의 예로 제시하였는데, 이것은 최종적으로 만들어진 것이 내용어이기 때문에 문법화의 논의로는 부적절한 예이다. 우리말에서도 [아+날]에서 '오늘'이 나왔다든가3), [둘 (달리다) + 니(가다)]에서 '다니다'와, [걷+니]에서 '거닐다'가 나왔다는 것과 같은 현상, 그리고 영어에서 *breakfast*가 [break+fast]에서 나왔다든가 하는 현상들도 마찬가지이다. 이처럼 기능어가 아닌 내용어로의 변화는 조어법의 합성법(compounding)과 관련된 것이어서 엄밀한 의미에서 문법화라 할 수 없기 때문에, 문법화론 학자들은 이러한 현상에 대해 어휘화(lexicalization)라는 용어를 사용하여 문법화와 구별한다.

---

2) 이와 관련해서 흥미로운 현상은, 피진어(pidgin)의 발달에서처럼 새로운 언어가 만들어지는 경우, 거의 모든 어휘가 명사와 동사만으로 이루어져있고 문법적 개념이나 어휘파생장치가 없는 것이 특징이다. 피진어가 더 발달하여 모국어 화자를 가진 크리올(creole)이라 불리는 정식 언어로 간주되는 단계에 도달하게 되면 관사, 시상태표지, 보어화, 관계절화, 주제표지, 복수부정법 등 문법적인 개념을 표시하는 장치가 생겨나게 된다는 것이다.
3) 이것은 고대한국어의 비교언어학자였던 김선기의 견해이다(강헌규 1989[1988]: 229 참조).

2.1.2 범주의 유동성

스위스의 구조주의 학자 Saussure 이후 거의 모든 언어학 분야에서는 언어학의 연구 대상을 역사적 변이를 연구하는 통시언어학(diachronic linguistics)과 한 시대 안의 언어를 연구하는 공시언어학(synchronic linguistics)으로 나누어서 생각하여 왔다. 더 나아가 진정한 언어학은 공시언어학적 관점에서만 다루어야 한다는 생각도 하나의 전통이 되어왔다. 그러나 실제 언어학의 대상인 언어가 계속적으로 변화하고 있기 때문에 진정한 의미에서는 공시적 언어라고 하는 것은 존재하지 않는다고 볼 수 있다. 따라서 통시언어학과 공시언어학의 구분은 그 자체가 매우 자의적이라고 할 수밖에 없다.[4]

그뿐만 아니라 각 단어의 문법적 범주조차도 계속적으로 변하고 있다는 것에 주목하여야 한다. 이를 위해서 다음의 예를 살펴보자.

(2) a. We measured the width of the building from *out* to *out*.
   b. The firefighters came and the fire is *out* now.
   c. Her new book is *out*.
   d. He jumped *out* the window.
   e. He *outed* all his hopes.
   f. The enemy *out*numbered our army.

위의 예 (2)에서 보듯이 영어의 *out*은 전통적인 분류법에 따르자면 명사, 형용사, 부사, 전치사, 동사, 파생접사의 범주에 걸쳐 있는 것을 볼 수 있다. 이와 유사하게 한국어의 '밖'도 다음 예에서 보는 바와 같이 다양한 범주에 걸쳐 있다.

(3) a. 밖에서 기다릴게.

---

4) 공시(synchrony)·통시(diachrony)·범시(panchrony)에 관한 자세한 논의는 §3.1 참조

b. 그것은 상상밖의 일이야.
c. 한 사람밖에 안 왔어.
d. 그 일을 포기할 수밖에 없다.

위의 예 (3)에서 한국어의 '밖'은 분명한 장소표시의 명사나 추상적인 영역표시의 명사로 쓰일 뿐만 아니라 부정어('안', '못', '모르다', '없다', '않다'...)를 동반하여 쓰이는 이른바 부정극어(negative polarity item: NPI)로서의 조사 역할을 하기도 한다. 이러한 현상을 변화에 의한 것으로 보지 않고 한 단어가 처음부터 가지고 있던 여러 기능, 즉 다의어로 생각할 수도 있다.[5] 실제로 많은 예에서 어느 용법이 가장 먼저 시작되었고 그 후에 어떤 용법이 파생적으로 생겨났는지 기원을 자세히 밝힐 수 없는 경우들도 있다. 그러나 어떤 예들은 기록된 자료들을 통해 변화의 과정을 명백히 밝힐 수 있다. 이러한 끊임없는 변화가 기록으로 남겨져 명백한 증거를 제시해 주기도 한다. 위의 예 (2)에서 살펴본 out의 경우, 부사의 예는 9세기에, 동사적 용법은 11세기에, 형용사적 용법과 전치사적 용법은 13세기에, 그리고 파생접사의 용법은 16세기에 와서 그 용례가 보이고 이들 의미가 모두 인간의 개념적으로 밀접한 관련성을 가진 의미란 점을 고려하면 이 모든 용법이 out이란 한 단어에서 출발했음을 알 수 있다.

위에서 본 것처럼 한 단어가 여러 범주에 걸쳐서 사용될 뿐만 아니라, 이들 각 범주 안에서의 관계도 매우 미묘하다. 같은 전치사라고 해도 전치사가 어느 정도 의미를 보존하고 있는 경우와 의미가 전혀 나타나지 않는 경우가 있다. 다음 예 (4)에서 보는 것처럼 영어의 모든 전치사들은 비록 전치사라

---

5) 이러한 입장을 다의어적 접근법(polysemy approach)이라고 하는데 많은 경우에 다의어 접근법은 문제를 해결하기보다는 문제를 회피하는 소극적 방식이기 때문에 학문적 가치를 두기가 어렵다. 또 다른 극단적인 입장은 여러 의미 기능이 우연히 한 언어형태에 연결된 것이라는 동음어적 접근법(homophony approach)이다. 이러한 현상에 대한 문법화론의 입장은 동일어원에서 통시적인 축을 따라 각종 문법소가 생겨나고 이들 문법소가 공시적으로 여러 층위를 이루면서 다의어적 분포를 가지고 있는 것이라고 본다.

는 범주로 통합되어 있으면서도 서로 다른 용법들을 가지고 있다.

> (4) a. I met him *in* the park.
> b. I'm interested *in* comic books.
> c. I walked *by* the railroad station.
> d. I was stabbed *by* a gangster.
> e. One *of* the students did not come.
> f. He was unaware *of* the danger.
> g. I bought a book *for* her.
> h. The restaurant is famous *for* excellent vegitable cuisine.

위의 예에서 (4a)에서는 어느 장소의 안임을 표시하는 처소의 의미가 나타나지만 (4b)에서는 그런 의미를 찾기 어렵다. 또한 (4c)에서는 어떤 장소의 옆임을 표시하는 처소의 의미가 나타나지만 (4d)에서는 그런 의미가 나타나지 않는다. (4e)의 경우 이탈의 의미를 갖고 있으나 (4f)의 경우 이런 의미는 찾기 어렵다.[6] (4g)의 경우 수혜(受惠: benefaction)의 의미가 있지만 (4h)의 경우 이러한 의미는 찾을 수 없다. 따라서 모두 전치사의 범주로 통합되어 있지만 (4a), (4c), (4e), (4g)의 경우와는 달리 (4b), (4d), (4f), (4h)의 경우에는 의미적으로 원래의 의미가 완전히 탈색이 되었거나, 혹 그 의미가 있다고 하더라도 매우 추상화된 것이다.

이상에서 본 바와 같이, 각 단어들의 경우에 일관된 통합적 범주를 하나씩 정해 주는 것도 불가능할 뿐 아니라, 각 범주들조차도 그 내부에 수많은 하위범주가 있다. 따라서 범주가 분명한 경계를 지닌 절대적인 틀이라고 생각하는 것은 언어 현상을 바로 기술하는 데 장애가 된다. 범주란 늘 유동적인 것이기 때문이다. 이러한 범주의 유동성을 주목한다면 기능어와 내용어

---

6) 이러한 '이탈'의 의미는 *of*가 원래 영어의 *off*, 라틴어의 *ab* '(away) from' 등과 어원적으로 연결되어 있음을 생각하면 쉽게 이해할 수 있다.

의 두 범주 사이에도 명확한 경계가 없음을 곧 받아들일 수 있다. 따라서 앞으로 문법화 형태를 살피는 데 있어 범주의 유동성은 기본적인 전제가 될 것이다.

2.2 형태에 의한 분류

언어는 기본적으로 형태와 의미의 두 가지 요소로 구성되어 있다. 따라서 문법화 형태를 분류하는 데 있어서도 형태는 중요한 요소가 된다. 문법화론을 연구하는 대부분의 학자들은 형태에 주목하여 문법화 연구의 대상을 정해 왔다. 그 원인은 초기의 문법화론 학자가 문법화를 '축소', '탈색' 등과 동일시하여 문법화란 일종의 감소현상이라고 생각한 것과 연관이 있다. 물론 대부분의 문법화 현상은 음절수가 감소하는 현상과 직결되어 있어서 모든 음성적 감소 현상에 대해서는 일단 문법화 현상을 의심해 볼만 하다. 문법화 형태는 그 자립성 여부에 따라 자립문법소와 의존문법소로 나눌 수 있다. 의존문법소에는 파생형태소, 접어, 굴절형태소의 세 가지가 포함된다. 자립문법소는 자립적인 단어로 쓰일 수 있는 문법소이다. 의존문법소 중에서 파생형태소란 다른 단어에 붙어서 새로운 단어를 파생시키는 문법소이며, 접어는 다른 단어에 기대어 쓰이지만 새로운 단어를 만들어 내지는 않는 문법소이다. 또한 굴절형태소는 다른 단어에 붙어 그 어간에 문법성을 추가해주는 문법소이다. 이들을 정리해 보면 <도표 2-1>과 같다.

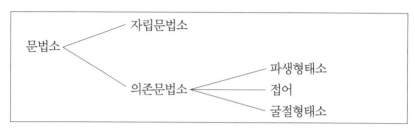

〈도표 2-1〉 형태에 의한 문법소의 분류

2.2.1 자립문법소

자립문법소(independent grammatical word)란 문자 그대로 자립적인 형태를 가진 문법소를 가리킨다. 즉 기능적으로는 문법적 개념을 표시해 주는 단어이지만 형태상으로는 개별적인 단어로 존재하면서 통사적으로도 비교적 독립성을 띠고 있는 문법소이다. 또한 음운적으로도 소실현상이 크지 않아서 강세를 받을 수도 있다. 대표적인 예로는 다음 예에서 보듯이 영어의 *a/an*이나 *the*와 같은 관사, *when, while, after* 등의 접속사, *at, in, below, of* 등과 같은 전치사가 있다.

   (5) a. He bought *a* dozen eggs.
       b. Come to see me *when* you are in town.
       c. This is the house he lives *in*.

영어의 경우에는 위의 예 (5) 이외에도 많은 문법소가 독립문법소 형태를 띠고 있다. 연결사(connective)와 대명사(pronoun), 지시사(demonstrative), 담화표지어(discourse marker), 시상태를 표시하는 조동사(TAM auxiliary), 계사(copula), 부정표시어(negation marker), 비교표시어(comparative) 등이 모두 자립문법소이다. 물론 이러한 예들에서 사용한 명칭들은 형태가 아니라 기능을 중심으로 한 분류에서 나온 명칭이므로, 이 범주에 속하는 것들이 모두 독립문법소인 것은 아니다. 예를 들어서 대명사 중에도 현대어에서 *them*의 축약형으로 쓰이는 *'em*[7])이나 시상태 조동사중의 *will, have* 등에서 나온 *'ll, 've* 등처럼 형태적으로 축약되어 접어가 된 것도 있다.

한국어는 언어유형론의 관점에서 교착어(agglutinative language)에 속하는 언어이다. 따라서 문법 기능을 가지는 문법소들은 대개 체언이나 용언에 붙어 쓰이는 조사와 어미들이어서 자립문법소의 예를 발견하기는 쉽지 않다. 한국어에서 발견되는 특이한 점은 띄어쓰기이다. 한국어의 표기체계에서는 주변나라 언어인 중국어, 일본어 등과는 달리 띄어쓰기를 하고 있어서 형태적 특징으로 문법소를 확인하는 일이 상대적으로 쉬운 편이다. 재미있는 것은 언어사용자가 서로 별개로 된 연속된 단어들을 자꾸 반복하여 사용하다보면 그 중에 하나가 다른 것들보다 의미상 더 '중심적' 즉 더 '어휘적'이라 생각하고 다른 것들은 더 '주변적', 즉 더 '문법적'이라 생각하면서 주변적이고 문법적인 것이 중심적이고 어휘적인 것에 대해 종속적인 관계를 갖는다고 보게 되는 것이다. 이러한 현상은 띄어쓰기에 아주 두드러지게 나타난다. 다음 예를 살펴보자.

(6) a. 그 사람은 죽어 간다.
    b. 그 건방진 놈을 단단히 혼내 주었다.
    c. 그 많은 돈을 마구 써 댄다.
    d. 이 펜이 잘 써 진다.

위의 예 (6)에서는 모든 보조동사들을 본동사와 띄어쓰기를 하였다. 이러

---

7) 비록 *'em*은 형태상으로 *them*의 축약형처럼 보이지만 실제로는 그렇지 않다. 고대영어에는 현대영어의 *them*에 해당하는 *heom*이라는 단어가 있었는데 *'em*은 이 *heom*의 축약형이다. 이것은 중세영어시대에 와서 스칸디나비아어로부터 차용해 온 them에 의해 대체되어 버린 것이다. 대명사가 외래어에서 차용되는 예는 범언어적으로 매우 희귀한 일인데 *heom*이 *he*의 굴절형인 *him*과 같은 형태들과 혼동되는 가능성 때문에 외래 차용이 있었는지는 확실치 않다.

한 보조동사들은 원래 이렇게 본동사와는 띄어 쓰도록 되어 있었다. 그러나 많은 사람이 '죽다'와 '가다'의 사이에 의미상 무게에 불균형이 있음을 느끼게 되어 '죽다'가 중심적이고 '가다'가 주변적이라고 생각하게 되었다. 이와 같이 중심적/주변적인 단어에 대한 판단이 생기게 되면서 언어사용자가 '가다'를 '죽다'와 붙여 써서 '죽어가다'라는 하나의 단어로 쓰는 예가 많아졌다. 따라서 1988년 1월에 고시된 어문규정에서는 보조동사들을 본동사에 띄어 쓰는 것을 원칙으로 하지만 붙여 쓰는 것도 허용한다고 규정하게 되었다.[8]

이러한 붙여쓰기는 언중이 두 개의 동사로 이루어진 동사구가 두 개의 사건을 나타내지 않고 하나의 사건을 나타내는 것으로 인식하는 증거란 점에서 중요하다.

그러나 보조동사와 본동사 사이의 구별도 마찬가지로 범주의 유동성을 가지고 있어서 명백히 구별하기 어렵다. 특히 본동사가 은유적인 확장을 거쳐 추상적인 뜻을 나타내게 되면 언어사용자마다 판단이 다른 경우가 많이 나타난다. 이것은 마치 날이 어두워지면서 자동차가 전조등을 켤 때 언제가 전조등을 켤 만큼 어두워진 것인지에 대한 운전자의 판단이 다 다르기 때문에 황혼이 시작되면서 한두 대씩 전조등을 켜다가 마침내는 모든 차가 전조등을 켜고 운전을 하는 것과 비슷한 현상이다. 현대 한국어에서 보조동사로 분류하는 경우도 오래전에는 소수만이 이것을 보조동사로 인지하다가 점진적으로 그 숫자가 늘어났을 것이다. 보조동사에 대한 이러한 개인차는 우리말을 전문으로 연구하는 학자들도 마찬가지여서 80년대 이후 현대의 학자들에 의한 분류만 보더라도 보조용언의 수가 적게는 8개(김명희 1984)부터 많게는 33개(고영근·남기심 1993)까지 된다.[9] 그런데 띄어쓰기가 언중들의

---

8) 1987년 5월에 고시된 북한의 '조선말규범집'에서는 보조동사를 붙여 쓰는 것을 원칙으로 하였다(이은정, 1992). 한국어 교과서 내에서도 이들 보조용언의 띄어쓰기와 붙여 쓰기가 혼용되는 예가 나타난다(김미영 1995: 193 <참고 자료-I> 참조).

9) 이러한 견해들의 목록과 각 이론에 대한 비교 평가는 손세모돌(1996) 참고. 이러한 숫자상

동사구에 대한 인식을 반영한다는 전제하에서 볼 때 주목할 점은 띄어 쓰던 동사구(더 크게는 모든 구)를 붙여 쓰는 방향으로는 변화가 일어나지만 붙여 쓰던 것을 띄어 쓰는 방향으로는 변화가 일어나지 않는다는 것이다. 이것은 뚜렷한 방향성을 갖는다는 점인데 이러한 방향성은 문법화론에서 매우 중요한 의미를 갖는 것이다.10)

한국어에서 찾아볼 수 있는 또다른 자립문법소로는 물건을 셀 때에 쓰이는 '개', '척', '명', '대', '권', '장', '그루', '시', '분', '년', '월' 등의 각종 분류사(counter; classifier)가 있다. 다음의 예 (7)을 보자.

(7) a. 사탕 두 <u>개</u>, 두 <u>개</u>의 사탕
    b. 학생 두 <u>명</u>, 두 <u>명</u>의 학생
    c. 나무 한 <u>그루</u>, 한 <u>그루</u>의 나무
    d. 한 <u>시</u> 십오 <u>분</u>

이들 분류사 중에는 '그릇', '사람' 등과 같이 내용어로도 쓰이는 것들이 있다. 다음의 예 (8)을 보자.

(8) a. 밥 다섯 <u>그릇</u> (비교: <u>그릇</u> 다섯 개)
    b. 학생 다섯 <u>사람</u> (비교: <u>사람</u> 다섯 명)

전통문법에서 흔히 불완전명사로 다루는 어휘 중에서 아직은 붙여쓰기를 허용하지 않는 것들은 모두 이러한 자립문법소의 범주에 든다고 할 것이다.11) 다음 (9)는 그러한 예들이다.

의 차이는 각 학자가 사용하는 구분 기준이 다르기 때문이다.

10) 이것은 단일방향성 가설(unidirectionality hypothesis)이라고 하는 것으로 문법화는 어느 특정한 방향으로만 일어난다는 가설이다. 이 가설에 대하여는 후에 §5.3.2에서 더 자세히 논의하게 될 것이다.

11) 안주호(1996: 11)에 따르면, 고영근(1970)에서는 의존명사를 57개를, 권재일(1985)에서는 고유어와 한자어의 의존적 명사들을 포함하여 70개를, 이주행(1988)에서는 54개를 현대국

(9) a. 그가 온 지 삼년이다.

b. 네가 올 줄 알았다.

c. 비가 올 것 같다.

d. 그는 올 데 갈 데 없는 신세이다.

e. 그는 너무 잘난 척한다.

또한 이유를 나타내는 '때문에'와 같이 의존명사에서 발전한, 후치사적 성격이 강한 어휘도 아직은 독립문법소의 단계에 있는 것으로 간주된다. 이 러한 범주상의 미묘함은 다음 예 (10)에서 보듯이 '때문에'는 띄어쓰기를 해야 하지만 이와 기능이 유사한 '같이'는 붙여 쓰기를 해야 한다는 것에서 도 잘 드러난다.12)

(10) a. {철수 때문에, *철수때문에} 지각했다.

b. {*철수 같이, 철수같이} 지각을 하지 말아야겠다.

자립문법소는 형태적으로 아직 독립적인 상태, 즉 덜 의존적인 상태에 있 다. 문법화에서는 어떤 문법형태가 어휘적 혹은 문법적 지위에 있어서 변화 하면서 대개는 음운 형태의 변화도 거치게 된다. 따라서 대부분의 문법소들 은 의미의 소실과 아울러 음운의 축약 현상도 거치게 되므로 많이 문법화한 문법소는 그 소리도 많이 줄어든 것이라고 말할 수 있다.13) 그런데 자립문법 소는 아직도 강세를 받을 수도 있고 띄어쓰기를 통해 독립적으로 쓰인다는

어의 의존명사로 설정하였다. 완전명사의 의존명사화, 즉 불완전명사화는 원형적인 명사 라는 범주의 지위를 잃어가는 것이므로 일종의 탈범주화 현상이다. Hopper(1991)와 Hopper & Traugott(1993; 김은일 외 역 1999)에서는 탈범주화가 문법화의 한 원리로 제시 되고 있다. 이 개념에 대해서는 §5.2.5 참조.

12) 자립문법소의 논의에서 띄어쓰기는 중요한 단서이긴 하지만 띄어쓰기를 정하는 것조차 분명한 경계가 있는 것이 아니므로 범주를 단순히 띄어쓰기에 의해 구분하는 것은 사실상 무리가 많다. 다만 이미 지적한 바와 같이, 언중이 어떤 단어군을 어떻게 인식하는지가 반영되어 있다는 점에서는 띄어쓰기가 중요한 의미가 있을 것이다.

13) 이 점에 관하여는 Bybee *et al.*(1994)의 평행성 가설(§5.3.4) 참조.

것 등에서 보는 바와 같이 그 음운 형태적인 의존도가 낮다는 것만으로도
문법화 정도가 비교적 낮다고 할 수 있다. 자립문법소란 용어는 두 가지 상
반된 지위를 나타내 준다. 즉 '자립'이란 이름에서 형태적인 자립성을, '문법
소'란 이름에서 의존성을 나타내고 있다고 할 수 있는데, 이것은 다음에서
살펴볼 파생형태소나 접어, 굴절형태소 등의 경우보다는 일반적으로 덜 문
법화된 것이라고 할 수 있다.

2.2.2 파생형태소

파생형태소(derivational morpheme)란 새로운 단어를 만드는 조어법에서
사용되는 형태소이다. 이것은 합성어에서 사용되는 형태소가 둘 다 어근인
것과는 달리, 의미를 가지는 형태이긴 하지만 독립된 단어는 아니며, 하나의
어근에 달라붙어 새로운 의미나 기능을 갖는 새로운 단어로 만들어주는 형
태소를 가리키는 것이다. 예를 들어 *tight*와 *rope*는 각각 독립된 단어로 합성
어가 되면 *tightrope*가 되지만, 완전한 단어인 *cigar*에 붙어서 *cigarette*라는
단어를 만들어주는 *-ette*는 독립된 단어가 아니라 지소사(diminutive)라 불리
는 파생형태소이다. 다음의 예 (11)을 살펴보자.

(11) a. dance + -er → dancer 동사 → 명사
    b. beauty + -ful → beautiful 명사 → 형용사
    c. rose + -ette → rosette 명사 → 명사
    d. a- + moral → amoral 형용사 → 형용사
    e. man + -hood → manhood 구체명사 → 추상명사
    f. scene + -ery → scenery 단수명사 → 군집명사

파생형태소는 위의 예 (11a), (11b)와 같이 파생후에 생겨나는 새로운 단
어의 품사를 바꾸어 주기도 하고, (11c), (11d)와 같이 품사를 그대로 유지시

키기도 하며, 때로는 (11e), (11f)와 같이 같은 품사가 유지된 상태이긴 하지만, 하위범주가 달라지기도 한다.

파생형태소는 어근에 결합되는 파생형태소의 위치에 따라 접두사(接頭辭: prefix)와 접미사(接尾辭: suffix), 접요사(接腰辭: infix)[14]와 접환사(接還辭: circumfix)로 나누어진다. 이것을 간단하게 도표화하면 <도표 2-2>와 같다.

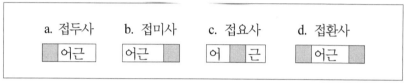

〈도표 2-2〉 파생접사의 위치

접두사는 다음의 예 (12)에서와 같이 어근의 앞에 붙어 새로운 단어를 파생시키는 방법이다.

(12) a. anti- + communism → anticommunism

    b. auto- + mobile   → automobile

    c. inter- + national   → international

접미사는 다음의 예 (13)에서와 같이 어근의 뒤에 붙어 새로운 단어를 파생시키는 방법이다.

(13) a. boy + -ish   → boyish

    b. fame + -ous   → famous

---

14) 한국어의 용어로는 접두사와 접미사가 각각 '머리'와 '꼬리'라는 신체부위를 은유적으로 사용하고 있기 때문에 어떤 학자들은 infix를 접요사라 하여 마치 접사가 '허리'에 붙은 것으로 간주한다.

c. king + -dom　　　　→ kingdom

영어의 파생형태소는 주로 그리스어나 라틴어에서 유래한 것이 대부분이며 매우 활발히 쓰이는 것들부터 학문적 혹은 전문적으로만 사용되는 희귀한 것들까지 포함하면 그 수는 매우 많다.15) 이러한 파생형태소들도 대개는 다음 예 (14)에서 보는 것처럼 완전한 자립적 단어로부터 발달한 것이다.

(14) a. OE hād 'condition, quality' > ModE -hood
　　 b. OE dom 'statute, judgment' > ModE -dom
　　 c. OE scyppan 'shape' > ModE -ship
　　 d. OE līc 'body' > ModE -ly

파생형태소 중에는 영어나 한국어에서는 나타나지 않지만 어근을 깨고 그 사이에 끼어드는 접요사와 어근을 둘러싸고 양쪽으로 나타나는 접환사가 있다. 예를 들어서 필리핀 언어 중의 하나인 Bontoc에는 다음 예 (15)와 같은 접요사가 있다.

(15) fikas　'strong'　　 fumikas　'to be strong'
　　 kilad　'red'　　　 kumilad　'to be red'
　　 fusul　'enemy'　　 fumusul　'to be an enemy'
　　　　　　　　　　　　　　　　 (Fromkin & Rodman 1993: 44)

위의 예에서 보면 *fikas, kilad, fusul*과 같은 어근은 접요사 *-um-*에 의해 갈라져서 새로운 단어가 파생되는 것을 알 수 있다.

또한 어근을 앞뒤에서 감싸는 접환사는 아메리칸 인디언의 언어중 하나인

---

15) 영어의 파생접사 각각의 역사와 의미는 Jesperson(1942)에서 제시하고 있다. 이에 대한 요약 소개는 김봉주(1993: 113-153) 참조. 현대 영어에서 쓰이고 있는 조어법의 문법소들의 공시·통시적 예들은 Marchand(1969) 참조.

Chickasaw에서 나타난다. 다음의 예 (16)을 보자.

(16) chokm + a   'he is good'   ik + chokm + o   'he isn't good'
      lakn + a   'it is yellow'   ik + lakn + o   'it isn't yellow'
      pall + i   'it is hot'   ik + pall + o   'it isn't hot'
      tiww + i   'he opens (it)'   ik + tiww + o   'he doesn't open (it)'

                                           (Fromkin & Rodman 1993: 45)

위의 예 (16)에서는 *chokm, lakn, pall, tiww*와 같은 어근들에 부정을 표시하는 접환사인 *ik- -o*가 붙어 새로운 단어가 파생되는 것을 볼 수 있다.

위에서 본 바와 같이 파생형태소는 종류도 많을 뿐만 아니라 비교적 생산적이어서 내용어는 거의 많은 단어들에서 파생형태소를 이용하여 하나 이상의 새로운 단어를 만들어 낼 수 있다. 예를 들어 영어의 많은 명사는 접미사 *-like*를 이용하여 새로운 단어를 파생시킬 수 있고, 또한 많은 형용사는 접두사 *un-*을 이용하여 반의어를 파생시킬 수 있으며, 많은 동사는 접미사 *-er*을 이용하여 '사람이나 기구'를 의미하는 명사를 파생시킬 수 있다. 몇 가지 예를 들어보면 다음 예 (17)과 같다.

(17) a. 명사 + -like: childlike, humanlike, ...
     b. un- + 형용사: unfriendly, uneasy, uncomfortable...
     c. 동사 + -er: teacher, cooker, walker...

또한 이들 파생형태소는 여러 개가 중복해서 붙을 수 있으므로 때로는 매우 긴 단어가 만들어지기도 한다. 예를 들어 OED에 따르면 *floccinaucinihilipilification*('categorizing of something as worthless or trivial')같은 단어가 있는데 이것은 자세히 분석해 보면 여러 개의 파생형태소가 붙어 있음을 알 수 있다. 사실상 이 단어는 파생형태소를 이용해서 더 길게 만들 수도 있는데, 예를 들어 Pinker(1994: 129)는 이 단어를 이용해서 *floccinaucini-hilipilificationalization*('the act of causing something to pertain to the categorizing of something as worthless or trivial; 어떤 것을 무가치한 것으로 분류하는 것과 관계된 것을 유발시키는 행위')이란 단어로 만들어 보이기도 했다. 이 단어를 분석해 보면 다음 (18)과 같은 형태소들로 구성되었음을 알 수 있다.

(18) flocci, nauci, nihili, pil: (4 형태소 모두 각각) '무가치한'의 의미의 어근
    -ify: 타동·사동화 파생형태소
    -cate: 동사화 파생형태소
    -tion: 명사화 파생형태소
    -al: 형용사화 파생형태소
    -ize: 동사화 파생형태소
    -ation: 명사화 파생형태소

또한 파생형태소에 대해 주목할 것은 이들 파생형태소는 문법 범주를 바꾼다든가 하는 문법적인 기능을 하는 이외에도 '적극적인' 의미부여 기능을 아울러 가지고 있다는 점이다.[16)]

한국어의 경우에는 많은 다른 언어에서와 같이, 새로운 단어를 만드는 가장 널리 쓰이는 방법이 완전한 두 어근을 이용하여 합성어를 만드는 것이어서, 파생형태소는 그 수도 매우 제한되어 있지만, 그것들이 붙어서 새로운 단어를 파생시킬 수 있는 어근도 매우 제한되어 있다. 다음의 예 (19)를 보자.

(19) a. 올- ('이른'): 올벼, 올밤, 올감자, 올콩…
          *올꽃, *올사람, *올파리…

---

16) 이 점이 후에 살펴보게 될 굴절형태소와 다른 점이다. 자세한 차이점은 §2.2.4 참조.

      b. 짓- ('함부로 마구'): 짓밟다, 짓눌리다, 짓누르다…

        *짓버리다, *짓먹다…

      c. -뜨리 ('힘주어'): 깨뜨리다, 넘어뜨리다, 자빠뜨리다…

        *높뜨리다, *일어뜨리다, *던져뜨리다…

위의 예 (19)에서 보듯이 '올벼'에서 '올-', 또는 '짓밟다'에서 '짓-', '깨뜨리다'에서 '-뜨리-' 등은 모두 새로운 의미를 더해주는 파생형태소이다. 이렇게 수확되는 농작물을 일컬을 때 '올-'이라는 파생접두사를 쓰는데 몇 가지 곡물류 등에 사용이 제한되어 있고, '짓-' 또한 '함부로 마구'의 의미를 더해주는 파생접두사이지만 모든 행위동사에 붙지 못하고 몇몇 경우에만 쓰인다. 힘줌의 의미를 더해주는 강조의 접미사 '-뜨리-'도 일부 타동사와만 결합하여 파생어를 만든다.[17]

2.2.3 접어

접어(clitic)는 Nida(1946)에서 처음 사용한 개념으로 저 혼자는 독립해서 쓰일 수 없고 반드시 다른 것에 기대어만 쓰일 수 있는 형태소이다. 접어는 형태, 음운, 통사적으로 특징을 가지고 있다.

첫째로 접어는 형태적으로 독립성이 없다. 접어란 명칭은 바로 이러한 특징 때문에 주어진 것이다. 영어의 *I'm, you're* 등에서 *'m, 're* 같은 것은 접어로서 독립해서는 쓰일 수 없고 반드시 다른 단어에 붙어서만 쓰일 수 있다.

둘째로 접어의 또 다른 특징은 음운적으로 매우 미약해서 강세를 받지 못한다는 것이다. 이처럼 접어들은 음운적으로 미약하기 때문에 실제 발음되는 시간도 짧아지게 되는데 이러한 실제 음길이의 축소현상은 영어에서의 *he is*나 *I will*이 각각 *he's*와 *I'll*이 되는 것에서도 볼 수 있다. 접어는 자립어

---

17) '자빠뜨리다'의 어간 '자빠-'는 원래 '잦다(기울다)'와 '빠다(이탈하다/빼다)'가 합성된 것으로 보인다. 접미사 '-뜨리다'로 파생되는 단어들의 목록은 고영진(1995: 44-57) 참조.

에서 비자립어로 옮겨가는 과정에서 자립어의 단계를 벗어난 직후의 단계이기 때문에 많은 경우에 접어와 자립어 두 가지 형태가 공존하는 경우가 많이 있다. 즉, 위에서 예로 든 'm, 're와 같은 접어들은 현재 공시적으로 자립적인 am, are와 공존하고 있다. 그런데 자립어의 경우에는 경우에 따라 강세를 받을 수 있는데, 접어의 경우에는 어떠한 경우에도 강세를 받지 못한다. 다음의 예에서 보듯이 be동사가 문장의 맨 끝에 오게 되면 강세를 받게 되는데 이때에는 접어를 사용할 수 없게 된다. 또한 문중에서도 화자가 인위적인 강세를 줄 때에 접어를 사용할 수 없게 된다.

(20) a. Are you okay? Yes, {I am, *I'm}.
    b. {You ARE, *You'RE} strange today.

위의 예 (20)에서 보듯이 접어는 그것이 붙어서 쓰이는 단어와 하나의 단어를 이루듯이 발음되어 어떠한 경우에도 접어 자체에는 강세를 두지 못한다. 접어가 다른 단어에 붙음으로써 만들어지는 새로운 형태는 접어가 얼마나 그 단어의 일부처럼 되어 있느냐에 따라 그 새로운 단어군에 미치는 음운적 영향력이 다르다. 따라서 접어가 단어강세에 미치는 영향은 언어마다 다르다. 즉 어느 언어에서는 이러한 접어가 마치 존재하지 않는 것처럼 강세의 위치를 정하는 데에 아무런 영향도 못 주는 경우가 있는 반면 또한 어떤 언어들에서는 그런 강세 규칙에 영향을 주기도 한다. 예를 들자면, 스페인어에서는 단어의 강세에 관한 일반적인 규칙은 -d, -z 등의 일부 자음으로 끝나는 경우를 제외하고는 맨 뒤에서 두 번째의 음절(penultimate syllable)에 강세가 놓이게 되어있다. 그런데 접어가 붙더라도 접어들은 그러한 음절 수 계산에 들어가지 않기 때문에, 주 단어의 강세위치가 뒤에 접어가 따라오든 따라오지 않든 변하지 않고 고정적인 자리를 지킨다. 다음의 예 (21)을 보자.

(21) 스페인어

¡Díga! '말하라!'
¡Dígame! '나에게 말하라!'
¡Dígamelo! '나에게 그걸 말하라!'

 한편, 인도네시아어에서도 일반적인 강세 규칙이 맨 뒤에서 두 번째 음절에 강세가 놓이게 되는데 뒤에 접어가 따라 나올 때에는 그 접어의 음절수가 계산에 들어가기 때문에 강세의 위치가 바뀌게 된다. 이러한 차이는 다음의 에 (22)에서 볼 수 있다.

 (22) 인도네시아어
  wárna '색깔'
  warná-nya '그것의 색깔'   (Hopper & Traugott 1993: 6)

 그러나 접어가 단어의 강세규칙에 영향을 주든지 그렇지 않든지 접어에는 강세를 두지는 않는다. 그 이유는 접어가 의미적으로 크게 기여를 하지 않기 때문에 그 부분을 강조할 필요가 없기 때문이다.
 셋째로 접어의 특징은 통사적인 의존성에 있다. 접어는 그것이 붙을 수 있는 구조에 심한 제약이 있다. 다음의 영어의 예를 보자.

 (23) a. {They're, *The boys're} my friends.
   b. {I'd, *The girl'd} like to visit France.

 위의 예 (23)에서 보면 접어는 대명사에 붙어서 쓰일 수는 있지만 명사에는 붙어서 쓰이지는 못한다.
 이러한 통사적인 제약은 한국어의 경우에도 마찬가지이다. 한국어에도 형태적, 음운적, 통사적 특징상 접어라고 할 수 있는 것이 나타나는데, 이것들은 거의 고정된 형태로 나타나는 경우가 많아서 활용이 자유롭지 않다. 다음의 예들을 보자.

(24) a. 어른 앞에서는 무릎을 꿇는 법이다.
   a'. *어른 앞에서는 무릎을 {꿇을, 꿇은} 법이다.
   b. 돈을 벌어갖고 집을 샀다.
   b'. *돈을 {벌어서 갖고, 벌어 많이 갖고} 집을 샀다.

(안주호 1996: 27-28)

위 예의 (24a')과 (24b')에서 보듯이 이 접어들은 특정한 일부 구문을 제외하고는 나타날 수 없고 다른 요소가 중간에 끼어드는 것을 허용하지 않는다.

이상에서 접어의 특징에 대해서 살펴보았는데 접어에는 어떠한 것이 있는지 살펴보기로 하자. 예로 든 접어 이외에도 영어에서 볼 수 있는 접어의 가장 쉬운 예는 be 동사의 여러 축약형이 있는데, 예를 들어 I'm, you're, she's, he's, it's, they're 등에 나타나는 형태들인 'm, 're, 's 등이 있다. 또한 have 동사의 여러 변형들로서 축약형인 've, 's, 'd 등이 있고, 조동사의 축약형인 'd, 'll 등도 있다. 이상에서 든 예들은 그 '기대는' 주 단어가 앞에 위치하여 그 주 단어의 뒤에 따라 나오게 되므로 후접어(enclitic)라 하는데 드물기는 하지만 주 단어의 앞에 위치하여 전접어(proclitic)라고 하는 것도 있다.18) 이러한 전접어의 예로는 's me에서의 's 같은 것이 있는데, 물론 우리가 표기법에 너무 주목할 필요는 없겠지만, 후접어에서 축약형을 주 단어와 붙여 쓰는 것과 비교해 볼 때, 's와 me를 붙여 쓰지는 않기 때문에 엄밀한

18) Enclitic과 proclitic은 한국 학자 간에 각각 '전접어', '후접어'라 하여 이 책에서 사용한 용어와는 반대로 쓰이는 경우가 있는데 이것은 명명착오(misnomer)로 보아야 할 것이다. 즉, 전접어는 '어떤 형태의 앞에 붙는 것', 후접어는 '어떤 형태의 뒤에 붙는 것'으로 보는 것이 한국어의 조어법상 의미-형태적으로 자연스럽고(예를 들어 전치사/후치사 경우와 같이), 그 반대로 전접어를 '어떤 형태가 접어의 앞에 나오는 것', 후접어를 '어떤 형태가 접어의 뒤에 나오는 것'으로 보는 것은 매우 부자연스럽다(이 점은 국립국어원 1995: 30, 78에서도 지적되고 있음). 이러한 이유로 이 책에서는 전자의 방식을 사용하기로 한다. 즉 [x-A]형식에서 x를 전접어로 [A-y]형식에서 y를 후접어라 부른다.

의미에서는 '기대는' 형식에 차이가 있다. 그러나 후접어도 전접어와 마찬가지로 독립적으로 쓰이지 못하고, 발음에 있어서도 앞의 것이나 뒤의 것에 붙여진 것으로 발음되며, 통사적인 의존성을 보인다는 점에서는 접어의 모든 특징을 갖추고 있다. 전접어와 후접어는 다음과 같은 예에서 볼 수 있다.

(25) 프랑스어 (전접어 m'와 l')
    a. Il m'a dit qu'il était franc.   (그는 나에게 그가 진실하다고 말했다.)
    b. Il me l'a dit.   (그는 나에게 그것을 말했다.)

위의 예 (25)에서 전접어 *m'*와 *l'*는 각각 '나에게', '그것을'의 뜻을 가진 *me*와 *le*의 접어형태인데 영어의 *have* 동사에 해당하는 *avoir* 동사의 굴절형인 *a*라는 단어의 앞에 붙어서 쓰이고 있다.

(26) 이탈리아어 (후접어 me와 lo)
    a. Dimmelo.   (나에게 그것을 말하시오.)
    b. Voglio vederlo.   (나는 그것을 보고싶다.)

위의 예 (26)에서 *me*와 *lo*는 각각 '나에게', '그것을'이란 뜻을 가진 후접어들인데 원래는 완전한 대명사이던 것이 접어로 발전하여 다른 단어의 뒤에 붙어 쓰이게 된 것이다.[19]

접사(affix)와 접어(clitic)는 한국어상으로 두 용어가 아주 유사한데다가, 다른 언어 형식과 함께 쓰인다는 점에서도 서로 유사하여 두 용어를 혼동하기가 매우 쉽다. 그러나 접어는 파생형태소나 굴절형태소로 쓰이는 접사와는 다른 점이 있다. 그 차이점은 파생형태소 접사에 의해서 파생된 단어는, 예를 들어 *child*와 *childlike*, 또는 *able*과 *unable* 경우처럼, 원래의 단어와 관련은 있지만 새로운 단어로 인식되는 데 반해 접어가 붙어 있는 *he's*와

---

19) *me*와 *lo*는 공시적으로 완전한 대명사로도 쓰인다.

같은 단어는 새로운 독립된 단어로 간주되지 않는다는 것이다. 따라서 모국어 화자들은 접어가 그와 같이 나타나는 주 단어 즉 어근과 별개의 단어라고 직관적으로 판단한다. 즉 층위 상으로 접사는 형태론적 구성이고 접어는 통사론적 구성이다. 접어의 형태적인 비독립성이나, 음운적 미약성, 통사적 의존성에도 불구하고 모국어 화자가 접어를 그 자체로서 별개의 단어라고 직관적으로 판단하는 것은 접사와 구별되는 중요한 차이라고 할 수 있다.

접어의 발달과정에 대하여 살펴보자. 접어는 자립어에서 출발한지 얼마 안되는 문법형태들로서 대개는 자립어 형태와 공존기를 거치는 것이 특징이다. 영어의 be동사에도 's-is, 're-are, 'm-am 등의 공존형태가 있고 have동사에도 've-have, 's-has, 'd-had 등의 공존형태가 있으며 조동사에도 'll-will, 'd-would 등의 공존형태가 있다. 한국어에서 예로 든 '-는 법이-'라는 형태나 '-어갖고'의 형태도 '법' 과 '가지-'라는 완전한 명사, 동사로서의 문법적 지위를 가지는 단어들과 공존하고 있다. 이러한 공존형태의 대립쌍 중에서 자립형들은 위에서 든 접어의 특징이 전혀 없다. 즉 다른 단어에 붙어서 쓰이지 않으므로 형태적인 독립성을 갖추고 있으며, 모두 강세를 받을 수 있으므로 음운적으로도 미약하지 않고, 나타날 수 있는 환경에 대한 제약도 적다.

2.2.4 굴절형태소

굴절형태소(inflectional morpheme)라 함은 완전한 독립성을 잃고 다른 단어(즉 주 단어)의 일부로 완전히 굳어진 상태에 있는 형태소이다. 따라서 굴절형태소는 그 자체로서 별개의 단어로 인식되지 않는다. 또한 이 굴절형태소는 새로운 단어를 만드는 조어법에 관계하지 않고 순수히 문법적인 기능만을 담당하는 형태소이다. 즉, 많은 언어의 경우 인칭, 성, 수, 격, 시제 등의 문법성에 맞추어 변하는 이른바 일치관계 표지(agreement marker)가 있는데 이러한 일치 표시어들은 흔히 굴절형태소로 되어 있다. 영어의 3인칭 단수 현재 직설법의 경우 본동사의 뒤에 붙이는 -(e)s는 가장 쉽게 찾을 수 있는 굴절형태소의 예이다.[20)

굴절형태소의 특징은 이 형태소가 문법성만을 표시한다는 것이다. 예를 들어 영어의 굴절형태소 -(e)s는 주어와 동사간의 문법적 일치를 표시하는 것 이외에는 어떤 의미도 추가하지 않는다. 따라서 이러한 의미추가가 없기 때문에 언어 습득자들도 굴절형을 하나의 독립된 단어로 배워서 어휘부에 따로 저장할 필요가 없다. 다시 말하면 영어 단어 go를 알면 goes는 내재된 언어규칙에 따라 저절로 알게 되므로 따로 애써 배울 필요가 없다는 것이다.[21)

이제 굴절형태소를 앞에서 살펴본 파생형태소와의 관련성에서 살펴보기로 하자. 먼저 두 형태소 범주의 차이점을 보자.

첫째로 파생형태소는 파생을 통해 생겨나는 단어의 품사를 바꾸기도 하고 바꾸지 않기도 하는 반면, 굴절형태소는 굴절을 통해 생겨나는 단어의 품사를 전혀 바꾸지 않는다.[22) 다음의 예를 보자.

(27) a. 파생형태소

　　moral → moral-ity (형용사 → 명사)

　　moral → a-moral (형용사 → 형용사)

　b. 굴절형태소

---

20) 이 외에도 영어에서 공시적으로 나타나고 있는 굴절형태소 중에는 과거표지 -ed, 과거분사 표지 -en, 현재분사표지 -ing, 복수표지 -s, 소유격표지 -'s 등이 있다.

21) 물론 보충법 형태(suppletive form)에 속하는 예외의 경우에는 어휘부에 예외로서 저장해야 할 것이다. 즉 go의 경우에도 과거형 굴절형태소 -ed가 붙게 되면 틀리고 went라는 예외 형태가 맞기 때문에 언어습득자는 이 항목을 따로 배워서 어휘부에 저장해야 할 것이다.

22) 이 파생과 굴절은 그 구별이 '문법성'이라는 개념에 기초하고 있는데 '어휘성'에 대치되는 개념으로서의 '문법성'은 경계가 선명하지 않다. 따라서 이 두 범주에 어떤 것이 들어가는지는 학자마다 의견이 많이 다르다. 문법화론적 관점에서 보면 이것은 지극히 당연한 일이다. 한편 Chomsky(1970)의 어휘론적 통사론에서는, 굴절형태소는 X-node와 그 이상의 node들에 의해 지배되는 것이며, 파생형태소는 X-node에 의해 지배되는 것이라하여 파생형태론이 어휘범주에만 속하는 것이라고 주장한 바 있다(김봉주 1993: 86 참조).

toy → toys　　　(명사 → 명사)
walk → walked　　(동사 → 동사)

위의 예 (27)에서 보듯이 파생형태소는 품사변화와 관계가 없지만 굴절형태소는 품사를 바꾸지 않는다.

둘째로 파생형태소는 단어 내에서 의미관계를 나타내주는 것이 대표적인 기능이지만 굴절형태소는 서로 다른 단어 간의 통사적인 혹은 의미적인 관계를 나타내준다. 다음의 예를 보자.

(28) a. 파생형태소: beauty + -ify
　　 b. 굴절형태소: She go-es to school.

위의 예 (28)에서 보듯이 파생형태소 -ify는 beauty라는 단어 내에 'causal'의 의미를 추가해 준다. 이와는 대조적으로 굴절형태소 -es는 she와 go의 통사적 관계만을 표시해준다.

셋째로 파생형태소는 같은 품사 내에 있는 단어 중에서 일부에만 제한적으로 사용될 수 있지만 굴절형태소는 대개 같은 품사 내에 있는 모든 단어들에게 적용되어 사용된다. 다음의 예를 보자.

(29) a. 파생형태소 -ify: beautify, classify, *table-ify, *dream-ify, *song-ify…
　　 b. 굴절형태소 -(e)s: goes, walks, talks, sings, dies, asks…

마지막으로, 파생형태소는 굴절형태소가 결합하기 전에 어근과 결합하고 굴절형태소는 모든 파생형태소가 결합한 후에 결합하게 된다. 이 점은 문법화의 논의에서 매우 흥미로운 것이다. 파생형태소에 의한 파생형은 새로운 단어로 간주된다. 굴절형태소는 완전한 단어에 붙어서 문법적인 기능을 하기 때문에 이 두 가지 형태소가 한 단어에 같이 붙게 되면 이 둘 사이의 순서는 일반적으로 [어근 + 파생형태소 + 굴절형태소]가 된다. 즉 [어근 + 파생형태소]에 의해 먼저 새로운 단어를 만든 다음 굴절형태소에 의해 문법 기능을 표시하도록 하는 것이다. 물론 여기에서 예로 드는 파생형태소는 어근의 뒤에 붙는 접미사의 경우를 말하는 것이다. 다음의 예를 살펴보자.

(30) a. sweet + -en + -ed sweetened
　　　　어근　동사화파생접사　과거분사화굴절접사

　　 b. teach + -er + -'s teacher's
　　　　어근　명사화파생접사　소유격표지굴절접사

위의 예 (30a)에서 보듯이 *sweetened*란 단어는 먼저 *sweet+en*의 파생을 통해 새로운 단어를 만든 다음 굴절형태소 *-ed*를 붙이게 되는 것이다.[23] 또한 (30b)에서도 *teach+er*의 파생을 통해 새로운 단어를 먼저 만든 다음 굴절형태소 *-'s*를 붙이게 되는 것이다. 이러한 현상이 문법화론의 관점에서 갖는 의미는, 파생형태소는 더 어휘적이고 굴절형태소는 더 문법적이므로 일반적으로 굴절형태소가 파생형태소보다 더 문법화된 형태라는 것이다.

굴절형태소들도 범주의 유동성을 가지고 있어서 굴절형태소가 모두 문법성 정도가 같은 것은 아니다. 한 단어는 여러 접사들에 의해 형태소 개수가 많은 큰 단어가 될 수 있다. 이처럼 형태소 개수가 여럿일 때 이들이 어근에 접합되는 순서는 문법성에 있어서 중요한 점을 시사해 준다. 형태소는 일반적으로 어근에 가까이 있을수록 어휘적이고 멀어질수록 문법적이다. 그런데 하나 이상의 굴절형태소가 어근에 붙을 때에는 동일한 굴절형태소 범주내에서도 하위 범주에 따라 그 순서가 달라진다는 것이다. 예를 들어 복수표지와 소유격표지의 경우를 들 수 있는데 이들 굴절형태소가 어근에 붙는 순서는

---

23) 과거분사화표지가 공시적으로 활발하게 쓰이는 동사의 형용사화 형태소란 점에서 볼 때에는 오히려 파생형태소의 기능이 강하다고 하겠으나 원래의 기능이 굴절적이었기 때문에 굴절형태소로 취급하였다. 이처럼 되풀이되는 범주적 문제는 여기서는 더 자세히 다루지 않기로 한다.

다음의 예 (31)에서 보듯이 복수표지가 먼저 나오고 소유격표지가 그 뒤를
따른다.

(31) girl   +   -s   +   -'s   girls' (<girls's)
　　어근　복수표지굴절접사　소유격표지굴절접사

이러한 순서는 복수표지가 불규칙형인 경우에도 *children's*(<child+복수+
소유격)에서처럼 잘 지켜지고 있다. 여기에서 보듯이 '복수'라는 개념은 '소
유격'이라는 개념보다 더 어휘적이라고 할 수 있다. 이처럼 복수표지가 핵심
명사에 가까이 붙으려고 하는 경향과, 소유격표지가 그 접속 순위상 뒤쳐지
는 경향은 다음과 같은 합성어의 예에서 잘 드러난다.

(32) a. [sister + -s] + in + law   sisters-in-law (복수)
　　 b. [sister + in + law] + -'s   sister-in-law's (소유격)

위의 예에서 보듯이 (32a)에서는 복수표지가 핵심명사인 *sister*에 더 가까
이 붙으려 하는 데 비해서 (32b)에서의 소유격표지는 합성어가 만들어진 다
음에 뒤에 붙게 되는 것을 알 수 있다.

　파생형태소와 굴절형태소 사이의 경계도 명확하지 않은 경우가 있다. 비
교급과 최상급표지 접미사인 *-er*과 *-est*는 파생형태소로 보아야 할지 굴절형
태소로 보아야 할지 경계가 불분명한 경우이다.[24) 가장 기본적인 관점의 차
이는 비교급/최상급이라고 하는 것이 원급과 비교하여 의미를 추가하는 기
능을 갖느냐 그렇지 않느냐 하는 것에서 비롯된다. 즉, 명백한 의미추가가
있다는 관점에서는 파생형태소로, 그러한 의미추가가 없이 문법성만 추가된
다는 관점에서는 굴절형태소로 분류되는 것이다. 이것을 파생형태소로 분류

---

24) 비교급/최상급 표지는 굴절표지로 보는 견해가 숫자적으로는 더 지배적이다.

하면 이 형태들은 다른 파생형태소들보다 어휘성이 더 낮게 나타난다. 다음의 예를 보자.

(33) friend + -ly + -er friendlier
　　　　　　　　형용사파생접사　　　　비교급표지접사

위의 예 (33)에서는 형용사파생접사와 비교급표지접사 두 가지의 접사가 어근 *friend*와 섭속될 때 형용사파생이 먼저 이루어지고 비교급파생은 나중에 이루어지는 것을 알 수 있다.[25]

그러면 여러 언어에 나타나는 굴절형태소의 예를 살펴보기로 하자. 굴절형태소는 시제, 상, 인칭, 수, 격 등을 표시하여 문장상의 다른 요소들과 문법적 일치(agreement; concord)를 나타낸다. 현대 영어는 굴절이 심한 언어가 아니어서 아주 제한적으로만 굴절이 나타난다. 인칭에 의한 일치는 *be* 동사를 제외하고는 3인칭 단수 직설법 현재에만 거의 국한되어 있다. 그러나 스페인어와 독일어의 예를 들어보면 다음에서 보는 바와 같이 모든 인칭과 수에 따라 굴절을 한다.

(34) a. 스페인어 ir (부정형, '가다')[26]

1/Sg	voy	1/Pl	vamos
2/Sg	vas	2/Pl	vais
2/Sg/Hon	va	2/Pl/Hon	van
3/Sg	va	3/Pl	van

---

25) 물론 비교급표지를 굴절접사로 보게 되면 이 경우는 '파생 후 굴절'이란 일반적인 순서를 지키는 것이다. 일반적으로 비교표지는 [more x than y], [y보다 더 x] 등과 같이 통사적 구성이라는 점에서 어휘성이 적고 문법성이 크다.

26) 사실상 스페인어의 동사어형변화는 인칭에만 따르는 것이 아니라, 시제와 서법, 양태 등에 따라서도 변하기 때문에 한 동사의 다양한 변화의 계열이 100여 개에 이르고 그 어형도 수십 개가 되기도 한다.

b. 독일어 gehen (부정형, '가다')

1/Sg	gehe	1/Pl	gehen
2/Sg	gehst	2/Pl	geht
2/Sg/Hon	gehen	2/Pl/Hon	gehen
3/Sg	geht	3/Pl	gehen

위의 예에서 보듯이 스페인어와 독일어는 모두 인칭, 수, 경칭법에 따라 굴절을 달리한다.

지금까지는 굴절형태소의 종류와 특징에 대해서 살펴보았는데, 이제 굴절형태소가 문법화하는 과정에 대해서 살펴보자. 문법적 일치를 나타내는 굴절형태소는 많은 언어의 경우 인칭대명사에서 발전하였다. 특히 Lugbara, Susu, Bambara, Malinke, Dioula, Ewe, Yoruba, Negerhollands, Baka, Ngbaka Ma'Bo 등 많은 언어에서는 3인칭 복수 대명사가 명사의 복수표지로 발전하였다.[27] 그 중 몇 가지의 예를 살펴보자.

(35) a. Yoruba

awɔn ewe wɔn
they leaf their
'their leaves'　　　　　　　　(Ward 1952: 216/218)

b. Negerhollands

Frufru werá ham a　jak　ši　kabrita sini　a　　sabán
morning again 3.sg Perf hunt Poss goat　Pl　Prep savannah
'In the morning he drove his goats again into the savannah.'
　　　　　　　　　　　　　　　　　(Stolz 1986: 122)

위의 Yoruba의 예 (35a)에서는 원래 '그들'이란 뜻을 나타내는 3인칭 복수형 인칭대명사 awɔn이 명사의 복수형 표지로 문법화한 것이다. 따라서

---

27) 이러한 변화를 연구한 논문으로는 Givón(1971: 403; 1975: 154ff), Haiman(1991) 등 참조.

원래는 '그들의 잎사귀 그들'처럼 해석될 수 있는 구문이 '그들의 잎사귀들'이란 구문으로 변하게 된 것이다. 예 (35b)에 나타난 Negerhollands의 예에서도 마찬가지로 3인칭 복수형 인칭대명사 *sini*가 명사의 복수형표지로 변하여 '염소 그들'이란 구문이 '염소들'로 발전하게 된 것이다.

프랑스어의 경우에도 보면, 라틴어에의 원격지시사(한국어의 '저 산 너머'의 지시어 '저'에 해당하는) *ille*이라는 단어가 프랑스어의 비여성단수 인칭대명사 *il*로 변화되었는데 비표준 방언에서는 이 대명사 *il*이 대명사로 쓰이는 것이 아니라 동사에 붙어서 단순한 일치표지로 발전하게 되었다(Hopper & Traugott 1993: 16-17). 다음의 예를 보자.

(36) a. Le garçon est   venu hier   soir.   Il est   danceur.
      the boy is   come yesterday evening. he is   dancer.
      'The boy came yesterday evening. He is a dancer.'

   b. Ma   femme il est   venu.
      my.Fem wife   Agr has   come
      'My wife has come.'

위의 예에서 보면 (36a)에서는 *il*이 비여성단수 인칭대명사로 쓰였다. 그러나 현대 프랑스어의 한 방언에서는 (36b)의 예에서와 같이 동사에 붙어서 일치표지로만 사용될 뿐 대명사처럼 명사구의 위치를 차지하지도 않고 성(특히 비여성)을 표시하지도 않는다.

한국어의 경우 굴절형태소로는 조사와 어미 등이 있다.[28] 한국어의 굴절형태소의 발전에 관한 예로 다음의 경우를 보자.

(37) a. 어머님의 은혜는 가이 없어라.
    b. 부산까지 여행했다.

[28) 조사의 수는 김민수 외(1960)에서는 30여 개로, 최현배(1959)에서는 120여 개로 열거되어 있다.

    c. 부스러기<u>까지</u> 먹었다.
    d. 현이를 <u>가장</u> 사랑한다.

원래 중세어에서 '<u>ᄀᆞᆺ</u>'은 가장자리, 즉 끝이라는 뜻을 가지는 명사였는데 여기에서 '가장', '까지', '까짓' 등이 발전되어 나왔다. 현대어에서는 아직도 (37a)에서처럼 명사의 용법으로도 쓰이고, (37b)에서처럼 후치사적인 용법으로도 쓰이며, (37c)에서처럼 조사의 용법으로 쓰이기도 하며, (37d)에서처럼 부사의 용법으로 쓰이기도 한다.[29]

한국어의 파생형태소는 그 숫자도 제한되어 있고 그 분포도 또한 매우 제한되어 있다. 굴절형태소는 이와는 매우 대조적으로 그 숫자도 많을 뿐 아니라 분포상의 제약이 아주 적다. 따라서 모든 명사는 조사와 결합할 수 있고 모든 형용사, 동사는 활용어미와 결합할 수 있게 되어 있다. 물론 '새 (new)', '참(true)'과 같이 명사를 수식하는 용법으로만 쓰이고 활용을 못하는 예외가 있기도 하다.

2.3 기능에 의한 분류

지금까지는 문법소들을 그 형태적 특성에 주목하여 살펴보았다. 이제 문법소들을 기능에 의해 분류해 보고자 한다. 기능이라 하는 것도 매우 다양한 것이고, 때로는 기능과 형태가 매우 밀접한 관계를 맺고 있기 때문에 문법소들을 기능에 따라 분류하는 것도 그렇게 간단한 일은 아니다. 특히 각 기능을 얼마나 자세하게 나누어 각각 독립된 기능 범주로 간주해야 하느냐 하는

---

29) 'ᄀᆞᆺ'에서 발달한 'ᄀᆞ장'과 'ᄀᆞ지'의 문법화를 안주호(1996: 135)에서는 다음과 같이 설명하고 있다.
    ᄀᆞ장: (의존명사) > 부사 > 후치사 > 조사 > 접사
    ᄀᆞ지: 부사 > 후치사 > 조사

것은 문제이다. 이제 최근의 문법화론 학자가 일반적으로 다루는 기능의 범주를 몇 가지 열거하고 이들 각각을 간략하게 살펴보자.

2.3.1 부치사

부치사(adposition)는 전치사와 후치사를 통틀어서 가리키는 용어이다. 전치사와 후치사는 그것들이 꾸며 주는 단어의 앞이나 뒤에 온다는 점에서는 정반대이지만, 이러한 위치는 각 언어의 어순에 따라 달라지는 것이고 기능에 있어서는 거의 동일하다. Greenberg(1966[1963])에서는 SOV, 즉 한국어와 같이 [주어-목적어-동사]의 어순을 갖는 언어에서는, 대부분 후치사를 사용하고 있다고 지적하였다. 이와 유사하게 SVO, 즉 영어와 같이 [주어-동사-목적어]의 어순을 갖는 언어에서는, 대부분이 전치사를 사용하고 있다. 이처럼 언어에서의 부치사의 사용과 그 언어의 어순은 매우 밀접한 관계를 맺고 있고,[30] 또한 전치사와 후치사를 섞어서 사용하는 언어가 거의 없다. 이러한 현상을 Hawkins(1983)에서는 범범주적 조화원칙(CCH: cross-category harmony principle)이라고 하고, Dryer(1980)에서는 분지방향이론(branching direction theory)이라고 부른다. 그러나 이들 '원칙'은 현상에 대한 기술일 뿐 '왜', '어떻게'에 대해 설명하지 못한다. 그러나 문법화론의 시각에서 보면 이들을 설명할 수 있다. Greenberg(1966[1963])에서는 전치사를 사용하는 언어에서는 소유격을 나타내는 구가 수식을 받는 명사의 뒤에 나오고, 후치사를 사용하는 언어에서는 소유격을 나타내는 구가 수식을 받는 명사의 앞에 나온다고 하였다. 이러한 현상은 <도표 2-3>에서 보는 바와 같이, VO

---

30) 이러한 경향성은 Bybee와 그 동료 학자가 공동으로 연구한 세계 주요어 통계 자료에서도 보이는 데 참고로 다음과 같다.

	Postp	Prep
Gen N	25	5
N Gen	6	21

언어인 영어와 OV언어인 핀란드어의 예에서 잘 대조되어 나타난다.

A. 영어(VO)

   in the back + of the house   (N + Gen)

   >> in back of + the house   (Prep + N)   '집 뒤에'

B. 핀란드어(OV)

   poja-nb   kansa-ssa   (Gen + N)

   boy-Gen   company-In

   >> poja-n   kanssa   (N + Postp)   '소년과 함께'

      boy-Gen   with

〈도표 2-3〉 언어의 어순과 부치사 위치의 상관관계

<도표 2-3>의 예에서 보듯이 현대영어에서의 전치사구 *in back of*는 원래 [[the back] [of-]]와 같이 [N + Gen]의 구조에서 생겨났고, 핀란드어의 후치사 *kanssa*('with')는 원래 [[-of] [company]]와 같이 [Gen + N]의 구조에서 생겨난 것이다. 영어에서 이것과 유사한 전치사구는 많이 있는데 이들을 열거해 보면 다음과 같다.

(38) a. in front of < in the front of

    b. on top of < on the top of

    c. in place of < in the place of

    d. instead of < in the stead of

    e. because of < by the cause of

    f. beside < by the side of

위의 예 (38)에서 보듯이 전치사구는 [전치사＋명사＋소유격표지]의 구조에서 발달한 것이 많다. 특기할 만한 것은 이러한 구조가 점점 굳어지면서 그 속에 있는 명사구가 동반하고 있던 관사를 잃어버림으로써 명사구로서의 지위를 상실해가고 또한 변화가 진행됨에 따라 단어가 서로 붙어버려 한 단어가 되기도 한다는 것이다. 이러한 점은 문법화의 일반적인 방향이 음운적 소실이란 지적과 일치하는 것이다.

기능적인 측면에서 보자면 부치사는 그 수식을 받는 명사의 앞이나 뒤에 나와서 여러 가지 의미들을 더하여 부치사구로 만든다. 그러나 이렇게 더해지는 의미들은 언어마다 차이가 있어서 전·후치사에 의해 더해지는 의미를 정확하게 말하기는 어렵지만, 방향, 위치, 순서, 시간, 출처 등을 나타내는 경우가 대부분이다.

부치사류 중에서 가장 큰 하위범주를 이루고 있는 처소표지 부치사류를 문법화론의 관점에서 살펴보자. 장소적인 개념을 표시하는 부치사들은 대개 신체부위(body-part)와 지표(landmark)의 두 가지 범주에서 발전한다. 부치사 중에서 사물의 위치와 관계된 개념을 표시하는 것 중에는 사람이나 동물의 신체부위를 나타내는 단어들로부터 유래한 것이 가장 많다. 다음은 신체부위를 나타내는 명사로부터 발전한 부치사들의 예이다.

(39) 부치사   신체부위 어원
    '위에'   < 등, 얼굴, 머리, 어깨
    '뒤에'   < 등, 엉덩이, 항문, 하체
    '아래에' <   배, 엉덩이, 항문, 다리
    '앞에'   < 가슴, 젖가슴, 얼굴, 이마, 입
    '안에'   < 배, 위

위 (39)에 열거한 예에서 보듯이 신체부위를 나타내는 명사들은 위치관계를 표시하는 부치사들로 발전한 예가 범언어적으로 많이 나타나는데 이것은 인간이나 동물의 신체가 사물의 상대적인 위치를 표시하는 데에 있어서 가

장 편리한 준거점을 제시해주기 때문이다.[31] 이처럼 신체부위를 나타내는 단어가 사물의 부위나 위치를 나타내기 위해 사용되는 것은 범언어적으로 가장 보편적으로 사용되는 의인화, 즉 [사람 > 사물]의 은유적 전이이다. 이와 같이 사람이나 동물과 관련된 개념들을 다른 사물에 전이시켜 사용할 때 인지적으로 사용하는 모형이 있다. 이 모형들을 동물형태적 모형(zoomorphic model; Heine 1997a: 41)과 인간형태적 모형(anthropomorphic model; Heine 1997a: 40)이라 하는데 <도표 2-4>와 같이 표시할 수 있다.

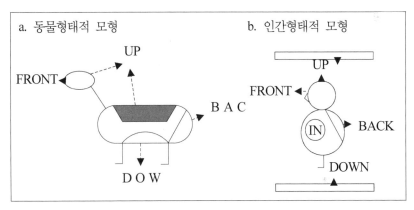

〈도표 2-4〉 동물형태적 모형과 인간형태적 모형

처소적 개념을 표시하는 부치사로서 다음으로 많이 어원어가 되는 것은 지표를 나타내는 명사들이다. 다음의 예를 보자.

(40) 부치사   지표 어원
    '위에'   <하늘, 정상
    '뒤에'   <흔적, 궤적

---

31) 신체부위 중에도 머리나 엉덩이는 특히 많이 사용되는 어원어들이다. 아프리카어의 87%가 머리를 이용해 '위에'라는 부치사를 발달시켰고, 84.6%가 엉덩이나 항문을 이용해 '아래에'라는 부치사를 발달시켰다(Heine 1997a: 41).

'아래에' <땅
'앞에'   <현관, 마당
'안에'   <집, 해변, 육지

위의 예 (40)에서 보면 인간의 생활환경에서 가장 많이 경험하는 대상이면서 그 중요성이나 특징이 충분히 변별적인 지표가 처소표지 부치사들로 발전하는 것을 볼 수 있다.

2.3.2 격표지

격표지(case marker)는 명사에 붙어서 여러 가지 문법적인 격을 표시해 주는 장치인데 여러 가지의 격이 있지만 대개는 주격(nominative), 호격(vocative), 대격(=목적격, accusative), 속격(=소유격, genitive), 여격(dative), 탈격(ablative), 처소격(locative) 등이 있다. 라틴어는 격과 수에 따라 소위 어형변화(declension)라 불리는 굴절을 했다. <도표 2-5>는 라틴어의 격변화의 예이다.

격	단수	복수	의미
주격	amicus	amici	'친구가'
호격	amice	amici	'친구여'
대격	amicum	amicos	'친구를'
속격	amici	amocorum	'친구의'
여격	amico	amicis	'친구에게'
탈격	amico	amicis	'친구로부터'

〈도표 2-5〉 라틴어의 amicus 'friend'의 격변화

<도표 2-5>에서 보는 라틴어 굴절과 유사하게 영어도 고대에는 뚜렷한 격변화를 했다. 이러한 격변화는 그 명사의 성, 즉 여성, 중성, 남성, 통성에 따라, 또한 단수, 복수, 양수(兩數; dual)의 수에 따라 패러다임을 형성했다.

따라서 인칭대명사의 격변화형이 약 40개의 경우에 60여 개의 형태가 있었다. 현대영어에서는 이러한 복잡한 계열이 중세영어를 거치는 동안 통합작용(syncretism)을 통해서 거의 없어지고 일반 명사의 경우에는 속격을 표시하는 -s만이 거의 유일한 격표지로 남았는데, 인칭대명사의 경우에는 아직도 비교적 복잡한 계열을 유지하고 있다.

이 외에도 여러 언어에서 여러 격을 사용하고 있는데, 이들 격표지 중에는 접속사의 성격이 강한 것도 있고, 부사적 성격 또는 부치사적 성격이 강한 것이 있다. 또한 언어마다 격표지로 볼 수 있는 문법소가 차이가 많아서 비록 의미나 형태가 비슷하다 해도 모두 격표지라고 보기가 어려운 것이 많다.

격표지는 대개 대격, 여격, 향격, 탈격, 수혜격, 동반격 등과 같이 개념적인 이동을 나타내는 경우가 많다. 따라서 이들 격표지 중에는 물리적인 이동을 나타내는 동사가 어원어가 되는 경우가 많다. 다음의 예들을 보자.

(41) a. Nama

ßKûia-sa xu ta gye ti-ta ra ha

ßKûias from 1.Sg Top 1.Sg Impf come

'I am coming from Windhoek.' (Krönlein 1889: 52)

b. Fa d'Ambu

wan namin zugá wan budu ba zinál

Art child throw Art stone go window

'The child threw a stone at the window.' (Post 1991)

위의 예에서 (41a)는 Nama의 경우인데 xu는 원래 '떠나다'의 의미를 가진 xuu에서 발달한 탈격의 격표지이다. Fa d'Ambu의 예인 (41b)에서는 '가다'의 의미를 가진 ba가 향격의 격표지로 발달한 예이다. 이들 두 어원 동사들은 이동동사인 점에서는 같으나 '떠나다'는 출발점을 강조하여 탈격으로 발전하고, '가다'는 목적점을 강조하여 향격으로 발전한 것이라 할 수 있다.

한국어의 격표지 중에도 동사에서 발전한 예를 볼 수 있다.[32]

(42) a. 철수는 밀가루가지고 빵을 만든다.
     b. 철수는 나를 가지고 자꾸만 놀렸다.
     c. 길수가 우리 누나보고 우리 집에 꽃을 보냈다.
     d. 길수가 나보고 영희를 도와달라고 요청했다.

위의 예 (42a)에서는 '가지다'라는 동사가 도구격 표지로 쓰이고 있다. 예 (42b)에서는 같은 동사 '가지다'가 대격 표지로 발전하였음을 알 수 있다. 예 (42c)에서는 인식동사 '보다'가 일종의 수혜격 표지로, 예 (42d)에서는 대격(=피요청자) 표지로 문법화한 것을 알 수 있다. 물론 이들의 문법화는 많이 진행되지 않았기 때문에 어원어의 의미가 아직은 투명하게 남아있고 형태-통사적으로도 어원 구문의 흔적이 있어서 수의적으로 목적격 표지를 동반할 수도 있다.

2.3.3 연결사

연결사(connective: 접속사, 이음씨)는 단어나 구, 절 등을 연결하는 데 쓰이는 단어들을 총칭하는 것으로서 그 기능과 의미에 따라 여러 가지 하위 범주가 있는데 여기에 해당하는 여러 용어들로는 대등접속사, 종속접속사, 조건표지, 원인표지, 이유표지, 양보표지, 대체표지, 순위표지, 시간표지, 목적표지, 보문자, 가정법표지, 관계접속사, 명사구접속사, 동사구 접속사, 절접속사, 인용표지 등의 접속 기능어가 있다. 영어에는 *and, or, but, for* 등의

---

32) 예문 (42a)와 (42b)는 이정애(1998a)에서, (42c)와 (42d)는 양인석(2000)에서 인용한 것이다. 이정애(1998)에서는 '가지다'가 도구성과 시간성으로 확장되면서 수단, 조건, 원인을 표시하는 문법소로 변하였음을 보였고, 양인석(2000)에서는 '보다'가 수혜자(beneficiary), 종속절 주어(embedded subject), 피요청자(requestee) 등을 표시하는 문법소로 변하였음을 보였다.

대등접속사와 *as, because, if, since, than, that, though, unless* 등의 종속접속
사가 있다. 또한 일부 부사들은 의미상 접속 기능을 가진 것이 있어서 때로
연결사로 분류되기도 하는데 이런 것들에는 *also, besides, consequently,*
however, moreover, furthermore, nevertheless, therefore 등이 있다.

연결사는 여러 가지의 어원들로부터 문법화된다. 보문자(complementizer)
라 불리는 연결사의 경우에는 많은 경우 'say'와 같은 발화동사로부터 발달
하였다(Lord 1976, 1993; Frajzyngier 1996).[33] 그러나 발화동사뿐 아니라
의지동사(volitional verb)나 인지·감각 동사 등으로부터도 연결사가 문법화
한다. 영어의 경우 종속절이나 관계절 등을 이끄는 *that*이 지시사에서 발전
한 것처럼 다른 언어에서도 지시사나 지정사 등으로부터 연결사로 문법화가
이루어지는 경우도 있다. 다음의 예를 보자.

(43) Mandara

    yè   z-ú   dǎf   nà   kà   gyá   ká   nà

    1.Sg eat   food Def 2.Sg cook 2.Sg Def

    'I ate the food that you prepared.'   (Frajzyngier 1996: 454)

위의 예 (43)에서 보면 관계절을 이끄는 문법표지와 지정사가 모두 *nà*에
의해 표시된 것을 알 수 있다. Mupun, Mwaghavul, Pa'anci 등 Chadic 어군에
속하는 다른 언어들에서도 지시사, 지정사, 직시적 장소표지들로부터 관계
절 연결사가 문법화한 예가 나타나고 있다(Frajzyngier 1996: 454).

한국어의 경우 연결사는 '-아', '-게(끔)', '-지', '-고', '-도록', '-듯(이)',
'-이', '-어야', '-으려(고)', '-고자', '-다시피', '-으면', '-거니', '-라고', '-면
서', '-다가' 등 형태와 기능에 있어서 매우 다양하다. 다음의 예를 보자.

(44) a. 극장에 가다가 선생님을 만났다.

---

33) 발화동사의 문법화 과정의 예는 § 8.2.2 참조.

    b. 숙제는 안하고 TV만 보다가 야단을 맞았다.
    c. 극장에 갔다가 선생님을 만났다.
    d. 숙제는 안하고 TV만 봤다가 야단을 맞았다. (남기심 1994: 187)

위 (44)의 예들은 연결사 '-다가'에 의해 접속된 문장들이다. 원래 '-다가'는 근접이동을 나타내는 동사 '다그다/닥다'에서 발전한 것이다(이성하 1996c: 239-244). 연결사 '-다가'에 의해 접속된 문장에서의 '-다가'는 선행절 서술어가 나타내는 동작 또는 상태가 지속되는 동안을 대상으로, 후행절의 행위가 일어나는 시간, 공간 등의 배경을 지정한다(남기심 1994: 187). 기본적으로 연결사 '-다가'는 중단과 전이를 나타내는데 여기서의 중단이란 화자 시점상의 중단이므로 초점만 이동하고 실제 동작은 계속될 수도 있다.

2.3.4 대명사

대명사(pronoun)는 전통적으로 다른 명사를 대신하여 쓰이는 단어들이라고 정하고 그 종류들을 인칭대명사, 지시대명사, 의문대명사, 관계대명사, 부정대명사 등으로 나누고 있다. 영어의 예로는 인칭대명사에 *I, you, my, them, it, her* 등이 있고, 지시대명사에 *this, that, these, those* 등이 있고, 관계대명사에 *who, what, which, that* 등이 있으며, 부정대명사에는 *each, none, everything, something* 등이 있다.

일반적으로 이들 대명사는 지시사나 혹은 사람을 가리키는 명사, 혹은 '물건'이라는 단어에서 나온 경우가 많다. 예를 들어 중세 한국어에서 3인칭대명사로 '이', '그', '뎌'가 있었는데 한국어의 장소직시사표지 '이/그/뎌' 체계를 고려해보면 이들이 지시사에서 나왔을 것은 자명한 일이다. 김미형(1995)에 따르면, '이', '그', '뎌'는 모두가 사실, 장소, 개념 등을 지칭했는데, 이중 '그'는 사람도 지칭하였다. 이 '그'가 현대 한국어에서 3인칭대명사 '그'로 문법화하였다. 또한 Persian의 *bandaka* '노예'라는 단어가 1인칭 단수 대명사 *banda* '나'로 발전했으며,34) Zande의 *hɛ* '물건'가 무생물 3인칭대명사 *(h)ɛ*로 발전한 경우가 보인다.

2.3.5 관사

관사(article)에는 정관사와 부정관사가 있는데 관사는 일반적으로 명사 앞에서 명사를 한정하여 수식해 주기 때문에 일종의 형용사적 기능을 한다고 볼 수 있다. 영어의 *the*와 *a, an*이 각각 지시사 *that*와 수사 *one*과 어원적으로 연관되어 있어서 Jesperson, Sweet 같은 학자들은 이들 관사를 지시대명사의 범주에서 보기도 하였다. 따라서 관사가 지시사의 하위범주로 다루어지기도 한다. 이러한 공시적인 분류 현상은 실상 통시적인 원인을 가지고 있다. 즉 Greenberg(1978)에 따르면 많은 언어에서 지시사가 [지시사 > 관사 > 일치표지 > 성표지(명사분류사)]의 변화 과정을 거치기 때문이다. 이러한 변화 과정은 <도표 2-6>과 같이 나타낼 수 있다.

I. 순수하게 어떤 대상물을 지시하는 단계
II. 대화에서 이미 언급된 대상을 지시하는 단계
III. 일반적 지식이나 경험상으로 확인된 대상을 지시하는 단계
IV. 특정적 비한정 대상을 지시하는 단계
V. 단순한 문법표지 역할만 하는 단계

<도표 2-6> [지시사 > 관사]의 발달 과정

<도표 2-6>은 지시사에서 관사로 발달하는 과정을 나타낸 것인데 이에

---

34) 현대 한국어에서는 널리 쓰이지 않지만 '소인(小人)'이나 '쇤네(<소인네)'라는 단어도 원래는 '부족한 사람', '미천한 사람'이라는 일반 명사에서 자신을 비하하는 일인칭대명사로의 기능으로 변화를 겪었지만, 완전한 인칭대명사로 정착하지 못하고 말았는데, 어원적으로는 여기 페르시아어에서의 변화와 유사한 데가 있다.

따르면 첫 단계에서는 자연 세계 속에서의 대상을 지칭하는 순수한 지시사로서의 단계이다. 둘째 단계에서는 대화에서 한 번 언급됨으로 해서 대상이 특정화 되었을 때 이를 가리키는 단계이다. 이 단계에서는 문법소의 용법이 지시사와 관사의 중간 단계에 해당한다고 할 수 있다. 셋째 단계에서는 '태양'이나 '달'처럼 이미 인간의 경험세계에서 확인된 물체이어서 대화에서 언급이 없이도 지시 대상이 확실한 것들을 지시하는 단계이다. 넷째 단계에서는 문법소의 의미 기능이 정관사와 부정관사의 중간적 용법을 나타내는 경우이다. 예를 들어 한국어에서도 '나는 책을 한 권 찾고 있다'라고 할 때 '한'이 지시하는 그 책은 불특정 책(아무 책이나)일 수도 있고, 특정적이지만 자세히 언급하지 않은 채 문맥상의 전제에 의존하는 경우도 있다. 마지막 단계에서는 이 문법소가 지시적인 역할은 하지 못하고 명사의 어떤 문법성만을 표시하는 역할만을 하는 완전한 관사 혹은 성표지의 단계이다.

지시사와 관사의 밀접한 관계는 특히 독일어의 경우에서 볼 수 있는데, 독일어에서는 지시사가 인칭과 격에 따라 변화할 때 관사가 변화하는 것과 동일한 패턴을 나타낸다. 독일어의 지시사 굴절의 예는 <도표 2-7>과 같다.

	단수			복수
	남성	여성	중성	
주격	dieser	diese	dies(es)	diese
소유격	dieses	dieser	dieses	dieser
여격	diesem	dieser	diesem	diesen
대격	diesen	diese	dies(es)	diese

〈도표 2-7〉 독일어 지시사의 굴절

<도표 2-7>의 예는 지시사 *dieser* 'this'가 격, 수, 성에 따라서 변화하는 형식을 도표화한 것이다. 이러한 형식의 변화는 *dieser*뿐 아니라 *jener* 'that',

jeder 'every', *solcher* 'such', *welcher* 'which', *mancher* 'many', *aller* 'all' 등 모든 지시사류의 경우에도 마찬가지이다.

2.3.6 지시사

지시사(demonstrative)란 어떤 사물을 지시할 때 쓰이는 문법소인데 통상 지시대명사를 주로 일컫지만 지시형용사나 지시부사, 지시관사 등이 포함된 다. 영어의 경우를 요약하면 다음 예 (45)와 같다.

(45) 지시대명사: this, that, these, those, such, same, so…

지시형용사: this, that, these, those, such, the same, all, another, both, each, either, every, neither, other, former, half, latter, the very, yonder…

지시부사: hence, here, hither, there, thence, thither, yonder, henceforth, now, then, thereupon, so, thus…

지시관사: the…

지시사는 지시대상의 상대적인 거리에 따라 근접지시사(proximal demon-strative)와 원격지시사(distal demonstrative)가 있는데, 이와 같은 이분법 이 외에도 한국어나 일본어 같은 경우에는 '이/그/저'와 'a/so/ko'처럼 삼분법이 이용되기도 한다. 또한 지시대상이 특정한 대상인지 아닌지에 따라서도 종 류가 나누어지는데 이런 경우에는 영어에서의 정관사와 부정관사가 대표적 인 예가 될 것이다. 물론 부정관사 *a/an*이 특정 대상을 지시할 수도 있기 때문에 영어의 부정관사가 반드시 불특정 대상을 가리키는 것은 아니다.

지시사가 발전하는 어원에 대하여 간단하게 살펴보자. 지시사들은 대개 시간이나 장소를 나타내던 부사에서 유래된 경우가 많다. 다음의 예를 보자.

(46) a. Baka

　　　ma　nyì　bo　　kɔ̀　ode

　　　1.Sg　know　person　that　Neg

　　　'I don't know that person.'　(Heine *et al.* 1993: 220)

　　b. Hausa

　　　dabbo:bin　　cân

　　　animals　　　that/those

　　　'those animals'　　(Cowan & Schuh 1976: 165)

위의 예에서 보면 (46a)의 Baka에서는 멀리 떨어진 장소를 나타내는 부사였던 kɔ̀가 원격지시사로 발달한 것을 볼 수 있다. 또한 Hausa의 예인 (46b)에서도 원격 장소부사 *cân*이 원격지시사로 발달한 것을 알 수 있다.

지시사는 장소부사 이외의 다른 어원어에서 발달한 경우가 있다. Ngbaka에서는 '사람'의 뜻을 가진 명사가 근접지시사로 발달한 예가 있다. 또한 흥미로운 것은 다음 예에서와 같이 Baka에서 제시표지(presentative)가 근접지시사로 문법화한 예가 있다.

(47) a. kɛ̀

　　　look.here

　　　'Look here!'

　　b. ndɔ̀　　kɛ̀

　　　banana　look.here

　　　'this banana'

위의 예 (47)에서 보면 Baka에서는 *kɛ̀*('여기 보시오')가 듣는 사람의 주의를 끌기 위해 사용하는 제시표시였는데 이것이 근접지시사로 발전되어 [바나나 + 여기 보시오]가 [이 바나나]를 뜻하게 된 것을 알 수 있다.

2.3.7 담화표지

담화표지(discourse marker)에는 여러 가지 기능을 가진 문법소가 포함되는데 예를 들어서 감탄사, 이야기체 담화표지, 겸양법표지, 제시표지, 주제전환표지, 주제계속표지, 주제표지, 초점표지 등이 여기에 속한다. 이들 담화표지들은 그 문자적인 의미는 남아있지 않고 단순히 담화의 전체 구성에 있어서 여러 부분들을 서로 결속시키는 기능만을 가지고 있다. 예를 들어 제시표지로 쓰이는 영어의 *you know what, guess what*, 한국어의 '있잖아', '거 있잖아', '그런데 있지/근데있지' 같은 것들은 그 문자적인 뜻은 전혀 없이 상대방의 주의를 끌기 위한 상투어에 불과하다. 다음의 예들을 보자.

(48) a. oh: 정보 관리 담화표지
    b. well: 응답 신호 담화표지
    c. and, but, or: 연결 관계 담화표지
    d. so, because: 인과 관계 담화표지
    e. now, then: 시간 관계 담화표지
    f. y'know, I mean: 정보 및 참여 담화표지

위 (48)은 Schiffrin(1994 [1987])에서 다루고 있는 영어의 담화표지들이다. 한 가지 유의할 것은 여기에서 들고 있는 일부 항목들은 담화의 층위 이외에서도 쓰이는 것이지만, 여기서는 이들이 담화를 결속시키는 장치로서 사용된 측면을 본 것이라는 점이다.

이들 담화표지의 어원은 위의 영어의 경우에서도 알 수 있듯이 *oh*나 *well*과 같은 이른바 불변화사들, *and, but, or, so, because* 등과 같은 연결사들, *now*와 *then*과 같은 시간적 직시소와, *y'know, I mean* 등과 같이 어휘화된 절들로 매우 다양하다.

2.3.8 시상태표지

시상태표지(TAM; tense-aspect-modality marker)는 동사에 붙어 문장의 시제, 상, 양태(modality), 서법(mood) 등을 표시해 주는 많은 문법소들을 포괄하는 것이다. 시상태라는 문법 범주는 그 범주 자체도 매우 크고 분류하는 기준도 다양하다. 시제와 상은 둘 다 '시간성'을 다룬다는 점에서 매우 유사하다. 다만 시제는 시간축에 있는 사건들을 외부 즉 화자의 입장에서 바라보는 것이고, 상은 시간축에 있는 사건자체가 어떤 시간적 내부구조를 가지고 있느냐에 초점을 두는 점에서 다르다 할 것이다. 그러나 사건의 시간적 내부 구조라고 하는 복잡하기 때문에 여러 가지 용어가 생겨났다. 또한 양태와 서법의 범주도 학자에 따라 분류 방식이 다르기 때문에 매우 복잡하다.35) 흔히 양태에는 의무, 개연성, 가능성 표지들을 포함시켰고, 서법에는 명령, 희망, 조건, 종속 등의 표지들을 포함시켜왔다. 대략적으로 시상, 양태, 서법의 범주가 표시하는 의미들을 나누자면 대략 (49)와 같다.

(49) 시제: 과거, 현재, 미래 등
　　　상:　　진행, 완료, 기동, 완결, 결과, 상태 변화, 반복 등
　　　양태: 확인, 의무, 가능 등
　　　서법: 명령, 희망, 조건, 종속 등

Bybee *et al.*(1994)에서는 양태를 다음 (50)에서 보는 바와 같이 '행위자 중심 양태(agent-oriented modality)', '화자 중심 양태(speaker-oriented modality)', '인식론적 양태(epistemic modality)', '종속서법(subordinating mood)'의 네 가지 범주로 나누었다.

---

35) 그 한 예로 Fillmore(1968)에서는 'modality(양태)'란 범주안에 시제, 상, 부정, 서법(mood)까지를 포함시키고 있다. 이러한 다양한 학문적 입장에 대해서는 Palmer(1993[1986]) 참조.

(50) 행위자 중심 양태: 문장의 행위자와 문장술부의 의미관계; 의무, 필요, 능력, 욕구, 의도, 의지, 근원적 가능성 등

행위자 중심 양태: 화자가 청자에게 문장 의미의 행위를 부과하는 관계; 명령, 금지, 기원, 권고, 경고, 허용 등

인식론적 양태: 문장명제의 진위성에 대한 화자의 태도를 표시하는 관계; 가능성, 개연성, 추론적 확실성, 반 사실성 등

종속서법: 주절 종속절의 의미관계를 종속절 동사에 표시하는 관계; 보어, 양보, 목적 등

위 (50)에서 보는 바와 같이 Bybee *et al.*(1994)의 분류법에서는 양태와 서법을 포괄적으로 다루고 있다. 이러한 분류는 문법화론에서 유용한 분류법이다. 그것은 문법화의 방향이 행위자 중심의 양태에서 화자 중심의 양태로, 또한 이것이 화자의 신념 체계를 나타내는 인식론적 양태로, 또한 문법화가 더욱 진행되면 특별한 의미부여 없이 기계적으로 문법성만을 표시하는 종속서법으로 발전한다는 것이 범언어적 통계로부터 나타나기 때문이다.

한국어의 경우에도 일단 용어상의 통일이 없이 서법과 양태, 양상 등 여러 가지 용어가 같이 쓰이기도 하고 나뉘어 쓰이기도 하는데, 이들 범주에 속하는 것으로 간주되고 있는 것에는 일반적으로 회상을 나타내는 '-더-' 와 미래성, 추정성을 나타내는 '-겠-', 존경법에 쓰이는 '-시-', 공손법(존대법, 대우법)에 따른 각종 어말어미군, 겸양법의 접미사, 부정법, 피동법, 사동법 등 여러 문법소가 이 범주에서 다루어져 왔다. 이러한 문법소들은 대개 문법화가 많이 이루어진 것이다. 따라서 이들 문법소는 한국어의 문법화 연구에 있어서 매우 중요하다.

2.3.9 관점표지

관점표지(viewpoint marker)는 화자가 문장상에는 드러나지 않으면서도

단어나 구 또는 문장 전체에 대한 자신의 관점이나 평가를 표시하기 위하여
사용하는 문법표지이다. 예를 들어 화자의 기대에 어긋나는 명제를 표시하
는 역기대(counter-expectation) 표지, 화자가 부각하고자 하는 문장요소를
표시하는 강조(emphatic) 표지, 화자가 가지고 있는 경멸심을 나타내는 경멸
(pejorative) 표지, 화자가 어떤 증거에 의존해서 명제의 진실성을 확인하는
확인(evidential) 표지 등이 있다. 또한 긍정과 부정을 표시하는 문법소들도
크게는 이들 관점표지의 범주에 든다고 볼 수 있을 것이다. 다음의 예들을
보자.

(51) a. 일본어

atashi   mo sono toki kai-chat-ta   wa yo
I   also that time   write-CHAU-Pst Ptl Ptl
'I also wrote (to her) at that time.'(Ono & Suzuki 1992: 207)

b. Newari

mǫste-sǫ   mhitǫy-a   tǫl-ǫ
children-Erg play-Part   keep-PD
'The children have played'(I can tell because the room is all messed up.)
(Genetti 1986: 65)

c. 한국어

오늘따라 비가 많이 왔다.
철수조차 파티에 오지 않았다.

위의 예에서 (51a)는 일본어의 동사 *shimau* '치우다'의 문법화된 변형인
*chau*가 화자 자신의 후회를 나타내는 문맥에서 부정적인 태도를 표시하는
것으로 쓰인 예이다. 예 (51b)는 Newari의 동사 *tǫl* '두다'이 직접적인 증거
를 보고 어떤 명제를 사실로서 제시하는 증거성표지(evidentiality marker,

확인법)의 예이다. 예 (51c)에서는 한국어의 동사 '따르다'에서 발전한 '-따라'와 '쫓다'에서 '-조차'가 역기대 표지로 사용된 예를 보여준다.

관점표지들의 문법화는 일종의 주관화 현상으로서, 언어사용자들은 언어형태의 의미를 점점 자신의 심리적 태도나 평가와 관련된 의미로 바꾸는 경향이 있다는 Traugott & König(1991)의 지적과 일치한다.

2.3.10 비교표지

비교표지(comparison marker)란 두 대상을 비교하는 데에 쓰이는 여러 가지 문법소들을 가리키는데 여기에는 부등비교, 대조, 동등, 최상급, 미달 또한 계사(copula) 등의 표지가 여기에 해당된다. 비교표지의 다양성은 다음 영어의 예 (52)에서 보여주는 비교 구문들에서 잘 드러난다.

```
(52) a. David is smart.                (Positive)
     b. David is as smart as Bob.      (Equative)
     c. David is smarter than Bob.     (Superior Comparative)
     d. David is less smart than Bob.  (Inferior Comparative)
     e. David is the smartest.         (Superlative)
     f. David is very smart.           (Elative)
     g. David is too smart.            (Excessive)
```
(Heine 1995: 22)

이러한 비교표지는 역사적으로 많은 어원에서 비롯되었는데 그 중에 두드러진 것은 탈격, 동반격과 같은 격표지, 상승이나 초과, 추월, 회전 등을 의미하는 행위동사, 또한 장소표시어나 존재동사이다.[36] 다음의 예를 보자.

---

36) 여러 가지 비교 구문의 표지들을 범언어적으로 연구한 주요한 저서로는 Stassen(1985)이 있는데, 이것을 기초로 해서 Heine(1994a)에서는 이들 비교 구문 표지가 공통적으로 행위도식(action schema), 장소도식(location schema), 근원도식(source schema), 목표도식(goal

(53) a. Swahili

    Yeye mrefu ku-shinda mimi

    s/he tall   to-defeat me

    'S/he is taller than I.'

  b. Turkish

    Türkiye Lübnan' dan büyüktür

    Turkey Lebanon from is.big

    'Turkey is bigger than Lebanon.'

위의 예 (53a)에서는 Swahili의 행위동사 *shinda*('물리치다')가 비교표지로 쓰였으며, (53b)에서는 Turkish의 탈격표지 *dan*('-로부터')이 비교표지로 쓰였다.

한국어의 예를 보자.

(54) a. ㅼ는 ᄂᆞᄆᆞᆯ 데온 물이 고기도곤 마시 이셰 (청구영언 18c.)

  b. 쓴 나물 데운 물이 고기보다 맛이 있네

위의 예 (54a)를 보면 18세기의 청구영언에서는 '두다' 동사에서 나온 '-도곤'이 비교표지로 사용된 것을 알 수 있다. 이처럼 18세기 이전까지는 비교표지로 '-도곤', '-도곳', '-두곤', '-두고'와 같은 '두다' 동사로부터 발전된 문법소가 사용되었다. 18세기부터는 감각·인지 동사 '보다'와 근접이동동사 '다그다'에서 발달한 '-보다가'가 비교표지로 등장하여 현대 한국어에서는 (54b)와 같이 '-보다'만이 비교표지로 사용되고 있다.[37]

---

schema), 극성도식(polarity schema), 순서도식(sequence schema), 유사성도식(similarity schema), 주제도식(topic schema)의 8가지 사건도식(event schema)에서 나오고 있음을 밝혔다. 이것은 후에 §4.5에서 더 자세히 살펴보게 될 것이다.

37) '-보다가'가 처음으로 사용된 예는 1783년의 자휼전칙에 나타난다(국어국문학 자료사전 1995). 근대 한국어에서는 "네 사랑이 포도주에서 지남이라. (솔로몬아가 1:4)"에서 보듯

2.3.11 수사

수사(numeral)는 기수나 서수 같은 숫자를 나타내는 단어들 뿐 아니라 단위를 표시하는 것들, 그리고 명사 분류사, 수 분류사 등이 있다.

많은 언어에서 기수들은 신체부위 특히 손가락, 손, 발 등과 관련되어 있다. 기수가 신체부위와 관련성을 가지는 이유는 분명하다. 손가락이나 사지 등은 셈을 하는데 있어서 아주 편리한 준거점이 되기 때문이다. 따라서 범언어적으로 '10'이 가장 일반적이며, 이 수가 신체부위 표시어에서 왔을 경우에는 대개 '두 손', '모든 손' 등의 어원을 가지게 된다. 이것은 열 개의 손가락으로부터 '10'이란 수가 나왔기 때문이라고 할 수 있다. 따라서 [하나, 둘, 셋, 다수], 혹은 [하나, 둘, 셋, 넷, 다섯, 끝 (=100)]과 같은 특이한 수 체계를 가진 언어에서도 대개의 경우에는 10진법의 수를 병행하여 가지고 있다. 일반 기수 중에도 '10'의 경우처럼 특별한 기준점이 되는 수가 있어서 이들의 명칭은 특별한 단어에서 오는 경우가 많다. 다음의 예들을 보자.

(55) 5   < '손', '손바닥'   Turkana, Dogon, Aztec, Nama
    10   < '박수'   Ngbaka
    20   < '뭉치'   Aztec
    100   < '머리', '나무'   Turkana
    400 < '머리카락'   Aztec

또한 단위표시어나 분류사들은 단위로 사용하던 물건의 이름이나, 해당 명사의 일반적인 형태와 관련된 이름들을 가리키는 명사로부터 발전한 예가 많다. 예를 들어 무게나 부피, 길이를 표시하는 단위표시어들은 '가마', '말',

---

이 '-에서 지나다/승하다'와 같은 형태가 비교구문에 사용되었는데, '-에서'와 같은 탈격표지가 범언어적으로는 가장 많이 나타나는 비교표지이지만, 이러한 용법은 현대 한국어에서는 잘 사용되지 않는다.

'되', '잔', '컵', '병', '자', '뼘' 등처럼 계량을 위해 사용했던 도구들의 이름과 동일한 경우가 많다. 영어의 *foot/feet*도 발의 길이로 길이를 쟀던 데서 온 대표적인 예라 할 수 있다.

2.3.12 부사

부사(adverb)라는 문법 범주를 설명하기에 앞서 무엇보다도 기능어/내용어의 분류와 관련하여 부사의 범주적 위치를 논의할 필요가 있다. 이미 기능어와 내용어의 경계가 매우 불분명하다는 것은 범주의 유동성으로 설명한 바가 있다. 따라서 부사를 어느 쪽에 포함시켜야 할지는 두 범주의 경계를 어떻게 정하느냐에 달려있다. 우리는 앞서 이들 내용어와 기능어의 구별과 관련해서 개방범주와 폐쇄범주에 대해 간단하게 살펴본 바가 있다.[38] 즉, 내용어는 대개 개방범주와 일치하고 기능어는 대개 폐쇄범주와 일치한다. 개방범주란 새로운 단어를 그 집합의 원소로 쉽게 받아 들이는 범주이고 폐쇄범주는 새로운 원소를 받아들이기가 매우 어렵기 때문에 그렇게 일컬어지는 것이다. 그런데 이러한 관점에서 보자면, 부사는 비교적 쉽게 만들어져서 새 원소로 편입되는 것 같다. 사실 어떤 학자들은 부사라는 범주의 원소가 끊임없이 늘어나고 있고, 또 그 안에서 끊임없이 사라지고 있어서 부사라는 범주를 언어의 '쓰레기통'이라 부른 경우도 있다. 어근 하나로만 이루어진 부사들도 쉽게 만들 수 있을 뿐만 아니라, 분명한 개방범주인 형용사를 어근으로 하여 파생접사를 이용하면 쉽게 만들 수 있기 때문이다. 이런 관점에서 본다면 부사는 내용어에 속한다. 그러나 비록 새로운 단어를 추가하는 일이 비교적 쉽다고는 하지만 부사는 다른 개방범주어들과는 다른 요소를 갖고 있다.

첫째, 그 기능을 볼 때 부사는 아주 다양한 기능을 갖고 있다. 그것이 수식

---

38) §2.1.1 참조.

하는 대상들도 보면 흔히 동사나 형용사 다른 부사가 있지만, 경우에 따라서는 명사나 대명사, 부치사 또는 문장 전체를 수식하는 경우까지 있다. 사실상 품사분류에서 범주를 정하기 곤란한 것들은 모두 부사로 처리하는 것이 관례처럼 되어 있다. 이런 점에서 보면 부사라는 범주는 정말로 '쓰레기통'이라 불릴 만하다.[39] 영어에서도 많은 부사가 전치사로도 쓰이고 있고, 많은 부사가 접속부사라 하여 접속사라는 범주와 맞물려 있으며 간투사도 흔히 부사로 취급된다는 것을 상기할 필요가 있다. 이런 면에서 보자면 부사는 내용어 범주에 들어가면서도 분명히 기능어에 흡사한 점이 많다는 것이다.

둘째, 형태적으로 보아도 부사는 양쪽 범주와 밀접한 관계를 나타낸다. 부사는, 가장 원형적인 개방 범주인 명사들과 같은 형태로 쓰이는 경우가 있다. 예를 들어 시간을 나타내는 *yesterday, this morning, all day, a little while* 등과 같은 명사구가 다음의 예에서 보듯이 부사적 용법으로도 쓰일 수 있다.

(56) a. <u>Yesterday</u> was Tuesday.

　　 b. I met her <u>yesterday</u>.

위의 예에서 보면, (56a)에서는 *yesterday*가 명사로서 문장의 주어로 쓰였지만 (56b)에서는 같은 단어인 *yesterday*가 부사로 쓰였다.

또한 일반적으로 개방범주로 보는 형용사와도 형태적인 관련성을 나타내어서 *early, fast, only, daily* 등은 형용사와 부사의 형태가 같다. 그리고 *talk big, think big*에서의 *big*, 또한 *He sure loves me*에서의 *sure* 같은 어휘들은 형용사이면서도 부사적 의미를 가지고 있다. 부사 *very*가, 원래 형용사 *very*의 부사형 *verily*가 쓰이던 것을 대체했다는 것은 널리 알려져 있다. 형용사

---

39) 이런 특징 때문에 Jesperson(1924)은 부사를 전치사, 접속사, 간투사 등과 함께 불변화사 (particle)란 범주에 넣기도 했다. 주목할 만한 것은 이 불변화사란 범주 안에 있는 다른 하위범주, 즉 전치사, 접속사, 간투사 등은 명백한 기능어라는 것이다.

와 부사와는 형태적으로 매우 깊은 관련성을 보이고 있어서 *cheap/cheaply,*
clean/cleanly, clear/clearly 등과 같은 경우들은 형용사 형태가 부사의 의미
기능을 하면서 많이 혼용되어 쓰인다.

한편, 부사는 폐쇄범주어들과 형태적으로 동형을 유지하는 경우가 있다.
대표적인 경우가 전치사의 동형태이다. 예를 들어 *aboard, about, across,*
under, within, without 등과 같은 경우가 이에 해당된다.

셋째, 의미상으로도 부사는 매우 다양한 의미기능들을 가지고 있어서 모
든 문법 범주 중에서 가장 다양하고 이질적인 구조를 가지고 있다. 즉, 부사
는 장소, 시간, 방법, 정도, 양, 목적, 결과, 부대상황, 수단, 도구, 의지, 관점
등 거의 공통적인 요소들을 찾아보기 어려운 하위범주들을 포함한다.

Heine *et al.*(1991a: 167)에서는 문법형태가 문법화에 따라 변화하는 경로
를 다음 (57)과 같이 제시하였다.

(57) 어휘적 단어 (내용어) > (부사) > 부치사 > 격접사 > 영(零) 형태

위의 변화 경로는 원래 문법적인 격표시를 위해 사용되는 문법형태들을
문법화 정도에 따라 배열한 것이다. 그러나 부사가 어휘성에 근접해 있으면
서도 전적으로 어휘적 단어라는 범주에 포함시킬 수 없는 것 같다는 점, 또
한 이러한 변화에 있어서 반드시 부사라는 범주를 경유하는 것이 아니라는
점이 잘 드러나고 있다.

이제 부사들의 발전을 어원적으로 간단하게 살펴보자. 부사의 종류가 다
양하듯이 그들의 어원도 아주 다양하다. 장소나 방향을 뜻하는 부사들은 대
개 신체부위의 명칭으로부터 발달된 것이 많다. 다음의 예들을 보자.

(58) a. above   < head   Kupto, Finnish...
     b. behind < buttock/anus   Dogon, Tzotzil...
     c. below   < buttock/anus   Shuswap, Halia, Bambara...

```
    d. inside    < belly/stomach      Nama, Hausa, Baka...
    e. in front  < breast/chest/face  Welsh, Colonial Quiché...
```

한국어에서도 '속, 마음, 가슴, 심장' 등을 나타내던 '않/안'이 '-(의) 안에'
처럼 쓰인다든가, '항문'을 나타내는 '믿/밑'이 '-(의) 밑에'와 같이 부사나
부치사적 성격의 문법소로 사용되는 것도 위에서 든 예와 유사하다.
　또한 방법을 표시하는 부사들은 동사에서 유래한 것이 많다. 다음의 예들
을 보자.

```
(59) a. secretly   < conceal      Twi
     b. suddenly  < hurry        Twi
     c. again      < return        Latin, Sardic
     d. in vain    < miss         Moré
```

이처럼 부사가 전체적으로는 매우 다양한 어원을 가지고 있지만, 하위범
주별로 어느 특정한 종류의 어원을 갖고 있다는 것은 큰 의미가 있다. 즉,
부사를 설령 내용어에 속하는 것으로 취급한다고 해도, 부사가 만들어지는
과정을 보면 단어의 형성에 있어서 한 의미가 어떻게 우리의 인식에서 다른
의미로 변해 가는지 인식의 변화(conceptual shift)의 패턴을 드러내 주고 있
다는 것이다. 이러한 인식의 변화의 일정한 패턴은 인간의 보편적인 인식을
투영해 주고 있다는 점에서 문법화 현상에서 매우 의미 깊은 것으로 간주되
고 있다.

제3장 문법화론의 문법관

언어에 관한 여러 세부적인 연구를 하는 데에는 무엇보다도 먼저 언어가 무엇인가에 대한 견해, 즉 언어관이 중요하다. 따라서 언어 현상에 나타나고 있는 법칙들을 연구하여 언어의 본질을 규명하려고 하는 언어학의 연구 활동에 있어서 문법관은 연구 접근법상 가장 큰 변수로 작용한다. 이 장에서는 문법화론이라는 학문의 틀이 다른 언어학 이론들과 대조를 보이는 문법관의 특징들을 살펴보고자 한다.

언어학의 역사에 획을 그었던 스위스의 Ferdinand de Saussure 이후 거의 모든 언어학 분야의 전통에서는 다음 (1)과 같은 몇 가지 명제를 기본원칙으로 삼아 왔다.[1]

(1) a. 언어학의 연구는 반드시 공시적이어야 한다.
   b. 언어의 형태와 의미 사이의 연결은 자의적이다.
   c. 하나의 형태는 하나의 기능 혹은 의미만을 가지고 있다.
   d. 언어란 폐쇄적 체계이다.

그러나 문법화론적 관점에서 본 언어관은 이와는 매우 다르다. 사실상 위

---

[1] Bernd Heine의 Linguistics Institute 1995 Lecture, "Cognitive Foundations of Grammar"에서 발췌 요약. 자세한 논의는 Heine(1997a) 참조.

네 가지 기본 원칙 모두에 심각한 의문을 제기하고 있다. 문법화론에서 보는 언어관은 다음과 같이 정리해 볼 수 있다.

> (2) a. 언어에 있어서 공시와 통시의 구별은 관점에 의한 인위적인 산물이지 사실상 공시와 통시는 별개로 존재하지 않는다.
>
> b. 언어는 역사의 산물이므로 통시성을 고려해야 한다.
>
> c. 언어는 의사소통 체계이다.
>
> d. 형태와 의미 사이의 연결에는 합리적인 동기가 있다.
>
> e. 이러한 연결의 동기들은 언어외적 동기들로서 언어내적 혹은 이론내적으로 설명하려는 일반이론보다 더 설명력이 크다.
>
> f. 하나의 형태가 하나의 기능 혹은 의미만을 가지는 것은 아니다.
>
> g. 언어란 폐쇄적인 고정된 체계가 아니라 늘 열려있고 변화하고 있으므로 고정된 문법은 없다. 문법은 늘 만들어지고 있는 중이다.
>
> h. 엄밀하게 말해 언어가 변하는 것이 아니라 언어사용자가 변하는 것이다.

위 (2)에서 제시된 문제들을 기초로 하여 공시와 통시의 문제, 자의성과 동기성의 문제, 일형태-일기능과 다의어 문제, 폐쇄성과 개방성의 문제, 언어변화와 사용자의 문제 등을 하나씩 살펴보기로 하자.

3.1 공시·통사범시

먼저 공시와 통시의 구별에 관해 살펴보기로 하자. Saussure는 언어를 공시와 통시로 이분화함으로써 언어에 마치 '언어의 안정된 상태(état de langue)'(Saussure 1916)가 있는 것처럼 가정하였다. Saussure의 공시언어학과 통시언어학에 관한 특징은 다음 <도표 3-1>과 같이 나타낼 수 있다.

공시	통시
langue	parole
language	speech
non-temporal	temporal
structure, abstraction	usage, concrete examples
communal, collective	individual
stasis	change

〈도표 3-1〉 Saussure에 따른 언어의 공시와 통시

<도표 3-1>과 같은 구분에 따르면 공시와 통시는 서로 화해할 수 없는 완전하게 나누어진 두 개의 체계인 셈이다. 그러나 이러한 구분에서의 문제는 언어변화이론에서 금방 나타나게 된다. 즉 Saussure는 특히 언어를 추상적인 언어능력인 랑그(langue)와 실제 언어행위인 빠롤(parole)로 나누어, 랑그는 공시적 언어의 본질로 빠롤은 통시적 언어의 본질로 보았는데, 랑그와 빠롤은 서로 분명한 경계가 있어서 빠롤은 랑그에 영향을 줄 수 없다. 그런데 그는 언어변화를 설명하면서, 언어변화는 랑그에서가 아니라 빠롤에서 일어나는 것인데 언어 행위에서 개인들의 결정이 반복 축적되면서 이것이 랑그를 변하게 한다고 보았다. 그러나 이것은 이 두 가지의 구별이 엄격한 경계를 가지고 있기 때문에 빠롤의 변화가 랑그를 변화시킬 수 없다는 자신의 기본 명제를 위반하고 있는 것이다.

이 문제를 이러한 이론적인 면에서가 아니라 좀 더 직관적인 면으로 살펴보자. 인간의 언어는 늘 시간의 축 위에 얹혀 있다. 또한 언어는 늘 변하고 있다. 한 예로 '공시적인 영어'를 생각해 보자. 무엇이 공시적인 영어인가를 정하기는 쉽지 않다. 무엇보다도 시간이 움직이고 있기 때문에 변하지 않고 '멈추어 서 있는' 영어를 생각할 수 없다. 따라서 시간성이 배제된 '공시적'인 영어를 정할 수 없다. 따라서 '공시적' 영어에 어느 정도의 시간성을 부여해야 하는 것은 필연적인 일인데, 그 시간을 10년, 한 세대 등과 같이 어느

정도로 정해 주어야 하는지가 실제적인 문제로 남게 된다. 그러나 그 시간의 길이를 얼마로 정하든지 그 어느 경우에도 한 언어를 그 인접한 시간 범위와 차단된 폐쇄 체계로 정할 수는 없다. 그 일례로, 조동사처럼 보이기도 하지만 또 그렇지도 않아 준조동사(quasi-auxiliary)라 불리는 영어의 *dare, need, ought to* 같은 것들의 공시적인 범주적 지위를 어떻게 정할 것인지는 엄격한 '공시언어학'에서 쉬운 일이 아니다.

모든 언어에서 그렇듯이 의미, 기능, 범주, 화용 등은 변하고 있다. 이때문에 언어학에서 예문으로 만들어 낸 문장에 대한 문법성 판단이 사람마다 다를 수 있다. 비근한 예로 한국어의 부사 '너무'는 부정극어로 '지나쳐서 좋지 못하다'는 의미를 가지고 있었다. 그러나 '그녀는 너무 예쁘다'라는 문장을 대부분의 사람이 현대 국어에서 문법적이라고 판단한다. 그렇지만 '너무'의 용법에 보수적인 사람들은 아직도 이 문장이 비문이라고 판단한다. '전혀'의 경우도 이와 유사하다. '전혀'는 반드시 부정어를 동반해야만 옳은 문장으로 판단된다. 따라서 '전혀 좋다'는 비문이 되는 것이다. 그러나 '전혀 괜찮다'에 대해서는 문법성 판단이 다르다. 즉 어떤 이들은 '괜찮다'를 영어의 *okay*와 같은 의미를 가진 한 어휘로 간주하여 '전혀 괜찮다'를 비문으로 간주한다. 그러나 또 어떤 이들은 '괜찮다'가 비록 음운적 축약은 거쳤지만 아직도 부정표시 형태소인 '안'이 들어 있는 '괜하지 아니하다'로 간주하여 위 예를 옳은 문장으로 간주한다. 따라서 공시적인 한국어에서의 '괜찮다'의 부정성은 얼마 만큼인지 정하기가 곤란하다.

언어학의 입장이 공시적이어야 한다고 주장하는 많은 학자들은 그 정당성을 언어습득에서 찾는다. 즉 어린이가 언어를 습득하는 데에 있어서는 어느 문법형태가 거쳐 온 역사적인 과정들을 전혀 배우지 않고 자기에게 자료로 주어지는 '공시적' 언어만을 가지고 '완전한' 문법 체계를 확립하기 때문에 역시 언어는 공시성이 있다는 것이다. 그러나 이것 또한 그렇지 않다는 것을 금방 알 수 있다. 아이들은 하나의 완전한 체계를 갖춘 어떤 공시적인 언어라고 하는 독립된 체계를 배우는 것이 아니다. 아이가 언어를 배우는 동안에도 아이는 그 주변에 노년세대로부터 자기 자신의 동년배들에게 이르기까지 여러 통시적 언어유형들에 노출되어 있다. 또한 아이들이 배운 언어가 반드시 그에게 자료로 입력된 '기성언어'와 똑같지 않다는 것은 우리 모두가 아는 바이다. 아무리 언어를 시간적으로 얇은 조각으로 잘라내려 해도, 그 조각에는 늘 두께가 있게 마련인 것이다. 또한 한 시대의 언어사용자들을 기성언어 사용자와 언어습득자의 그룹으로 정확하게 이분법으로 나눌 수도 없는 것이다. 결국 공시라고 하는 것은 추상화된 인위적인 산물일 뿐이지 실제로 존재하는 것이 아니라는 것이다. 혹시 언어 기술의 편의성을 이유로 공시·통시의 구별을 한다고 해도, 아이들이 언어를 습득하는 인지적인 장치가 언어 자체가 변화하는 데 사용되는 언중의 인지적인 장치와 상관성이 있다면 언어의 통시성을 배제하는 것은 언어 연구에 있어서 가장 핵심적인 것을 잃는 일이라고 할 수 있다.

또한 언어는 역사의 산물이라서 통시성을 고려하지 않고는 의미있는 설명을 하기 어려운 경우가 많다. 예를 들어, 한국어에서 사물이나 사람들을 셀 때에 사용되는 '권', '명', '마리', '대' 등처럼 Malay어에도 분류사가 있는데, 이 분류사들은 한국어의 '책 두 권'에서 처럼 수 표시 뒤에 따라 다닌다. 물건을 표시하는 분류사로 *suatu*라는 단어가 있는데 다른 분류사들과는 달리 이 *suatu*는 앞에 sa- '하나' 라든가 다른 수가 앞에 나오지 못한다. 이것은 현재 말레이어에 있어서는 다른 분류사 체계와 비교할 때 아주 이상한 불균형이다. 그러나 그러한 공기제약의 원인은 매우 간단한 데 있다. 즉, 분류사 *suatu*에 있는 *s*-는 원래 역사적으로 수사 *sa*-에서 온 것이기 때문이다. 따라서 이 분류사는 '하나'라는 수사가 오게 되면 의미중첩이 일어나고 다른 수사가 오게 되면 의미충돌이 일어나게 되므로 일체 수사와는 공기하지 못하는 것이다. 이 문제를 공시적인 차원에서만 분석하려 한다면 결론을 짓기가 어렵다. 역사성이 고려되지 않는다면 그 어떤 답도 이 문제에 대한 타당한

답은 아닐 것이다.

한국어에는 장소를 표시하는 문법소 중에 '-에'와 '에서'가 있다. 장소를 지정해 준다는 점에서는 유사하지만 쓰임새는 다른 데가 많다. 다음의 예를 보자.

(3) a. 나는 학교에 있다.
     b. *나는 학교에서 있다.

위의 예에서 예문 (3b)가 비문이 되는 것은 특이한 현상이다. 이처럼 (3b)가 비문이 된다는 것에 대해서는 물론 여러 가지 이유를 생각해 볼 수 있겠지만 가장 기본적인 이유는 매우 간단하다. '-에서'의 '서'는 원래 '이시어'('있어'의 고형)에서 왔기 때문에 예문 (3b)는 원래 구조가 '나는 학교에 있어 있다'와 마찬가지인 셈이기 때문이다. 물론 역사적인 이유가 사라지고 형태상으로도 투명성이 없어지면 공기제약도 없어질 수 있다. 그러나 언어의 한 공시적 시점에서 공기제약이 있고 그 공기제약이 역사적인 이유가 있다면 통시적 고려가 없이는 옳은 답을 찾기는 어려울 것이다.

언어는 역사의 산물이다. 따라서 역사를 보지 않고는 언어 현상을 제대로 설명할 수 없다. 그러나 실제 세계에서 공시적 언어라는 것이 구체적인 대상으로 존재하지는 않지만, 언어 기술의 편의를 위해 공시적 언어를 완전히 부정하는 것은 아니다. '공시'라고 하는 개념이 비록 아주 추상화된 인위적인 산물이긴 하지만 그런 추상화된 영역에는 추상화된 차원의 언어가 존재할 수 있다. 따라서 이러한 양분법은, Coseriu(1974)가 주장한 대로, 언어를 연구하는 데에 있어서 사용하는 일종의 편의적인 방법에 불과한 것이다. 문법화론에서는 공시와 통시로 언어의 차원을 나누지 않는다. 왜냐하면 이러한 양분법은 문법화에 나타나는 화용적 또는 인지적 작용의 관점에서 보자면 문제를 해결하기보다는 오히려 더 많은 문제를 만들고 있기 때문이다.

따라서 부득이 언어를 공시·통시의 두 차원으로 나누어 말한다면, 문법화론은 공시와 통시를 동시에 고려하는 학문으로서 범시적(panchronic) 접근이라고 불리는 것이다.[2] 언어에의 공시적 접근은 마치 활동사진을 일시 정지시켜 놓고 한 장면을 연구하는 것과 비슷하다. 이 장면을 효과적으로 분석하려면 그 앞 뒤 장면을 고려해야만 가능하다는 것은 더 부연 설명할 필요가 없을 것이다.

3.2 언어의 자의성

언어에서의 형태와 의미간의 연결이 상당한 부분 자의적(arbitrary)이라는 것은 널리 알려져 있다. 언어의 세 가지 기본적인 요소, 즉 '형태-지시대상-의미'의 연결 관계는 고대로부터 현대에 이르기까지 끊임없이 많은 철학적 사고의 대상이 되어 왔다. 특히 고대 그리스 시대부터 형태와 대상간의 관계를 필수적인 것으로 보았던 자연주의자(naturalist; realist)들의 관점과 자의적인 것으로 보았던 명목주의자(nominalist)들의 관점은 아직도 여러 가지 변형된 형태의 이론들로 그 맥을 이어가고 있다.

가장 단순한 입장에서 말하자면, 음성상징의 대표적인 예라 할 수 있는 의성의태어들을 제외하고는 형태와 의미의 결합은 자의적이다. 다시 말하면 '공'이라는 우리말의 언어적 형태는 그 표기상으로나 그 음성적으로나 그것이 의미(지시)하는 대상인 '실제 세계의 공'과 아무런 필연성을 갖지 않는다. 이것이 자명한 이유는 같은 대상인 '실제 세계의 공'을 영어에서는 *ball*, 스페인어에서는 *pelota*, Dutch에서는 *bal* 등 다른 언어적 형태로 부르기 때문이다. 그러나 언어형태와 의미의 관계가 늘 이런 것은 아니다. 오히려 자의

---

2) 아이러니칼하게도 범시(panchrony)란 용어는 원래 Saussure(1916)가 처음으로 만들어낸 말이다.

적인 관계보다는 동기화된 관계가 훨씬 많다. 다음의 예를 들어 보자. Saussure는 형식과 의미의 자의적인 관계를 설명하면서 숫자 '9'의 개념과 프랑스어의 *neuf* 사이에는 자의적인 관계가 있다는 것을 보였다. 그러나 숫자 '19'의 개념과 *dix-neuf* 사이의 관계는 좀 다르다. 여기에는 [dix-neuf = dix + neuf]라는 산술적 관계가 도입되어 있어서 숫자 '19'의 개념과 그 언어 형태 *dix-neuf* 사이에는 상대적으로 '동기화된' 연결고리가 있는 것이다. 숫자에 대한 예를 더 들어 보자. <도표 3-2>는 Nilo-Saharan어 중의 하나인 중앙 수단어의 Mamvu라는 언어에 나타나는 수 체계이다.[3]

숫자	의미	문자적 의미
relí	하나	
juè	둘	
jenò	셋	
jetò	넷	
jimbu	다섯	
elí qodè relí	여섯	손이 하나를 잡다
elí qodè juè	일곱	손이 둘을 잡다
jetò.jetò	여덟	넷.넷
elí qo6ò relí	아홉	손이 하나를 남겨 두다
elí 6òsì	열	모든 손
qarú qodè relí	열하나	발이 하나를 잡다
qarú qodè jimbu	열다섯	발이 다섯을 잡다
múdo ngburú relí	스물	한 사람 전체
múdo ngburú juè	마흔	두 사람 전체

〈도표 3-2〉 Mamvu의 숫자 체계

<도표 3-2>에서 보는 바와 같이 Mamvu에서는 기본 수 몇 개를 제외하고는 그 형태가 신체 부위 명칭과 연관되어 있으며 신체 부위도 '손'이 '다섯'

---

3) Vorbichler(1971: 231-2)에서 인용된 것이며 표기는 간소화한 것이다.

(손가락 다섯 개)을 '사람'이 '스물'(손가락 발가락 합 스무 개)을 가리키는 식으로 합리적인 관련성을 가지고 있다. 사실상 숫자와 신체부위와의 연결은 많은 언어에서 나타나고 있다. 일견 보기에는 사소한 일 같으나 언어에 있어서의 이러한 동기화는 매우 중요한 의미를 가진다.

아프리카의 Bantu어족에 속하는 Swahili에 나타나는 시제 체계는 다음과 같다.

(4) 시제   문법형태   기원어   기원어 의미
    미래   -ta-   -taka   희망하다, 원하다
    현재   -na-   -na   같이 있다
    과거   -li-   -li   존재하다

위 (4)와 같은 방식의 시제 표시는 비록 Swahili에만 나타나는 것이 아니다. 원망(願望) 동사로 미래형을 표시하는 언어는 Inuit, Danish, 그리고 Tok Pisin 등에서도 나타난다. 원망의 의미가 기본적으로 미래지향적이기 때문이다. 언어가 완전히 자의적이라면 '희망하다' '원하다'와 같은 단어가 미래시제표지 대신 과거시제표지가 안 될 이유는 전혀 없다. 그러나 실제 언어에서는 그렇게 자의적인 발달은 나타나지 않고 있다.

일반적으로 자의성의 반대 개념은 도상성(圖像性; iconicity)이다. 도상성이란 언어에 실제 세계의 모습이 투영된 것을 가리키는 말이다. 따라서 언어의 도상성은 동기화에 중요한 단서가 된다. Tai(1985: 50)에서는, 두 개의 통사적 단위의 배열순서는 언어사용자의 인식세계 속에서 그 두 단위가 나타내는 상황의 상대적인 순서에 의해 결정된다고 하였는데 이것을 '시간적 순서의 원칙(temporal sequence principle)'이라 부른다. 다음의 예를 보자.

(5) a. 폭우가 내렸다. 교통이 마비됐다.
    b. 헤엄을 쳐 강을 건너 마을에 도착했다.

위의 예 (5a)에서는 두 문장이 제시되었는데, 이 문장들의 자연스런 해석은 폭우가 먼저 내린 다음 그 결과로 교통이 마비되었다는 것이다. 실제 상황에서 교통이 마비된 후에 폭우가 내렸다면 (5a) 문장은 매우 부자연스러운 것이 된다. 한 문장으로 되어 있는 (5b)의 예에서도 마찬가지인데, 헤엄을 치는 상황, 강을 건너는 상황, 마을에 도착하는 상황이 일련의 순서를 가진 상황으로 받아들여진다. 실제 세계에서 이들의 순서가 다르다면 (5b)와 같은 문장으로는 말하지 않을 것이다. 이처럼 실제 세계, 혹은 최소한 화자의 인식 속의 세계에서의 순서가 언어 형태의 순서로 나타난다. 이러한 동사적 배열은 도상성에 의한 동기가 있다.

통사적으로 나타나고 있는 또 다른 도상성의 예를 보자.

(6) a. 티셔츠를 입은 마음씨 좋은 사람
     b. ?마음씨 좋은 티셔츠를 입은 사람

위의 예 (6)을 보면 '사람'에 대한 두 개의 수식어구가 있다. 이들 두 수식어구는 통사적인 구조가 모두 대등하다. 그러나 일반적으로 (6a)의 배열은 자연스럽지만 (6b)의 구조는 자연스럽지 않다. 이러한 비대칭은 피수식어인 '사람'에게 두 개의 수식어구가 얼마나 현실세계 속에서의 긴밀한 상관성을 가지고 있느냐에 달려 있다. 즉, 티셔츠를 입은 것은 상황적인데 반해 마음씨가 좋은 것은 지속적이며 그 사람의 본질 혹은 자질과 관계된 것이다. 이처럼 그 사람에게 가까운 자질을 표시하는 수식어구를 언어적인 선상에서도 가까이 놓으려 하는 것이 언어사용자의 뚜렷한 경향이다. 이러한 도상성 경향은 다음과 같은 다중 수식어 구조에서 잘 드러난다.

(7) a. 구두 → 값이 비싸다; 아버지가 사 주셨다; 질이 좋다
     b. 아버지가 사 주신 값이 비싼 질 좋은 구두
     c. ?질이 좋은 아버지가 사 주신 값이 비싼 구두
     d. ?값이 비싼 질이 좋은 아버지가 사 주신 구두

한국어 사용자들에게 위의 (7a)와 같이 구두에 대한 세 개의 수식어구들을 제시하고 하나의 선상으로 배열하도록 하면 거의 모두 (7b)와 같은 구조로 만들어 낸다. (7c)나 (7d), 그 외 다른 가능한 구조들은 모두 부적절하다고 생각하는데 이러한 통사적인 배열 원리는 수식어구의 의미가 얼마나 피수식어의 자질에 필수적인가 하는 등급에 따라 결정되는 것이다. 즉 구두의 자질은 [구매자 > 가격 > 품질]의 순서로 밀접한 정도가 결정된다는 것이 언어사용자들의 인식이며 이것이 곧 통사적인 배열원리로 적용되는 것이다.

언어 속의 도상성의 흥미로운 현상은 에스키모의 한 방언에서도 나타난다. Sadock & Olsen(1976)에 따르면, 이 언어에서는 *inorssuanguag*('person-big-little')은 '작은 거인'을 나타내고, *inunguarssuag*('person-little-big')은 '큰 난쟁이'를 나타낸다. 즉 어근에 가까이 있는 형태소일수록 어근의 의미 자질을 더 많이 변화시킨다(Bybee 1985: 96에서 재인용). 이러한 현상은 언어의 도상성이 내부구조, 즉 형태론에까지 나타나고 있음을 보여주는 것이다.

지금까지 살펴본 대로, 언어의 구조는 이론상 무한한 가능성의 종류로 나타날 수 있지만 언어의 구조가 그렇게 예측불허의 구조를 갖고 있지 않다. 언어는 상당히 많은 부분 체계를 가지고 있으며 이 체계성은 합리적인 동기화들로 이루어져 있는 것이다. 실상 Saussure(1916: 183)도 이러한 동기화를 인정하고, 이러한 동기화는 "자연적으로는 혼돈의 체계"가 될 언어에 "약간의 질서"를 부여하는 일이라고 하였다. 정말로 언어에 동기화가 없다면 Lecercle(1990: 31)의 말대로 언어체계의 복잡성은 인간이 주체할 수 없는 것이 되었을 것이다.

문법화의 관점에서 본다면 동기화는 중요한 의미를 갖는다. 문법화론 학자들은 언어변화 현상에 범언어적으로 공통적인 특성이 많이 있음을 지적해왔다. 이러한 범언어적 공통성은 언어에 작용하고 있는 변화 요인으로서의 공통적인 동기화가 있음을 설명해 주며, 개별적인 언어들에도 공시적으로 나타나는 형태-의미 간의 연결상태에 많은 동기화가 개입됨을 보여 준다.

3.3 일형태-일기능 원칙

프라그 학파의 언어학자들은 언어학에 무표성/유표성의 개념을 도입하였
는데, 현대언어학에서는 이 무표성/유표성 개념이 기초가 되어 한 경향이
나타나게 되었다. 곧 언어의 기본적인 구조와 언어변화 현상에는 공통적으
로 적용되는 원리가 있다는 주장이 널리 받아들여지게 된 것이다. 이러한
경향 속에서 소위 자연문법(natural grammar)이라는 학풍이 생겨났다. 자연
문법에 따르면, 이상화된 언어형태에는 그 언어를 구성하는 여러 가지 원칙
이 있다.4) 그 원칙 중의 하나가 소위 투명성 원칙(transparency principle)이
라 불리는 일형태-일기능 원칙이다.5) 이 원칙은 한 형태는 하나의 의미기능
을 갖고 있으며, 하나의 의미기능은 하나의 형태에 의해서만 표시된다는 것
이다. 이것은 물론 이상화된 형태이므로 자연 언어에는 완전히 적용된다고
할 수 없다. 그러나 일부 학자들은 이것을 언어에 작용하고 있는 하나의 '원
칙'으로 간주함으로써 자연언어의 분석에 있어서도 이것을 그대로 적용하게
되었다. 그러나 이상화된 언어의 원칙을 자연언어에 그대로 적용한다는 데
에 문제가 있는 것이다.6) 이러한 입장에 따른 언어 분석에서의 현실적인
문제점은 첫째 하나의 언어적 형태는 반드시 하나의 의미기능만을 가질 것

---

4) 이 원칙에는 구조적 도상성 원칙(constructional iconicity principle), 통일성 원칙(uniformity
principle), 투명성 원칙(transparency principle), 체제적합성 원칙(system adequacy, system
congruity principle), 형태소 범주의 안정성 원칙(principle of stability of morphological
classes) 등이 있다. 이들 원칙과 자연 문법의 입장에 대한 논의는 Heine et al.(1991a: 118ff)
참조.

5) 언어가 자연적인 상황에서는 한 형태가 한 의미기능을 나타내려는 일반적인 경향성이 있다
는 것은 Bolinger(1977)에서 언급된 바가 있으나 이것이 원칙이라 할 수는 없는 것이었다.
그러나 이것이 원칙으로 받아 들여짐으로서 언어 분석에 부자연스러움과 어려움을 가져오
게 되었다.

6) 엄밀히 말해 일형태-일기능 원칙이 적용되는 언어는 '이상적'이지 않다. 이 원칙대로 만들
어진 언어에서는 어휘부가 무한하게 커서 언어사용자가 이 언어를 효과적으로 사용할 수
없다. 따라서 일형태-일기능 원칙이 적용되는 언어는 '이상적'이라기보다는 '추상적'이라
하여야 할 것이다.

이라고 전제함으로써 실제로 한 형태가 여러 가지 의미 기능을 가질 때에는 이들을 기존의 범주에 따라 무리하게 집어넣고 나머지들은 예외로 간주해 버리게 된다는 것이다. 또한 둘째 문제점은, 하나의 의미 기능이 여러 형태에 의해 표시될 때에는 이들 형태가 갖는 의미기능이 같은 것이 아니라는 것을 보이기 위해 범주를 무리하게 분해하게 된다는 것이다. 즉, 이렇게 정한 이상화된 원칙에 맞추기 위해 너무 무리하게 뭉치든지 무리하게 쪼개든지 하는 양쪽의 어리석음을 보이게 되는 것이다. 이러한 경향의 극단적인 형태에 의한 분석은 결국 임의적일(ad hoc) 수밖에 없고 그러한 분석은 설명의 타당성을 잃게 되는 것이다.

일형태-일기능원칙은 문법화 현상에서 볼 때 아주 허구적인 것이다. 문법화 현상에서 두드러지게 나타나는 것은 무엇보다도 의미 연쇄에 의한 다의어 현상이다. <도표 3-3>은 아프리카 Ewe어의 명사 *vi'*('아이')의 의미 연쇄 현상이다(Heine *et al.* 1991a: 87).

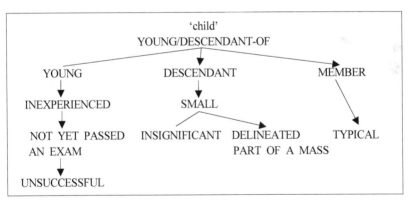

〈도표 3-3〉 *vi'*('아이')의 의미 연쇄 현상

<도표 3-3>에서 보는 바와 같이 명사 *vi'*는 많은 상호 관련을 맺고 있는 의미 기능들을 갖고 있다. 이것은 단순히 하나의 문법적인 의미기능 범주에

포괄할 수 없는 것이다. 오히려 이러한 개념적인 네트워크의 구성 형태는 인간이 언어를 사용하는 데에 있어서 어떠한 인지적 활동을 이용하는지에 대한 중요한 면들을 시사해 주고 있다. 문법화 현상은 늘 연쇄의 구조를 가지고 있으며 이 연쇄는 각 의미 기능의 마디가 독립된 상태로 존재하는 것이 아니므로 늘 다른 의미 기능과 어느 정도의 중복을 거치게 되어 있다.

의미 연쇄 현상에 대하여 한국어의 예를 들어 보자.

(8) a. 철수가 순이의 도시락을 먹었다.
　　b. 철수가 순이의 도시락을 버렸다.
　　c. 철수가 순이의 도시락을 먹어버렸다.

위 예 (8)에서 우리가 주목하려 하는 것은 '버리다'라는 형태의 의미 기능이다. 현대 한국어의 '버리다'는 (8b)에서처럼 어떤 사물의 제거적 이동을 뜻하는 기본적인 의미로부터 발전한 여러 가지 화자의 관점을 표시해 주는 표지로 발전했다. 즉 예문 (8c)는 (8a)에 기초한 단순한 명제의 의미 이외에도 다음과 같은 화자의 관점들을 표시해 준다.

(9) a. 철수가 순이의 도시락을 먹는 일이 완전히 끝났다.
　　b. 철수가 순이의 도시락을 먹어서 도시락이 없어졌다.
　　c. 철수가 순이의 도시락을 먹은 일은 참 안 된 일이다.
　　d. 철수가 순이의 도시락을 먹음으로 순이에게 손해를 입혔다.

위와 같은 의미 분화는 매우 섬세한 것이며 의미적인 경계는 불투명한 경우가 많다. 그러면서 이러한 각 단계의 변화가 서로 뚜렷한 상관관계를 갖고 있다. 또한 각 단계에서의 쓰임에 따른 의미 기능은 각각 다른 형태로도 표시될 수 있는 독립적인 의미 표지로 볼 수 있다. 이러한 변화의 연쇄를 다음과 같이 나타낼 수 있다.[7]

(10) 제거 > 완료 > 환원불가능성 > 바람직하지 않음 > 악의성
   (removal) (completiveness) (irreversability) (undesirability) (malefactivity)

위의 (10)에서 보듯이 다의어, 즉 한 형태로서 관련된 많은 의미를 가진 단어의 경우에는 일형태-일기능 원칙은 적절하지 않다.

그뿐만 아니라 일형태-일기능 원칙에 더 심각한 반례가 되는 경우는 전혀 의미 기능이 다른 단어가 같은 형태를 띠고 있는 경우 즉 동음이의어 (homophony; homonymy)의 경우이다. 예를 들어 박쥐를 뜻하는 영어의 *bat* 와 야구 선수가 공을 칠 때 사용하는 방망이를 뜻하는 *bat*은 그 형태가 같다. 물론 언어학적으로는 철자에 관심을 두는 것이 아니라 음성적 형태 즉 발음 에 관심을 갖는 것이므로 *to, too, two*도 동음이의어로서 똑같은 문제를 제시 하고 있다. 또한 언어 일반적인 현상인 중의성(ambiguity) 또한 일형태-일기 능 원칙에는 문제가 되는 것이다.

일형태-일기능 원칙의 문제는 형태론적 층위에서도 잘 나타난다. 예를 들 어 형태소 중에는 형태는 있으나 정확한 의미를 정하기 어려운 공형태소 (empty morpheme)가 있고, 그와는 반대로 형태는 없지만 의미가 있는 영형 태소(zero morpheme)가 있다. 또한 의미 기능이 같지만 환경에 따라 형태가 다르게 나타나는 이형태소(allomorph)도 자연언어에서는 일형태-일기능 원 칙이 잘 안 지켜지고 있다는 것을 잘 보여준다.

일형태-일기능 원칙에 의해 생겨나는 문제는 비단 어휘적 수준 즉 내용어 의 경우에만 해당하는 것이 아니다. 현대 한국어의 예로 여러 가지 의미 기 능으로 쓰이는 조사인 '-서'를 들어 보자.

(11) a. 나는 학원에서 외국어를 배운다.
    b. 나는 학교에서 곧장 집으로 간다.

---

7) 이에 대한 자세한 논의는 이성하(1996a,c) 참조.

c. 네 사랑이 포도주에서 지남이라 (아가1:4)

d. 식당에 들어가서 식사하고 가자.

e. 어머니의 사랑은 끝이 없어서 하늘보다 높다.

f. 반드시 돈을 벌어서 고향에 가겠다.

g. 밥을 못 먹어서 배가 고프다.

(11)에 나타난 '-서'의 용법은 매우 다양하다. 예 (11a)는 처소를 나타내면서도 특히 어떤 행위가 이루어지는 장소를 나타내주는 내격(內格; inessive)을 표시한다. 예 (11b)는 장소적인 출발점을 나타내는 소위 탈격(ablative)을 나타낸다. 예 (11c)는 마찬가지로 기능적인 분류로는 탈격이지만 의미상으로는 비교급을 표시하고 있다. 이처럼 탈격이 비교대상(comparee)을 표시하는 예는 범언어적으로 매우 흔한 현상이다. 예 (11d)는 이른바 순서를 표시하는 경우인데 행위의 시간적 순서를 표시하고 있다. 이와 유사하게 예 (11e)도 순서를 표시하기는 하지만 이것은 일종의 논리적 순서를 표시하고 있다.8) 예 (11f)의 경우도 물론 순서를 표시하고 있고 문맥에 따라 차이가 있겠으나 일종의 조건을 표시하는 것으로 보인다.9) 예 (11g)에서는 '-서'가 이유를 나타내는 표지로 사용되었다. 이처럼 [존재>장소>이탈>순서>조건/원인]으로의 발전은 점진적으로 이루어진 것이며 공시적으로 현대 한국어에서 '-서'는 장소, 이탈, 순서, 조건/원인 등의 의미를 모두 가지고 있는 다의 형태소인 셈이다. 이런 경우에 현대 한국어에서의 조사 '-서'의 범주적 위치는 무엇이며 그것이 하나의 형태로서 가지는 단 하나의 의미기능은 무엇인가를 정하는 것은 불가능하다. 이러한 현상은 일형태-일기능 원칙을 상정하고 언

---

8) 사실 이러한 종류의 논리성은 일종의 동어반복(tautology) 형식처럼 보이는데 이러한 논리적 연결 형식은 특히 근대 한국어의 경우에 자주 보인다.

9) 많은 언어에서 장소적 순서 (앞/뒤)를 나타내는 문법소가 시간적 순서를 나타내는 문법소로, 시간적 순서를 나타내는 문법소가 논리적 순서를 나타내는 문법소나 원인을 나타내는 문법소로 발전하는 예가 나타난다. 특히 영어의 예문 'Come closer, *and* I'll shoot you'에서 보듯이, 명령법과 같이 나타나는 접속사 *and*의 경우, 그 구문이 완전히 문법화하면서 조건을 나타내는 표지가 되었다.

어를 분석하려는 태도에는 심각한 도전이다.

이처럼 언어에는 형태와 의미기능간의 심각한 불균형이 있는데 이러한 불균형은 종종 언어변화상의 특징 때문에 생겨난다. 즉, 하나의 어휘가 점점 문법적인 의미를 취하면서 변해갈 때 의미 변화의 속도와 형태 변화의 속도에는 불균형이 있다. 즉, 의미가 이미 많이 변했음에도 불구하고 형태는 상대적으로 보수적이어서 비교적 원래의 형태를 유지하고 또한 그런 형태적 특징 때문에 이전의 형태·구문론적 특성도 어느 정도 지속되기 때문이다. 이것은 최근 Givón의 연구들에서 자세한 예가 많이 밝혀지고 있지만, 사실 이러한 생각은 Sapir(1921)에서도 일찍이 지적된 바 있다. 이러한 형태변화와 의미 변화의 속도에 있어서 시차 때문에 공시적으로 다의어나 동음이의 어가 생겨나게 되는 것이다.

이와 같은 일형태-일기능의 원칙에 대한 반례는 비단 위에서 든 예들뿐만 아니라 어느 언어에든지 광범위하게 나타나고 있어서 어느 언어의 사전을 펼쳐 보더라도 즉시 일형태-일기능 원칙이란 너무 이상화된 원칙에 불과하다는 것을 쉽게 알 수 있다.

3.4 폐쇄적 체계성

그동안의 일반 언어학의 여러 분야에서는 언어를 구성하고 있는 문법을 폐쇄적 체제(closed system)로 간주해 왔다. 따라서 문법은 뚜렷한 규칙들로 이루어져 있다고 보고 그 규칙이 무엇인지 확인하려 하는 데에 모든 노력을 기울여 왔다. 물론 언어는 규칙으로 이루어져 있으며 언어학자가 그 규칙을 확인해내는 것이 기본적인 목표라고 하는 데에는 큰 이의가 있을 수 없다. 그러나 문법이라고 하는 것이 과연 그렇게 '완전한 모양을 갖춘' '폐쇄적'인 체계로서 마치 어떤 완전한 형체를 가지고 있는 실재처럼 언어학자들의 연구를 기다리고 있는 대상인가 하는 점에는 재고할 여지가 많다. 무엇보다도 문법에서 가장 기본적인 이론의 출발점이 범주라는 개념인데, 문법 범주의 유동성을 생각해 보면 문법의 기초가 흔들리는 것이다. 문법화론 학자들은 한결같이 문법이 하나의 완전한 형태로 존재하는 대상(*a priori* grammar)이 아니라는 점에 의견을 같이 한다. 특히 Hopper(1987)에서는 '만들어지고 있는 문법(emergent grammar)'이란 개념을 제시하면서 엄밀하게 말해 문법이란 존재하지 않으며 늘 어떤 문법을 향한 움직임만 있을 뿐이라고 주장하였다. 즉 "문법(grammar)이란 없으며 문법화(grammaticization [grammaticalization과 동일])만 있을 뿐"이라고 말하여 일반적으로 일컬어지고 있는 문법이라는 것을 문법화와 동일시하였다. 이 '만들어지고 있는 문법'이란 개념은 그 후 큰 영향을 끼친 것이므로 여기에 일부를 번역 인용하면 다음과 같다.

> (12) '만들어지고 있는 문법'이란, 언어의 구조 즉 규칙성이 지속적인 절차로서의 담화에서 오는 것이며, 그것이 담화의 형태를 만드는 것인 만큼 또한 그것도 담화에 의해서 그 형태가 만들어진다는 것을 말하는 것이다. 따라서 담화를 위해서 먼저 문법이 선결조건처럼 있어야 하는 것처럼 이해해서는 안 된다. 그 형태들은 어떤 고정된 틀이 아니라, 그 형태들에 대한 화자 개인의 과거 경험들 그리고 현재 문맥에 대한 화자의 평가 등을 반영하면서 일대일의 관계 속에서 늘 협상이 가능한 것인 것이다(Hopper 1987: 142).

문법화론의 시각에서 보면 문법이란 계속적으로 생겨나고 있는 일종의 '경향성의 총체'인 셈이다. 또한 이러한 계속적인 움직임은 어떤 뚜렷한 경계를 그으면서 움직이는 것이 아니라 경계가 없이 움직이고 있기 때문에 어느 시점에서도 완전한 형태를 갖춘 문법이란 없는 것이다. 이것은 문법을 마치 폐쇄적인 체계인 것처럼 간주한 많은 언어학 이론의 시각과는 근본적으로 다른 시각인 것이다. 이렇게 근본적으로 견해를 달리하는 이 문법관은 역동적(dynamic)인 것이어서 문법 형태가 가지고 있는 여러 가지 난제와 같

은 특징들을 '연속적인 움직임' 속에서 파악하여 타당성이 높은 설명을 제시
해 준다는 점에서 큰 의의가 있다.

3.5 언어변화와 언어사용자 변화

지금까지 많은 사람들의 시각에서는 흔히 언어변화를 볼 때 마치 언어가
살아 있는 유기체와 같아서 독립된 생명을 가지고 있으며 태어나고 죽으며
또한 변화하는데 그 자체가 인간의 개입이 없이 변화하는 것으로 생각해
왔다. 그러나 언어가 인간이 사용하는 도구의 하나이며, 인간이 없이는 언어
도 있을 수 없다는 것을 생각해 보면 언어가 그 자체로서 생명을 가진 것이
라는 생각은 타당하지 않다는 것을 쉽게 알 수 있다. 따라서 언어가 변한다
는 것은 엄밀한 의미에서 언어사용자가 변한다는 것이다. 그러나 언어사용
자의 변화가 언어에 나타나는 것이라면 우리가 관찰할 수 있는 변화는 언어
에만 있을 것이므로 '언어가 변한다'는 말이나 '언어사용자가 변한다'는 말
이나 별 중요한 차이점이 없을 것처럼 보인다. 그러나 언어변화를 논하는데
있어서 언어와 언어사용자를 나누어 생각하는 것은 변화 관찰의 관점을 정
하는 데에 매우 중요한 단서를 제공해 준다.

무엇보다도 먼저, 변화의 주체를 '언어'라고 생각할 때에는 언어사용자인
인간은 언어변화에 있어서 수동적인 역할을 하는 것으로 파악된다. 이러한
관점을 가진 사람은 언어의 변화를 분석할 때에 언어사용자의 역할을 배제
하기 때문에 언어변화에 대한 설명이 구체적인 설명력을 가지지 못하는 경
우가 많다. 예를 들어 A라는 언어형태가 B라는 언어형태로 변화했을 때,
언어가 변화의 주체라고 생각하는 사람들은 [A>B]라는 기술 밖에는 달리
말할 것이 없을 것이다. 왜냐하면 언어가 변화의 주체라면 언어가 변화하는
데에 '왜'라는 의문을 가질 필요가 없기 때문이다. 혹시 이러한 동기에 대해

의문을 가진다고 해도 우리가 그 언어의 고유한 '생각'이나 '성격'을 알 수 없기 때문에 [A>B]의 변화가 왜 일어났는지에 대해 설명할 방법이 없다. 즉 언어변화의 주체를 언어라고 생각하는 관점에서는 언어변화 현상을 '외적인 변화'를 기술하는 것에 그치게 된다. 그와는 반대로 언어변화의 주체를 언어사용자로 보는 관점에서는 언어사용자가 능동적인 역할을 가지며 언어는 도구로서 수동적인 역할을 가지게 되는데 이러한 학문적 관점을 기능주의라 한다. 기능주의적인 입장에서 보는 언어변화는 언어사용자인 인간이 변화한 것으로 파악하는데, 인간의 모든 행위는 동기화되어 있다는 기본석인 전제 때문에 모든 언어변화에는 동기가 있을 것으로 가정하게 된다. 즉, ['언어의 변화현상은 언어사용자의 행위 변화에 의한 것이다' > '인간의 모든 행위는 동기가 있다' > '모든 언어변화는 인간 속에 동기가 있다']는 논리적 연결을 갖고 있는 것으로 보는 것이다. 따라서 이러한 입장에서의 언어변화의 기술은 단순한 외적 현상 뿐 아니라 그보다는 더 근본적인 '내적인 변화', 즉 '왜'라는 질문에 초점이 맞추어지게 되는 것이다. 따라서 이러한 변화현상의 분석은 앞서 본 관점에서의 단순한 기술과는 달리 높은 설명력을 가진 분석이 된다.

언어변화의 동기를 언어사용자에게 부여하는 데 있어서 한 가지 언급할 것은 언어변화에 동기가 있다는 말이 반드시 언어사용자가 의식적으로나 의도적으로 어떤 변화를 만들어낸다고 주장하는 것은 아니라는 점이다. 언어변화가 인간의 인지작용에 의해 동기화되어 있지만 그것이 '의식적인' 변화 유발 행위는 아니다. 인간이 언어를 도구로 사용하는 일반적인 상황은 담화이다. 그런데 인간은 담화에서 의도적으로 언어의 형태를 조정, 변화시키려고는 하지 않는다. 다만 그 담화에서 의미를 협상하는 과정에서 일종의 패턴이 생기고 그러한 패턴이 자연스럽게 언어변화를 유발하게 되는 것이다.

언어변화에 있어서 의도성 문제를 쉽게 이해하기 위하여 다음의 예를 들어 보자. 큰 슈퍼마켓에는 살 물건을 고른 후에 돈을 지불하는 카운터가 여러 개 있다. 고객이 몰리는 시간에는 카운터가 여러 개가 있어도 손님이 밀려서 손님의 줄이 길어지게 마련이다. 그런데 각 줄의 길이는 거의 일정한데 이러한 현상을 묘사하는데 있어서 그 묘사하는 사람이 줄만을 본다면 다음과 같이 말할 것이다: "슈퍼마켓의 지불 카운터 줄의 길이는 대개 일정하다." 한편 인간의 의도성을 강조한 사람은 다음과 같이 말할 것이다: "슈퍼마켓에서 돈을 지불하려는 사람들은 줄의 길이를 똑같이 만들려고 노력한다." 전자의 경우에는 인간이 배제된 설명이다. 후자의 경우에는 소위 목적론적 변화관(teleological view)이라고 하는 것으로 결과를 목표로 하여 행위를 한다는 적극적인 의도를 지나치게 강조한 경우이다. 그러나 이들 두 가지 묘사는 이 상황에 대한 정확한 설명은 아니다. 그저 고객들은 자신의 대기 시간을 줄이기 위한 무의식적 책략에 의해 가장 짧은 줄을 선택하여 설 뿐이고 그 현상은 줄의 길이가 거의 일정하게 되는 결과를 가져오는 것일 뿐이다. 마찬가지로 언어변화는 언어사용자의 순간순간의 언어 책략에 의해 유도되지만 그 변화 자체가 의도된 것은 아니다.

목적론적 변화관이 적절하지 않은 또 다른 예를 들어 보자. 목적론적 변화관에 따르면 언어사용자들은 자신의 언어에 어떤 의도적인 변화를 만들어내려 한다. 의도된 변화의 가능성은 대개 그 해당 언어에 어떤 특정한 기능을 하는 언어형태가 없으므로 그러한 기능을 가진 언어형태를 만들어내는 경우와 그 해당 언어에 유사한 기능을 하는 언어 형태가 많으므로 그들 중의 일부를 없애는 두 가지의 경우를 들 수 있을 것이다. 그러나 실제 언어현상은 이와는 아주 다르다. 예를 들어 어느 언어사용자도 자신의 언어에 진행형을 나타내는 문법형태가 없다고 해서 이것을 만들어내려고 노력하지 않는다. 마찬가지로 어느 언어사용자도 자신의 언어에 진행형표지가 두 개 있다고 해서 그 중 하나를 없애려 하지도 않는다. 진행형이 없는 언어에서도 그 언어사용자들은 전혀 불편을 느끼지 못한다. 또한 한 기능에 이미 여러 형태가 있는 경우에도 오히려 새로운 형태를 만들어 내기도 한다.

위에서 본 바와 같이 언어변화의 주체를 언어로 보지 않고 인간으로 보게 되면 인간의 언어행위에서 사용되는 인지적인 책략에 관심을 가지게 된다는 것이다. 모든 인간이 비슷한 만큼 인간의 인지적 책략 또한 유사한 점을 가지고 있다. 따라서 언어의 변화는 무작위로 예측불허의 방향으로 변하는 것이 아니라 일종의 패턴, 특히 뚜렷한 방향성을 보이게 된다. 이러한 패턴이 있다는 것을 파악해 낸 것은 언어변화 이론에 있어서 커다란 공로가 아닐 수 없다. 따라서 현대의 문법화론 이전의 언어학에서는 언어변화를 개별적이고 고립된 것으로 보는 경우가 대부분이었으나 인지적 책략에 관심을 가진 문법화론의 도입과 더불어 언어변화에 대한 더욱 체계적이고 범언어적 타당성을 가진 설명이 가능하게 되었다.

제4장 문법화론의 주요 개념

문법화론은 언어 전반에 나타나고 있는 변화현상에 관심을 가지기 때문에 음운론, 형태론, 통사론, 화용론 등 그 대상영역이 매우 방대하다. 따라서 문법화론에서 사용되고 있는 개념이 다양하고 학자마다 정의하는 방식이 다르다. 따라서 문법화론에서 사용되는 개념을 모두 소개하기란 쉬운 일이 아니다. 여기서는 문법화론을 이해하는 데에 있어서 핵심적인 개념을 중심으로 일관성 원리, 연속변이, 순환, 화석화, 주관화 등을 살펴보기로 한다.

4.1 일관성 원리

언중이 언어를 배우고 사용하는 데에 이용하는 논리체계는 기본적으로 귀류적 추론이다.[1) 귀류적 추론이라 하는 것은 결과를 보고 경우나 규칙을 추론해내는 방식으로, '이러이러한 현상들을 보니, 이러이러한 규칙이 있겠구나'라고 짐작하는 것이다. 이처럼 언어사용자들은 귀류적 추론으로 언어를 습득하고 언어를 사용하는 것이다. 귀류적 추론은 문법화론의 연구에서

---

1) 귀류적 추론에 대한 자세한 논의는 §6.2 참조.

중요한 논리체계이다. 특히 공시적인 자료를 통해서 통시적인 발달과정을 짐작해 보는 것은 전적으로 귀류적 추론에 의한 것이다.

이러한 귀류적 추론을 가능하게 하는 원리가 곧 일관성 원리(uniformity principle 혹은 uniformitarian principle)라고 하는 것이다. 이 원리는 Labov(1974), Romaine(1982) 등에서 제시된 것인데, 이 일관성 원리는 다음과 같이 두 가지로 정리된다. 첫째, '현재 언어들에 일어나는 변화들은 과거의 언어에서도 일어날 수 있었으며, 현재 언어들에서 잘 나타나지 않는 변화들은 과거의 언어에서도 잘 나타나지 않았을 것이다.' 둘째, '어떤 변화가 한 언어에서 일어나면 그러한 변화는 다른 언어에서도 나타날 수 있으며, 어떤 변화가 다른 언어들에서 나타나지 않는다면 그 변화가 어느 특정한 언어에 나타날 수 있는 가능성은 별로 없다.'

이 원리를 요약하면 모든 언어의 규칙 형태나 언어 사용자의 논리 방식은 언제든지(즉 과거-현재의 통시적으로) 또한 어디든지(즉 범언어적으로) 늘 일관적이라는 것이다. 이러한 원리는 귀류적으로 통시적 변화를 추정할 때에 그 적합성 정도를 판정하는 기준이 된다. 그 예를 보이기 위해 <도표 4-1>의 도식을 보자.

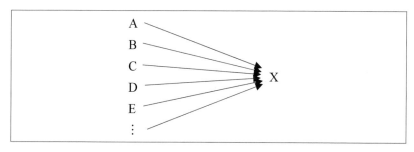

〈도표 4-1〉 형태소 X의 변화경로

<도표 4-1>은 현재 공시적으로 문법소 X가 있다 할 때에 이 변화가 거칠

수 있는 가능성을 단순하게 도식화한 것이다. 통시적 변화가 그 변화 과정에 관한 역사적인 근거를 남기지 않고 있을 때, 역사적으로 어떠한 과정의 변화가 있었는지는 이론상으로 [A > X], [B > X], [C > X]… 등 무한한 가능성 중에서 그 어떤 형태의 변화였을 수도 있다. 그러나 어떤 특정한 변화가 있었다고 가정할 때 그 변화가 현대 언어에서도 자주 관찰되는 것이면, 그 가정된 변화는 자연스러운 것이어서 적합성 정도가 높다. 반대로 현대 언어에서 자주 관찰되지 않는 것이라면, 그 가정된 변화는 부자연스러운 것이며 따라서 적합성 정도가 낮다.

간단한 음운 변화의 예를 들어 보자. 어떤 언어에서 공시적인 [t]를 보고 과거에 [d] > [t]라는 변화가 있었다고 가정해 보자. 이것은 무성음화 현상으로 현대의 많은 언어에서도 관찰되고 있는 것이다. 따라서 이것은 자연스러운 것이다. 그러나 그와는 달리 [m] > [t]라는 변화가 있었다고 가정해 보자. 이것은 현대의 많은 언어에서나, 변화과정이 밝혀진 언어들의 자료에서는 관찰되지 않는 변화이다. 따라서 이런 가정은 매우 부자연스럽고, 적절한 분석으로 수용하기 어렵다.

일관성 원리가 문법화론에서 중요한 이유는 첫째, 현대의 언어가 문법화 현상을 겪고 있듯이 옛날의 언어들도 문법화 현상을 겪었을 것이라는 가정과, 둘째, 오늘날의 문법화 현상의 종류가 옛날의 문법화 현상의 종류들과 같을 것이라는 가정, 이 두 가지가 문법화론에서 기본적인 전제가 되기 때문이다. Traugott & König(1991: 192)에서는 "오직 현대 언어에서 발견된 추론만이 옛 언어형태의 재구(reconstruction)에 사용될 수 있다"고 하였다. 이러한 원칙은 무한하게 가능한 가상적인 추론을 막아준다는 점에서 문법화론의 방법론에 결정적인 제한을 주는 것이다.

4.2 연속변이

원래 *cline*이란 말은 몸을 비스듬히 굽히는 동작(bend)이나 언덕의 경사 (slope)를 가리키는 말에서 나온 것으로, 문법화 현상이 토막토막 끊어지듯 이 분절적인 것이 아니라 마치 경사면을 따라 흩어져 있는 것처럼 언어변화 가 어떤 경로를 따라 연속적으로 배치되어 있음을 가리키는 것이다. 이 용어 는 Halliday(1961: 249)에서 처음으로 언어학 이론에 적용하였다. 이러한 언 덕의 비유를 빌리자면, 어원어가 문법화의 '언덕' 위에 올려지게 되면 그 경 사면을 따라 계속적으로 굴러 내려오며 변화한다고 말할 수 있다.

이러한 비유는 문법화에서의 몇 가지 현상을 잘 설명해 준다. 첫째, 문법 화 현상은 사물이 계단을 따라 내려오는 것처럼 각 단계가 분절적인 것이 아니고, 마치 언덕을 따라 내려오는 것처럼 연속적이다. 둘째, 굴러내리는 물체가 한 방향을 따라 움직이고 언덕을 거슬러 올라가지 않는 것처럼, 한 어원어가 문법화할 때에도 단일방향성을 보인다. 셋째, 경사면을 따라 굴러 내리면서 물체가 자꾸 깨어져서 작아지듯이 문법화 현상에서도 대게의 경우 에는 음운적 크기가 소실되어 점점 작아진다.

그러나 이 경사의 비유가 문법화 현상을 설명하는 데 부적절한 점도 있다. 경사의 비유에서는 구르는 물체가 늘 끝까지 굴러내려야 하지만 실제로 문 법화에서는 어떤 어원어가 문법화 현상을 반드시 끝까지 겪어야 한다는 필 연성이 전혀 없다는 점이다. 즉, 어떤 어원어는 문법화를 통해 특정한 문법 소가 된 다음에는 수백 년 동안 더 이상의 문법화를 겪지 않고 안정화된 상태로 머무를 수 있고, 실제로 이런 예가 발견되기 때문이다. 물론 더 이상 의 문법화가 일어나기만 한다면 그 방향성은 늘 단일방향적이다.

연속변이와 유사하지만 특별한 경사를 상정하지 않고 변화의 연속성을 설명하려고 하는 '연속선(continuum)'이라는 용어가 있다. 연속선도 개념적 으로는 연속변이와 같은 것이지만, 대개 그 연속선 양 끝에 위치한 두 개의 개념이 양극화되어 있음을 부각시키고 문법소가 그 연속선 상에 흩어져 있음을 강조해 보이려 할 때 연속선이라는 용어를 사용한다. Hopper & Traugott(1993: 6-7)에서는 연속선을 연속변이의 공시적 측면, 즉 어휘성에서 문법성으로 이어지는 가상적인 선상에 문법소가 흩어져 있는 형태로 보았다.

연속변이란 개념의 예들을 들어보기로 하자.

(1) 문법성의 연속변이
   내용어 > 문법적 단어 > 접어 > 굴절접사

위의 도식 (1)은 한 완전한 내용어가 문법적 성질을 가진 단어로 변하고 다시 독립성을 잃어버리면서 다른 단어에 붙어 쓰이는 접어의 단계를 거친 후에 마지막으로는 완전히 독립성을 잃고 접사로 변하여 문법성만 표시하는 단계로 변해 가는 문법성의 연속변이를 나타낸 것이다. 그러나 연속변이가 반드시 문법성의 연속변이만 나타내는 것은 아니고, 어휘성의 연속변이도 나타난다. 다음의 예를 보자.

(2) 어휘성의 연속변이
   통사적 구조 > 합성어 > 파생접사

위의 도식 (2)에 해당하는 예는 영어의 *full*이라는 단어의 변화과정을 통해 찾아볼 수 있다.

(3) a. a basket <u>full</u> (of eggs)
   b. a cup<u>ful</u> (of water)
   c. hope<u>ful</u>   (Hopper & Traugott 1993: 7)

형용사 *full*은 위의 예 (3a)와 같은 통사적 구조에서 (3b)와 같은 합성어의 단계를 거쳐 (3c)와 같은 파생접사의 단계로 변화하는 연속변이를 거치고 있음을 알 수 있다.

연속변이에서 흥미로운 것은 변화의 방향에 있어서 범언어적인 공통성이 자주 나타난다는 것이다. 예를 들어 신체부위를 말하는 단어가 문법화하는 예가 많은 언어에서 나타나는데, 이러한 문법화는 대개 다음과 같은 연속변이를 보이고 있다.

(4) 어휘적 명사 > 장소관계 표지 > 부사 > 부치사 > 격표지 접사

위의 연속변이 도식 (4)에 해당하는 예는 사람의 '등(back)'을 나타내는 신체표지어의 변화에서 찾아볼 수 있다.

(5) 등   > 뒤(쪽)   > 뒤(쪽 공간)에 > -의 뒤에 > -뒤에
    어휘적 > 장소관계 > 부사   > 부치사   > 격표지
    명사   표지   접사

위의 예 (5)에서 보듯이 사람의 신체부위 즉 '등'을 나타내는 어휘적 명사가 장소적으로 '뒤쪽'을 나타내는 관계 표지 명사로, 더 나아가 '뒤에'라는 부사로, 혹은 '-의 뒤에'라는 부치사로, 때로는 명사에 직접 붙어 가장 문법화된 형태인 격표지 접사로 연속변이를 일으킨다.

위와 같은 연속변이 현상은 한국어에서도 찾아볼 수 있다.

(6) a. 그 사람 뒤에 흙이 묻었다.   신체부위표지
    b. 다람쥐가 나무 뒤에 숨었다.   장소관계 표지
    c. 그 사람은 뒤에 따라오고 있다.   부사
    d. 그 산의 뒤에 호수가 있다.   부치사

위의 예들을 보면 (6a)에서는 '뒤'가 신체의 일부를 나타내는 명사로 쓰였고, (6b)에서는 앞뒤가 정해져 있지 않은 사물의 장소관계상 뒷면을 가리키는 명사로 쓰였고, (6c)에서는 '뒤에'가 부사적인 용법으로 쓰였다. 예문 (6d)에서는 '-의 뒤에'가 후치사적인 용법으로 쓰였다.[2]

문법화 현상에 있어서 연속선은 위에서 들고 있는 거시적인 구조뿐 아니라 아주 미시적인 구조에서도 나타난다. 미시적 구조에서 나타나는 연속선의 예로 동반격(comitative)과 도구격(instrumental)의 연속선을 살펴보자.

(7) a. The pantomimist gave a show <u>with</u> the clown.

  b. The engineer built the machine <u>with</u> an assistant.

  c. The general captured the hill <u>with</u> a squad of paratroopers.

  d. The acrobat performed an act <u>with</u> an elephant.

  e. The blind man crossed the street <u>with</u> his dog.

  f. The officer caught the smuggler <u>with</u> a police dog.

  g. The prisoner won the appeal <u>with</u> a highly paid lawyer.

  h. The Nobel Prize winner found the solution <u>with</u> a computer.

  i. The sportsman hunted deer <u>with</u> a rifle.

  j. The hoodlum broke the window <u>with</u> a stone.

Schlesinger (1979: 308-310)

Schlesinger(1979)는 30명의 실험집단에게 위의 예를 제시하고 예문에 있는 *with*의 의미를 동반격(즉 '-와 함께')과 도구격(즉 '-를 가지고', '-를 갖고', '-갖고', '-로')의 의미가 나타나는 정도에 따라 순서를 정하도록 하였다.

---

2) 한국어의 경우에는 토씨의 생략이 대체로 수의적이고 부사나 부치사적 용법에서도 '뒤'는 형태론적 투명성을 가지고 있어서, 명사로부터의 탈범주화가 완전히 이루어졌다고 보기는 어렵다. 그러나 이러한 투명성은, 정도의 차이이기는 하나 영어의 *beside, before, ahead* 등과 같은 신체나 관계 표지에서 출발한 문법소들의 경우에도 나타난다. 신체표지어로부터의 문법화 과정에서 연속변이 현상을 보이는 언어에는 영어나 한국어 이외에도, Icelandic, Halia, Tzotzil, Colonial Quiche, Bambara, Baka, Zande, Welsh 등 매우 많은 언어가 있다. 자세한 예는 Heine *et al.*(1993)을 참조.

그 결과 (7a)에서 (7j)까지의 순서로 매우 규칙성을 가지고 동반격/도구격의 판단지수가 증가하는 분포를 가지는 것으로 나타났다.[3] 즉 (7a)는 가장 원형 적인 동반격이고 (7j)는 가장 원형적인 도구격으로서 이들 둘이 한 연속선의 양극에 나타나고 다른 용법의 *with*는 모두 이 연속선의 어느 위치에 각각 자리를 잡고 있다. 다시 말하면 동반격과 도구격은 정확하게 나누어지는 두 개의 독립된 문법적 개념이 아니라 두 개의 원형적 개념을 양극으로 한 채 매우 다양한 중간적인 개념이 있다는 것이다.[4]

연속변이와 관련되어 쓰이는 개념 중에 문법화의 연쇄(grammaticalization chain)라고 하는 것이 있다.[5] Heine(1992)에서는 문법화의 특징을 '문법화 의 정도'와 '개념적 관계' 두 가지의 파라미터로 나누고, 이들 파라미터에 따라 문법화에서의 연쇄를 다음과 같이 설명하였다(Lessau 1994에서 요약 재인용).

(8) a. 문법화의 정도: 문법화의 연쇄는 문법화 정도에 따라 규정지을 수 있는데, 문법화의 연속선상에서 가장 왼쪽에 있는 것은 가장 덜 문법화되어 있고 오른쪽에 있는 것은 가장 많이 문법화되어 있으며, 오른쪽에 근접할수록 더 문법화된 것이고, 이 선상에 있는 형태들은 서로 가까울수록 문법화 정도가 비슷하고 의미도 비슷하다.

b. 개념적 관계: 문법화의 연쇄는 특정한 핵심 구성원이 없는, 일종의 '가족닮음 범주(family resemblance category)'의 특징을 가지고 있다.

---

3) Schlesinger의 실험에서 동반격/도구격 판단 지수는, 각 피험자의 판단상 원형적인 동반격 은 1을, 가장 원형적인 도구격은 10을 주도록 한 것이었다. 실험에서 사용된 예 (7)의 각 문장별 평균점수는 다음과 같다. a:1.67, b:2.90, c:3.67, d:3.87, e:4.67, f:6.17, g:6.27, h:7.40, i:9.00, j:9.40.

4) 도구격과 동반격을 같은 문법소로 표시하는 언어에는 여기에서 예로 든 영어를 비롯하여 Danish, Eskimo, Estonian, Flemish, French, Norwegian, Quechua, Spanish, Turkish 등 여 러 언어가 있다. 물론 한국어에서의 '-로, -를 가지고'와 '-와 함께'처럼 서로 다른 문법 형태를 이용하는 언어들도 있는데 이런 언어에는 일본어, Hindi, Tamil 등의 언어가 있다.

5) Heine & Reh(1984)나 Kölver(1984)에서 사용된 연속선이란 개념은 문법화 연쇄와 근본적 으로 동일한 것이다.

Heine(1992)에 의하면 문법화의 연쇄란 가족닮음범주가 이루고 있는 하나의 연속선이다.6) 하나의 형태가 문법화 형태로 바뀌고 난 다음 이 최종적인 산물인 문법 형태가 다시 다른 문법 형태의 문법화의 시작점이 될 경우 문법화의 연쇄가 이루어진다. 가장 간단한 형태의 문법화 연쇄를 상정하게 되면 최소한 시작점, 중간점, 끝점의 세 점이 있게 된다. 이렇게 세 점으로 이루어진 문법화의 연쇄를 Heine et al.(1991a)에서는 핵구조라 부른다. 이 핵구조는 <도표 4-2>와 같이 표시할 수 있다.

단계	I	II	III
의미	어휘적	문법적	문법적
형태	어휘적	어휘적	문법적

〈도표 4-2〉 문법화 연쇄의 핵구조

<도표 4-2>를 보면 시작점에서는 한 언어 형태의 의미와 형태가 모두 어휘적이고, 중간점에서는 어휘적 형태를 띠고 있으면서 문법적 의미를 나타내며, 끝점에서는 의미와 형태가 모두 문법적이다.

이러한 문법화의 연쇄는 다중문법화(polygrammaticalization: Craig 1991) 현상이 될 수도 있다. 다중문법화란 하나의 문법형태가 하나 이상의 문법화 연쇄를 형성하게 될 경우를 말한다. 즉 문법화의 연쇄에 따르면 문법화는 선을 형성하는데 이 선은 반드시 단선적일 필요가 없으며 때로는 여러 개의 선이 갈라져 나오는 복선적 구조일 수 있다는 것이다. 이러한 복선적 구조를 다중문법화라 한다.

예를 들어 'go'라는 뜻을 가진 이동동사는 많은 언어에서, 시상태표지, 격

---

6) 가족닮음범주(family resemblance category)란 Ludwig Wittgenstein(1953)에 의해 처음으로 도입된 개념이다. 가족닮음의 구성원들은 마치 AB, BC, CD, DE...와 같이 한 구성원은 다른 구성원과 조금씩의 공통자질을 가지고 있지만, 모든 구성원이 공통적으로 가지고 있는 자질은 없다는 특징을 가진다.

표지, 직시적 방향표지, 인용표지, 기동상표지, 명령법 보문자 등 많은 문법
소로 발전하는데 한 언어에서 이들 문법표지 중 하나 이상으로 발전한 경우
는 다중문법화의 예가 된다. 대표적인 예로 Rama의 *bang* 'go'의 문법화 현
상을 들 수 있는데, <도표 4-3>에서 보는 바와 같이, Craig(1991)는 *bang*
'go'이 논항표지 영역에서는 '목표', '목적' 등을 표시하는 문법소로, 그리고
시상태 영역에서는 '전망', '원망(願望)', '진행', '원망적 전망' 등을 표시하
는 문법소로 발전한 경우를 설명하고 있다.

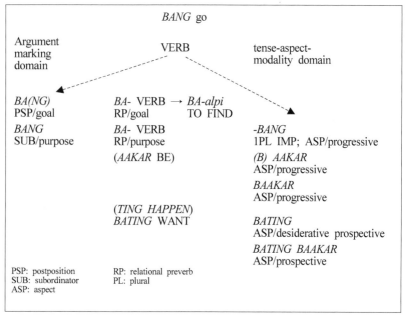

〈도표 4-3〉 Rama의 *bang* 'go'의 다중 문법화

　다중문법화는 문법화 채널(grammaticalization channel)이란 개념과도 관
계가 있다. 문법화 채널이란 개념은 Givón(1979), Heine(1981), C. Lehmann
(1982), Heine & Reh(1984) 등에서 사용되었다. 문법화 연쇄가 한 문법화

현상의 선적인 구조라는 개별적이고 구체적인 경우를 가리키는데 비해, 문법화 채널은 한 문법소가 통상 잘 선택하는 유형의 문법화 연쇄를 가리킴으로서 좀 더 거시적이고 포괄적이고 추상적인 개념을 나타낸다. 따라서 문법화 연쇄 중의 일부가 문법화 채널을 이루고 있는 것이다. 어떤 문법소가 많은 언어에서 자주 반복하여 나타나면서 이루는 문법화 연쇄를 문법화 채널이라 함으로써, 문법화 채널은 문법소에게는 일종의 '운명적 변화'를 특징 지워 주는 것이라 할 수 있다.[7]

4.3 순환

순환(cycle)이란 개념은 나선(spiral)이란 개념과 함께 자주 사용되는 일종의 은유적인 명칭이다. 언어의 변화가 순환적이라든가 나선모양이라는 생각은 일찍이 역사언어학자가 가졌던 생각이었다.[8] 언어의 변화에서는 한 문법 형태가 차츰 차츰 변하여 사라지고 난 후에 다른 문법 형태가 그 자리를 대신하게 된다. 이 과정에서 관련된 두 문법 형태가 얼마나 유사한가에 따라, 매우 유사한 경우에는 순환이라 부르고 그렇지 않은 경우에는 나선이라 부른다.

순환이란 개념은 일견 단일방향성 가설과 대치되는 것 같지만 실제로는 그렇지 않다. 형태론적인 측면에서 볼 때 완전한 어휘어가 차츰 변하여 파생

---

7) 이러한 반복적 패턴이란 기본 개념에는 차이가 없으나 Heine & Reh(1984: 113)에서는 약간 다른 시각에서 정의하고 있다. 즉, 한 문법형태의 문법화는 이상적으로는 한 어원어로부터만 와야겠지만 그러한 경우는 거의 없고, 한 특정한 문법소의 발전을 위해서는 대개 몇몇 가지의 가능한 선택사항이 있는데 이러한 특징적인 선택사항이 곧 문법화 채널이라는 것이다. 다른 학자들은 문법화 채널을 문법화의 시작점에 있는 한 어원어를 기준으로 정의하는데 반해, Heine & Reh(1984)는 문법화의 끝점을 구성하는 문법소를 기준으로 정의하고 있다는 차이가 있다.

8) 앞서 역사편에서 Gabelentz(1901[1891]: 256)가 언어의 진화 경로가 나선모양이라 주장했음을 살펴본 바 있다. 이러한 생각은 Humboldt나 Meillet에서도 볼 수 있다.

형태소나 굴절형태소가 된 경우를 예로 들어보자. 이 문법 형태가 굴절형태소가 된 후에 이 지점에서 순환이 일어난다면 바로 그 굴절형태소가 다시 이전의 파생형태소나 독립적인 어휘어로 역류해 가는 것이 아니다. 굴절형태소의 위치에서 순환이 될 경우, 새로운 문법형태가 이 굴절형태소를 대치하고 나서 다시 그 이전의 굴절형태소가 걸어왔던 길처럼 단일방향으로 변화를 겪는 것이다. 결국 관계된 문법 형태가 동일한 것이 아니기 때문에 원이 아니라 나선이 되는 것이다. 물론 두 형태가 비슷하다고 생각될 경우에는 원으로 간주하고 순환이란 이름을 붙이기도 하지만, 원이나 나선은 모두 은유적인 명칭에 불과한 것이므로 이들이 표시하려는 개념이 중요한 것이지 이들의 차이는 그리 중요한 것이 아니다.

순환에서 새로운 형태가 옛 형태를 대신 하는 경우를 재건(renewal)이라 한다. 언어에서 문법 형태의 재건을 상정하지 않는다면 매우 부자연스런 결론에 이르게 되기 때문에 재건은 언어변화에 있어서 매우 중요한 개념이다. 언어의 변화는 의미적으로나 음운적으로나 형태통사적으로나 모두가 감소되는 것이 일반적이다. 따라서 순환적인 재건이 없다면, 의미상으로나 음운상으로나 형태·통사상 매우 복잡했던 옛 언어가 많이 소실되어서 지금 정도의 복잡성 혹은 간결성을 갖추고 있으므로, 앞으로 언어는 계속적으로 감소되어서 먼 미래에는 언어가 매우 간결해져 결국은 닳아 없어질 것이라고 생각할 수밖에 없기 때문이다. 그러나 실제로 언어는 그렇게 변화하지 않았다. 먼 과거의 언어나 현재의 언어나 그 복잡성의 정도에 있어서 비슷하다는 것이 입증되고 있고, 앞으로의 언어도 그러할 것은 확실하다. 재건은 대개의 경우 형태소적인 문법소를 통사적인 문법소가 대치하는 형태로 일어난다.[9] 재건이라는 개념의 이해를 돕기 위해 <도표 4-4>를 살펴보자(Hopper & Traugott 1993: 10).

---

9) 통사적 문법소를 흔히 우언적 문법소(迂言的 文法素; periphrastic grammatical form; periphrasis)라 부른다.

Pre-Latin	Latin	French
*?		
*kanta b^{h}umos >	cantabimus	
	cantare habemus >	chanterons
		allons chanter > ?

〈도표 4-4〉 프랑스어의 미래표지의 재건

<도표 4-4>에서 보면 프랑스어의 *chanterons*('we will sing')은 원래 Latin 어의 *cantare habemus*라는 우언구문에서 발전한 것이다. 이 *cantare habemus*는 그 전에 있던 *cantabimus*라는 형태소적 미래표지를 가진 형식을 대치한 것이고 *cantabimus*는 다시 *kanta bhumos*라는 Pre-Latin의 통사적 구조에서 발전한 것이다. 이러한 순환을 생각해 보면 그 Pre-Latin의 *kanta bhumos*도 역사적 기록으로는 알 수 없지만 다른 형태소적 미래표지에서 대치된 형태로 추정해 볼 수 있다. 흥미로운 것은 현대의 표준 프랑스어에서 사용하는 *chanterons*('we will sing')이 *allons chanter*('we are going to sing') 에 의해 대치되고 있는 중이라는 것이다. 이러한 순환 패턴에 따르면 머지않아 *chanterons*은 *allons chanter*로 대치되고 *allons chanter*는 형태소적 문법 소로 바뀐 후 또 다시 어떤 통사적 구조에 의해 대치될 것이란 점을 예측해 볼 수 있다. 이와 같이 재건은 언어의 복잡성 정도를 유지하는 데에 큰 역할 을 하고 있다.

4.4 화석화

화석화(fossilization 혹은 ossification)란 한 언어 형태가 원래의 기능이나 화용적 힘을 잃어버리고 형태상으로나 의미기능상으로 굳어져 버리는 것을 가리키는 말이다. 언어학에서는 구문이 생산성을 잃고 굳어져 버리는 경우, 즉 관용어화(idiomatization) 현상을 화석화라 부르기도 하지만 문법화론에서는 화석화는 이와는 좀 다른 개념으로 사용한다. 화석화를 Nichols & Timberlake(1991: 129)에서는 '언어적 수축의 증가현상'으로 설명한다. 이처럼 한 문법 형태가 화석화되고 나면 형태-통사적으로 불규칙하게 된다. 원래 문법화는 계속 진행되게 되면 점점 계열이 단순화되게 된다. 이러한 계열 크기 감소는 계열적 규칙화에 의해 일어난다. 계열이 단순화되면서 재건에 의해 다른 형태가 이 기능을 담당하게 될 경우, 이전의 계열에서는 몇 가지의 예만을 남겨 두고는 계열성이 사라지기도 한다. 이렇게 된 경우 그 몇 가지 남아있는 문법형태들은 화석화가 일어나고 새로운 계열의 등장과 더불어 전체 계열은 오히려 복잡해지기도 한다.

예를 들어 Latin어의 완료표지를 살펴보자.

(9) a. pepuli (I drove)
     b. dixi (I said)

Latin어의 완료표지는 여러 가지가 있었는데 그 중에는 위의 예 (9a)에서 보는 것과 같은 음운중복(reduplication)에 의한 것과, 예 (9b)에서 보는 것과 같은 -s 접미사에 의한 것 두 가지가 있었다. 전자는 고대인도유럽어의 완료형에서 나온 것이고, 후자는 이전의 부정과거(不定過去: aorist) 표지에서 나온 것인데 이것이 의미적으로 완료형과 통합됨으로써 생겨난 것이다. 이 두 가지의 어원 문법소가 각각의 기능을 가지고 있던 시기, 즉 음운중복은 완료형을, -s 접미사는 부정과거를 나타내던 시기에는 각 계열이 각각의 체계를 가지고 있었다. 그러나 이들이 점차 완료표지로 통합되면서 각각의 체계를 가진 단어들에 이러한 표지가 화석화됨으로써 완료표지라는 문법범주는 그 내부 구성이 더욱 복잡하게 되었다.

또한 화석화를 통해 계열이 복잡해진 대표적인 경우로는 영어와 독일어의 각종 'be' 동사 형태가 있다. 다음의 예를 보자.

(10) been/bin < *bhū 'become' Proto-Indo-European

　　　was/war < *wes- 'live' Proto-Germanic

　　　is/ist < *es- 'exist' Proto-Indo-European

예 (10)에서 보듯이 영어와 독일어의 'be' 동사들은 다른 동사들과는 달리 매우 불규칙적인 형태들을 가지고 있다. 이것은 'be' 동사의 여러 가지 계열적 기원을 가진 각 형태가 화석화된 채 남아 있어서 그렇게 된 것이다. 따라서 이러한 화석화를 통해 'be'동사의 전체적인 굴절체계는 매우 복잡하게 되었다.

이처럼 어떤 계열적 변화의 끝점 가까이에서는 옛 계열 일부의 화석화와 새 계열의 재건에 의해 계열 구성원이 매우 복잡한 형태를 띠게 된다. 따라서 옛 계열에서 화석화된 형태들은 공시적으로는 규칙이 없어졌기 때문에 보충법형태가 되어서 언어사용자들은 이 형태들을 어휘부에 개별적으로 저장하여야 된다. 예를 들어 영어의 *be* 동사의 3인칭 단수 현재형을 [be + 3.sg.pres = be + s]처럼 문법적인 도출 형식으로가 아니라 형태적으로 아무런 관련이 없어 보이는 *is*라는 독립된 항목으로 어휘부에 저장을 해야 한다. 이러한 경우는 아이러니컬하게도 문법화가 어휘부로 이어지는 경우라고 할 수 있는데, 이러한 이유 때문에 Givón(1979: 209)에서는 문법화의 끝은 오히려 어휘화라고 주장한 바 있다.

4.5 도식

도식(schema)이란 인간이 어떤 상황을 지각하는 데에 있어서 자세한 부분들은 무시하고 어떤 추상적인 수준의 대략적인 구조물로 파악하는 것을 가리키는 것으로 일종의 특징적 '골격'을 말하는 것이다. 이와 같이 도식성은 큰 구조에 관심을 가지는 것이기 때문에 세부 구조에 관심을 가지는 구체성(specificity)과는 반대되는 개념이다. 이 두 가지 개념은 다음과 같은 예 (11)을 통하여 쉽게 이해할 수 있다.

(11)   사물 > 식물 > 나무 > 침엽수 > 전나무
         도식성<-------------------------------------->구체성

Talmy(1985)에서는 모든 문법적 의미는 근본적으로 도식적인데 반해 어휘적 의미는 그렇지 않다고 하였다. 이와 마찬가지로 Sweetser(1988: 390)에서도 은유적 전이가 한 영역에서 다른 영역으로 전이될 때, 세부사항은 무시되고 도식은 보존된다고 하였다. Rubba(1990)에서는, 이러한 전이에서 개별적인 차이는 배경(background)으로 보내어지고 공통점은 전경(foreground)으로 부각되어진다고 표현하였다. 도식에서 주로 많이 쓰이는 개념은 사건도식(event schema)과 형상도식(image schema) 두 가지가 있다. Heine(1992, 1993, 1994a,b, 1997b)에서는, 인간의 인지작용은 동적인 것은 주로 사건도식으로, 정적인 것은 주로 형상도식으로 도식화된다고 하였다. Heine(1993)에서는 시제와 상을 표시하는 조동사 범주가 모두 사건도식에 의해 발전되었다고 설명하고 <도표 4-5>에서 보는 것과 같은 아홉 가지의 사건도식을 예로 들었다(Heine 1993: 31).[10]

---

10) 이러한 도식들은 서로 결합하여 복합 도식을 만들기도 하고 어떤 도식들은 더 세분화된 하위도식(subschema)들을 가지고 있다. 이들 이외에도 소유도식(genitive schema), 목표도식(goal schema), 주제도식(topic schema) 등이 있다. 여러 도식이 모두 고루 쓰이는 것은 아니며 범언어적으로 장소도식(location schema), 이동도식(motion schema), 행위도식(action schema)의 세 가지 도식이 가장 많이 사용된다.

개념적 형태	명칭
1. "X is at Y"	Location
2. "X moves to/from Y"	Motion
3. "X does Y"	Action
4. "X wants Y"	Volition
5. "X becomes Y"	Change-of State
6. "X is (like)a Y"	Equation
7. "X is with Y"	Accompaniment
8. "X has Y"	Possession
9. "X stays in a Y manner"	Manner

〈도표 4-5〉 조동사 발달의 사건도식

<도표 4-5>와 같은 도식으로 문법화를 설명하는 예를 몇 가지 들어 보자. Location 도식은 범언어적으로 가장 활발하게 쓰이는 도식 중의 하나인데 Location 도식에 의한 조동사 발달의 예는 매우 많이 있다. 특히 다음의 예에 서 보는 것과 같은 진행상표지는 그 대표적인 경우이다.

(12) a. Dutch

Hij is een boek aan het lezen

he is a book at the reading

'He is reading a book.' (Heine 1993: 32)

b. Diola Fogny

burɔk n-ɛn di bɔ

work I-am in it

'I'm working.' (Sapir 1965: 113; Heine 1993: 32에서 재인용)

위의 예에서 보면, (12a)의 경우에는 '독서에 있다'가 '독서하고 있다'로 변하였는데 이것은 '독서'라는 행위를 하나의 장소적 개념으로 생각하여 '독

서에'라고 표현하는 방식이 진행형으로 문법화한 것이다. 예 (12b)의 경우에
도 '일 그 안에 있다'가 '일하고 있다'로 변하였는데 '일'을 장소적 개념으로
파악한 것이다. 이처럼 "X가 Y에 있다"라고 표시할 수 있는 도식으로부터
"X가 Y를 하고 있다"라는 문법개념이 발전하는 예가 곧 Location 도식으로
부터 진행형이 나온 경우인데 이러한 경우는 매우 흔하다.11)

Motion 도식에 의한 문법변화로는 'go', 'come' 등에서 발전한 내향상(內
向相: ingressive), 미래시제 등의 발전을 들 수 있다. 영어의 *going to* 미래나,
프랑스어의 *venir de* 과거 등은 모두 이동동사 'go'와 'come'이 문법화한
경우이고, 한국어의 '오다', '가다'도 계속상(continuative)과 상태변화상
(change-of-state) 등의 상표지로 발전하였다.12) 중국어의 *qu* 'go'도 마찬가
지인데 다음의 예를 보자.

(13) Mandarin Chinese
    wo   qu   chi   fan   (我去吃飯)
    I   go   eat   rice
    'I will eat rice.'   (Juliet W. Du, p.c.)13)

위의 예 (13)에서 보면 이동을 나타내는 동사 *qu* 'go'(去)가 단순한 신체
적 이동을 의미하던 원래의 의미에서 확장되어 시간적 이동을 나타냄으로서
미래시제표지로 발전한 것을 알 수 있다. 이처럼 "X가 Y로/로부터 움직인
다"라는 도식으로부터 미래시제가 발전한 것을 알 수 있는데 이것은 Motion
도식에 의한 문법화라 볼 수 있다.

---

11) 이와 유사한 경우로 영어에서 [장소표지+ 명사]가 진행의 의미를 가지는 경우가 있다.
    그 예로 'He is at table.'은 '식사중이다'라는 의미를, 'He is in shower'는 '샤워중이다'라
    는 의미를 나타낸다.
12) 한국어의 이동동사 문법화는 이성하(1996c: 160-177) 참조.
13) Sian Yen(p.c.)은 이 중국어의 *qu* 'go'가 영어의 "Go get an ice-cream."에서처럼 아직도
    이동의 개념이 남아있다고 지적하였는데 이것은 중국어의 'go'-미래가 아직은 문법화 초
    기 상태임을 시사한다고 볼 수 있다.

Action 도식에 의한 문법변화로는 'finish', 'do', 'take' 등과 같은 행위 동사들로부터 발전한 시제나 상표지를 들 수 있다. 특히 'finish'는 완료, 과거, 이전시제(以前時制: anterior) 등의 가장 대표적인 어원어이다. 중국어의 *liao*나 일본어의 *shimau*, 한국어의 '버리다' 등이 이에 속한다 할 것이다. 다음의 예는 행위동사 'do'가 진행상 표지로 변한 예이다.

(14) a. Usarufa

    úbó-ubo kéiye

    dig-dig he.is.doing

    'He is digging.' (Bee 1973: 295; Heine 1993: 34에서 재인용)

    b. Bongo

    má-d(-ndèrè

    I-do-walking

    'I am walking.' (Tucker 1940: 75; Heine 1993: 34에서 재인용)

위의 예에서 보면 행위동사 'do'가 진행상을 표시하고 있는데 이러한 변화는 "X가 Y를 한다"라는 도식에서 진행형이 문법화한 것이다.

사건도식이 문법화에 미치는 영향은 한국어 자료를 통해서도 살펴볼 수 있다. 한국어의 동사 '나다'는 본동사 이외에도 다음과 같은 보조적인 용법으로 쓰인다.

(15) a. 그 사람의 차가 탐난다.   (inchoative verbalizer)

    b. 낙엽이 쓸쓸한 정원에 나뒹군다.   (diffusive prefix)

    c. 꽃이 활짝 피어난다.   (ampliative graduality marker)

    d. 울고 나니 시원하다.   (completive aspect marker)

위의 네 가지 서로 다른 용법들은 같은 어원어 '나다'에서 발전한 것이다.

예문 (15a)의 경우에는 '탐나다', '심술 나다', '고장 나다', '야단나다' 등의 경우처럼 원래 주어인 명사와 통사적인 구성을 가지고 있다가 '-나다'가 기동적인 동사화표지로 발달하게 되었다. 예문 (15b)의 경우에는 '나뒹굴다', '나다니다', '나돌다' 등의 경우처럼 원래 연계동사 구문(serial verb construction)에서 출발하여 '나-'가 외향적 분산을 표시하는 접두사로 발달하였다. 예문 (15c)는 '자라나다', '피어나다', '놀아나다' 등의 경우와 같이 아직도 연속동사구문의 형태를 띠고 있는데 '-어 나다'가 점진적이고 확산적인 의미를 나타내는 파생형태소로 문법화되었다. 예문 (15d)의 경우에도 비종결표지인 '-고'와 결합하여 일종의 연계동사구문으로 사용되다가 '-고 나다'는 완결의 의미를 가지는 상표지로 발달하였다. 이와 같은 여러 가지 문법표지들의 발달은 하나의 사건도식의 구조에서 어느 부분에 초점이 놓이느냐에 따라 각기 다른 문법표지로 발달한 것이다. 동사 '나다'의 사건도식은 <도표 4-6>처럼 표시할 수 있다(이성하 1996c: 222).

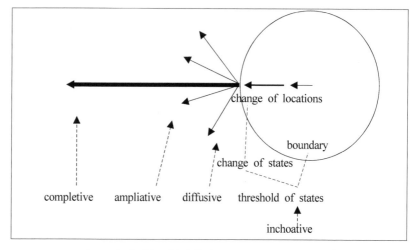

〈도표 4-6〉 한국어 '나다'의 사건도식과 문법소의 발달

<도표 4-6>의 도식에서 보면 '나다'라는 동사가 나타내는 사건도식에서 어떤 물체가 한 경계선을 통과하여 위치와 상태가 변화하는 점, 즉 서로 다른 상태의 경계에 초점이 놓일 때는 기동표시 동사화소가 되고, 원래의 내부로부터 밖으로 나오는 동작이 주는 분산적 이동 형상에 초점이 놓이게 되면 분산표지 접두사가 된다.14) 또한 내부로부터 밖으로의 이동이 분산적임에 따라 여기서의 이탈행위는 확산적이며 점진적인 형상을 갖게 되는데 바로 이 부분에 초점이 놓이면 점진적 확산표지가 된다. 또한 '나다'라는 동사는 출발점으로부터의 이탈을 나타냄으로서 종결성 동사(telic verb)인데 바로 이 종결부분에 초점이 놓이게 되면 완결표지가 발달하게 되는 것이다.

4.6 주관화

주관화(subjectification)란 Traugott(1982, 1986, 1988), Traugott & König (1991) 등에서 제시된 개념이다. 주관화는 주로 언어 형태의 의미적 변화를 설명하는 기제로서 언어 형태의 의미가 변화할 때 덜 주관적인 의미에서 점점 더 주관적인 의미의 방향으로 이동한다는 것이다. 즉 명제 혹은 외연 위주의 의미에 화자가 자신의 관점을 투사함으로써 점점 주관적인 의미로 변화해 가는 과정을 가리키는 것이다. 이러한 주관화는 실제적 상황에서 담화적 상황으로 옮겨가는 것이다. Traugott & König(1991: 208-209)에서는 다음과 같은 의미-화용적 경향을 제시하고 이러한 경향이 정보성을 강화하는 것이라고 하였다.

(16) a. 의미-화용적 경향 I: 외적인, 기술된 상황에 기초한 의미로부터 내적인,

---

14) 이처럼 갇혀 있는 공간에서 바깥으로 나오는 동작이 분산적 형상을 띤다고 생각하는 것은 매우 보편적인 현상인데 이것은 일종의 엔트로피적 역학 과정이 관념화된 것이다(이성하 1996c: 219-220 참조).

평가/인식/인지에 기초한 의미로 변화한다.

b. 의미-화용적 경향 II: 외적 또는 내적인, 기술된 상황에 기초한 의미로부터 텍스트에 기초한 의미로 변화한다.

c. 의미-화용적 경향 III: 상황에 대한 화자의 주관적인 신념/태도의 의미가 점점 더 강한 주관적인 신념/태도를 의미하는 것으로 변화한다.

위의 경향성들을 다음과 같은 영어의 *after*의 예로 설명해 보자.

(17) a. Shut the door after you.

   b. Brush your teeth after breakfast.

   c. After we heard the lecture we felt greatly inspired.

예를 들어 영어의 *after*는 (17a)에서처럼 원래 장소표지 전치사였는데 이 것이 고대영어에서 (17b)에서처럼 시간표지 전치사로 바뀌는 현상이 나타났 는데, 이처럼 더 물리적인 개념인 장소가 덜 물리적인 개념인 시간으로 바뀌 게 된 것은 의미-화용적 경향 I에 의한 것이다. 또한 이 고대영어의 시간표지 전치사 *after*가 중세영어에 와서는 (17c)에서처럼 접속사로 바뀌는 현상이 나타났는데, 이것은 의미-화용적 경향 II에 의한 것이다. 즉 단순히 장소적 위치 혹은 시간적 순서에서의 뒤를 나타내던 단어가 이제 명제라는 텍스트 를 연결하는 장치로 변하게 된 것이다. 이러한 접속사는 단순히 텍스트의 연결 장치로 뿐만 아니라 원인, 양보, 선호/거부 등을 표시하는 접속사로 발 달하게 되는데 이러한 의미 기능의 접속사가 발달하는 데에는 의미-화용적 경향 III가 영향을 끼친 것을 알 수 있다. 따라서 예 (17c)에는 단순히 '-한 후에'의 의미뿐 아니라 '-하였기 때문에'의 의미도 있다.

이와 유사한 예로 텍스트표지로서 시간성을 나타내던 after/since의 의미 를 가진 고대영어의 *siþþan*('since')도 시간상의 전후관계가 인과관계처럼 추론되어 [X 후에 Y]의 구조에서 [X 때문에 Y]의 의미가 발전됨으로서 원인을 나타내는 접속사로 변하게 되었는데 이것은 의미-화용적 경향 III의 예이다.[15] 또한 *while*의 문법화도 유사성을 보인다. 텍스트표지로서 시간성을 나타내던 *while*도 양보의 뜻을 나타내는 접속사로 변하게 되었는데 이러한 변화가 생겨나는 것은 모두 상황에 대한 화자의 주관적인 신념/태도가 투사되었기 때문인 것이다. 이러한 변화의 교차점에 있었던 것으로 보이는 *siþþan*('after/since')과 *while*의 예로는 다음과 같은 것들을 들 수 있다 (Traugott & König 1991: 195).

(18) a. Or. 156.11

þa,	siþþan	he	irre	wæs	&	gewundod,
then,	after/since	he	angry	was	and	wounded,

he	ofslog	micel	þæs		folces
he	slaughtered	much	of-that		troop

b. 1617 Sir W. Mure Misc. Poems xxi.23 (OED)

Whill	others	aime	at greatnes	boght	with	blod,
While	others	aim	at greatness	bought	with	blood,

Not to	bee	great	thou	stryves,	bot to	bee	good
Not to	be	great	you	strive,	but to	be	good

'While others aim at greatness that is bought with blood, you strive to be not great but good.'

위의 예에서 보면, (18a)에서 *siþþan*이 연결하는 두 사건의 관계가 시간적인 전후관계인지 인과관계인지 분명하지 않다. 즉, 그가 많은 적군을 살해한 것이 단순히 그가 부상당하고 성난 사건 뒤의 일인지, 아니면 그가 부상당하고 성이 났기 때문이었는지 모호하다. 또한 예 (18b)에서는 *whill*이 연결하는

---

15) 이러한 종류의 추론은 인간에게 가장 보편적인 추론 방식 중 하나인데 논리성이 결여되어 있기 때문에 'post hoc ergo propter hoc'이라는 대표적인 논리적 오류 중 하나로 꼽히고 있다.

두 사건의 관계가 시간적인 배경관계인지 양보관계인지 분명하지 않다. 즉 다른 사람이 피를 뿌려 위대함을 추구하는 동안에 너는 위대함이 아니라 선함을 추구하라는 것인지, 아니면 다른 사람들은 비록 그리할지라도 너는 선함을 추구하라는 것인지 모호하다. 이처럼 [시간적 순서 > 인과관계] 혹은 [배경 > 양보]로의 변화는 화자의 주관적인 관점이나 판단이 개입하기 때문 이다.

위에서 든 예뿐만 아니라 많은 언어에서는 소위 화자의 관점을 표시하는 문법소가 있는데 이들은 거의 모두가 주관화의 산물로 볼 수 있나. 예를 들 어 '앉다'나 '서다'와 같은 동사들은 많은 언어에서 화자의 부정적인 관점을 표시하는 문법소로 발전한 예가 보인다. 다음의 예들을 보자.16)

(19) a. I was sitting there dancing around. (in a party)
　　 b. Squirrels are supposed to run away when you come near, right? Not stand
　　　 there and flit back and forth. (in the driveway)
　　 c. 우리 몰래 그런 결정을 하고 앉았다.

동사 '앉다'는 다음과 같은 두 가지의 주관화 현상을 거쳤다.

(20) a. [stopping an activity] > [withdrawal] > [contemptible]
　　 b. [sitting] > [prolonged sedentary posture] > [prolonged inactivity] >
　　　 [unproductivity] > [contemptible]

즉 (20a)에서와 같이, 행위를 중단하는 것은 취소행위이며 이것은 경멸할 만 하다는 주관화와, (20b)에서와 같이, 앉는 것은 대개 지속적으로 앉아 있 는 자세를 갖게 하며 따라서 오랫동안 활동이 없어지며 이것은 비생산적이

---

16) 예문 (19a)와 (19b)는 Scott DeLancey의 Linguistics Institute 1995 강의 내용 중에서 제시 되었던 것들이며 이 예문들은 모두 이성하(1996c)에서 발췌 재인용한 것.

고 따라서 경멸할 만 하다는 두 가지의 주관화 현상에 의해 부정적인 화자의 관점을 표시하는 문법소로 발전한 것이다.

대부분의 학자들은 문법화가 일반적으로 주관화 현상을 동반한다고 보지만 일부 학자들은 주관화가 반드시 단일방향적으로 일어나는 것은 아니라고 주장하고 있다. 예를 들어서 Herring(1991)은 주관화가 단일방향적이 아니라 양방향적이라고 주장한다. 또한 지시성의 약화 혹은 소실이 있다고 해서 반드시 화자의 태도를 표시하는 방식으로 발전한다고 보기는 어렵다. 그러나 문법화의 진행에 따라 매우 빈번하게 일어나고 있는 관점표지의 발달 현상들은 거의 대부분 주관화에 의해서 효과적으로 설명할 수 있다는 점에서 주관화는 문법화론에서 중요한 개념으로 간주된다.

4.7 상호주관화

상호주관화(intersubjectification)란 언어형태가 상호주관성(intersubjectivity)을 획득하게 되는 과정을 가리키는 것이다. 상호주관성을 Traugott (2003: 128)에서는 "화자가 청자/독자에 대해 지식적, 사회적 측면에서 관심을 기울여 주는 것"으로 보았는데, 여기서 지식적 측면이란, 말한 내용에 대해 상대방이 가질 것으로 추정되는 태도에 대한 관심을 가리키며, 사회적 측면이란 상대방이 사회적 입장이나 신분상 필요한 체면 유지나 이미지 관리에 대한 관심을 가리키는 것이다. Traugott은 상호주관화는 모든 언어사용의 특징이며 유인된 추론(invited inference)의 중요한 맥락을 제공하지만, 주관화에 종속되어 있어서 주관화가 없이는 상호주관화가 일어날 수 없다고 보았다. 즉, 언어의 의미는 화자의 태도나 신념을 표시하기 위해 사용되고 (주관화), 일단 주관화되면, 경우에 따라서는 청자에 대한 관심을 나타내는 의미를 표시하기 위해 사용될 수도 있다(상호주관화)는 것이다(Traugott

2010: 35).

상호주관화는 대화상 상대방의 입장을 헤아려 사용하게 되는 다양한 담화
표지들의 발달에 잘 나타난다. 예를 들어 Traugott & Dasher(2002)에서는
담화표지 *well, perhaps, sort of* 등의 발달에 상호주관화가 있었다고 분석하
고 있다. 그런데 대표적인 상호주관화는 존칭 이인칭대명사들의 발달인데,
예를 들어, 독일어의 *Sie*, 프랑스어의 *Vous*, 스페인어의 *Usted* 등은 모두 상
대를 높이기 위해 평칭 대신 사용하는 존칭 대명사들로서 이들의 발달은
상호주관성이 문법화된 상호주관화의 예가 된다. 특히 한국어에서 존칭이나
공손법이 발달한 것은 상호주관성이 문법화된 상호주관화의 예이다.

한국어의 접속어미 '-니까'가 종결어미로 발달한 예에서도 상호주관화 현
상이 잘 드러난다. 다음의 예를 보자(이성하 2012).

(21) a. 비가 오니 춥다.
   b. 비가 오니까 춥다.
   c. 너 정말 웃긴다니까.

위의 예에서 보면 (21a,b)는 원인을 나타내는 접속표지이지만, (21c)는 문
장의 종결표지이다. '-니, -니까, -(다/라/냐/자)니까' 등은 다양한 의미가 있
지만 대개 시대의 변화와 형태의 변형과 더불어, [원인], [이유], [근거], [부
수], [대조], [반대], [재주장], [강조]의 뜻이 발달되어 나오는데 [인과성], [동
시성], [상반성], [힘]의 영역을 가로질러 의미가 나타난다. 영역은 좀 더 다
르게 [물리적 세계], [정신적 세계], [담화적 세계]로 나눌 수도 있다. 그런데
주로 [담화적 세계]의 영역에서 일어나는 [힘]의 표지는 다음과 같은 종결형
식에서 잘 드러난다.

(22) a. A: 좀 조용히 하라니까.
      B: 알았다니까.

b. 사람이 그러면 못 쓴다니까.

위의 예들은 (22a)의 발화자 A와 같이 '재주장'을 하는 경우나, 발화자 B나 (22b)와 같이 '강조'를 나타내는 경우의 예이다. 이러한 의미들에는 상호작용성과 상호주관성이 잘 드러난다. 이 종결표지들은 상대의 태도나 입장을 인정하고 거기에 대한 자신의 반응을 드러내며, 특히 상대방에 대한 짜증이나 분노와 같은 감정과 태도를 나타내준다. 이러한 예들은 상호주관성이 문법표지의 의미로 편입된 좋은 예이다.

제5장 문법화의 원리

지금까지 우리는 문법화가 무엇이며 문법화론은 어떠한 역사를 거쳐 왔고 문법화론에서의 연구 대상, 언어에 대한 문법화론적인 시각, 그리고 문법화론에서의 주요 개념을 살펴보았다. 이제는 문법화 현상을 설명하는 데 따르는 여러 가지 가설과 원리를 설명해 보기로 하자. 이러한 가설과 원리들은 통합해서 설명할 수도 있겠으나 여러 학자의 문법화에 관한 시각 차이도 볼 수 있도록 하기 위하여, C. Lehmann, Hopper, Bybee *et al.*, Heine 등 현대 문법화론 역사에 있어서 주요한 몇몇 학자의 학설을 중심으로 해서 살펴보기로 한다.

5.1 Lehmann(1982)

Christian Lehmann은 1982년에 독일 쾰른 대학의 언어학회에서 발행하는 *AKUP(Arbeiten des Kölner Universalienprojekts)* 48호로 발행된 *Thoughts on Grammaticalization*이라는 논문에서 중요한 문법화 이론을 제시하였다 (2015년 제3 개정판이 출간됨). 그는 문법화의 원리들을 설정하기 위하여 먼저 문법화 현상의 여러 측면, 즉 변수들을 정하였다. 그는 이 변수를 정하는 데에 두 가지의 큰 축을 설정하였다. 그것은 자립성과 계열·통합성이다.

그는 한 형태의 문법성 정도와 자립성 정도 사이에 서로 역관계가 있음을 주시하고, 자립성의 척도로서 무게(weight), 결속성(cohesion), 유동성(variability)의 개념을 도입했다. 무게란 어떤 언어형태가 나타나는 환경에서 다른 것들보다 변별적으로 드러나도록 해주는 여러 가지 자질을 말하는 것으로서, 무게가 있는 형태일수록 자립성 정도가 강하다. 결속성이란 어떤 언어형태가 나타나는 환경에서 그 주변에 있는 것에 서로 이끌리는 것으로 결속성이 클수록 자립성 정도는 약해진다. 유동성이란 어떤 언어형태가 나타나는 환경에서 위치를 이동할 수 있는 가능성으로, 유동성이 클수록 자립성 정도도 크다.

이 세 가지 개념은 다시 두 가지의 일반 언어 현상의 축, 즉 계열관계(paradigm)와 통합관계(syntagm)로 구분된다. 여기에서 계열관계란 어휘적, 체계적, 대립적, 종적 관계를 말하고 통합관계란 문법적, 과정적, 결합적, 횡적 관계를 말한다. 이러한 변수들은 <도표 5-1>로 정리할 수 있다.

	계열관계(paradigmatic)	통합관계(syntagmatic)
무게(weight)	크기 (integrity)	범위 (scope)
결속성(cohesion)	계열성 (paradigmaticity)	결합성 (bondedness)
유동성(variability)	계열적 유동성 (paradigmatic variability)	통합적 유동성 (syntagmatic variability)

〈도표 5-1〉 문법화의 변수들

<도표 5-1>에서 보는 것과 같이 무게와 결속성, 유동성이 계열관계와 통합관계의 축과 결합하여 모두 여섯 개의 문법화 변수들을 만들었다. 언어형태의 무게는 계열관계에서는 의미적 또는 음운적 크기에 해당하고, 통합관

계에서는 그것이 들어가게 되는 구문에서의 범위가 된다. 언어 형태의 결속성은 계열관계에서는 계열성이 되고, 통합관계에서는 다른 언어 형태들과 결속 관계를 갖는 결합성이 된다. 유동성은 계열 관계에서는 다른 언어 형태로 대체되거나 아예 탈락하는 가능성을 가리키는 계열적 유동성이 되고, 통합관계에서는 그 언어형태를 그 형태가 위치한 구문 안에서 얼마나 자유로이 이동할 수 있는지 표시하는 통합적 유동성이 된다.

Lehmann은 이러한 여섯 가지의 변수에 따라 <도표 5-2>와 같은 문법화의 원리들을 제시하였다.

변 수	>>	원 리
크기	감소 (-)	축소(attrition)
계열성	증가 (+)	계열화(paradigmaticization)
계열적 유동성	감소 (-)	의무화(obligatorification)
범위	감소 (-)	축약(condensation)
결합성	증가 (+)	합류(coalescence)
통합적 유동성	감소 (-)	고정(fixation)

〈도표 5-2〉 문법화의 변수와 원리들

<도표 5-2>에서는 문법화의 변수와, 문법화에 의한 변수의 변화과정, 또한 변화과정의 원리들을 보여 준다. 이 여섯 가지 변수와 원리들을 자세히 살펴보기로 한다.

5.1.1 크기와 축소

크기(integrity)란 한 형태가 다른 형태로부터 구별되기 위해서 가지는 의미적 또한 음성적 부피를 가리키는 것이다. 따라서 흔히 문법화 현상에 수반되는 축소(attrition)현상 중에서 의미적 크기가 줄어드는 것은 의미 축소

(desemanticization)라 하고, 음운적 크기가 줄어드는 것은 음운 축소 (phonological attrition; erosion)라 한다. 이러한 두 가지의 축소 현상은 흔히 평행적으로 일어나는 경우가 많다.[1] 음운 축소는 대개 음소가 가지고 있는 자질이 점차적으로 소실되는 것이다. 물론 축소의 개념은 궁극적인 소실까 지를 포함하지만, 문법화에서 문법소의 의미와 음운 모두가 항상 완전히 사 라지는 것은 아니다. 다음 (1)의 예를 살펴보자.

(1) (Latin) ille > (Fr.) le > 흔히 /l/
(PIE) *esti > (Eng.) is > 흔히 /z/
(PIE) *oinos > (Eng.) a > 대개 /ə/
(P-Bantu) *gide 'finish' > (Bantu) -gide Comp > -ide > í > ´ (high tone)

위의 예 (1)에서 보면 Latin어의 *ille*는 프랑스어에서 *le*로 변하였는데 이 단어는 대개는 /l/ 발음으로만 실현된다. 또한 Proto-Indo-European어의 *esti* 와 *oinos*는 영어에서 각각 is와 a로 변화하였는데 이들도 대개는 /iz/나 /ei/ 보다는 /z/, /ə/처럼 음운적으로 축소된 형태로 실현된다. Proto-Bantu어에서 의 *gide*가 음운적으로 모두 소실된 후 성조만 간신히 남아 있는 것은 매우 흥미로운 일이다.[2]

한 가지 주의할 것은 모든 음운 축소가 문법화 현상인 것은 아니라는 점이 다. 다음 예에서 보듯이 음운적 축소는 있지만 문법화가 아닌 예도 발견되기 때문이다.

---

1) 후에 논의할 Bybee *et al.*(1994)의 평행성 가설(§5.3.4)을 참조.
2) 이처럼 모든 음운적 자질들을 잃고 성조만 남은 경우를 Matisoff(1991: 32-34)에서는 'Cheshirization'이라 불렀다. 이것은 Lewis Carroll의 작품 *Alice in Wonderland*에 나오는 주인공 고양이 Cheshire Cat이 미소만 남기고 사라진 것이 성조만 남고 모든 음운적 자질이 사라진 것과 비슷한 데에서 만들어진 이름이다.

(2) (Latin) aqua 'water' > (Fr.) eau /o/

 (PIE) *kwetwores 'four' > (Eng.) four /fɔ:/

예 (2)의 변화에서도 음운 축소가 일어났다. 그러나 변화의 최종 산물이 내용어, 즉 어휘적 단어이기 때문에 문법화가 아니고 어휘화이다.

의미적 측면에서 크기를 보자면, 언어 형태의 의미가 의미 자질들의 집합으로 구성되어 있다고 볼 때, 의미 축소도 음운 축소와 유사하게 자질이 점진적으로 소실되는 것을 가리킨다. 이 의미 축소는 학자들에 따라 여러 가지 이름으로 불리는데 탈색(bleaching), 혹은 의미고갈(semantic depletion)이라고 불린다.[3] 이러한 의미 축소는 <도표 5-3>의 예에서 잘 나타난다.

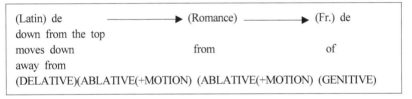

〈도표 5-3〉 라틴어 *de*의 의미 소실

<도표 5-3>에서 보는 바와 같이 강격(降格; delative '하강')과 탈격(脫格; ablative '격리')의 의미를 둘 다 가지고 있던 Latin어의 *de*는 Romance어로 오면서 강격의 의미를 잃고, 다시 Romance에서 프랑스어로 오는 과정에서 탈격의 의미 중 일부인 '이동'이라는 의미요소를 잃어버리면서 결국은 속격 표지화한 것을 볼 수 있다. 물론 /de/에서 /d/로의 축소도 일어났다.

이상의 예에서 보듯이 문법화에서는 문법화의 진행에 따라 음운적인 크기나 의미적인 크기가 점점 줄어드는 현상을 겪게 된다. 바꾸어 말하면, 문법

---

3) 의미 축소(desemanticization = 탈의미화)는 사실상 그 반대 개념처럼 보이는 의미확장 (semanticization = 의미화)과 대치되는 개념처럼 보이지만 이 용어가 문법화에서 쓰일 때는 실제로는 같은 현상을 바라보는 두 가지 시각의 차이일 뿐이다(이성하 1996c: 9-10).

화 현상에서 크기라는 변수에 작용하고 있는 문법화의 원리는 축소이다.

5.1.2 계열성과 계열화

계열적인 결속성을 계열성(paradigmaticity)이라 하는데 이것은 형태적으로나 의미적으로 전체 계열이나 하위범주 계열에서의 결속성을 말하는 것이다. 가장 두드러진 측면은 계열의 크기라고 할 수 있다. 다음의 예를 보자.

(3) 제1군: front, back, top, bottom, interior 등.
    제2군: beyond, before, beside, within, amidst 등.
    제3군: in, on, at 등.

위의 (3)은 장소적 개념과 관계된 세 개의 계열을 나타낸 것이다. 제1군에 해당하는 것들은 장소적 관계를 표시하는 명사들로서 그 원소가 매우 많다. 제2군에 해당하는 것들은 장소를 표시하는 이차적인 전치사들로서 이 외에도 그 원소가 좀 더 많다. 제3군에 해당하는 것들은 장소를 표시하는 일차적인 전치사들로서 위의 예 이외에는 그 원소가 몇 개 더 되지 않는다. 각 군에 속하는 원소들의 집합, 즉 계열적 크기를 보면 [제1군 > 제2군 > 제3군]의 차례가 된다. 이와 같은 계열적 크기의 특징은 수사계열과 지시사계열에서도 나타난다. 수사계열의 집합은 원소가 매우 많으나 지시사계열에는 몇 개 되지 않는다. 물론 계열의 크기는 범언어적으로 같은 것이 아니다. 인칭대명사나 준 인칭대명사의 크기는 한국어나 일본어처럼 경어법 체계가 발달한 언어에서는 매우 크지만, 그렇지 않은 언어에서는 매우 작아서 영어의 경우에는 다섯 개밖에 되지 않는다. 시제, 상, 양태, 서법 등도 마찬가지다. 이와 같은 계열적 크기에 있어서는 폐쇄범주와 개방범주의 구별이 유용하다.[4] 즉

---

4) 이 점에 대해서는 §2.1.1 참조.

개방범주는 열려 있어서 새로운 단어들을 새 원소로 받아들이므로 개방범주의 계열적 크기는 폐쇄범주의 계열적 크기보다 훨씬 크다.

이러한 계열적 크기가 문법화론에서 갖는 의미는, 문법화 과정을 통해 원소가 많은 큰 계열, 즉 계열성이 작은 계열로부터 원소가 적은 작은 계열, 즉 계열성이 큰 계열로 이동한다는 것이다. 위에서 예로 든 장소적 관계를 표시하는 명사들의 경우를 보면 문법화는 제1군에 속하던 것이 제3군으로 이동하면서 생겨난다. 물론 폐쇄범주 개방범주에 관한 구별을 문법화에 적용할 때에는 문법화 현상 전체 중에 일부만 여기에 해당되게 된다. 그것은 폐쇄범주 개방범주의 구별은 단어에 관한 구별인데 반해 문법화는 이미 단어적 위치를 잃어버리고 접사나 접어처럼 형태소 단위, 혹은 강세나 성조 등과 같이 운율자질(prosodic feature)까지의 단위로 내려가기도 하기 때문이다.

계열성이 문법화에 갖는 또다른 의미는 계열성이 증가되는 과정, 즉 계열화(paradigmaticization)는 그 계열에 들어 있는 원소들의 서로 다른 점을 점진적으로 제거하여 결국은 같거나 비슷한 형태로 바꾸는 과정이 된다는 점이다. 그 예로 여러 가지 어원에서 유래한 전치사가 원래 어원적 특성 때문에 다같이 전치사 범주에 들어 있으면서도 서로 다른 특징을 보이다가, 문법화가 진행되면서 그런 특징이 차츰 없어져 간다. 독일어에서 한 예를 들어보면 전치사인 *während*('during')는 원래 분사형으로 출발하였다. 따라서 전치사로 문법화된 초기에는 아직도 분사적 특성을 많이 갖고 있었지만 문법화가 많이 진행된 지금은 그런 특성을 보이지 않는다. 이러한 평준화가 오래 지속되면 한 계열이 두 가지만으로 대립하는 현상을 보인다. 즉, 수(단수/복수), 성(남성/여성), 시제(과거/비과거), 법(직설법/가정법) 등이 그 예이다.

5.1.3 계열적 유동성과 의무화

계열적 유동성(paradigmatic variability)이란 언어 사용자가 한 언어 형태를 선택하는 데 있어서 가지는 자유의 폭을 가리키는 것이다. 이러한 언어 형태의 선택에 있어서 선택 사항은 두 가지이다. 하나는 한 형태를 선택하는 대신 동일 계열에 있는 다른 형태를 선택하는 것이고, 다른 하나는 그 계열 자체를 선택하지 않는 것이다. 이와 같은 두 선택사항을 각각 계열내적 유동성(intraparadigmatic variability)과 초계열적 유동성(transparadigmatic variability)이라 일컫는다.

계열내적 유동성은 한 계열 내의 다른 원소를 선택할 수 있는 자유의 정도를 가리키는 것이다. 문법화가 진행될수록 계열내적 유동성은 줄어든다. 즉 선택의 폭이 줄어든다는 것이다. 예를 들어 인칭대명사와 일치 접사의 경우를 보자. 영어나 독일어 같은 경우에는 타동사가 하나의 명사를 목적어로 선택할 때, 성·수·인칭에 따른 목적어의 선택은 완전히 자유로워서 제약이 없다. 그러나 Navaho나 Ancash Quechua, Swahili처럼 목적어에 따라 일치 접사를 동사에 표시하는 언어에서는 동사에 이미 그 목적어로 선택된 명사의 성격에 따라 일치표지가 붙게 되므로 언어 사용자는 선택의 여지가 없다.

이 뿐 아니라 분류사와 명사의 사용도 그렇다. 계열내적 유동성이 큰 언어에서는 '담배 한 개', '담배 한 대', '담배 한 개피', '담배 한 본', '담배 한 가치' 등의 경우처럼 한 명사를 여러 분류사 중 어느 것과 함께 써도 된다. 그러나 계열내적 유동성이 적은 언어에서는 명사별로 그 함께 쓰일 수 있는 분류사가 극히 제한되어 있다. 예를 들어, Burmese같은 언어에서는 한 명사가 취할 수 있는 분류사가 엄격하게 지정되어 있지 않아서 비교적 자유롭게 쓰일 수 있는 반면에, 중국어 같은 언어에서는 선택의 여지가 별로 없다.

초계열적 유동성은 계열 전체를 상대로 하는 것이다. 여기서의 계열이라 함은 문법 범주, 그 구성 원소, 그 하위 범주 등 모두를 가리키는 것이다. 때로는 하위 범주 내에서 제한된 유동성을 가지기도 하고 때로는 그 범주 자체를 누락시키는 유동성이 있기도 하다. 때로는 이렇게 누락시키는 일이 제한을 받거나 불가능해지기도 하는데, 이처럼 누락이 불가능한 것을 의무성이라 하고, 의무성이 점점 강해져 누락이 불가능해지는 과정을 의무화 (obligatorification)라고 부른다. 즉 초계열적 유동성은 의무성과 역관계에 있다. 예를 들어 Turkish에서는 명사의 수를 표시하는 것은 어떤 특정한 상황에서만 의무화되어 있다. 반면에 라틴어에서는 모든 명사의 수 표지가 의무화되어 있다. 라틴어에서 의무화의 또 다른 예로는 관사의 사용이 있다. 즉 한정 명사가 정관사 *ille*를 선택하여 함께 쓰이거나 부정 명사가 부정관사 *unus*를 선택하여 함께 쓰이는 것에는 아무런 의무성이 없었다. 그러나 라틴어가 Romance어로 바뀌는 과정에서 그러한 선택은 의무화되었다. 따라서 프랑스어, 이탈리아어, 스페인어 등에서는 단수 명사가 부정관사나 정관사 없이 쓰이는 일은 허용이 되지 않는다. 즉 관사의 범주 자체에 있어서 선택의 자유, 즉 초계열적 유동성이 없어진 것이다.

이러한 초계열적 유동성의 측면에서 다음 한국어의 예를 보자.

(4) a. 두 개의 {사과, 사과들}
    b. 아버지께서 공원에 {가시었다, *갔다}

위의 예 (4a)에서 보듯이 한국어에서의 명사의 수표지, 즉 단수 복수 표지는 수의적이기 때문에 유동성이 비교적 크다고 할 수 있다. 그러나 많은 언어에서는 특별한 공손법이 완전히 문법화하지 않은데 비해 위의 예 (4b)에서 보듯이 한국어에서는 공손법 체계가 동사의 어말체계에 반드시 나타나야 하기 때문에 초계열적 유동성이 없어진 의무화 단계라고 볼 수 있다.

5.1.4 범위와 축약

통합적 관계에서의 무게란 범위(scope), 즉 해당 언어 형태가 영향력을 갖는 작용역(作用域)을 가리키는 것이다. 다시 말하면 한 언어 형태가 참여하여 만드는 구문이 어느 대상에 적용될 때 그 적용대상의 크기를 범위라 한다. 예를 들어 Turkish에서 격표지의 범위는 명사구이며, 반면 라틴어에서 격표지의 범위는 명사이다. 한 언어 형태가 갖는 범위는 문법화가 진행됨에 따라 점점 좁아진다. 이와 같은 범위의 점진적인 축소현상을 축약(condensation)이라고 부른다. 따라서 격표지의 경우에는 라틴어의 격표지 체계가 Turkish의 격표지 체계보다 더 문법화되었다고 할 수 있다.

이와 같은 축약의 예는 지시대명사가 대개 명사구를 범위로 갖는 반면, 지시대명사에서 흔히 발달하는 정관사는 그 범위가 명사인 데에서도 찾아볼 수 있다. 또한 절을 범위로 갖는 본동사에서, 동사구를 범위로 갖는 조동사로, 더 나아가 동사를 범위로 갖는 굴절표지로 변하는 과정도 문법화에 따른 범위의 축약현상을 보여주는 예가 된다.

문법화에서 범위의 개념을 어느 차원에서 적용하느냐 하는 것은 매우 중요하다. 많은 언어에서 상표지는 시제표지로 발전하고 양태표지는 서법표지로 발달하였다. 그러나 그 의미상으로 볼 때, 상과 양태는 동사구와 관계되어 있고, 시제와 서법은 절 전체와 관계되어 있다. 그렇다면 동사구에서 절 전체로의 변화는 위에서 말한 '범위의 축약' 방향과 상반되는 것처럼 보인다. 또한 Traugott(1980)에서 주장하는 바와 같이 문법화는 지시적 의미에서 화용적 의미로, 명제적 의미에서 텍스트적 의미로, 그리고 텍스트적 의미에서 대인적 의미(interpersonal meaning)로 변화하는데 이러한 변화 현상은 '범위의 축약' 방향과는 상반되는 것으로 보인다. 따라서 C. Lehmann(1982)에서는 이러한 현상들을 문법적 관계가 아닌 의미적 관계라고 보고, 범위의 개념은 의미상 차원이 아니라 철저히 문장의 구성 성분 차원에서만 다루어져야 한다고 주장하였다.

5.1.5 결합성과 합류

통합적 결속성, 즉 결합성(bondedness)이란 한 언어 형태가, 통합적인 관계를 맺고 있는 다른 언어 형태와 가지는 친화성(親和性)을 가리키는 것이다. 이러한 친화성은 그 해당 언어 형태의 문법화 정도에 따라 단순한 병치(juxtaposition)로부터 합병(merger)에 이르기까지 다양하다. 결합성이 증가하는 현상은 합류(coalescence)라 한다. 이러한 합류 현상은 음운적 단계에서 흔히 나타난다. 한 언어 형태가 합류의 길을 걸어가는 것을 보면, 먼저는 병치 상태에서, 다음에는 인접 강세에 이끌려 들어가는 접어화(cliticization) 단계를 거쳐, 다른 언어 형태의 접사가 되는 교착화(agglutination) 단계를 거치고, 최종적으로는 그 문법소가 자신의 신분을 완전히 잃어버리고 다른 형태소의 일부가 되어버리는 융합(fusion) 또는 합병의 단계에 이르게 된다. 이것은 다음 (5)와 같은 도식으로 요약된다.

(5) 병치 > 접어화 > 교착화 > 융합/합병

예를 들어 보면 라틴어에서의 지시사로 쓰이던 *ille*는 그것이 한정하는 명사와 나란히 병치되어 있었다. 이것이 프랑스어에 와서는 정관사인 전접어로 바뀌는 접어화를 거쳤고 루마니아어에서는 정관사인 접미사로 바뀌는 변화를 거쳤다. 또한 라틴어에서 대명사로 쓰이던 *ille*은 Romance어에서 *le, la* 등의 동사 접어로 변하였고, 이것은 때로 접미사로 취급되기도 한다. 독일어의 전치사 *trotz*('despite')는 명사구와 병치되어 나타나지만 이것보다 더 문법화된 *zu*('to'), *an*('at') 등은 자립적인 강세를 잃고 전접어 형태가 되었다. 따라서 이것들은 다른 형태소와 융합되어 *zur*(< zu der 'to the(F)'), *am*(< an dem 'at the(M/N)') 형태가 생겨나게 되었다.

격표지는 교착화되어 있는 경우도 있고 융합되어 있는 경우도 있다. 예를 들어 Turkish에서 *yil-in*('year-Gen')과 같은 경우를 보면 소유격표지 *-in*은 명사 *yil*에 교착화되어 있다. 그러나 어떤 언어에서는 격표지가 융합되어 있는 경우도 있는데, 예를 들어 Latin의 *anni*('year.Gen')는 *annus*('year.Nom')

와 비교해보면 알 수 있듯이 격표지를 따로 떼어내기가 어렵다. 융합이 가장 많이 진행된 경우는 모음변화에 따른 문법표지인데 예를 들어 *sing-sang-sung, foot-feet* 등과 같은 경우에는 원형과 문법표지가 붙은 형태를 [x+y]와 같은 형태로 분석할 수가 없다.

이러한 융합은 단순히 하나 이상의 언어 형태가 병치되어 있다고 나타나는 것이 아니다. 일반적으로는 이들 형태 사이에 어떤 문법적 관계가 있어야 한다. 예를 들어서 영어와 독일어 같은 언어들에서는 [정관사-형용사-명사]의 구조가 매우 빈번하게 나타난다. 정관사는 당연히 명사와 문법적 관셰를 가지지만 정관사와 형용사 사이에는 문법적 관계가 없다. 따라서 정관사와 형용사는 합류를 겪지 않는 것으로 보인다.

유의할 것은 문법적 관계가 없는데도 접어화를 거친 예가 있다는 것이다. 예를 들어 라틴어의 연결사인 *-que*는 연결되는 두 개의 항목에서 두 번째 항목의 첫 단어 끝에 접속하여 쓰였다. 다음의 예를 보자.

(6) Omnibus   copiis   provolaverunt   impetumque   in equites
    all.with   forces   flew.forward.they attack-que   on cavalry
    nostros   fecerunt
    our   made.they
    'They hurled all their forces forward and launched an attack on our cavalry.'
    (c. 60 B.C., Caesar, De Bello Gallico II:20)

위의 예 (6)에서 보면 *-que*는 *omnibus copiis provolaverunt*와 *imetum in equites nostros fecerunt* 두 개의 절을 접속시키고 있는데 두 번째 절의 첫 단어인 *impetum*의 끝에 접속하여 쓰이고 있다. 이 경우에는 *impetum*과 *-que* 사이에 아무런 문법적 관계가 없다. 다만 문장 구성에 있어서의 단어 배열 순서에 따라 접어화가 이루어진 것이다.

이와 유사한 예가 Somali에서도 나타난다. Somali에서는 주어 인칭대명사가 강세표지의 뒤에 붙는 전접어로 나타나지만, 실제 이 인칭대명사와 강세표지 사이에는 아무런 문법 관계가 성립하지 않는다. 이러한 예는 범언어적으로 더 많이 있다.

이와 같은 예들에서 알 수 있는 것은 합류와 관계된 문법변화는 어떤 경우에는 문법적 관계성에 의해서 이루어지고 어떤 경우에는 문장 안의 순서에 의해서 이루어진다는 것이다. 그런데 문법적 관계성에 의한 변화에서는 일반적인 문법화의 경로를 따라가는 것이 보편적이고, 순서에 의한 변화는 대개 접어화 단계에서 변화가 끝나고 마는 것이 보편적이다.

통사적 측면에서 보자면 결합성의 표시로 볼 수 있는 것이 몇 가지 있다. 첫째는 접속구조 생략(co-ordination reduction)이다. 접속구조 생략이란 [A-X-and-B-X]를 [[A-and-B]-X]로 생략하는 것이다. A와 X의 결합성이 증가할수록 위와 같은 접속구조 생략은 불가능해진다. 이러한 측면에서의 언어적 특성은 다음과 같은 예에서 잘 드러난다.

(7) a. 영어   to describe and __ explain
     독일어   zu beschreiben und zu erklären

    b. 영어   to the author or __ the editor
     프랑스어 à l'auteur ou au siège   (a + le > au)

    c. 영어   Sumie goes to __ and from Osaka
     일본어   Sumie wa Oosaka   ni   to   Oosaka kara iku
               Sumie Top Osaka   Dir   and Osaka Abl go
               (*Sumie wa Oosaka ni to kara iku)

                                  (C. Lehmann 1982: 150)

위의 예 (7a)와 (7b)에서 보면 영어의 *to*는 독일어의 *zu*나 프랑스어의 *a*, 일본어의 *ni*보다 결합성이 작아서 접속구조 생략이 가능하지만 독일어와 프랑스어 일본어의 경우는 생략이 불가능하다.

결합성을 시험하는 또 다른 방법은 두 언어 형태 사이에 다른 단어를 삽입해 보는 것이다. 즉 A와 B가 [A-B] 구조에서 높은 결합성을 보이면 다른 언어 형태가 삽입된 [A-X-B] 같은 형태를 허용하지 않는다는 것이다. 이러한 예는 다음의 영어와 독일어의 예에서 볼 수 있다.

(8) a. 영어   to fully describe
    b. 독일어 vollständig zu beschreiben
              fully   to describe

위의 예 (8)에서 보면 영어의 *to*와 부정사와의 결합성은 독일어의 해당어구 *zu*와 부정사와의 결합성보다 낮다는 것을 알 수 있다. 즉, 영어에서는 *to*와 부정사의 결합성이 낮아 예 (8a)에서처럼 그 사이에 정도 표시 부사가 삽입될 수 있지만, 예 (8b)에서 보는 바와 같이 독일어에서는 *zu*와 부정사의 결합성이 커서 부사는 그 사이에 오지 못하고 전체구의 밖에 위치한다.

이러한 결합성과 관련하여 한 가지 유의할 것은 단일어화(univerbation)라는 현상이다. 이것은 문자 그대로 여러 개의 단어가 한 단어가 되는 현상이다. 그 예를 들어보면 독일어에서 '절대로'라는 뜻을 가진 *keineswegs*는 *keines Wegs* 'no ways'라는 구문에서 단일어화된 것이다. 영어에도 다음과 같은 단일어화 현상이 있다.

(9) a. notwithstanding < not + with + standing
    b. nevertheless   < never + the + less
    c. nonetheless   < none + the + less
    d. insofar   < in + so + far
    e. forevermore   < for + ever + more

위의 예 (9)에서 보듯이 여러 개의 자립적인 단어가 결합하여 새로운 단어들을 만들어 내는 이 현상은 단일어화이다. 이러한 현상은 한국어에도 많은 예가 있다.

(10) a. 어쨌든 < 어찌 + 하였든
　　 b. 귀찮다 < 귀하지 + 아니 + 하다
　　 c. 점잖다 < 젊지 + 아니 + 하다

위 (10)의 예들은 한국어에서 여러 단어가 한 단어로 단일어화한 예이다. 흥미로운 것은 예 (10c)와 같은 경우는 '점잔을 빼다'에서의 '점잔'처럼 명사를 만들어 내기도 하였다.5)

'단일어화'는 용어상 혼동이 될 수도 있으나 반드시 단일어, 즉 한 단어로만 쓰여야 하는 것은 아니다. 예를 들어 프랑스어에서의 *bon marché*('cheap' < 'good buy')는 *cher*('expensive' [*mauvais marché 'bad buy'])와 반의어적 대립을 보이고, 비교급도 *meilleur marché*('better buy')가 아니라 *plus bon marché*가 되는 것을 보면, *bon marché*가 비록 표기상으로는 두 단어처럼 쓰였지만 두 단어가 아니라 한 단어처럼 움직인다는 것을 알 수 있다. 따라서 단일어화란 표기상의 단어 수가 하나여야 하는 것이 아니라 의미·형태·통사적으로 하나의 단어와 같은 특징을 나타내는 언어형태를 가리키는 것이다.

그러나 단일어화는 문법화에서 큰 관심사가 되지 않는다. 왜냐하면, 단일어화는 선택되는 항목이 불규칙적이고, 전체 계열에 영향을 주지 않는 국지적인 현상이며, 그 미치는 영향이 대개는 단어의 수준에 머무르기 때문이다. 이에 반해 결합성은 문장 성분의 경계에 관계없이 적용될 수 있기 때문에, 문법화는 문법 범주 전반에 대한 설명을 가능케 해준다. 결합성을 통한 합류는 결과적으로 다음 (11)과 같은 단계를 거치게 한다.

(11) l l > # # > # > + > Ø
　　 (l: 절 경계; #: 단어 경계; +: 형태소 경계)6)

---

5) 이처럼 '점잔'의 파생을 고려하면 '점잖다'의 단일어화는 단번에 이루어진 것이 아니라 ['젊지' + '아니' > 점쟎 > 점잔]에 의한 단일어화가 먼저 일어나서 ['점잔' + '-하다']를 [명사 + '-하다']로 재분석함으로써 '점잔'을 명사로 역파생(역성법; back-formation)시킨 것으로 보인다.

5.1.6 통합적 유동성과 고정

통합적 유동성(syntagmatic variability)이라 하는 것은 한 언어 형태가 그 문맥에서 얼마나 자유롭게 이동해 다닐 수 있는지를 가리키는 것이다. 문법 화가 진행됨에 따라 통합적 유동성은 축소하여 언어 형태가 이동하는 것이 자유롭지 못하게 된다. 예를 들어 부사가 전치사나 후치사와 같은 부치사가 되는 과정을 보면 이러한 통합적 유동성의 변화를 쉽게 볼 수 있다. 부사가 어떤 명사구의 특정 자질을 수식하면서 가까이 병치되게 되면 이 부사와 명사구의 연결 관계가 더 견고해질수록 그 위치도 점점 고정(fixation)되게 되어 결국 전치사나 후치사로 발달하게 된다. 이렇게 되면 통합적 유동성이 매우 낮아서 부치사는 그 위치를 바꾸기가 쉽지 않다. 그러나 아직도 접속구 조에서 다른 부치사와 접속될 수 있다는 점에서 약간은 유동성이 있는 셈이 다. 그러나 이 부치사가 더욱 발전해서 격표지 접사가 되면 이 격표지는 일 정한 접사의 순서에 따른 해당 위치 이외에는 나타날 수가 없다. 이때는 통 합적 유동성이 없는 경우가 된다. 또한 동사가 조동사로 발전하는 경우에서 도 통합적 유동성의 변이가 보인다. 즉, 처음에는 동사가 다른 동사와의 상 대적 위치에 있어서 비교적 자유롭지만 조동사가 되고 나면 그러한 자유는 없어진다. 다음의 예를 보자.

(12) a. (Latin) habeo scriptam epistulam   'I have a letter written'
               habeo epistulam scriptam   epistulam habeo scriptam
               epistulam scriptam habeo   scriptam epistulam habeo
               ....

   b. (Italian) ho scritto una lettera   'I have written a letter'
              *ho una lettera scritto   *una lettera scritto ho

---

6) C. Lehmann(1982)에서는 본래 이 도식을 문법 범주의 상호 포함 관계를 보이기 위해 사용 하였는데, 여기서는 결합성의 증가에 의한 범주의 변이를 보이기 위해 사용하였다.

*lettera una scritto ho   *una scritto ho lettera

....

위의 예 (12)에서 보듯이, 라틴어에서는 어순이 자유로워서 단어들의 배
열순서를 마음대로 바꿀 수 있었다. 그러나 라틴어가 이탈리아어로 오면서
어순의 자유로움이 없어지고 *ho scritto*('I have written')[7]의 어순만이 유일
하게 허용된다. 이처럼 어순이 고정되게 된 것은 *habere* 동사가 *avere*란 동
사로 조동사화 함에 따라 조동사 본동사의 상대적인 위치가 고정되게 되었
기 때문이다. 이로써 조동사는 통합적 유동성이 없어진 것이다.

지금까지 살펴본 C. Lehmann(1982)의 변수별 문법화 원리는 다음과 같이
정리해 볼 수 있다. 먼저 계열관계에서 보면, 문법화의 변수인 크기는 문법
화가 진행됨에 따라 축소라는 과정을 통하여 점점 감소되며, 계열성은 계열
화 과정을 통하여 증가하고, 계열적 유동성은 의무화 과정을 통하여 감소된
다. 또한 통합관계에서 보면, 범위는 축약 과정을 통하여 감소되고, 결합성은
합류과정을 통하여 증가하며, 통합적 유동성은 고정 과정을 통하여 점점 감
소된다.

5.2 Hopper(1991)

미국 카네기 멜론 대학의 Paul Hopper는 1991년 'On some principles of
grammaticalization'이라는 논문에서 다섯 가지 문법화 원리를 소개하였다.
또한 이들 다섯 가지 원리는 그가 Stanford대학의 Elizabeth Traugott와 공저
한 1993년 *Grammaticalization*이라는 문법화론 입문서에서도 자세히 설명
하고 있다(개정판은 2003년 출간). Hopper(1991)가 주장하는 이들 다섯 가

---

7) 이탈리아어의 *ho*는 *avere*('have') 동사의 1인칭 단수 현재의 굴절형이다.

지의 원리들을 하나씩 살펴보기로 하자.

5.2.1 층위화

층위화(layering)란 옛 층위와 새 층위가 공존하는 현상을 말하는 것이다. 즉, 여러 문법화소가 같은 기능의 영역 안에서 자꾸 문법화되지만, 옛 층위는 새 층위가 생겨났다고 해서 반드시 사라지는 것이 아니기 때문에 <도표 5-4>와 같이 공시적으로 공존현상이 일어나는 것이다.

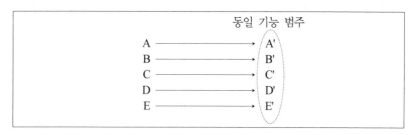

〈도표 5-4〉 층위화

<도표 5-4>에서 보면 여러 가지 어원에서 출발하여 문법화한 문법소가 공시적으로 어떤 특정한 기능 범주를 이루면서 공존하고 있는 것을 볼 수 있다. Hopper & Traugott(1993: 124)에서는 다음 예 (13)에서 보는 것과 같은 현대 영어에서의 여러 가지 시상태 표지들의 경우를 예로 들고 있다.

(13) a. 동사 어간의 모음 변화: take/took
     b. 치경음 접사: look/looked
     c. 서법 조동사: will take/shall take
     d. have V-en: has taken
     e. be V-ing: is taking
     f. keep on V-ing: kept on eating

g. keep V-ing: kept eating
h. be going to V: is going to take

위의 예 (13)에서 보듯이 현대 영어에서의 시상태 표지는 모음변화, 접사, 조동사, 또는 우언구문, 즉 통사적 형태 등을 사용하는 여러 형태가 있다. 이와 같은 시상태 표지들은 서로 다른 경로를 통해 문법화하여서 시상태라는 문법성을 나타내는 표지들로 발전하여 왔는데, 현대에 와서 공시적으로 한 범주 내에 몰려 있는 상태임을 보여준다. 즉 공시적으로 같은 문법성을 나타내는 여러 가지 문법표지가 서로 다른 층위를 만들어 공시적으로 층위화 현상을 보이는 것이다. 물론 이들 중에서 내용어, 즉 어휘어인 동사에 밀착도가 가장 높은 것이 가장 많은 문법화를 거친 형태로 볼 수 있다.

Hopper & Traugott(1993)에서 제시하는 또 다른 층위화의 예는 위의 경우와는 그 유형이 조금 다른 것이다. 그것은 층위화에서 흔히 나타나고 층위화 현상으로 가장 쉽게 확인이 가능한 경우로 한 문법소의 완전형과 축약형이 비슷한 기능을 가지고서 공존하는 경우이다. Greenberg(1985: 277)에서는 고대 Armenian에 완전형의 지시사와 그 축약형에서 나온 관사가 공존을 한 현상이 나타난 것을 보여준다. 고대 Armenian에는 완전형의 지시사 *ays*(화자에게 가까운 경우), *ayd*(청자에게 가까운 경우), 그리고 *ayn*(제 3자에게 가까운 경우)의 세 가지가 있고, 여기에서 파생되어 나온 *-s, -d, -n*의 세 가지 관사도 있다. 축약형인 관사가 나중에 생긴 것이라는 역사적인 기록은 없지만 언어변화에서 그 역방향은 잘 보이지 않기 때문에, 일관성원리에 따라 관사가 지시사에서 나왔을 것이라고 추정할 수 있다.[8] 따라서 지시사와 관사처럼 서로 유사한 기능을 가진 문법소가 공존하게 됨으로써 층위화가 이루어졌다고 보는 것이다. 이와 같은 예는 <도표 5-5>와 같은 도식으로 나타낼 수 있다.

---

8) 일관성 원리는 §4.1 참조.

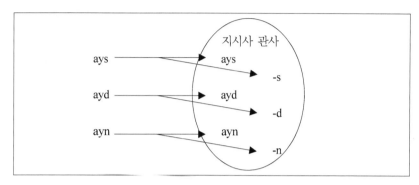

〈도표 5-5〉 고대 Armenian의 지시사/관사의 층위화

고대 Armenian의 예가 층위화의 예가 될 수 있는 것은, 관사와 지시사가 문법적 특징이 매우 유사하여 하나의 기능 범주로 묶일 수 있기 때문이다. 이 경우의 특징은 공시적인 기능 범주 안에 들어 있는 여러 문법소가 각각 다른 어원에서 출발한 것이 아니라 동일한 어원을 가진 문법소가 쌍을 이루며 나타난다는 것이며, 하나의 공시적 기능 범주 안에 두 개의 하위 범주가 일정한 체계를 가지고 공존하고 있다는 것이다.

현대 한국어에서도 층위화의 많은 예가 나타난다. 현대 한국어의 진행표지의 예를 보자.

(14) a. 철수가 운동장에서 뛰고 있다.
  b. 철수가 안경을 쓰고 있다.
  c. 철수가 그 사실을 알고 있다.
  a'. 철수가 운동장에서 뛰고 있는 중이다.
  b'. *철수가 안경을 쓰고 있는 중이다. (상태)
  c'. *철수가 그 사실을 알고 있는 중이다.

한국어에는 진행형을 표시하는 '-고 있'과 '-고 있는 중이'라는 두 개의 문법소가 공존하고 있다. 원래 현대 한국어에서 진행을 표시하기 위해 활발히 사용되는 '-고 있'은 근대 한국어에서 많이 나타나지 않아서 생겨난 지 얼마 되지 않는 문법형태로 보인다. 그러나 이 '-고 있'이 위의 예 (14a)의 '뛰고 있다'에서처럼 전형적인 진행형으로 쓰이다가 (14b)의 '안경을 쓰고 있다(상태)'나 (14c)의 '알고 있다(인지작용)'에서처럼 그 뜻이 고유의 진행 의미를 잃어 가게 되었다. 이러한 과정에서 '-고 있는 중이'라는 새로운 형태 의 진행형이 새 층위로 등장하게 되었는데, 옛 층위라 할 수 있는 '-고 있'이 아직도 활발한 형태이기 때문에 이들 두 문법형태가 층위화를 이루고 있 다.9) 진행표지의 층위화는 <도표 5-6>으로 나타낼 수 있다.

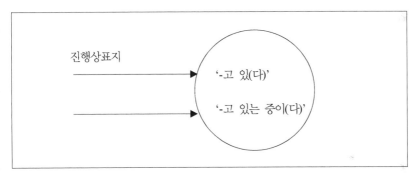

〈도표 5-6〉 한국어 진행상표지의 층위화

층위화는 언어 현상에 있어서 중요한 면을 보여 준다. 즉 언어변화를 목적 론적 관점(teleological viewpoint)으로 설명할 수 없다는 것이다. 목적론적 관점에서 보면 언어변화는 언어사용자가 그 언어를 최적화하려는 의도에서 생겨나는 것이다. 이러한 관점에 따르면, 언중은, 예를 들어 지금까지 없던

---

9) 한국어의 진행상 표지의 발전은 다음의 각 단계에 해당하는 동사류들을 점진적으로 포함하 는 과정을 거친 것으로 보인다(이성하 1996c: 96).
  1단계: eventive accomplishments/activities: 집을 짓다, 달리다
  2단계: habituals/semelfactives: 담배피우다, 노크하다
  3단계: eventive achievements: 도착하다, 녹다
  4단계: resultative accomplishments/resultative achievements: 입다, 눈감다, 알다

시제를 만들어 내거나, 동일한 기능을 나타내는 여러 문법소 중에서 하나만 대표로 남겨두고 다른 문법소들은 모두 버리거나 하여 언어를 경제적인 최적 상태로 만들어 갈 것이다. 그러나 실제 언어변화를 보면 층위화에서 보는 바와 같이, 이미 어떤 기능을 담당하는 문법소가 있는데도 불구하고 새로운 문법형태를 만들어 내어 층위화 현상이 나타난다. 이러한 층위화 현상은 경제성 원칙에 정면으로 위배되는 것이다.

5.2.2 분화

분화(divergence)란 동일한 어원에서 나온 여러 형태의 문법소가 의미·기능상 나누어지는 현상을 가리키는 것이다. 넓은 의미의 분화는, 하나의 어원에서 여러 문법소가 갈라져 나오는 모든 현상을 가리키는 것이다. 좁은 의미의 분화는, 한 단어가 문법소가 되면서 그 원래 단어는 그냥 내용어(어휘어)로 남아 있고 거기서 갈라져 나온 문법소는 새로운 의미를 얻으며 변해 가는 현상을 가리킨다.[10) 이와 같은 분화 현상은 <도표 5-7>과 같이 나타낼 수 있다.

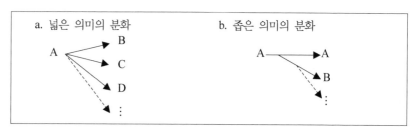

〈도표 5-7〉 분화

한 언어형태가 분화현상으로 문법소로 변해갈 때, 그 단어는 그렇게 문법

---

10) Heine & Reh(1984)에서는 이것을 분리(split)라고 불렀다.

화 될 만한 위치에 놓여서 그 위치가 굳어져 가다가 접어나 접사로 변하게 되는 예가 매우 많다. 이렇게 위치가 점점 고정되어 가는 과정에서 이 단어 는 점차 새로운 의미를 얻어가게 된다. 이 단어는 이처럼 고정되어 가는 위 치가 아닌 다른 상황에서는 또 독립적인 단어로서 음운변화도 겪고 의미 변화도 겪고 때로는 소실되기까지도 한다. 이처럼 서로 다른 환경에서 각각 다른 변화 과정을 거쳐서 이들 두 형태는 비록 근원은 같지만 점차적으로 형태·의미·기능적으로는 분화를 겪게 되는 것이다. 예를 들어 영어에서 수사 *one*과 관사 *a/an*은 고대영어에서 같은 단어인 *an* '하나, 어떤'에서 출발했는 데 지금에 와서는 서로 다른 두 개의 어휘가 되어 있다.

Hopper(1986)에서와 Hopper & Traugott(1993)에서는 Malay에 나타나고 있는 분류사에 관한 예를 들어 보이고 있다. 말레이어에서는 한국어의 경우 처럼 사물의 개수를 표시할 때 분류사가 수사 뒤에 나온다. 이들 중에는 한 국어의 '명', '개', '마리'에 해당하는 것들이 있다. 분화와 관련하여 보면 <도표 5-8>과 같다.

분류사	분류대상	자립어 의미		
a. orang	사람	사람	buah ─────────▶ buah('과일')	
b. buah	큰 물건	과일	('과일')	
c. ekor	동물	꼬리	◣ buah('-개')	

〈도표 5-8〉 Malay의 분류사와 *buah*의 분화

<도표 5-8>에서 보듯이 *orang, buah, ekor* 등의 어휘는 각각의 지시대상 이 있는 일반 명사로서의 자립어 기능과, 수량을 표시할 때 쓰이는 분류사인 문법소 기능을 동시에 가지고 있어서 분화의 예를 보여 준다.

한국어의 분화의 예를 살펴보자. 먼저 한국어의 수사와 관련된 분화의 예 를 다음 (15)의 예문을 통하여 살펴보자.

(15) a. 이 의자에는 한 사람만 앉을 수 있다.

　　 b. 거기까지 가는 데 한 열흘 걸릴 것이다.

　　 c. 우리는 한 고향 출신이다.

　　 d. 옛날에 한 가난한 농부가 살았는데...

위의 예 (15a)에서 '한'은 수관형사로서 '하나'의 뜻을 갖고 있다. 예 (15b) 의 '한'은 '대략'의 뜻을 나타내고, (15c)의 '한'은 '같은'의 뜻을 나타낸다. 예 (15d)의 '한'은 '어떤, 어느'의 뜻을 나타낸다. 이처럼 유사하면서도 서로 다른 용법들은 모두 한 어원인 수사 'ᄒᆞ나/ᄒᆞ낳'에서 분화된 것으로 보인 다.[11]

분화 현상은 한국어의 분류사들에서도 나타난다. '사람'('학생 두 사람'에 서처럼)과 '그릇'('밥 두 그릇'에서처럼) 같은 것이 이에 속한다. 또한 짐승의 수를 표시할 때 사용하는 분류사 '마리'는, 고어에서 머리('head')를 가리키 는 단어로 '머리'와 '마리'가 있었던 것으로 미루어 볼 때 영어의 *two head of cattle*처럼 '머리'에서 기원한 것이다(구현정 2009 참조). 그러나 '명', '대', '그루', '개' 등은 현대 한국어에 공시적으로 대립어를 찾아볼 수 없어 서 분화의 예로 볼 수 없다.

한국어의 분화의 예로 들 수 있는 또 다른 경우는 보조동사들이다. 현대 한국어에서의 많은 보조동사들은 완전한 내용어인 본동사에서 보조동사인 문법소로 나뉘어졌다. 한 예로 '놓다'의 경우를 살펴보자.

(16) a. 그는 장갑을 책상 위에 놓았다.　　　　　 (본동사)

　　 b. 그는 책을 갈가리 찢어 놓았다.　　　　　 (완결표지)

　　 c. 그는 숙제를 다 해 놓았다.　　　　　　　 (예비성(豫備性)표지)

　　 d. 그가 죽어 놓아서/놔서 사실을 알 길이 없다.　 (무력감(無力感)표지)

　　 e. 한 여자를 놓고 세 남자가 싸운다.　　　　 (주제표지)

---

11) 한글학회에서 펴낸『우리말 큰사전』에서도 '한'을 이들 네 가지의 용법을 가진 다의어로 취급하고 있다.

위의 예 (16a)에서는 '놓다'가 어떤 사물의 이동 및 배치를 나타내는 의미를 가진 본동사로 쓰였다. 예 (16b), (16c), (16d)는 모두 연속동사구문인 '-어 놓' 구문에서 시작하여 완결을 표시하는 보조동사로 발전되었다. 특히 (16c)와 (16d)는 완결의 뜻 이외에 각각 '예비성(purposiveness)'과 '무력감(helplessness)'과 같은 화자의 관점을 표시한다. 예 (16e)에서는 '-를 놓고'가 일종의 주제표지로 사용되었다. 이러한 문법소들의 발전은 분화의 예로서 <도표 5-9>와 같이 도표화할 수 있다.

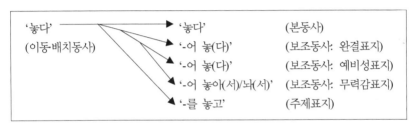

〈도표 5-9〉 한국어의 '놓다'의 분화

5.2.3 전문화

전문화(Specialization)란 한 문법소가 특정 기능을 전문적으로 나타내는 현상을 말한다. 층위화 현상에서 보듯이 공시적으로 어떤 기능 범주 안에는 여러 문법소가 공존하고 있다. 이러한 공존상태에서 각 문법소는 끊임없이 해당 문법 기능을 하는 문법소로서의 우위를 차지하기 위해 경쟁을 벌이는데, 그 중의 특정 문법소가 의미가 확장되어 다른 경쟁자들을 물리치고 해당 문법 기능을 전담하는 문법소로 변한다. 이러한 현상을 전문화라 한다. 어떤 문법소가 다른 문법소들을 물리치고 우위적인 문법소가 되더라도 새로운 문법소가 또 생겨나 이 우위적 문법소와 경쟁을 벌인다. 이러한 현상은 언어 변화 현상에 참여하는 문법소들을 생명체처럼 은유화할 때 '문법소들의 생존경쟁'이라고 부를 만한 일이다.

잘 알려진 예로는 프랑스어의 부정극어(NPI: negative polarity item)가 있다. 프랑스어의 부정극어를 시대별로 나누어보면 <도표 5-10>과 같다.

16세기 이전	16세기	현대프랑스어	미래
pas, point, mie, gote, amende, areste, beloce, eschalope…	pas, point, mie, goutte	pas, point	pas(?)

〈도표 5-10〉 프랑스어의 부정극어의 전문화

<도표 5-10>에서 보듯이 고대 프랑스어에서는 *pas* '발짝', *point* '점', *mie* '부스러기', *gote* '방울', *amende* '아몬드', *areste* '생선뼈', *beloce* '자두', *eschalope* '콩깍지' 등 부정극어로 쓰이던 많은 단어가 있었다. 16세기에 들어서면서는 이들 중에 *pas, point, mie, goutte* 등만이 부정극어로 쓰였는데 그 중에서도 *pas*와 *point*가 가장 활발하게 쓰였다. 현대 프랑스어에서도 이들 둘이 부정극어로 쓰이긴 하지만 부정구문에 있어서 부정어 *ne*를 수식하는 일반적인 극어로는 *pas*만이 쓰이게 되었다. 결국 오랜 세월 끝에 *pas*가 다른 모든 경쟁자들을 물리치고 명실상부한 부정극어로 발전한 것이다 (Hopper & Traugott 1993: 113-116).

이러한 발전과정은 다음과 같은 의미 변화를 가져왔다.

(17) 발짝 > 작은 것 > 미미함 > 별로> 아님

위 (17)에서 보듯이 *pas*('발짝')는 점점 '작은 것', '미미한 것' 등으로 의미가 확장되어와서 결국 '별로'나 지금에 와서는 아예 부정어 자체로 쓰이게 된 것이다. 즉 *pas moi*('not me')나 *pas plus tard qu'hier*('not later than yesterday')와 같은 예에서는 *pas*가 그 자체로서 완전한 부정어 역할을 하고 있다. 또한 구어에서는 *je ne sais pas*('I don't know')라고 해야 할 구문을 *je sais pas*라고 함으로써 부정어 *ne*가 없이 *pas*만이 전체 문장 부정어 기능을 하는 것을 볼 수 있다(Hopper & Traugott 1993: 115-116). 지금까지 살펴본 *pas*의 변화는 [내용어 > 부정극어 > 부정어]로의 변화로 요약된다. 또한 프랑스어에서의 부정표지의 변화는 [ne > ne pas > pas]로 표시할 수 있다.

한국어에서도 부정극어로 쓰이는 다음과 같은 예들이 보인다.

(18) a. 나는 네 덕을 보려는 생각은 <u>손톱</u>만큼도 없다.
b. 그를 해하려는 생각은 <u>추호</u>도 없었다.
c. 그 여자는 <u>하나</u>도 안 예쁘다.

위의 예에서 보듯이 '손톱', '추호', '하나' 등은 부정어와 조화를 이루어 쓰이는 부정극어이다. 특히 (18c)의 '하나'는 비록 수사형이기는 하지만 부정극어로 쓰일 때는 수사가 아니다. 위의 예에서 보듯이 불가산 형태를 수식하는 것을 보면 그러한 점이 드러난다. 한국어에는 위에 든 예들 이외에도 '머리터럭', '털끝', '눈썹', '눈썹 하나', '눈곱' 등의 명사형이 있고, '전혀', '미처', '적이(적게)', '좀(<조금)', '별로' 등의 부사형이 있다. 특히 최근에 발달한 '별로'는 '그 책은 별로 안 좋다'에서처럼 단순 부정극어로도 쓰이면서 구어에서는 '그 책은 별로다'에서처럼 부정성이 강한 독립어로 쓰이기도 한다. 이런 경우는 의미적으로는 [부정극어 > 부정어]의 방식을 따르지만 범주적 지위 상으로는 [부사 > 형용사]의 변화를 나타내기 때문에 일반적인 문법화의 역방향이라고 할 수 있다.[12]

물론 전문화란 하나의 문법기능을 수행하는 문법소가 반드시 하나만 있어

---

12) 어떤 학자들은 부사와 형용사를 모두 2차 범주에 넣어 두 품사의 범주적 지위를 나누지 않지만 일반적으로 두 품사간의 문법화 방향은 [형용사 > 부사]인 것으로 생각한다.

야 한다는 것은 아니다. 다른 문법소들도 같은 혹은 유사한 문법기능을 하는 문법소로 남아 있을 수 있다. 오히려 이러한 층위화 현상이 더 보편적이다. 이처럼 층위화와 전문화가 동시에 있을 때에는 이들 여러 형태의 문법소의 용법은 해당 구문의 특징이나, 의미적 관계, 담화의 스타일, 화자의 관점 등 여러 가지의 요인들에 의해 결정되는 일이 많다.

전문화의 시각에서 한국어의 부사화 어미의 경우를 보자. 고대·중세 한국어에서는 부사화 어미로 '-이'가 주로 쓰였다. 그러다가 차츰 '-게'형이 쓰이기 시작하여 '-이'와 '-게'가 함께 사용되는 공존기가 나타나 층위화 현상을 보이다가, 현대 한국어에서는 점점 '게'가 전문화되는 것처럼 보인다. 이성하(1996c: 111-112)에서는 1517년경에 발행된 「번역노걸대」에는 부사형 어미 '-게'가 6회 나타나고 대부분은 '-이'형이 쓰임으로서 '-이'형 부사형태가 많이 나타나지만, 같은 원문을 번역한 1995년의 「역주 번역 노걸대」에는 '-게' 부사형 어미가 102회 나타나고 대조적으로 '-이'형 부사형태는 별로 나타나지 않음을 밝혔다. 이러한 변화는 '-게'의 전문화 현상을 보여주는 것이다.

5.2.4 의미지속성

의미지속성(persistence)이란 문법소가 어원어의 의미를 오랫동안 유지하는 현상을 가리키는 것이다. 문법소는 그 어원적인 언어형태로부터 차츰 문법화되어 가는 과정에서 의미도 변화하고 음운형태도 변화한다. 그러나 그런 변화를 거친 후에도 원래 어원어의 의미가 오랫동안 지속되는데 이러한 지속 현상을 의미지속성이라 부른다. 문법화에 있어서 의미지속성이란 개념이 중요한 것은 그러한 의미지속 때문에 이 새로운 문법화소가 공기제약을 받는 경우가 많기 때문이다.

앞서 분화의 예로 든 Malay의 분류사 *suatu*에서 의미지속성의 예를 찾아

볼 수 있다. 분류사 *suatu*는 그 안에 어원적으로 '하나'라는 뜻을 가진 수사 *sa*가 들어 있기 때문에 현대 Malay에서도 그 분류사 앞에 '하나'라는 수사가 나올 수도 없고 복수표시의 수사가 나올 수도 없다. 즉 원래 '하나'라는 뜻이 있는 단어가 그 의미지속성에 의해, 의미 중복이 일어나서 '하나'가 나올 수 없고, 의미 충돌이 일어나서 복수표지가 나올 수 없는 것이다.

한국어의 의미지속성의 예를 살펴보자.13)

(19) a. 그는 이 집을 팔아 치웠다(*사 치웠다).
　　 b. 그는 개집을 만들어 치웠다. (*기와집을 지어 치웠다).
　　 c. 그 녀석이 밥을 먹어 치웠다. (*아버지께서 진지를 먹어 치우셨다).

위의 예 (19)에서 보면 보조동사 '치우다'는 매우 미묘한 공기제약을 가지고 있다. 예문 (19a)에서는 '팔다'는 '치우다'와 함께 쓰일 수 있지만 '사다'는 함께 쓰이지 못한다. 예문 (19b)에서는 '개집을 만들다'는 '치우다'와 함께 쓰일 수 있지만 '기와집을 짓다'는 함께 쓰이지 못한다. 예문 (19c)에서는 주어가 '그 녀석'일 때에는 '치우다'가 보조동사로 쓰일 수 있지만 주어가 '아버지'일 때에는 그렇지 못하다. 이와 같이 '치우다'는 품격이 낮은 행위를 나타내는 술어와만 함께 쓰일 수 있다. 이성하(1996c)에 따르면, 이러한 공기제약은 역사적인 배경에서 그 원인을 찾을 수 있다. 15세기부터 17세기까지의 중세와 초기 근대 한국어 자료를 보면 '치우다'가 보조동사로 사용된 예는 거의 나타나지 않는다. 이 단어가 본동사로 쓰인 경우에는 분뇨를 퍼서 밭에 갖다 버리는 행위를 나타내는 단어로 쓰인 것이 거의 대부분이고, 쓰레기나 우물 속의 오물을 퍼내는 행위를 나타내는 단어로 쓰인 경우가 약간 있다. 즉 이 단어는 분뇨를 퍼서 버리는 행위를 나타내는 것이 가장 대표적인 뜻이었다. 분뇨를 치우는 행위는 그 성격상 섬세하지 않으며 행위자도

---

13) 예문 (19a)와 (19b)는 김성화(1990: 228)에서 인용한 것. '버리다', '치우다'와 '신중성', '품격'과 관련한 논의는 김성화(1990: 228-229) 참조.

그런 행위에 공을 들이지 않고 최대한 급히 일을 끝내려 하게 마련이다. 이러한 어원어의 의미는 그로부터 발전한 보조동사의 의미에 아직도 영향이 남아 있어서, 공시적으로 현대 한국어 사용자가 비록 그 역사를 알지는 못하지만 그 단어의 사용에 제약을 받는 것이다. 즉 '파는' 행위는 '사는' 행위보다 덜 공을 들일 수 있고, '개집'을 만드는 행위는 '기와집'을 만드는 행위보다 덜 섬세하기 때문에 보조동사 '치우다'가 사용될 수 있다. 또한 어른의 행위를 품격이 낮게 취급하는 것은 대우법상 어긋나기 때문에 '치우다'를 사용할 수 없다. 이와 같이 보조동사 '치우다'의 용법에 나타나는 공기제약은 의미지속성 원칙의 좋은 예이다.

물론 의미지속은 무한히 계속되는 것이 아니므로 어느 시점에서는 의미가 소멸하여 그러한 공기제약이 사라지기도 한다. 예를 들어 한국어의 미래성 표시인 '겠'이 추정성 표지로 변하면서 과거시제표시와도 공기할 수 있게 되어, '아팠겠다'가 가능해졌다.

이러한 의미지속성 때문에 Bybee *et al.*(1994: 17)에서도, 문법화 연구에 있어서 문법소의 여러 가지 의미들을 포괄하는 공통분모와 같은 어떤 추상적인 한 개념을 찾으려 하기 보다는 그 문법소의 여러 가지 의미가 어떻게 연결되어 있으며 어떤 문법의미가 어떤 문법의미를 창출해 내는지 상관관계를 연구하는 것이 문법화 현상을 규명하는데 더 유익하다는 지적을 한 바가 있다.

5.2.5 탈범주화

탈범주화(decategorialization)란 어원어가 문법소로 변해가는 과정에서 명사, 동사와 같은 일차적 문법범주의 특성을 점점 잃어버리고 형용사, 부사, 전치사, 후치사 등과 같은 이차적 문법범주의 특성을 띠게 되는 현상이다. 문법화 과정에서 한 문법화소는 대개 명사나 동사같은 일차적 범주에서 시작하여 점차적으로 형태론적이나 구문론적인 고유특징을 상실하고 점차적으로 부차적 범주의 특징을 띠면서 변한다. 이처럼 부차적 범주로의 변화를 탈범주화라 부른다. 문법화의 변이는 범주상으로 다음과 같은 연속변이를 거친다.

(20) 명사/동사 >> 형용사/부사 >> 전후치사/접속사/조동사/대명사/지시사

위 (20)과 같은 변이의 방향이 단일방향적이라면, 모든 이차적 문법범주는 일차적 문법범주에서 기원했다고 가정해 볼 수 있다.[14)

영어의 예를 들어 보자. 현대영어의 접속사인 while은 고대영어의 명사 hwil 'time'을 포함하는 구문에서 유래했다.[15) 이 구문에서 while은 원래는 명사이었음에도 불구하고 점점 명사의 형태, 구문적 특성을 잃게 되었다. 즉, 관사나 양화사와 공기할 수 없고, 형용사, 지시사로 수식될 수 없고, 주어 역할 또는 동사의 논항 역할을 할 수 없고, 절의 머리에만 나올 수 있고, 대용대명사로 지시될 수 없게 되었다(Hopper & Traugott 1993: 103-105). 이와 같은 현상은 while이 명사 범주에서 이탈하였음을 보여주는 탈범주화의 예이다.

현대영어에서의 또 다른 예로는 considering이 있다. 이 considering은 물론 원래는 현재분사로서 분사구문을 유도하는 분사로서 시작되었다. 다음의 예를 보자.

---

14) 부사의 범주적 지위에 대하여는 §2.3.12에서 논의한 바 있다. 형용사가 일차범주에 속하는지 이차범주에 속하는지에 대해서도 학자들 간의 이견이 있다. 즉 Hopper & Thompson (1984, 1985)은 명사와 동사를 주요 범주, 즉 일차범주로 간주하는 반면, Croft(1991)는 명사와 동사, 형용사를, Lyons(1968: 435ff)는 명사, 동사, 형용사, 수사 등을 일차범주어로 간주하고 있다.

15) 현대에도 for a while처럼 명사용법이 있으므로 while의 변화는 '분화'와 '층위화'의 예로 볼 수 있다.

(21) a. {Carefully considering, Having carefully considered} all the evidence, the panel delivered its verdict.

    b. {Considering, *Having carefully considered} you are so short, your skill at basketball is unexpected. (Hopper & Traugott 1993: 105)

위의 예 (21a)에서 보면 *considering*은 부사의 수식을 받기도 하고 완료구문을 가질 수도 있고 분사구문에서 규칙으로 삼는 주절 주어와 분사구문의 의미상 주어의 일치도 잘 지켜지고 있기 때문에 *considering*이 동사적 성격을 잘 유지하고 있는 것으로 보인다. 그러나 예문 (21b)에서 보게 되면 이들 동사의 특징이 전혀 나타나지 않고 있다. 여기에서의 *considering*은 원래 일차범주인 동사로부터 이차범주인 접속사로 변한 것임을 알 수 있다. 이와 유사한 예로 *regarding*도 원래는 분사구문을 유도하는 분사였지만 지금은 주절의 주어와의 일치도 따르지 않는 완전한 화석분사(frozen participle)가 되었다. 이러한 이유로 해서 어떤 학자들은 *considering*과 *regarding*을 전치사로 분류하기도 하는데, 이와 같은 동사형의 이질적인 특성은 문법화론의 시각에서 보면 매우 자연스러운 일이다.

한국어에서도 동사에서 유래한 많은 보조동사가 화석화되어 시상태 변화에 많은 제약을 가진 경우가 많이 보인다. 다음의 예를 보자.

(22) a. 애들이 떠들고 앉았다.

    b. 사과는 왜 깎고 자빠졌니?   (김기혁 1995: 453-454)

위의 예 (22)에서 보듯이 경멸을 표시하는 '-고 앉았-'과 '-고 자빠졌-'은16) 과거/완료형의 형태를 가지고 있지만 이 상태에서 화석화되어서 현재로는 진행/미완료의 의미를 가지고 있다. 이러한 보조동사들은 시상태 변화에 많

---

16) 인용 예문의 출전인 김기혁(1995)에서는 '-고 앉았'과 '-고 자빠졌'을 붙여쓰기 하였으나, 이 책에서는 일반적인 보조동사를 띄어쓰기하였으므로 일관성을 유지하기 위하여 띄어쓰기 하였다.

은 제약을 받는다. 물론 위의 예에서 문자적인 의미로 '앉다'와 '자빠지다'가
쓰일 수도 있지만 그런 경우에는 보조동사로서의 의미를 가지지 않는다. 이
처럼 보조동사들은 많은 경우 동사적 성격을 잃어버렸기 때문에 동사의 전
형적인 특징들을 나타내는 데에 많은 제약을 가지고 있다.[17] 다음의 예를
보면 구문상의 제약들을 쉽게 알 수 있다.

(23) 애들이 떠들고 {앉았다, *앉는다, *앉겠다, *앉는중이다, *앉아라 ...}

위의 예 (23)에서 보듯이 '-고 앉았'은 시상태의 제약 때문에 화석화된
구문 이외에는 어미와의 결합이 매우 제약적이다.

5.3 Bybee, Perkins & Pagliuca(1994)

미국 뉴멕시코 대학의 Joan Bybee와 그녀의 동료들인 Revere Perkins 그
리고 William Pagliuca는 1980년대 초반부터 시작한 대규모 데이터베이스에
기초한 범언어적 연구를 통해서 시상태 문법소들의 기원을 밝히는 데에 획
기적인 공헌을 하였다. 이들의 10년여에 걸친 연구 성과는 여러 편의 논문에
소개되었으며 1994년에 발행된 *The Evolution of Grammar: Tense, Aspect,
and Modality in the Languages of the World*라는 책에 자세한 소개와 논의가
되어 있다. 이 책에서는 보편경로 가설, 평행성 가설, 단일방향성 가설, 어원
결정 가설, 의미지속성 가설, 층위화 가설, 상관성 가설 등 일곱 가지의 가설
들을 제시하였다. 여기서는 이들 일곱 가지 가설 중에서 이미 설명한 층위화
가설과 의미지속성 가설을 제외하고 나머지 다섯 가지 가설들을 하나씩 살
펴보기로 한다.[18]

---

17) 이들 두 보조동사의 문법화현상에 대한 논의는 이성하(1996c: 195-203) 참조.

5.3.1 어원 결정 가설

어원 결정 가설(source determination hypothesis)이란 어원어의 의미에 의해서 문법소의 문법화 방향이 결정된다는 가설이다. 즉, 한 문법화소가 문법화되는 방향과, 그 문법소의 결과적인 문법의미는 그 어원어의 의미에 의해서 결정된다는 가설이다. 여러 연구에서, 한 어휘가 문법화 과정을 거쳐 문법소가 되려면 일단 그 어휘의 의미가 '보편적, 일반적'이어야 한다는 것이 자주 지적되었다. 즉 '재빨리 달려가다'나 '조용하게 다가오다'와 같은 뜻을 나타내는 단어들은 그 의미가 너무 구체적이어서 쉽게 문법화되지 못하는 반면, '가다'나 '오다'처럼 의미상 보편적인 단어들은 쉽게 문법화된다. 이처럼 '오다', '가다', '하다', '가지다', '있다' 등과 같은 의미상 보편적인 단어는 범언어적으로 많은 언어에서 문법소로 나타난다. 그러나 문법소들을 자세히 살펴보면 무조건 '의미의 보편성'이 문제가 되는 것이 아니다. 다음의 예를 들어 보자.

(24) 과거 표지: finish('끝내다'), throw away('버리다'), pass by('지나다')…
미래 표지: want('원하다'), desire('바라다')…
의무 표지: be proper/fitting('적합하다'), owe('빚지다')…

위의 예 (24)는 범언어적으로 과거시제, 미래시제, 의무양태의 가장 일반적인 어원어들이다(Bybee *et al.* 1994: 9). 그런데 위 예들의 어원어의 의미의 복잡성 정도에서 볼 때, 비록 윗 단어들보다 더 구체적, 특정적인 의미를

---

18) 이 책의 논의에서 제외한 Bybee *et al.*(1994)의 가설은 층위화 가설과 의미지속성 가설인데 이들은 §5.2.1과 §5.2.4에서 각각 논의되었다. 또한 Bybee *et al.*(1994)에서는 제시하지 않았으나 1995년 Linguistics Institute에서 행한 Bybee 교수의 강의에서는, 한 언어에서 한 문법화소의 변화는 일반적으로 그 언어내의 다른 문법화소의 변화와는 독립적으로 일어난다는 이른 바 독립성 가설(independent development hypothesis)을 추가로 제시한 바 있다.

갖는 단어가 있기는 하지만, 윗 문법소의 어원어들의 의미가 그렇게 보편적인 것은 아니다. 따라서 중요한 것은 각 단어들의 개별적인 의미내용이 아니라, 각 단어가 속한 어떤 의미군, 즉 존재, 이동, 심리상태, 사회상태, 관점, 사건 등의 의미군에 있어서 인간의 인식상으로 기본적인 바로 그 수준의 단어가 문법화소로 선택되는 것이라는 점이다. Traugott(1982: 246)에서도, 문법소는 발화 상황에 아주 근본적인 개념을 그 어원으로 가지고 있다는 유사한 지적을 하고 있다. Heine *et al.*(1991a: 33)에서는 위에서 말한 인간의 인식상 기본적인 수준이라고 하는 것이 인간의 기본적인 경험과 관련되어 있기 때문에 어족관계에 상관없이 범언어적으로 나타나고 있다고 주장하였다.

이상의 논의에서, 문법화는 그 어원인 어휘가 의미상 보편적이어야 하지만 무조건적인 의미의 보편성이 문제가 아니라 그 '의미의 차원과 종류'가 문제가 됨을 보았다. 즉 의미범주가 문법화 과정에 영향을 주는 것이다. 이 어원결정가설에 따르면 의미가 단순히 문법화 과정에 영향을 주는 것이 아니라 그것이 그 해당 문법소가 어떤 종류의 문법소가 될 것인지를 결정한다는 것이다. 그러나 단순히 문법화소의 의미뿐만 아니라 그 문법화소가 위치한 구문적 어형적 특징을 아울러 고려해야 한다. 이러한 어원 결정 가설을 뒷받침하는 예는 Bybee *et al.*(1994)에서 데이터베이스로 사용한 언어들에서 많이 발견된다. 즉 어느 특정한 시제, 상, 서법, 양태 등의 표지는 어느 특정한 어원어에서 기원하는 예가 범언어적으로 많이 나타난다.

이와 같은 어원 결정 가설은 Bybee *et al.*(1994)에서 최초로 관찰된 것은 아니다. 예를 들어 Greenberg(1978)에서는 범언어적으로 지시사가 성표지(gender marker)로 변하는 것이 보편적인 현상임을 지적한 바 있고, 어원과 문법개념과의 보편적 상관성은 많은 범언어적 통계 연구들에서도 자주 지적되었다. 사실상 지시사는 일단 문법화가 되면 성표지가 되는 것 말고는 다른 가능성이 별로 없다.[19] 그뿐만 아니라 Givón(1973)에서도 문법소의 핵심적인 의미는 그 어원어의 어휘적 의미에 포함되어 있다고 주장한 바 있다.

이 어원 결정 가설은, Heine *et al.*(1991a: 38)에서 '한 어원어의 개념에서 여러개의 문법범주로 발전하는 경우가 있다'고 한 주장과 정면으로 충돌한 다. Heine *et al.*(1991a)에서는 하나의 어원어가 하나 이상의 아주 다른 문법 소로 변화하는 예들을 많이 들고 있다. 그 예로 아프리카의 우간다 동북부에 서 사용되는 Kuliac어 중의 하나인 So에서는 '오다'라는 뜻을 가진 *ac*이란 단어가 있는데 이것이 미래시제를 표시하는 문법소와 직시적 중심으로의 이동을 표시하는 이른바 내상(來相: venitive)을 표시하는 문법소로 발전된 경우가 있다. 이 예를 논의하면서 Bybee *et al.*(1994)은 미래표지로 문법화할 때에는 이 단어가 주동사의 앞에서 보조동사로 쓰이면서 발전한 것이고 내 상(來相)표지로 문법화할 때에는 이 단어가 주동사의 뒤에서 접미사로 쓰이 면서 발전한 것이라고 설명하면서, 단순히 어원어의 단어적 의미가 중요한 것이 아니라 그 어원어가 위치하게 되는 어원 구문의 의미가 중요한 것이라 고 반박한다. 다시 말해서 문법화되는 것은 '단어' 혼자만의 일이 아니라 그 '구문'이 문제가 된다는 것이다.

그러나 때로는 유사한 구문에서조차 많은 여러 가지의 문법소가 생겨나기 도 하는 것이 사실이다. 예를 들어서 *have*동사나 *be*동사가 과거분사와 함께 결합하는 동일 구문에서, 라틴어나 고대 영어에서는 결과상(resultative)표지 로, 영어나 스페인어의 경우에는 이전시제(以前時制: anterior)표지로, 프랑 스어에서는 완료상(perfective)표지로, 그리고 독일어의 경우에는 과거시제 표지로 발달하였다. 이러한 경우를 들어서 Bybee *et al.*(1994)은, 위의 여러 문법소가 사실상 하나의 길을 걸어가고 있는 문법소들의 여러 단계에 불과 하다고 하면서, 하나의 어원어가 반드시 하나의 특정적인 문법소만으로 변

---

19) 성표지(gender marker)란 용어는 단순히 성(性: sex)만을 나타내는 표지를 가리키는 것이 아니다. 원래 gender란 용어는 라틴어의 genus에서 온 것으로 종류(kind)를 말하는 것이다. 따라서 Greenberg는 성표지를 이처럼 넓은 의미로 '명사 분류 체계에 사용되는 표지'를 가리키는 것으로 사용하였다(Greenberg 1978: 49 참조).

해가는 것이 아니라 하나의 문법화 통로에 들어가서 일련의 변화를 계속하는 것이라고 주장하였다. 따라서 어원결정가설을 어원어의 의미에 의해 그 어원어가 장차 어떤 문법소가 될 것인지 운명이 결정된다고 하던 최초의 강력한 입장을 일보 후퇴해서, 어원어의 의미가 다음 문법화 단계에 영향을 미친다고 하는 방식으로 가설을 온건하게 수정함으로써 결국 어원결정가설의 가장 중요한 부분이라 할 수 있는 핵심은 실제로 양보되고 말았다. 따라서 이러한 형태의 어원 결정 가설은 Hopper & Traugott(1991)의 의미지속성(persistence)의 개념과 거의 다를 바가 없게 되었다.

5.3.2 단일방향성 가설

단일방향성 가설(unidirectionality hypothesis)이란 문법소의 변화방향은 단일방향성을 띤다는 가설이다. 즉, 문법화는 의미나 음운형태 그리고 범주성에 있어서 그 변화의 방향이 단일방향적이라는 가설인데 이러한 단일방향성을 정리해 보면 다음과 같다.

(25) 의미: 구체적 > 추상적
      음운: 자립적 > 의존적
      범주: 어휘적 > 문법적

위의 (25)와 같은 단일방향성 가설은 Bybee *et al.*(1994)에서 범언어적으로 계속하여 반복되어 나오는 변화 유형을 관찰하고 일반화한 것이다. 예를 들어서 다음과 같은 시상태표지들의 의미적·범주적 변화들은 이러한 단일방향성을 잘 설명해 준다.

(26) a. resultative > anterior > perfective/past
    b.   movement/desiderative/obligation > future

위의 (26a)와 같은 변화는 Harris(1982), Bybee & Dahl(1989) 등에서 예시된 바 있고 (26b)와 같은 변화도 Bybee & Pagliuca(1987), Bybee et al.(1991)에서 자세히 논의 된 바 있다. 단일방향성 가설이 중요한 것은 문법화에서의 변화가 역방향으로는 일어나지 않는다는 것이다.

이러한 양상은 음운의 변화에서도 마찬가지이다. 예를 들어 I am에서 I'm으로처럼 자립적(자립어 am)인 것에서 의존적(후접어 'm)인 방향으로는 변하지만 그 역은 나타나지 않는다. 접어나 접사처럼 다른 단어에 종속적·의존적인 것으로 변화한 것은 다시 자립적인 형태로 발전하지 않는다.[20] Bybee et al.(1994)은, 이러한 단일방향성 원칙이 유추에 의한 변화나 은유에 의한 변화 등의 의미 변화에도 적용되어 모든 변화에 있어 매우 보편적인 원리라고 설명하고, 따라서 이 방향성에 맞지 않는 반례들은 범언어적으로 거의 나타나지 않는다고 한다.

통시적으로 볼 때 문법화의 의미·음운·범주의 세 가지 측면에서의 변화는 평행성을 보이며 일어나는 현상이다. 즉, 한 어원어가 점점 의미의 구체성을 잃어가면서 추상적으로 변하여 가고(의미상), 이러한 과정에서 그 어원어는 주변 환경에 점점 더 의존적이 되어 가며(음운상), 결국 어휘적이었던 어원어는 문법기능을 담당하는 문법소로 변하여 가는(범주상) 등의 일련의 변화가 모두 함께 일어나는 것이다.[21]

5.3.3 보편경로 가설

보편경로 가설(universal path hypothesis)이란 문법화에서의 의미 변화는

---

20) 이에 반례처럼 보이는 변화에 대한 논의는 Jeffers & Zwicky(1980)와 Matsumoto(1988)에서 보이는데 이들도 실상은 반례로 보기 어려운 것이다. Bybee et al.(1994: 13-14)은 거의 유일하게 반례로 보이는 아일랜드어의 예를 들면서 이것은 계열상의 압력에 의한 재분석 때문에 생겨난 것으로 보고 있다.
21) 이 점은 후에 논의할 §5.3.4의 평행성 가설 참조.

결국 범언어적으로 보편적으로 나타나는 소수의 의미군에 속한다는 가설이다. 이 가설에 따르면 문법소의 의미들은 범언어적으로 제한적인 집합일 것이라는 것이다. 어원 결정 가설과 단일방향성 가설이 합쳐지면 결국 이 보편 경로 가설이 도출되게 된다. 범언어적으로 문법화에 참여하는 어원어가 유사한 의미를 가지는 것이라는 어원 결정 가설에 따르면 유사한 의미를 갖는 어원으로부터 발전한 문법소가 유사한 의미를 갖는 것은 당연한 일이다. 또한 단일방향성 가설에 따라 문법소들의 변화 방향의 가능성이 제한적이라면 모든 문법화소들의 변화 통로도 종류가 제한적일 것이라는 것이다. 아울러 서로 다른 의미를 갖는 어원으로부터 발전한 문법소들조차 그 문법적 의미가 점점 일반화되면서 다른 것들과 통합되는 경우가 많다. 따라서 이러한 요인들 때문에 문법화의 변화 통로는 확실히 제한적일 것이다. 실제 범언어적인 통계에서 보더라도 가장 일반적인 문법 의미는 범언어적으로 매우 유사하고 그 기원이 매우 다른 경우에도 결과적으로는 매우 유사하다.

많은 언어들에서 단순과거, 완료상, 현재, 미완료상, 미래 등을 나타내는 문법소들은 매우 의미적 일반성이 큰 문법소이다. 그런데 이들 문법소가 여러 어원을 통해서 발전해 왔지만 그들의 결과적인 문법기능은 각 범주가 매우 유사하다(Dahl 1985; Bybee & Dahl 1989). Bybee *et al.*(1994: 105)이 든 예를 <도표 5-11>을 통해 살펴보자.

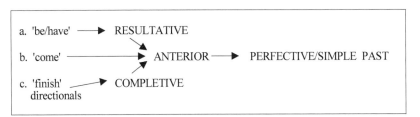

〈도표 5-11〉 완료상/단순과거시제의 발달 과정

<도표 5-11>은 완료상과 단순과거시제의 범언어적인 발달 과정을 요약하여 도표화한 것이다. 여기에서 보듯이 과거시제라는 문법소는 여러 가지 어원어들로부터 발달하였다. 동사 'be'나 'have'는 대개 결과상(resultative) 표지로 먼저 발달하였다가 시간적인 이전성(以前性)을 나타내는 이전시제(以前時制: anterior)로 그리고 이에서 완료상(perfective)이나 더 나아가 단순과거(simple past)로 발전한다. 동사 'come'은 대개 이전시제에서 완료상, 단순과거로 문법기능이 변화한다. 동사 'finish'나 방향성 표시어들은 먼저 완결상(completive)표지로 발전한 다음에 'be'/'have'와 유사한 변화과정을 거진다. 위의 변화에서 보면 하나의 문법소(완료상 혹은 단순과거)의 어원이 여러 가지이다. 이들이 초기에는 각각 다른 문법기능의 표지 역할을 하다가 문법화가 진행됨에 따라 다른 문법소로부터 변화한 문법소의 문법기능과 점점 같아지는 현상을 나타낸다는 것을 알 수 있다. 다시 말해, 문법화가 진행될수록 문법기능은 통합되는 경향을 가진다. 이와 같이 문법소들의 의미가 결국 범언어적으로 보편적으로 나타나는 제한된 의미집합에 속한다는 것이 보편경로 가설이다.

5.3.4 평행성 가설

평행성 가설(=평행 축소 가설)(parallel reduction hypothesis)이란, 문법화 과정을 거치는 문법화소는 그 음운적 형태에서의 축소와 의미적 형태에서의 축소가 비슷한 속도로 평행적으로 일어날 것이라는 가설이다. 문법화현상에서 보면 문법화소가 점차 음운적 형태상 줄어드는 것은 일반적인 현상이다. Bybee *et al.*(1994)에서는 언어자료를 분석해 보면 문법형태와 어휘형태의 비율에서 문법형태가 절대적으로 많다는 것을 지적하고, 이러한 빈도의 차이는 문법형태가 일반적으로 어휘형태보다는 의미적 일반성이 크기 때문이라고 설명하고 있다. 일찍이 Zipf(1935)에서의 연구에서도 밝혀진 것처럼,

인간 언어에서 가장 많이 쓰이는 형태들은 가장 짧은 것이다. 의미의 변화도 구체적인 것에서 추상적으로 일반화되면서 발전한다는 것 또한 흔히 관찰된 사실이다.[22] 이러한 기존의 관찰 결과들은 다음과 같은 두 가지 결론을 도출시킨다(Bybee *et al.* 1994: 20).

(27) a. 문법형태이든 어휘형태이든 언어의 형태는 그 사용 빈도와 그 음운적 크기 간에 상관관계가 있어서 자주 사용되는 것은 덜 사용되는 것보다 음운적으로 더 축소된 형태를 띤다.

b. 문법소는 일반화된 의미를 가진 어휘적 단어보다 음운적으로 더 축소되어 있고, 일반화된 의미를 가진 어휘적 단어는 구체적인 의미를 가진 어휘적 단어보다 음운적으로 더 축소되어 있다.

위 (27)의 두 가지 사실은 사용빈도와 음운형태의 크기, 그리고 의미적 일반화 과정 간에 평행적인 상관관계가 있음을 시사해 준다. 따라서 문법소의 발달은 의미와 형태의 역동적인 동시 변화로 특징지을 수 있다는 것이다. 이러한 평행적 변화에 대한 가정은 실제 자료에서 증거들을 찾을 수 있다. Bybee(1985), Dahl(1985), Bybee & Dahl(1989) 등의 연구에 따르면, 습관상(habitual)과 진행상(progressive)의 표지들은 대개 우언적 표현으로 이루어져 있고, 미완료상(imperfective)이나 완료상(perfective)과 같은 상의 표지들은 대개 굴절형으로 이루어져 있다. 우언적 표현들은 당연히 굴절형태보다는 훨씬 음운적으로 긴 것이 일반적이다. 여러 연구에서 밝혀진 바와 같이 진행상표지가 미완료상표지로 발전해 가는 경우가 많이 있다. 따라서 이것은 의미 변화와 형태변화 간에 정확한 상관관계를 보여주는 것이라고 할 수 있다. 또한 Bybee *et al.*(1994)에서 사용한 데이터베이스에서 2,000여 개

---

22) 이와 같은 의미 축소와 음운 축소의 평행성에 대한 논의는 이미 Meillet(1912: 135-139), Lehmann(1974: 114-119) 등에서도 발견된다.

의 문법소들을 자음수, 모음수, 이형태수, 이형태 조건, 강세, 성조, 동사와의 상대적 위치, 동사에의 형태적 의존성 등 다양한 변수들을 고려하여 통계적으로 조사한 결과 이러한 가설을 지지하는 매우 강력한 증거가 나타나고 있다.[23]

문법화와 빈도의 관계는 특별한 상관관계가 있는 것은 사실이지만, 절대 빈도가 반드시 변화를 유발하는 것은 아니다. 예를 들어 쌀을 주식으로 하는 문화권에서 '쌀'이라는 단어의 쓰임이 높은 빈도를 나타내지만 '쌀'이 문법화된 예는 별로 보이지 않고, 반대로 신체부위인 '등', '이마' 등은 절대빈도가 매우 낮지만 문법화된 예는 매우 많다.

5.3.5 상관성 가설

상관성 가설(relevance hypothesis)이란, 동사적 의미에 관련이 깊은 문법 범주일수록 동사에 가까이 나타나고 그 동사에 형태적으로 의존하는 문법 형태로 변화할 가능성이 높으며, 그러한 상관성이 적을수록 동사와 떨어져 나타나서 동사에 형태적으로 의존하는 문법 형태로 변화할 가능성이 적다는 가설이다.

Bybee(1985)와 Bybee *et al.*(1994)의 뛰어난 업적은 이 상관성 가설이다. 일찍이 Bybee(1985)에서는 굴절형태소의 발달에 상관성(relevance)과 일반성(generality) 두 가지가 결정적인 역할을 한다는 것을 지적하였다. 의미의

---

23) 그러나 이러한 통계적 지지는 일반적인 경향에 대한 지지라는 것이며 이러한 가설이 개개의 경우에 정확하게 적용되는 것은 아니다. 따라서 여기서의 '평행성' 개념은 상대적인 것이다. 음운적 축소와 의미적 일반화가 정확하게 평행인 것은 아니다. 대개의 경우 의미적 변화가 먼저 일어나고 음운적 변화가 그 뒤를 따르기 때문에 두 변화에는 늘 시차가 있다. 또한 이러한 변화가 반드시 일어나는 것만도 아니다. 따라서 Bybee 교수는 1995년 Linguistics Institute에서의 강의에서, 이 평행적 축소를 "대개 비슷한 속도로 평행적인 축소를 거친다."는 의미로 받아들여야 한다고 설명하였다. 물론 이것은 원래의 평행성 가설의 강도를 약화시킨 것이긴 하지만 음운과 의미의 변화가 정확하게 일대일의 대응관계를 이루지 않기 때문에 이러한 수정은 필연적인 일일 수밖에 없다.

일반성은 굴절 형태소를 기타 모든 문법 형태들, 즉 어휘적 형태, 파생 형태, 우언적 형태 등으로부터 따로 구별해 준다. 굴절 형태소의 의미는 다른 문법 형태들의 의미보다 훨씬 더 일반적이기 때문이다. 그런데 굴절 형태소는 의미적으로 일반성을 띠고 있으면서 그 의미가 피수식 동사의 의미를 제약하고 그것과 함께 하나의 총체적인 의미 단위를 이룬다. 따라서 이러한 상관성이 강한 범주들은 접사체계를 가진 언어에서는 동사의 접사로 표시가 되는 것이다.

여기에서 말하는 상관성이란 어느 특정한 단어의 의미상 상관성이 아니라 문법 범주의 의미상 상관성을 의미한다는 것에 유의하여야 한다. 예를 들어 사동화(causative) 형태는 그것이 수식하는 상태나 사건에 의미상으로 직접적인 상관성을 가지므로 어근에 의존적 형태로 나타나는 경우가 많다.24) 즉 영어의 경우에 *-en, -ify, -ize* 등의 사동화 형태소는 어근에 붙어 *sadden, solidify, Americanize* 등의 사동화 어형을 만들어 낸다. 이것은 한국어의 사동/피동 표지인 '-이-'의 경우도 마찬가지여서 '죽다'에서 '죽이다'가 만들어진다. 물론 한국어의 우언적 사동/피동 표지인 '-게 하-'의 경우는 '-이-' 보다 어근 의존도가 낮고 따라서 어근에 끼치는 의미상의 강도가 약해서 다음의 경우에서처럼 약간의 의미 차이를 보인다.

(28) a. 내가 그를 죽였다(<죽이었다).　　　　← '-이-'형
　　 b. 내가 그를 죽게 하였다.　　　　　　　← '-게 하-'형
　　 c. 나는 그를 밥을 먹였다(<먹이었다).　　← '-이-'형
　　 d. 나는 그를 밥을 먹게 하였다.　　　　　← '-게 하-'형

---

24) 의존성이 극대화되어 나타나는 경우는 어휘화이다. 즉 영어의 *die-kill*의 경우에는 '사동화'란 개념이 적용되어 새로운 단어가 파생되는 것이 아니라 아예 새로운 단어가 형성되는데 이때에는 [die-'cause']의 각 요소 간의 의존성이 가장 큰 경우이다. 따라서 Bybee(1985)에서는, 상관성이 너무 크면 어휘화되고 상관성이 너무 적으면 위치상으로 인접하여 나타나지 않기 때문에, 상관성이 충분하되 지나치지는 않는 상범주가 동사에 가장 인접하여 나타나는 경향이 있다고 하였다.

위의 예에서 예 (28a)와 (28b), 그리고 (28c)와 (28d)는 의미상 모호성이
있긴 하지만, '-이-'형이 쓰인 (28a)구문에서는 '내'가 살인자이지만 '-게 하-'
형이 쓰인 (28b)구문에서는 '나'는 살인자일 수도 있고 살인 방조자일 수도
있다. 마찬가지로 '-이-'형이 쓰인 (28c)구문에서는 일반적으로 '내'가 수저
를 직접 이용하여 떠먹인 경우이지만 (28d)구문에서 '나'는 전혀 수저나 음
식에 손을 대지 않았을 수 있다.

상관성 가설의 장점은 그것이 언어 현상에 관해 가지는 예측능력이다. 즉
상관성 가설은, 동사와 함께 쓰이는 시상태 형태들의 동사와의 상대적 위치
를 예측하는 데 도움을 준다는 것이다. 상(aspect)은 동사가 의미하는 상태나
사건의 '내부적 구조'를 지정하는 것이다. 즉 어떤 상태 및 사건이 한 덩어리
로 보이는 완료상(perfective)인지 아니면 내부 상태가 드러나 보이는 미완료
/진행상(imperfective/progressive)인지를 지정해 준다. 시제(tense)는 동사가
의미하는 상태나 사건을 화자의 발화 시간과 관계하여 봄으로써 해당 상태
나 사건이 발화 시간보다 먼저인지(과거), 같은지(현재), 나중인지(미래)를
지정해 준다. 그러나 서법(mood)은 그 문장 전체가 가리키는 명제의 내용의
진위성에 대한 화자의 태도를 기준으로 하여 그 내용의 진실성이 확실한지
불확실한지 등을 지정해 준다. 이것을 요약해 보면 <도표 5-12>와 같다.

	의미 내용	의미 적용대상
상	상태/사건의 내부 구조	동사
시제	상태/사건의 시간상 위치	동사 - 발화 시간
서법	명제에 대한 화자 태도	문장명제 - 화자

〈도표 5-12〉 시상태 범주의 의미내용과 적용대상

<도표 5-12>에서 세 가지 문법 범주와 동사와의 의미적 상관관계를 보게
되면 상이 가장 동사와 밀접한 상관성을, 다음이 시제, 그 다음이 서법의

순서인 것을 볼 수 있다. 그렇다면 동사가 목적어 앞에 나오는 영어와 같은 VO 언어에서는 [서법-시제-상-동사](MTAV)의 순서가 될 것이고 동사가 목적어 뒤에 나오는 한국어와 같은 OV언어에서는 [동사-상-시제-서법](VATM)의 순서가 될 것이다. 이러한 어순은 초기 Chomsky계의 언어학 이론에서 영어의 어순을 [시제-서법-상-동사]의 형태라고 본 것과는 정면으로 충돌을 일으키는 것이다. 그러나 최근의 분석 방식에서 would, should, could, might 등을 서법표지로 보는 것이 더 적절하다고 일반적으로 받아들여지는 것을 고려하면 Bybee et al.(1994)이 제시한 이 상관성 가설은 언어 현상을 잘 예측해 주는 탁월한 가설이라고 볼 수 있다. 위의 어순이 실제로 적용되는 예를 살펴보자.

(29) a. He must have gone to school.
　　　 M 　T A V
　　　 (M: must　T: have　A: have -en　V: go)

　　 b. 그 때 밥을 먹고 있었겠다.
　　　 V 　A 　TM
　　　 (V: 먹-　A: -고 있　T: -었-　M: 겠)

위의 (29)와 같은 예에서는 상관성이 어순에 정확하게 맞는 것을 알 수 있으나,25) 주의할 바가 없는 것은 아니다. 즉 서법, 시제, 상의 정의가 명확하지 않고, 한 언어에서 어느 특정한 문법 형태가 이들 중 어느 범주에 속하는지 결정하기는 쉽지 않다. 또한 어떤 언어들은 시제, 상, 서법표지와 동사의 상대적 위치가 나뉘어 있는 경우도 있어서, 늘 일련의 순서로 생각할 수 없는 경우가 있다. 예를 들어 Cayuga같은 언어에서는 서법표지는 동사의

---

25) 엄밀하게 말하자면 영어의 예 (a)의 상표지 have -en은 동사 go를 중심으로 해서 나누어져 있다고 할 수 있지만, 기술적으로 gone을 [[go]+[-en]]처럼 두 요소를 순서적 결합으로 보아야 할지는 분명하지 않다.

앞에 붙고 시제와 상표지는 동사의 뒤에 붙는다. 중국어는 시제표지를 동사에 붙이지 않고 시간 표시 부사를 사용한다. 그런데 중국어 자료에도 보면 다음과 같이 흥미로운 것이 있다.

(30) nèigerén hǎoxiang zhèngzài chīfàn shìde　(那個人好像正在吃飯似的)
　　　그사람은 -인것같- -고있- 　먹-밥 　-인것같-
　　　　　　　M　　　A　　V　　　M
　　　'그 사람은 밥을 먹고 있는 것 같다.'

위의 예 (30)에서 보듯이 서법표지인 *haoxiang - shide*는 한 선상에 인접하여 나타나지 않고 동사구를 사이에 두고 떨어져 나타난다. 따라서 서법의 위치를 하나로 정할 수 없게 된다. 그런데 위와 같은 어순에서 상표지는 동사에 가장 인접해 있고 서법표지 앞으로 이동할 수 없다. 또한 이 문장에서는 시제표시 부사가 나타나 있지 않지만 시간 표시 부사가 나오게 되면 그 위치는 문두가 된다. 즉 [M-A-V]의 어순은 VO언어의 전형적인 어순으로 예측되는 [M-T-A-V]의 일부로서는 이 패턴에 맞지만 일반적인 시제까지를 고려하면 [T-M-A-V]의 어순이 되어 예측을 벗어나게 되는 것이다.

이 상관성 가설은 아주 유용하고 높은 설명력을 가지는 가설임에도 불구하고 실제 통계에서는 약간의 불일치를 보이고 있다. Bybee(1985)에서 사용한 50개 언어에 대한 통계를 <도표 5-13>을 통해 살펴보자.

문법범주	의존형태 (%)	굴절형태 (%)	파생형태 (%)
상	74	52	22
시제	50	48	2
서법	68	68	0

〈도표 5-13〉 범언어적인 시상태표지와 그 실현 형태

<도표 5-13>에서 보면 시제와 상은 상관성 가설에 의한 예측과 정확하게

맞는 것을 알 수 있다. 즉 상이 전체 언어의 74%에 해당하는 가장 많은 의존형태를 띠고 있으며 22%만이 파생형태를 띠고 있다. 시제는 전체 언어의 50%에서 의존형태를 띠고 있으며 2%만이 파생형태를 띠고 있다. 그러나 서법은 시제나 상보다도 더 많이 굴절형태를 띠고 있으며 시제보다도 더 의존형태가 많아서 상관성 가설에 의한 예측을 벗어나고 있다. 그러나 파생형태보다는 굴절형태가 많다는 점에서는 상관성 가설의 예측에 따르고 있다. 따라서 이 상관성 가설은 매우 유용한 개념임에도 불구하고 절대적인 원칙으로서가 아니라 유동적인 가설로 받아들여져야 할 것이다.

이러한 통계와 관련해서 몇 가지 유의할 점이 있다. 첫째, 굴절형태소와 파생형태소의 구별이 어렵다는 점이다. 둘째, 시제, 상, 서법/양태의 범주상 구별도 어렵다는 점이다. 셋째, 소위 포맨토형태소(portmanteau morpheme)의 경우에는 여러 범주의 형태소가 구별할 수 없도록 '녹아 붙어' 있다는 점이다. 넷째, 따라서 다른 참고 문헌에 기초해서 만들어 낸 데이터에는 늘 어느 정도는 일관성이 결여되어 있다는 것을 고려해야 한다는 점이다.

5.4 Heine(1994)

독일 쾰른대학의 교수이며 아프리카연구소의 주도적인 언어학자인 Bernd Heine는 1994년 'Some principles of grammaticalization'(Heine 1994c)이라는 제목의 글에서 그동안 여러 문법화론 학자가 제시한 원리들을 18가지로 정리하고 이들을 다시 기본원리, 파생원리, 그리고 경향성의 세 가지로 나누어 설명하였다. 이들 원리는 <도표 5-14>와 같은 도표로 나타낼 수 있다. 이번 단락에서는 이들 원리 중에서 다른 학자들에 의해 제시되지 않은 원리만을 자세히 살펴보기로 한다.

기본원리	파생원리	경향성

1. 추상화(abstraction)
2. 은유적 전이
  (metaphorical transfer)
3. 문맥적 재해석
  (context-induded
  reinterpretation)
4. 중복(overlap)
5. 분열(split)
6. 층위화(layering)
7. 소실(loss)
	1. 연쇄모델(chain model)
	2. 단일방향성
	  (unidirectionality)
	3. 개념적 변화후 형태적
	  변화(conceptual shift
	  before formal shift)
	4. 탈범주화
	  (decategorialization)
	5. 음운축소(crosion)
	6. 의미지속성(persistence)
	7. 양면성(Janusian process)
		1. 순환(recurrence)
		2. 어원어의 고빈도(high
		  textual frequency of
		  source)
		3. 문법소의 고빈도(high
		  textual frequency of
		  target)
		4. 일반화(genealization)

〈도표 5-14〉 문법화의 원리

5.4.1 추상화·단일방향성·일반화

추상화(abstraction)란 비교적 구체적인 근원 영역에서 추상적인 목표 영역으로 개념이 옮겨가는 과정을 가리키는 것이다. Traugott(1978)에서도 밝힌 바와 같이 '공간'이란 개념은 '시간'이란 개념보다 더 구체적인 영역이다. 많은 언어의 변화에서 보면 '시간'이란 개념이 '공간'이란 개념에서 전이된 경우가 많이 나타난다. 따라서 공간에서의 이동을 나타내는 이동동사가 시간에서의 이동을 나타내는 시제표지로 발전한 경우는 매우 빈번하게 나타난다. 한국어에서의 '오다', '가다'도 장소적인 이동을 표시하는 대표적인 동사들인데 이 동사들은 연쇄동사구문을 통해 보조동사화하면서 다음의 예 (31)에서 보듯이 시간성 표지어로 바뀌었다.

(31) a. 사업이 잘 돼간다.
    b. 학교에 다 와간다.
    c. 그는 성실한 인생을 살아왔다.
    d. 평생 감자만 먹어왔다.

공간적 이동 표지가 질의 좋고 나쁨을 표시하는 문법표지로도 발전하는데 이들 두 영역의 전이과정도 구체적인 영역에서 추상적인 영역으로의 변화로 볼 수 있다. 예를 들어 위에서 (31)의 예로 든 한국어의 '오다'와 '가다'가 다음의 예에서는 상태의 질적인 변화를 나타내는 문법표지로 쓰이고 있다.

(32) a. 물가가 점점 올라간다.   (부정적 변화)
     b. 환자의 체온이 내려간다.   (부정적 변화)
     c. 실업률이 조금 내려왔다.   (긍정적 변화)
     d. 그 환자의 입이 (다시) 돌아왔다.   (긍정적 변화)

위 (32)의 예들은 모두 '가다'와 '오다'를 대치해서 쓸 수 있는 문장들인데 상태가 변화되었다는 점에서는 공통이지만 결과적인 상태가 긍정적인지 부정적인지에 대한 화자의 판단은 반대로 나타나게 된다. 이처럼 구체적인 영역에서 추상적인 영역으로의 이동은 많은 언어변화에서 공통적으로 일어나고 있는 현상인데 Heine *et al.*(1991b: 157)에서는 영역의 종류들을 다음과 같이 나누었다.

(33) 사람 > 물체 > 행위 > 공간 > 시간 > 질

위 (33)의 여섯 가지 영역에서는 왼쪽이 가장 구체적인 영역이고 오른쪽이 가장 추상적인 영역이다. 따라서 문법화에서 나타나는 영역의 전이는 왼쪽에서 오른쪽으로 이동하게 되는 것이다. 문법화 현상에서의 전이는 늘 추상화가 되는 셈이다.

추상화는 매우 다양한 형태로 나타날 수 있다. Frajzyngier(1991)에서는 이른바 실제세계(de re)에서 언어세계(de dicto)로의 전이를 설명하고 있고, Traugott(1982, 1986)이나 Langacker(1990)에서는 주관화(subjectification)란 용어로 추상화를 설명하기도 하였다. 이러한 추상화는 탈색 모형으로 문

법화를 볼 때 흔히 사용되는 개념이다. 탈색 모형에서는 한 언어 형태가 문법 표지로 변하여 갈 때 그 구체적 의미는 차츰 탈색되어 버리고 추상적인 의미만 남게 된다고 보는데 곧 이러한 변화가 추상화인 것이다.

추상화라는 기본원리에서 단일방향성(unidirectionality)이라는 파생원리가 생겨나게 된다. 문법화에서는 전이의 방향이 윗 표 (33)의 왼쪽 영역에서 오른쪽 영역으로, 즉 구체적인 영역에서 추상적인 영역으로 옮겨가기 때문에 늘 추상화가 일어난다는 사실을 앞서 확인하였다. 문법화는 그 정의상, 어휘적인 것에서 문법적인 것으로 변화하는 것을 가리키는 것인데 어휘적인 것은 비교적 구체적인 것이고 문법적인 것은 비교적 추상적인 것이기 때문에 문법화에서는 늘 단일방향성이 지켜지게 된다.

추상화라는 기본원리에서는 일반화(generalization)라는 파생원리도 생겨나게 된다. 일반화 과정은 단일방향성 원리와도 관계가 있어서 한 어원어가 문법화하게 되면 단일방향성 원리에 의해서 추상적인 의미 방향으로 이동하게 된다. 이 추상적인 영역의 의미는 늘 어원어의 구체적인 의미보다도 훨씬 더 일반적인 의미를 가지고 있다. 따라서 어원어보다는 거기에서 발전한 문법소가 의미상으로 더 일반적이다. 이러한 관점에서 보면 문법화는 하나의 의미 일반화 과정인 것이다.

5.4.2 은유적 전이

은유적 전이(metaphorical transfer)란 구체적인 개념으로 추상적인 개념을 나타내는 인지적인 언어전략인데 이때 도구적으로 사용되는 구체적인 개념을 전달체(vehicle)라 하고 목표가 되는 추상적인 개념을 주제(topic)라 부른다. 또한 전달체가 속하고 있는 영역을 근원영역(source)이라 하고 주제가 속하고 있는 영역을 목표영역(target)이라 부른다. 물론 전달체가 항상 구체적인 것은 아니다. 구체성-추상성이란 개념도 정확하게 양분되는 것이 아니라 하나의 연속선을 형성하고 있기 때문에 단순히 '구체적인 것이 추상적인 것을 표시한다'고 하기보다는 '상대적으로 구체적인 것이 상대적으로 추상적인 개념을 표시한다'고 하는 것이 더 정확하다. 이러한 은유의 연속선도 Heine *et al.*(1991a,b)에서 제시한 연속선과 같은 형태 즉, [사람 > 물체 > 행위 > 공간 > 시간 > 질]의 순서를 가지고 있다. 문법화론에서 주로 사용되는 은유의 유형은 <도표 5-15>와 같다.

	전달체	주제
관념 영역	1. 선명한 경계가 있는 것 2. 물리적(가시적이고 유형적)인 것 3. 사물과 유사한 대상 4. 사회물리적 상호행위 5. 과정 6. 공간 7. 개체 8. 절대적 혹은 수량화된 규모 9. 자립적인 것	1. 경계가 불투명한 것 2. 비물리적, 심리적인 것 3. 질 4. 정신적 과정 5. 상태 6. 시간, 원인, 방법 7. 집합, 불가산 8. 상대적 규모 9. 상대적인 것
텍스트 영역	1. 실제 세계 2. 담화적 기초가 적음 3. 지시적인 것 4. 중심적 참여자 5. 새로운 것(모르는 것) 6. 제시적인 것 7. 문맥 독립적인 것	1. 담화 세계 2. 담화 혹은 화자에 기초 3. 비지시적인 것 4. 주변적 참여자 5. 옛 것(아는 것) 6. 상대적인 것 7. 문맥 의존적인 것
대인 영역	1. 정보성 있는 표현	1. 정보성 없는 표현

〈도표 5-15〉 은유적 전이의 유형

<도표 5-15>에서 보듯이 은유의 전이는 이분화된 많은 영역에서 일어난다.26) 이처럼 영역이 광범위한 것은 우리의 언어생활에서 은유적 전이가 매

---

26) 이와 같은 이분법으로는 소속을 따지기 어려운 개념들도 있다. Heine *et al.*(1991b)도 지적하듯이 예를 들어 '소유'란 개념은 근원 영역과 목표 영역의 어느 항목에 넣어야 할지 분명하지 않다. Heine *et al.*은 소유를 목표 영역에 포함시키고 있다. 자세한 논의는 Heine

우 활발하게 쓰이고 있기 때문이다. Bybee & Pagliuca(1985)와 다른 많은 연구에서는 은유가 인간이 가지고 있는 자연적인 성향이라고 하여 은유보편론을 주장하고 Lakoff & Johnson(1980) 등에서는 우리의 인식작용이 은유적으로 작용하며 이를 투영하고 있는 언어 자체도 자연히 은유적이라고 주장한 바가 있다.27)

5.4.3 문맥적 재해석

문맥적 재해석(context-induced reinterpretation)은 Heine *et al.*(1991a,b)에서 가장 중요하게 다루어지는 개념 중의 하나이다. Heine *et al.*(1991a,b)에서는 문법화에 연속적인 면과 불연속적인 면이 동시에 있음을 주목하였다. 불연속적인 변화에서는 개념이 서로 다른 영역에서 사용되기 때문에 개념의 적용영역상 일종의 비약(jump; gap)이 나타난다. 이러한 비약에 의한 불연속성은 변화가 은유적 속성을 갖고 있기 때문인데 이러한 은유적 변화는 대개는 담화와는 독립적으로 일어난다. 한편 연속적인 면은 환유적인 변화이다. 즉 어떤 영역을 가로질러서 일어나는 것이 아니라 조금씩 변해가는 점진적인 변화이다. 이러한 환유적 변화는 문맥적 상황이나 언어외적 상황에 의존하는데 대화자들은 대화의 해석에 있어서 이 상황을 고려하여 의도된 의미를 파악하기 때문이다. 다음의 예를 살펴보자.

(34) a. From Cologne to Vienna it is 600 miles.
   b. From Cologne to Vienna it is 10 hours by train.
   c. He was asleep all the way/all the time from Cologne to Vienna.
   d. To get to Vienna, you travel from morning to evening.

(Heine *et al.* 1991b: 164-165)

---

et al.(1991b: 159) 참조.
27) 은유에 관하여는 문법화의 기제를 다루는 부분에서도 더 다루고자 한다(§6.1 참조).

위의 예 (34)는 전치사 *from-to*의 용법을 설명한 것인데, (34a)의 경우에는 전치사가 장소적 의미를 가지고 있다. 예 (34d)를 보면 전치사가 시간적 의미를 가지고 있다. 즉 (34a)와 (34d)를 비교해 보면 전치사의 용법이 처소표지에서 시간표지로 은유적 전이를 거친 것으로 보인다. 그러나 (34b)와 (34c)를 고려해보면 이러한 은유적 전이를 잇는 두 가지의 중간단계를 보게 된다. 즉 이들 두 용례에서는 전치사가 처소표지로 사용되었다고도 할 수 있고 시간표지로 사용되었다고도 할 수 있다. 이 두 예문에서는 '뚜렷하게 장소적이지도 않고 뚜렷하게 시간적이지도 않다'. 이 의미적으로 불분명한 단계가 중간적 단계로 존재하는데 이 단계는 (34a)의 처소표지 단계에서 약간 더 시간표지 단계로 이동해 있음으로 해서 처소표지와 시간표지가 섞여있는 단계라는 점에서 환유적이다. 또한 이 중간 단계는 처소표지의 기능이 섞여 있음으로서 이 다음 단계인 (34d)의 시간표지보다 시간성이 약간 더 약하다는 점에서 환유적이다. Heine *et al.*(1991b)에서는 이러한 환유적 변화가 문맥적 재해석에 의한 것이라고 본다. 다시 말해서, (34a)에서처럼 장소적으로만 쓰이는 전치사가, (34b)나 (34c)의 예에서처럼 어떤 문맥적 상황에서는 장소적 개념이 시간적 개념의 유추를 허용하게 된다는 것이다. 이처럼 유추가 성립되고 나면 다시 이러한 중간 단계적인 처소-시간적 전치사가 (34d)에서처럼 완전한 시간표지로 유추되는 기초가 되는 것이다. 이러한 관점은 문법화를 거시구조와 미시구조로 나누어서 거시구조에는 은유가 미시구조에는 문맥적 재해석에 의한 환유가 적용됨을 보임으로써, 전통적으로 은유와 환유의 역할을 대립적으로 보던 관점과는 달리, 두 가지의 서로 다른 기제가 어떻게 하나의 통합된 과정을 이루고 있는지 보였다는 점에서 의의가 있다.

5.4.4 중복과 연쇄모형

중복(overlap)이란 하나의 개념에서 다른 개념으로 전이될 때에 분절적인 방식으로 이동하는 것이 아니라 중간 단계로 두 개념이 공존하는 현상을 가리키는 말이다. 이것은 <도표 5-16>과 같이 나타낼 수 있다(Heine 1994c: 1).

단 계:	I	II	III
근원구조:	A	A	
목표구조:		B	B

〈도표 5-16〉 중복 모형

<도표 5-16>에서 보듯이 제 II 단계에서는 근원구조와 목표구조가 공존하고 있다. 이러한 공존기에는 단일 기능만을 가지는 것이 아니어서 모호함이 있게 마련이다. 이러한 단계를 Heine(1993)에서는 모호성 단계(Ambiguity Stage)라 부른다. 물론 <도표 5-16>에 있는 세 단계가 모든 문법화과정에 동시적으로 나타날 필요는 없다. 제 II 단계가 시작될 때에 이미 제 I 단계는 사라질 수도 있는 것이고 문법화과정이 제 II 단계에서 머무르고 제 III 단계로는 전혀 발달하지 않을 수도 있기 때문이다. 또한 세 단계가 모두 동시에 나타나 중복현상을 보일 수도 있다. 중복현상을 잘 반영해 주는 예는 <도표 5-17>에 나타난 Ewe어의 *megbé*('back')라는 단어를 통해 살펴볼 수 있다.

단계	개념적 특성	의미	품사	구성성분	형태적 특성 (소유격표지동반여부)
A	사물/사람	신체의 등	N	NP	y
B	사물	뒷부분	N	NP	y/n
C	사물/공간	뒷장소	N	NP/AP	y/n
D	사물/시간	나중시간	N	NP/AP	y/n
E	공간	뒤	N/A/P	AP	n
F	시간	후	N/A/P	AP	n
G	질	낙후한	A	AP	n

(N: 명사; A: 부사; P: 후치사; NP: 명사구의 핵; AP: 부사구의 핵; y: Yes; n: No)

〈도표 5-17〉 Ewe어 megbé의 형태통사적 특성

<도표 5-17>에서 보면 *megbé*란 단어는 일곱 가지의 핵심적인 의미로 사용되고 있는데 이들 의미는 연쇄를 형성하고 있다. 먼저 A단계에서는 '인간 신체의 등'을 나타내는 단어로 쓰이면서 Ewe어의 구체 명사가 가지는 모든 특성들을 다 갖추고 있다. 즉 명사구의 핵으로 역할을 하고 명사적 양화사를 취하기도 한다. 또한 소유격구문의 핵으로 사용되었을 때에는 가분적(可分的: alienable) 소유격표지인 *pé*로 연결될 수 있다. 연쇄의 맨 끝인 G단계에서는 *megbé*가 부사로 탈바꿈하여 양화사로 수식될 수도 없고 소유격표지를 동반할 수도 없다. 중복현상은 B, C, D, E, F단계에서 점진적으로 나타나게 된다. B단계에서 *megbé*의 의미가 더 이상 인간에게만 국한해서 쓰이지 않고 일반 사물들에 쓰이게 되자, 소유격표지를 동반하는 것이 더 이상 의무적이지 않고 수의적이 되었다. 즉 격표지라는 형태적 특성에 있어서 중복이 일어난다. C와 D단계에서는 명사구의 핵역할과 부사구의 핵역할의 공존을 통해 구성성분상의 중복이 일어난다. E와 F단계에서는 *megbé*는 더 이상 사물을 가리키는 단어로서의 성격이 남아 있지 않아서 소유격표지를 동반할 수 없는데, 이때에는 *megbé*라는 단어의 품사가 명사, 부사, 후치사의 3중 중복현상을 보인다. 위에서 보듯이 문법화의 연쇄 속에 있는 한 단계는 그 앞단계와 뒷단계의 성격을 공유하게 되는데 이러한 현상을 중복이라 하는 것이다. 이러한 중복현상은 문법화가 '큰 걸음'으로 가는 것이 아니라 '작은 걸음'으로 조금씩 조금씩 가고 있는 연속적인 것임을 잘 보여주고 있다.

연쇄모형(chain model)은 중복이라는 기본 원리에서 파생된 원리이다.[28] 즉 기본적으로 중복이 반복하여 일어나게 되면서 [A > AB > B > BC > C]와 같은 하나의 연쇄를 형성하게 된다는 것이다. 이러한 연쇄모형은 <도표 5-18>과 같은 도표로 설명할 수 있다.

---

28) 연쇄모형에 대하여는 §4.2의 연속변이를 참조.

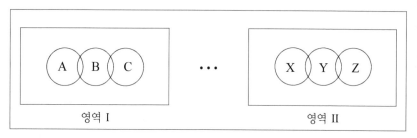

〈도표 5-18〉 연쇄모형

5.4.5 개념적 변화 후 형태적 변화

문법화에 있어서 개념적 변화와 형태적 변화 사이에 어느 것이 선행하는 것인지를 밝히기는 어렵다. 개념적 변화와 형태통사적 변화 사이의 순서에 대해서는 크게 세 가지 의견이 있다. 첫째, Lightfoot(1989, 1991)에서는 통사변화 후에 의미 변화, 즉 개념적 변화가 생겨난다고 보았고, 둘째, Hopper & Traugott(1993), Bybee et al.(1994)에서는 의미 변화가 통사변화를 동반한다고 보았다. 셋째, Heine et al.(1991a), Heine(1993)에서는 인지·의미적 변화가 생긴 다음에 통사적 변화나 다른 변화가 뒤따른다고 보았다. 물론 Heine et al.(1991a)과 Heine(1993)에서의 관점이, 모든 형태통사적 변화나 음운적 변화가 개념적 변화의 결과라고 주장하는 것은 아니다. 즉 개념적인 변화가 다른 변화의 필요충분조건은 아니다. 그러나 문법화에 있어서는 문법적 의미가 일종의 네트워크를 형성하고 있으며 이들 네트워크의 연결은 개념적 변화에 의한 것이라고 보는 것이다. 개념적 변화는 새로운 의미를 형성하는데, 일반적으로 음운 형태나 형태통사적 특성은 의미의 변화보다는 좀 더 시간이 지체되기 때문에 흔히 형태-의미 간의 불균형이 생겨나게 된다는 것이다. 이러한 입장은 Givón(1975)에서도 발견되고, 형태가 의미보다 변화에 있어서 보수적이라는 점은 이미 Sapir(1921: 98)에서도 지적된 바 있다. 실제로 모든 언어에서 어떤 문법형태가 특정한 의미를 새로 첨가하고

도 음운 형태나 형태통사적 특성은 전혀 변하지 않는 경우가 자주 눈에 띈다. 예를 들어, 많은 언어에서 부치사가 아직도 부사구나 명사구의 특성을 보이는 경우가 많이 있는데 이것은 바로 의미기능이 다른 기능의 발달에 선행한다는 증거가 될 수 있다.

5.4.6 양면성

양면성(Janusian process)은 파생원리 중의 하나인데 어느 특정한 기본원리에서 파생된 것이 아니라 여러 가지 기본원리가 상호작용을 통해서 파생시켜내는 원리이다. 문법화에는 기본적으로 화용적 측면과 인식적 측면 두 가지가 있다. 화용적 측면은 Bybee *et al.*(1994)에서 추론이라 하고, Traugott(1989)에서는 대화적 함축이라 하고, Heine *et al.*(1991a,b)에서는 문맥적 재해석이라 한 측면을 말하는 것이다. 개념적 측면이란 한 인지 영역에서 다른 인지 영역으로 전이되는 측면을 가리키는 것이다. 이러한 개념적 전이를 설명하는 데에는 흔히 은유, 환유, 제유 등의 인지적 기제들을 이용해왔다. 이처럼 문법화에 두 측면이 있음으로 해서 문법화를 설명하는 데에도 양면성이 고려된 모형이 필요하게 된다. 문맥적 재해석은 그것이 점진적이고 지속적이기 때문에 문법화를 설명하는 모형이 이러한 점진적이고 지속적인 성격을 표시할 수 있어야 한다. 한편 개념적 전이에서는 기본적으로 한 영역에서 다른 영역으로의 전이가 일어나는 것이기 때문에 그 변화의 형태가 단절적, 불연속적이어서 문법화 모형이 이러한 불연속적 성격을 표시할 수 있어야 한다. 이러한 이유에서 문법화는 일견 대립되어 보이는 두 가지의 과정이 동시에 일어나고 있는 것이며 문법화는 양면성이 있다고 하는 것이다.[29]

---

29) 이러한 양면성을 잘 포착한 문법화의 모형이 Heine *et al.*(1991a)의 은유-환유 모형인데 이 모형에 대하여는 §7.5에서 더 상세히 다루게 될 것이다.

5.4.7 순환

순환(recurrence)이란 주기성(cyclicity), 혁신(renovation), 재건(renewal)
과 거의 동일하게 쓰이는 개념이다. 문법화가 진행되면서 문법소는 점점 의
미가 약화 소실되면서 그 표현력을 잃어버리게 되고 결국에는 동일한 혹은
유사한 기능을 할 수 있는 좀 더 표현력이 강한 문법소로 대치된다는 것이
순환의 개념이다. 순환의 개념은, 문법화에 단일방향성 원리가 작용하고 있
다는 가정 하에서는 절대적으로 필요한 것이다. 왜냐하면 단일방향성 원리
가 지켜지면서 새로운 문법형태의 창조를 전제하지 않는다면 언어는 결국
닳아 없어져 버리고 말 것이기 때문이다. 즉, 의미적으로는 소실이 일어나서
무의미 형태들로 변할 것이고 음운적으로도 축소되어 결국 언어형태가 존재
하지 않게 될 것이다. 순환을 통해 새로 소개되는 문법 형태는 대개 우언적
이어서 음운적 형태도 길고 또한 의미도 합성적이어서 훨씬 구체적이다. 마
치 앞으로 계속 닳아 없어질 것을 대비해서 음운적으로나 의미적으로 충분
한 크기를 가진 문법 형태를 동원하는 셈이다.

5.4.8 어원어의 고빈도

한 언어에서 문법화를 위해 선택하는 이른바 문법소는 그 어원어의 텍스
트적 빈도가 매우 높다는 것이 어원어의 고빈도(High Textual Frequency of
Source) 원리이다. 즉 한 계열에서 문법화되는 단어는 문법화되지 않는 단어
보다 상대적으로 빈도가 높게 나타난다는 것이다. 예를 들어 'go'는 이와
유사한 다른 이동동사, 즉 'move'보다 훨씬 빈도가 높다. 텍스트적 빈도와
문법화는 매우 밀접한 관계를 맺고 있다. 특히 Bybee & Pagliuca(1985: 76)
에서는 "의미가 점점 더 일반화되고 그 사용범위가 넓어짐에 따라 사용빈도
는 높아지고 이것은 자동적으로 음운적 축소나 융합으로 발전하게 된다."고

말하였다. 이와 유사한 생각은 이미 Givón(1981: 51)에서도 지적된 바 있다. Givón(1981)에서는 많은 언어에서 발견되고 있는 문법화 현상 중의 하나인 부정관사의 문법화를 설명하면서, 수사 'one'이 지시적 부정관사로 발달하기 위해서는, 첫째 텍스트적 빈도가 높아야 하고, 둘째 의미 탈색 즉 의미 일반화가 선행조건으로 일어나야 한다고 주장한 바 있다. 이 주장에 따르면 텍스트적 빈도가 낮은 단어는 문법화할 수 없다는 것이다. 잘 알려진 대로 영어의 go는 come 보다 많이 문법화되었으며 한국어에도 '가다'가 '오다'보다 더 많이 문법화되었다. 이러한 비대칭은 거의 모든 언어에서 나타난다. 흥미로운 것은 영어의 경우 Johansson & Hofland(1989)의 빈도수 사전을 보면 동일 코퍼스내에서 go는 2,038회, come은 1,508회 나타남으로써 빈도수 차이를 보여준다. 한국어의 경우에도 <도표 5-19>에서 보듯이 거의 모든 역사적 자료에 '가다'와 '오다' 사이에 큰 빈도수 차이가 있음을 알 수 있다 (이성하 1996c: 175).[30]

	고대한국어	중세한국어	근대한국어	현대한국어
가다	13	242	276	108
오다	7	136	171	56

〈도표 5-19〉 한국어 '가다'와 '오다'의 빈도수 비교

한국어의 '가다'와 '오다'의 사용 빈도상 불균형은 북한의 경우에도 마찬가지이다. 예를 들어, 문영호 외(1993)의 조선어 빈도수 사전에 따르면 동일 코퍼스 내에서의 '가다'와 '오다'의 사용 빈도는 4769:2083으로 '가다'가 두 배 이상 많다.

Givón(1981)에서는 단어의 사용빈도와 의미의 일반성을 문법화의 선결조

---

30) 여기에서 코퍼스로 사용된 문헌은 다음과 같다.
   고대한국어: 향가 25수   중세한국어: 번역노걸대 (ca. 1517)
   근대한국어: 계축일기 (17C)   현대한국어: 청량리역 (송하춘 1993)

건의 독립된 항목으로 취급하고 있지만 실제로는 단어 의미의 일반성 정도
와 그 단어의 사용 빈도와는 밀접한 상관관계가 있다. 그것은 의미의 일반성
의 정도가 낮고 구체성 정도가 높을수록 해당 단어가 적용될 수 있는 환경이
줄어들기 때문이다. '가다'와 '오다'의 경우에도 의미의 구체성 정도가 다르
다. '가다'는 직시적 중심이 화자일 때나 담화상의 주인공일 때나 직시적
중심이 없을 때나 모두 쓸 수 있지만 '오다'는 직시적 중심이 없을 때에는
쓰일 수가 없다.31) 결론적으로 한 어원어가 의미의 일반성이 높으면 사용될
수 있는 환경이 넓어지고, 이에 따라 텍스트적 빈도가 높아지면 언어사용자
에 의해 그 단어가 의미협상의 대상이 되는 가능성이 높아진다. 따라서 문법
화가 이루어질 수 있는 가능성이 높아지는 것이다.32)

5.4.9 문법소의 고빈도

문법소의 고빈도(High Textual Frequency of Target)란, 한 어원어에서 분
화(분리)가 일어나서 한 항목은 원래의 어원어의 특성을 그대로 가진 단어,
즉 대개는 어휘어로 남고, 다른 새로운 항목은 문법적 성질을 가진 단어,
즉 문법소로 각각 분화발전했을 때 문법소는 그것의 원래 형태였던 어원어
보다 더 높은 텍스트적 빈도를 가진다는 것이다. 예를 들어 *that*와 같은 지시
사에서 발달한 문법소인 정관사 *the*는 그 어원어인 *that*보다 훨씬 더 텍스트
적 빈도가 높다. 고빈도와 일반성, 그리고 문법화가 필연적인 관계가 있다는
것은 많은 학자가 주장하였다. 특히 Hopper & Traugott(1993: 103)에서는
"한 단어가 텍스트에 많이 나타나면 많이 나타날수록 그 단어가 많이 문법화
되어 있다고 가정할 수 있다. 빈도는 일종의 사용 패턴상의 일반화를 나타내
준다."고 주장하였다. 그러나 Heine(1994c)에서는 이러한 논리적 연결이 필

---

31) 자세한 논의는 이성하 (1996c: 176-177) 참조.
32) 그러나 Heine(1994c)에서는 이러한 논리적 연결이 필연적이 아니라고 주장하는데 이 점은
    다음 항목 §5.4.9에서 더 자세히 언급하기로 한다.

연적이 아님을 독일어의 *während*의 예를 통해 보이고 있다. 시간전치사/접
속사인 *während*가 더 문법화되어 양보표지 접속사로 발달하였지만 양보표
지의 용법보다는 원래의 시간표지의 용법으로 더 많이 쓰인다는 것이다. 즉
한 어원어가 문법화되어 문법소가 되었어도 더 폭넓은 분포를 가지거나 사
용되는 문맥이 더 많아지지 않을 수 있다. 그러나 소수의 예외를 제외하면
문법소의 고빈도는 문법화에서 나타나는 일반적인 원리로 생각할 수 있
다.[33]

---

33) Heine(1994c)에서는 위에서 설명한 원리와 경향성 이외에도 분열, 층위화, 소실, 탈범주화,
음운축소, 의미지속성 등 여러 가지 원리들과 경향성들을 들고 있는데 그것들은 다른 학자
들의 이론을 설명하는 곳에서 이미 설명이 있었기 때문에 여기서 반복하지 않기로 한다.
여기에서 다루어지지 않은 항목들은 다음 항목들을 참조.
의미지속성(persistence):　　　　　§5.2.4
탈범주화(decategorialization):　　§5.2.5
층위화(layering):　　　　　　　　§5.2.1
소실(loss):　　　　　　　　　　　§5.1.1 (축소; attrition)
분리(split):　　　　　　　　　　　§5.2.2 (분화; divergence)
음운축소(erosion):　　　　　　　　§5.1.1 (축소; attrition)

제6장 문법화의 기제

문법화 현상을 연구하는 데 있어서 문법화의 기제, 즉 문법화가 어떠한 장치에 의해 이루어지는지 살피는 것은 아주 기본적인 사항 중의 하나이다. 문법화론 연구가 본격적으로 시작된 이래 학자들은 많은 문법화 기제들을 제시해 왔다. 이 장에서는 그 기제 중에서 은유, 유추, 환유, 재분석, 화용적 추론, 조화, 일반화, 흡수 등 중요한 몇 가지 기제들에 관해 살펴보고자 한다.

문법화의 기제를 이해하는 데에는 먼저 두 가지 사항을 전제하여야 한다. 첫째, 이 기제가 각각 독립적으로 문법화를 유발하는 경우는 매우 드물어서 대부분의 경우에는 이 기제 중의 여러 가지가 한꺼번에 혹은 단계별로 작용하면서 문법화가 이루어진다는 것이다. 따라서 하나의 문법화 기제가 모든 문법화 현상을 공통적으로 설명할 수는 없다. 둘째, 다음에 소개되는 기제가 서로 분명한 경계를 갖고 있는 것이 아니라 각 용어들이 정의하는 영역이 중복되어 있는 경우가 많다.

6.1 은유

문법화의 기제로서의 은유를 논하기 위해 먼저 은유(Metaphor)란 무엇인가를 살펴보자. 은유의 정의에 대하여는 많은 시도가 있었다. 1991년의 웹스터 사전에 의하면 은유란 '어떤 대상이나 개념과의 비교를 시사하면서, 어떤 단어나 구를 그것들이 문자적으로 지시하지 않는 대상이나 개념에 적용하는 것'이라고 정의하고 있다. 또한 Lyons(1977: 103)는 형태와 의미간의 복잡한 도상성의 한 유형이라고 정의하기도 하였다. 그러나 이러한 다양한 정의 속에서도, 대개의 학자들은 은유를, '어떤 대상을 다른 종류의 대상으로 경험하는 것, 구체적인 것으로부터 추상적인 것으로의 전이'라고 파악하는 데에 동의하고 있다(Lakoff & Johnson 1980; Claudi & Heine 1986 등 다수).

은유의 연구를 역사적 관점에서 살펴보면 은유와 관련하여 언어학 역사에 중요한 전환점이 있었음을 보여 준다. '은유를 잘 쓰는 것은 천재성의 증거'라고 말했던 아리스토텔레스 이후 지금까지 학계에는 은유에 대한 방대한 양의 연구 논문이 나와서 1990년까지 발행된 논문만도 12,000여 편이나 된다(이성하 1997: 359). 그러나 1970년대까지 언어학에서는 은유가 그리 큰 관심 대상이 되지 못하였다. 1970년대 후반 인지언어학의 대두와 더불어 Reddy(1979)와 Lakoff & Johnson(1980)의 연구 등을 중심으로, 언어 자체의 기본 골격이 은유로 이루어져 있음이 밝혀지면서, 언어학에서 은유가 갖는 중요성이 인식되기 시작하였다. 이들 이론에 의하면 인간의 개념체계 자체가 은유적이므로 인간의 사고를 반영하는 언어는 은유적일 수밖에 없다는 것이다. 이러한 정신은 다음의 인용문 (1)에서 쉽게 볼 수 있다.

(1) 인간의 개념 체계는 은유적으로 구성되어 있으며, 따라서 우리가 생각하는 방식이나 우리가 경험하는 방식, 그리고 우리가 매일 살아가면서 하는 일들은 결국 모두가 은유의 문제이다. … [이러한 증거들은] 언어를 통해 찾을 수 있다. (Lakoff & Johnson 1980: 3-4)

이러한 입장은 Heine et al.(1991)의 다음 인용문에서도 잘 드러난다.

(2) 은유 사용의 보편성은, 언어학자가 은유화 행위의 영역이라고 생각하기 어려울 정도의 영역에까지 확산되어 있다. (p. 204)

은유가 무엇인지 살펴보기 위해 다음의 예들을 보자.

(3) a. 여호와는 나의 목자시니 내가 부족함이 없으리로다. (시편 23:1)

b. The Clinton administration put new military and economic <u>pressure</u> on North Korea Monday to try to <u>pry open</u> suspect nuclear sites for international inspection.

(The Daily Texan 1994년 3월 22일자)

위의 예 (3a)에서는 가시적 형상이 없는 신인 '여호와'를 '목자'로 은유화하고 있다. 즉 '신의 보호와 사랑'을 '목자의 보호와 사랑'으로 경험하고자 하는 것이며, 또한 가시적이며 구체적인 '사람'으로부터 불가시적이며 추상적인 '신'으로의 개념 전이가 있다.[1] 예 (3b)에서도 미 클린턴 행정부가 북한에 군사상·경제상 영향력을 행사한다는 것(압력을 넣는다는 것)과 그 영향력 행사를 통하여 핵기지 사찰 거부를 철회시키려 한다는 것(닫힌 원자력 기지들을 강제로 열려하고 있다는 것)인데, 특히 강제로 연다는 *pry open*은 지렛대를 이용해서 여는 것을 말하기 때문에 그 묘사가 아주 사실적이다. 여기에서도 구체적인 것에서 추상적인 것으로의 전이가 여러 측면에서 보인다. 은유에서 중요한 점은 일종의 유추행위가 영역을 가로질러 일어난다는 것이

---

[1] 은유에서 '전이'라는 개념은 매우 중요한데 이 개념을 적용하는 데에 있어서 전이의 방향에 대해 혼동하기가 매우 쉽다. 'A가 B로 전이되었다'고 말할 때 A는 기원이 되고 B는 목표가 되는데 이들을 각각 source와 target, 혹은 vehicle과 tenor라 부른다. 그런데 이들 기원과 목표는 은유사용과 은유해석에서 각각 다른 방향으로 적용될 수 있다. 즉 은유사용에서는 '여호와'라는 일차적 대상을 '목자'라는 이차적 대상으로 은유화하고 있기 때문에 '여호와'는 기원, '목자'는 목표가 된다. 그러나 은유해석에 있어서는 은유의 핵심이 '목자'에 집중되어 있기 때문에 묘사로부터 의도로 전이 방향이 바뀌면서 '목자'는 기원, '여호와'는 목표가 된다. 이러한 전이의 양방향성 때문에 은유론 학자들 사이에서 vehicle과 tenor가 엇갈려 사용되기도 한다.

다. 즉 한 영역에서의 개념이 또 다른 영역에서의 개념과 연결되는 것이다.
그런데 이 연결은 자의적이 아니라 유추나 도상성 등이 이용되는 규칙성을
띤 것이다. 연결을 통해 일어나는 전이는 근원에서의 모든 것이 다 전이되는
것이 아니라, 상세한 부분들은 생략되고 그 중의 중요한 뼈대만이 전이되는
것이다. 즉 위에서 예를 든 '여호와는 나의 목자시니…'에서 보면, '목자'에
서 '여호와'로의 전이에서는 목자가 허리에 차고 다님직한 물병이나 신고
있는 신, 입고 있는 옷, 혹은 머리카락 등은 전혀 전이되지 않는다. 그 반면
그가 양몰이를 하면서 사용되는 '지팡이'라든가 양을 놀보는 '사랑어린 몸
짓'이라든가 하는 것들은 중요한 요소들로서 전이에 참여하게 된다. 또한
'여호와'에서 '목자'로의 전이에서도 불가시성이라든가 전지전능성, 무시무
종성 등과 같은 전형적인 신의 특성들은 전이되지 않는다.

은유가 문법화와 가지는 관계에 대해 연구한 학자들은 많이 있다. 특히
Matisoff(1991: 384) 같은 학자는 문법화가 은유의 하위형태라고 주장하는
극단적인 입장을 보이고 있다. 괄목할 만한 연구로는 Sweetser(1990)가 있는
데, 이 연구에서는 Talmy(1981, 1988)에서 제시된 '힘의 역학(force
dynamics)'이라는 개념을 이용해 물리적인 현상에 있어서의 역학 관계가 사
회적인 역학 관계, 더 나아가 인간의 지식세계에 있어서의 인식론적 역학
관계로 전이되는 현상을 들고 있다. 다음의 예를 보자.

(4) a. The crack in the stone let the water flow through. (물리적)
    b. I begged Mary to let me have another cookie.   (사회적)
                                    (Sweetser 1990: 52)

(5) a. You must finish your homework.   (사회적)
    b. You must have been home last night.   (인식론적)

위의 *let*과 *must*의 예를 보면 <도표 6-1>과 같은 개념 영역의 변화를 볼

수 있다.

a. let:	물리적 장애의 제거	>	사회적 제한의 제거
	돌에 생긴 틈에 의하여 물의 흐름을 제약하는 장애가 없어짐		Mary의 허락에 의하여 내가 쿠키를 더 먹을 수 없는 사회 상황적 장애가 없어짐
b. must:	실제세계에서 사건이 일어나야 할 당위성	>	인식 세계에서 한 명제가 사실이어야 할 당위성
	화자의 권위나 직접적인 힘이 너로 하여금 숙제를 끝내는 일이 일어나도록 강제성을 부과함		내가 가지고 있는 증거가 네가 어젯밤 집에 있었다는 결정을 내리도록 논리적인 강제성을 부과함

〈도표 6-1〉 let과 must의 개념 영역 전이

<도표 6-1>에서 보듯이 개념들의 영역이 변화되기 때문에 이것은 은유에 의한 변화가 되는 것이다. Sweetser(1990: 50)는 이러한 은유에 의한 의미 확장, 의미 전이는 바로 우리의 정신 세계가 외부의 물리적인 세계와 평행적인 관계를 이루면서 우리의 정신 세계 자체가 은유적인 구조로 이루어져 있기 때문이라고 주장한다.

문법화의 기제로 사용되는 은유에 대한 가장 적절한 예는 시공간표지 (spatio-temporal marker)의 발달을 포함하는 이른바 존재론적 범주 (ontological category)의 변화를 지적한 Heine et al.(1991a,b)의 연구이다. 여기서는 범주들의 이동 방향을 다음 (5)와 같이 정리하고 있다.

(5) 사람 > 물체 > 행위 > 공간 > 시간 > 질

예를 들어 공간을 표시하는 behind나 back은 원래 신체부위 명칭에서 나

온 것이다. 즉 [물체>공간]의 전이가 생긴 것이다. 또한 *behind*가 *I'm behind in preparing the report.*처럼 쓰이거나, *go to*와 같은 일차적으로는 공간적인 개념이 *be going to* 미래 표지처럼 쓰일 때는, [공간>시간]의 전이가 이용되었다. 비단 영어의 예 뿐만 아니라 많은 언어에서 이러한 은유적 전이가 보인다. 다음은 많은 언어들에 나타나는 신체의 '등'에서 출발한 개념들의 발전 과정을 보인 것이다.

(6) back(인체) > behind(공간) > after(시간) > retarded(질)

위 (6)의 일반화된 과정은 우리말의 '뒤'에서도 예를 찾을 수 있다. 다음의 예들을 보자.

(7) a. 그 사람 뒤에 흙이 묻었다.   인체
    b. 그 건물 뒤에 주차장이 넓다.   공간
    c. 한 시간 뒤에 만나자.   시간
    d. 나는 수학에서 많이 뒤진다.   질

이러한 은유의 예는 '오다', '가다', '돌아오/가다' 등을 이용하여 오세아니아의 언어들을 범언어적으로 살펴본 Lichtenberk(1991)의 논문에서도 주목된다. 이 논문에서는 '오다'의 뜻을 가진 단어가 신체적인 이동을 의미하는 본동사로 쓰이는 이외에도, 공간적 개념과 관계된 여러 가지 처소격, 유래격 표지들로 변화하고, 미래시제나 지속상과 같은 시간적 개념으로 변화하기도 하며, 심지어는 수동문의 행위자표지나 비교급문장의 비교대상표지 등으로까지 변화한 예를 보였다(pp. 481-490). 또한 이와 유사하게, '가다'의 뜻을 가진 단어들도, 공간적인 개념과 관계된 여러 가지 처소격, 향격 등으로 변화하고, 시간적 개념과 관계된 과거시제, 미래시제 표지들이나 시간적 원격 표지, 지속상 표지 등으로 발전하고, 더 나아가 조건절 표지나, 순서표지들로

바뀐 예를 들고 있다(pp. 490-499).[2]

이와 매우 유사하게 이성하(1996c)에서는 한국어의 '가다'와 '오다'가 지속상, 상태변화상표지로 발전한 예를 보이고 있다. 다음의 예를 보자.

(8) a. 전쟁에서 많은 병사들이 죽어갔다.
　　b. 환율이 점점 올라간다.
　　c. 목적지에 다 와간다.
　　d. 우리는 5년 동안 감자만 먹어왔다.
　　e. 그 정신병자가 제 정신으로 돌아왔다.
　　f. 열병환자의 체온이 내려온다.

위의 예 (8)에서 보듯이 신체적인 이동을 의미하는 이동동사가 시간적인 지속이나 상태의 변화 등을 나타내는 문법표지들로 변화한 것을 볼 수 있다. 또한 이러한 문법표지는 시간상황적 이동이라는 객관적 표시를 하기도 하지만 때로 화자의 주관적인 가치평가를 표시한다. 예를 들어 위 (8a)의 예를 '죽어왔다'로 고치거나, (8e)의 예를 '돌아갔다'로 고치면 매우 어색한 문장이 되고 만다. 앞의 경우는 저승사자나 그렇게 사용할 수 있을 것이고, 후의 경우는 그 환자가 병이 낫지 않기를 바라는 어떤 정신병자들이나 그렇게 사용할 수 있을 것이기 때문이다.[3]

또한 Bybee & Pagliuca(1985)와 Bybee *et al.*(1994) 등에서는 행동주 중심의 양태에서 인식론적 양태로 변화하는 예들을 들고 있는데 이것 또한 은유에 의한 확장으로 간주될 수 있다. 이들 연구에 따르면 문장 주어, 즉 행동주의 의무를 표시하는 양태표지가 화자의 인식론적 세계에서의 논리 구조상의 필연성, 가능성 등을 표시하는 양태표지로 변한다는 것이다. 이것은 이미 위에 소개한 바 있는 Sweetser(1990)의 예에서도 유사한 설명을 한 바 있는

---

2) Lichtenberk(1990)의 '오다', '가다', '돌아오/가다'의 의미 구조는 §8.1.5 참조.
3) 이처럼 '오다' '가다'와 관련된 화자의 심리상태 표시에 관한 자세한 논의는 이성하(1996c: 161-177) 참조.

데, 이들 학자들의 논문에서 새로이 제시한 것은 행위자중심/인식론중심의
체계에서 같은 현상을 파악하고 있다는 것이다. 다음의 예들을 보자.

(9) a. You <u>must</u> go home.
   b. The story <u>must</u> be true.

위의 예에서 보듯이 예 (9a)에서는 문장의 주어이며 행위자인 'you'가
'must'에 의해 집에 가야 하는 의무를 지게 되지만(agent-oriented modality),
예 (9b)에서는 'must'에 의해 문장의 주어인 'the story'에게 어떤 의무가 부
과되는 것이 아니라, 'must'는 'the story is true'라는 명제와 화자의 인식론
적 체계에 의한 신념을 표시함으로써(epistemic modality), 화자의 지식체계
에 따르면 그 이야기는 사실이어야 하는 필연성을 가져야 한다는 것을 뜻한
다. 즉 <도표 6-2>에서 보는 바와 같이, 전자의 경우는 *must*가 주어와 술부
를 연결하고 있지만 후자의 경우는 *must*가 화자와 명제를 연결하고 있는
것이다. 이와 같은 발전도 물리적인 영역에서 인식론적인 영역으로의 전이
즉 은유에 의한 것으로 볼 수 있다.

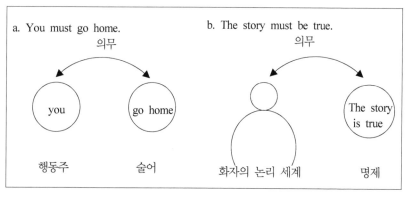

〈도표 6-2〉 *must*의 〔행동주 중심 양태 〉 인식론적 양태〕의 변화

6.2 유추

일반적으로 말해 유추(Analogy)란 어떤 언어 형태가 의미나 기능, 음성적으로 비슷한 언어 형태에 동화하여 변하거나 또는 그런 형태가 새로 생겨나도록 하는 심리적인 과정을 가리키는 것이다. 유추라는 단어의 어원이 되는 그리스어의 *analogia*는 원래 변칙성을 뜻하는 *anomalia* 'anomaly'의 반의어로서 규칙성을 뜻하는 단어이었다. 규칙성이란, 일종의 유사성에 기초한 일관성을 가리키는 것으로서, 이러한 유사성은 형태상의 유사성이 될 수도 있고, 기능상의 유사성이 될 수도 있다. 유추의 가장 기본적인 형태는 [A:B=C:x]의 형식을 통해 x의 값을 찾는 것이다. 즉 일정한 준거 형식을 선택하여 그 형식에 맞추어 답을 찾으려 하는 추론의 한 방식이다.

유추의 가장 널리 알려진 예는 영어의 복수표지의 변화이다. 즉, 고대영어에서는 *wīf* 'woman', *hūs* 'house', *þīng* 'thing', *bān* 'bone' 등과 같이 장모음을 가진 단음절 중성명사의 경우에는 단수복수가 같은 형태였다. 이러한 단수복수 동형의 경우들은 더 흔한 복수형이었던 *-s* 형태로부터 유추되어 모두 *-s*형으로 통일되기에 이르렀다. 이러한 단수복수 형태에 대한 유추적 변화는 <도표 6-3>과 같이 최근에 생겨나고 있는 추가적인 예들에서도 발견된다.

단수	복수원래형	복수최근형	
a. cow	kine	cows	(단수+-s)
b. memorandum	memoranda	memorandums	(단수+-s)
c. agendum	agenda	agendas	(복수+-s)
d. criterion	criteria	criterias	(복수+-s)

〈도표 6-3〉 유추에 의한 복수표지 변화의 예

물론 <도표 6-3>과 같은 변화는 (a)를 제외하고는 완전하게 이루어진 것이 아니어서 아직도 원래의 복수형과 최근의 유추된 복수형이 공존하고 있다.

유추적 변화의 다른 예는 동사의 변화형에서 찾아 볼 수 있다. 영어에는 아직도 강변화동사라고 불리는 불규칙변화형이 있다. 강변화동사들은 *sing* 의 [sing-sang-sung]의 경우처럼 어간 모음이 교체되었는데, 고대의 영어에 서는 이 교체 형식에 따라 강변화동사가 일곱 가지 종류로 나뉘어졌다. 영어 에서의 대부분의 동사들은 약변화동사, 즉 과거, 과거분사형을 모두 원형에 -*ed*만을 붙여 만드는 형식에 속하였는데, 이러한 간단한 형식을 빌어다가 복잡한 강변화동사들의 변화 방식을 간소화하는 유추적 변화가 일어났다.

이와 같이 유추란 동일 언어 내에 있는 유사한 다른 형식에서 규칙을 빌려 오는 것이기 때문에 내적차용(internal borrowing)이라고 불리기도 한다. 이 러한 유추작용에 의해 현대의 영어 동사 변화는 매우 간소화되었다. 이러한 유추는 대개의 경우 많이 쓰이지 않는 형태가 많이 쓰이는 형태로부터 규칙 을 차용해 오는 것이기 때문에, 빈번히 쓰이는 동사들에는 아직도 유추에 의한 변화에 저항하여 복잡한 형태를 유지하고 있는 것이 많다. 그 예로 영 어의 *be*동사는 [be-beed-beed]의 형식이 아니라 [am/are/is - was/were - been]으로 복잡한 형태를 취하고 있고, 이러한 복잡성은 독일어의 *sein*동사 와 프랑스어의 *être*동사의 경우에도 마찬가지이다.

유추는 위에 예를 든 계열상의 변화뿐 아니라 역성법(back-formation)에 의한 단어 형성, 즉 조어법에도 영향을 미친다. 예를 들어 *beggar, editor*라는 단어에 있는 -*ar, -or*을 사람을 나타내는 파생접미사로 생각하여 역으로 *beg, edit*라는 동사를 만들어 낸 것이라든가, *television*에서의 -*ion*을 파생접미사 로 생각하여 동사 *televise*를 만들어 낸 것들도 또한 유추에 의한 것이다.

Matisoff(1991: 385)에서는 유추에 의한 변화 중에서 현재 진행중인 것들 로 <도표 6-4>와 같은 예를 들고 있다.

새로운 형태	대체되는 형태	유추의 준거 형태
bored of	bored with	tired of, sick of
so fun	such fun	so amusing, so funny
between she and I	between she and me	She and I are going
I could care less	I couldn't care less	I should worry?! (?)

〈도표 6-4〉 현대영어에서 진행중인 유추 현상

또한 <도표 6-4>의 경우들보다 더 파격적인 예는 소위 '이중계사 구문 (double copula construction)'이다. 예를 들어, *What I think is - he's an idiot.* 와 같은 주제화구문이나, *It is that he's an idiot.*와 같은 외치구문들을 준거 형태로 하여 유추적 합성을 통해 만든 것으로 보이는 *What I think is, is that he's an idiot.*와 같이 계사 be 동사가 겹쳐지는 변화도 있다는 것이다. Matisoff(1991)에서는 위와 같은 변화들은 유추에 의한 문법상(grammatical) 의 변화이긴 하지만, 문법화(grammatizational)로 보기는 어렵다는 입장을 취하고 있다.

유추라는 개념은 실제 고대 그리스 시대까지 거슬러 올라가지만, 유추를 언어변화와 관련하여 한 원리로 파악한 것은 19세기의 신문법학파(Neo-grammarian)들의 공로였다. 그러나 이들은 주로 유추를 음성적 변화를 설명 하는 데에만 국한하여 사용하였다. Saussure는 유추를 교착(agglutination)과 함께 새로운 문법 형태를 만드는 데 사용되는 두 가지 기본적인 기제라고 주장하였다. 현대언어학에서는 역사언어학이나 비교언어학 또한 언어습득 론 등의 분야에서 유추의 역할을 중시하고 있다. 인지적인 측면에서 보자면 모든 범주화행위는 사실상 유추에 기초하고 있다. 즉, 사람들은 유추작용을 통해 어떤 대상물에게 그 범주를 지정한다.

문법화론 학자 가운데 유추를 문법화의 핵심 기제라고 생각하는 학자들도 있지만, 그 반대인 학자들도 있다. 예를 들어, Givón은 "음운상이나, 형태-통 사적이나, 의미론적이나, 담화화용이나, 언어에 있어서 거의 모든 창조적인 통시적 변화들은 유추적인 변화"라고 주장한 바 있고(Givón 1991b: 258), Matisoff 같은 학자도 "모든 문법화 현상은 유추를 포함한다고 주장할 수 있을 것"이라고 주장한 바 있다(Matisoff 1991: 385). 한편 Heine et al. (1991a)은 "유추란 은유적 전이와 문법화적 과정에 있어서의 원인으로가 아니라 단지 관계로서 보아야 하며, 유추는 그 자체로서는 아무런 설명력을 갖지 못한다."고 주장하여 어느 정도는 대립되는 입장을 취하고 있다. 즉 Heine et al.(1991a)의 입장은 유추는 어떤 변화현상을 기술할 뿐이지 그 자체가 기제는 아니라는 것이다. 유추가 문법변화의 확산에 크게 기여하는 것은 사실이지만, 언어의 불규칙성을 대변한다고 할 수 있는 예외형태들이 얼마나 많은지 생각해 보면, 언어 형태를 일관성 있게 만들기 위해 작용하는 유추의 압력을 너무 과대평가할 수는 없다.

유추와 문법화를 엄격하게 구별하는 학자도 있다. Meillet(1912)에서는 문법 형태가 생겨나는 두 가지 방법이 유추와 문법화이며, 유추는 그 영향이 국지적이어서 전체 언어 체계에는 영향을 미치지 못하고, 문법화는 새로운 범주를 들여옴으로써 전체 언어 체계에 변화를 불러일으킨다고 보았다(Meillet 1912: 133). 이러한 시각에서는 유추와 문법화는 확연히 구별된다. 즉, 유추는 패턴의 확장에 관여하는데 반해 문법화는 패턴의 혁신에 관여한다고 볼 수 있다.

유추가 문법화에서 가지는 의미를 살펴보기로 하자. Heine & Reh(1984: 28)에 따르면, 유추는 의미역 요인, 언어별로 선호되는 어순, 동사의 견인과 더불어 어순 변화의 주요 요인 중의 하나이다. 유추가 형태-통사적인 변화에서 어순 변화에 관여한다는 것은 Dik(1978: 174)에서 이미 언급한 바 있다. Dik(1978)에 따르면 유추는, 기능상의 특징이 같은 문장 성분을 문장 구조상의 위치가 같은 곳에 배치하는 데 사용하는 심리적인 언어 전략이다. 즉 유추는 기능과 위치의 상관관계를 설명하는 데 사용되는 것이다. 또한 유추는 위에서 예를 들어 보였던 영어의 명사 복수형 또는 동사의 변화형의 경우에

서 보듯이 기능적 과정을 나타내는 용어인 단순화(simplification)와 거의 일
치한다고 볼 수 있다. 이러한 과정을 W. Lehmann(1963: 183ff)에서는 유추
적 평준화(analogical leveling)라 불렀고, Heine & Reh(1984: 41)에서는 계
열적 유추(paradigmatic analogy)라 불렀다.

유추를 은유와 관련해서 보자면, 은유란 발화와 의도, 즉 말한 것과 의도
된 의미간의 유추에 기초한 것이라 할 수 있다. 그러나 유추가 있다고 해서
반드시 은유가 되는 것은 아니다. 은유는 개념의 전이가 한 영역에서 다른
영역으로 옮겨가는 경우에만 적용되지만 유추란 영역의 변화와는 무관하기
때문이다.

Heine et al.(1991a: 102)에 따르면, 문법화를 통해 생겨나는 거시적구조관
계(macro-structure relations)의 특징이 곧 유추이다.[4] Givón(1989)에서 제
시한 이른바 원형 확대 모형(prototype extension model)에서는, 유사원형적
범주들은 유추나 은유에 의해 수정되거나 확대된다고 보고 있다. 또한 C.
Lehmann(1982: 159)은 문법화의 방향이 점점 좁혀지는 현상은 크게는 유추
적인 압력에 기초한 것이라고 주장한다.

6.3 환유

환유(Metonymy)란 '어떤 방식으로 한 대상이 다른 대상에 연속성을 가지
고 있을 때에 그것을 이용해 그 연속성 있는 대상을 지칭하기 위해 쓰는
수사법의 일종'이라고 정의한 바 있다(Taylor 1989; Heine et al. 1991a 등).[5]

---

4) Macro-structure에 대한 상세한 논의는 Heine et al.(1991a)의 환유-은유 모형을 설명한 §7.5
참조.
5) 환유는 은유와 매우 밀접한 관계를 맺고 있다. 특히 은유와의 관계에서 용어의 정의상의
차이 때문에 혼란이 야기되는 경우도 많다. 즉, 어떤 학자들은 은유를 수사법의 상위어로
보고 그 은유의 하위어로서 다시 은유와 환유가 있는 것처럼 분석함으로써 은유를 일종의
총칭어(cover term)로 사용한다. 또 다른 학자들은 은유와 환유는 단순한 병렬적 관계로서

다시 말해서 환유는 그것과 '연속성'을 가진 대상을 지칭하는 데 쓰이는 언어전략이다.

연속성은 여러 가지 형태로 나타날 수 있다. Traugott and König(1991: 210)에서는 연속성의 종류를 다음과 같이 세 가지로 나누었다.

(10) a. 사회-물리적, 사회-문화적 경험상의 연속성
  b. 제유, 즉 부분-전체 관계의 연속성
  c. 벙치 관계, 즉 발화상이 연속성

위의 (10a)에서 말하는 사회-물리적, 사회-문화적 경험상의 연속성이란 매우 포괄적인 개념으로서 언어에서 많이 쓰이는 수사상의 전략이다. 예를 들어 옛날 임금이 어인(御印)을 찍는 데 사용하던 도장이 옥새(玉璽)이다. 옥새는 임금이 사용하던 것이므로 옥새가 임금을 상징하는데 사용되었고, 임금을 상징함으로써 곧 권위와 국권을 상징하게 되고, 또 국권을 상징함으로써 국가 자체를 상징하기도 하였다. 따라서 임금이 국권을 포기하고 적에게 항복할 때에는 이 옥새를 갖다가 바쳤다. 요즘도 우리가 도장을 찍는 행위는 그 도장이 도장 주인을 대신한다는 점에서 유사하다. 이러한 상징성은 그 도장이 가져다주는 사회적 경험상의 가치를 언어 사용자가 알고 있기 때문에 성립하는 것으로서 인장문화가 없는 사회에서는 성립되지 않는 환유관계이다. 이와 유사한 예로 미국의 39대 대통령이었던 Jimmy Carter의 예를 들어 보자. 그는 지금까지 미국 역대 대통령 중에서 가장 크게 미소를 지은 사람으로 알려져 있다. 그가 대통령이던 시절의 정치 풍자 만화에는 늘 귀밑까지 찢어지도록 웃는 입을 그려서 Carter 대통령을 상징하였다. 때로는 웃는 얼굴로 백악관을 상징하기도 했고, 더 추상적으로 Carter 행정부를 상징하거나 미국을 상징하는 것으로 종종 사용되었다. 이러한 상징성은 사회-문

수사법의 여러 기교 중의 원소들로 본다. 여기서는 후자의 입장을 취하기로 한다. 유형론적 입장에서 어휘, 문법, 담화 화용과 관련된 환유의 설명에 대하여는 박진호(2016) 참고.

화적인 환유관계이다. 요즘도 텔레비전의 뉴스에서 정부에 관한 내용을 보도할 때에는 대통령이나 청와대의 사진을 화면 구석에 내보낸다든가, 사법적인 내용을 보도할 때에는 법원 건물이나, 법관의 법복, 혹은 판결용 망치 등의 그림을 화면 구석에 내보내는데, 이러한 것은 모두가 우리의 사회적 경험상의 연속성에 기초한 환유적 상징 행위이다. 이 외에도 국회의원을 금배지라고 부른다든가, 군대의 장군을 별이라고 부른다든가, 사무직 근로자를 화이트칼라, 비사무직 근로자를 블루칼라라고 부르는 것 등도 이러한 사회-문화적 경험에 기초한 환유관계이다.

사회-물리적인 관계 또한 사회-문화적인 관계와 매우 유사한데 사회-물리적인 관계에는 문자 그대로 물리적인 관계가 개입되어 있다는 점에서 양자를 구별할 수 있다. 예를 들어서 주요 전직 정치인들을 거처에 따라 '동교동' '상도동' 등으로 부른 것은 지리적인 관계, 즉 사회-물리적 관계를 이용한 환유이다. 물론 이것이 사람을 가리키는 것을 지나 그와 관계된 권력관계라든가 정치적 입장 등을 대신하여 쓰이게 되면 물리적 관계를 벗어나 문화적 관계가 될 수도 있다. 이 두 가지가 명확히 구별되어 쓰이는 것이 아니기 때문이다. 조금 더 물리적인 경계가 있는 예로는 다음과 같은 것을 들 수 있다.

(11) a. The chicken sandwich wants the bill.
 b. 파란색 오토바이가 사람을 치고 도망갔다.
 c. 난로 위에서 주전자가 끓고 있다.

위의 예에서 보면 (11a)에서는 치킨샌드위치를 이용해서 치킨샌드위치를 먹은 손님을 가리킨다. (11b)에서는 도망간 것이 사실은 오토바이가 아니라 오토바이를 탄 뺑소니 운전자이다. (11c)에서는 금속성 주전자가 끓는 것일 수는 없을 것이고 주전자 속의 물이 끓는 것이다. 이러한 방식의 환유관계는 언어의 경제성에서 큰 효과를 발휘한다. 위의 예를 'The customer who ate *the chicken sandwich wants the bill.*'이라든가 '어떤 사람이 파란색 오토바이를 타고 사람을 치고 도망갔다', 또한 '주전자 속에 들어 있는 물이 끓고 있다'라고 하는 것보다는 훨씬 경제적이기 때문이다. 이처럼 사물 A가 사물 B와 물리적으로 연속성, 즉 공간적 연속성을 갖고 있을 때, 둘 사이에는 환유관계가 성립된다.

이러한 종류의 환유 관계는 단어의 의미 변화 경우에도 많이 나타난다. 즉 현대 영어에서 구슬이나 기도용 묵주를 가리키는 *bead*라는 단어는 원래 '기도'라는 뜻을 가지고 있었다. 그런데 기도를 할 때마다 묵주의 구슬을 하나씩 넘기던 관습에서 '기도'가 '기도용 구슬'로, 더 나아가 모든 종류의 '구슬'로 변하게 된 것이다. 물론 옛 관습대로 기도할 때에는 '기도'와 '기도용 구슬' 간에 인접관계가 있는 것은 당연한 일이다. 이 뿐 아니라 라틴어에서 둔부(엉덩이)를 의미하던 *coxa*가 프랑스어에서는 허벅지를 뜻하는 *cuisse*로 변하였는데 이것도 엉덩이와 허벅지가 인접관계가 있다는 점에서 환유에 의한 것으로 볼 수 있다.

제유, 즉 부분-전체 관계는 보편적으로 물리적인 면에서의 부분-전체의 관계를 나타낸다. 가장 흔한 예는 신체의 일부를 나타내는 말로서 사람을 가리키는 경우이다. 위에서 Carter 대통령의 예를 든 바가 있는데, 그 예로 다시 돌아가 보면, 그의 입이나 혹은 미소가 그의 신체상의 일부라는 점에서, 그의 [입/미소-얼굴-Carter]의 관계는 부분-전체의 연속성 관계라 할 수 있다. 여권이나 기타 증서에서 얼굴로서 몸 전체 즉 그 사람 자신을 가리키는 일은 아마도 전 세계가 공통일 것이다. 그러나 얼굴만이 몸이나 사람을 상징하는 것은 아니다. 다음과 같은 예를 보자.

(12) a. We are short of hands.
　　 b. 장사가 잘 되니 손이 딸린다.
　　 c. 選手, 高手, 鼓手, 助手

위의 (12a), (12b)에서 보듯이 사람의 가치가 노동력의 관점에서 보여질 때에는 손이 가장 중요한 부분이 되기 때문에 영어에서나 한국어에서나 공통으로 손으로 사람을 상징하게 한다. 예 (12c)의 경우에는 한국어에서나 중국어에 공통으로 있는 단어들로서 손을 말하는 '수(手)'자가 사람을 가리키는 말로 굳어져 있다. 사실 한국어에서는 '전화교환수', '운전수' 등 '수(手)'자가 들어 있는 말이 많았지만, 그러한 직업을 가진 사람의 효용을 단순히 손으로만 간주하는 것은 상당히 모욕적일 수 있기 때문에 그러한 평가에 대해 가치중립적인 원(員), 자(者) 등으로 바꾸거나 선비를 가리키는 사(士) 등으로 바꾸어 전화교환원, 운전자/운전사/기사 등으로 바뀌게 된 것은 흥미로운 일이다. 그런데 이와 같은 부분-전체의 관계를 논하는 데 있어서, 사회-물리, 사회-문화적 환유관계와 정확한 선이 그어지지 않는 것이 있다. 예를 들어서 '안경을 쓰신 담임 선생님'이 오시는 걸 보고 한 학생이 자기 친구에게 "저기 안경 온다"라고 했을 때 '안경'을 선생님의 전체를 구성하고 있는 한 부분으로 파악해야 할지 아니면 선생님과 물리적, 즉 공간적인 인접관계를 가지고 있는 별도의 대상물로 보아야 할지는 언어 사용자의 주관적인 판단에 맡길 수밖에 없다. 즉 사람을 사람으로 파악할 때에 포함되는 것이 무엇인지, 즉 신체적으로 보아 알몸만을 한 사람으로 취급할 것인지, 아니면 그 사람이 사회-문화적 상황에서 한 사람으로 기능하기 위해 필요한 부속물들을 다 포함하여 사람으로 취급할 것인지 하는 문제에는 사회적인 차이나 개인적인 차이가 있을 수밖에 없는 것이다. 이러한 사회문화적인 차이는 다음의 예문에서도 나타난다.

(13) a. I like Shakespeare.

b. I am reading a Shakespeare.

c. I am listening to Brahms.

d. (?)나는 김소월을 좋아한다.

e. ??나는 김소월을 읽는다.

f. ??나는 홍난파를 듣는다.

위의 예 (13)에서 보면 영어 문화권에서 작품과 작가의 관계상의 밀접도를 파악하는 방식이 한국 문화권에서의 방식과 다른 것을 알 수 있다. 예문 (13d)는 약간 모호한데 어떤 이들은 이 문장을 작가 자신을 가리키는 것만으로 용인하고, 어떤 이들은 작가와 작품을 둘 다 가리키는 것으로 용인하고, 또 어떤이들은 작가와 작품을 둘 다 가리키되 작품을 가리키는 것을 더 무표적으로 받아들인다. 그러나 작품을 나타내는 (13e)나 (13f)는 거의 용인되지 않아서, 영어 문화권과는 차이를 보인다. 이처럼 언어적 전략으로서의 환유는 언어 사용자의 사회-문화적 환경에 따라 차이를 보이고 있다.

문법화론의 관점에서 볼 때 가장 큰 의미를 갖는 환유의 형태는 위 (10)에서 제시한 세 가지 중의 마지막 형태인 발화상의 연속성, 즉 병치관계이다. 그러나 문법화의 논의에서는 환유가 갖는 의의에 대해서는 많이 다루어지지 않았다. 환유와 문법화의 관계를 몇 가지 예를 중심으로 살펴보자.

문법적 개념 중에 '소유'라고 하는 것이 있다. '철수의 집', '철수에게 집이 있다', *John's car, legs of the table* 등을 예로 들 수 있는데, 이러한 소유의 개념을 표시하는 문법 표지들은 대개 다음과 같은 네 가지의 도식(圖式)에 기초하고 있다.

(14) a. X가 Y를 취하다　　　　행위도식
　　 b. Y가 X에 있다　　　　　장소도식
　　 c. X가 Y와 있다　　　　　동반도식
　　 d. X가 Y에 관련해 존재한다　존재도식

위의 도식들과 소유의 개념과의 관계를 살펴보면, (14a)에서는 X가 Y를 취하는 행위로부터 그러한 행위와 인접한 개념인 소유를 표시하게 되는 것이다. 즉 '취하는 행위'가 '소유하는 상태'와 인접성을 갖고 있는 것이다. 이러한 예는 영어에서 *have*가 <u>*have a seat*</u>에서처럼 '취하는 행위'를 나타내면서도 광범위하게 소유의 뜻을 나타내고, 스페인어의 *tener*도 'take'와 'have'의 뜻을 모두 가지고 있다. 한국어에서도 '가지다'는 '취하다'와 '소유하다'의 뜻을 가지고 있다. 이 뿐 아니라 장소나 동반이나 존재의 개념들도 그것이 어떤 사물의 존재 양식 혹은 존재 상황을 묘사함으로써 그 존재 상황과 인접된 관련을 맺고 있는 사람에게 그와의 소유적 관련성을 보여준다는 점에서 환유의 예로 볼 수 있다. 한국어의 경우에도 '철수에게'라고 할 때 '-에게'는 원래 장소적인 의미로서 '철수 거기에'라는 의미를 가진 구조에서 발달한 것이다. 이것은 두 사물의 처소적 인접성에 입각한 환유라고 볼 수 있다.

지금까지의 예들은 실제 세계에서의 장소적 인접성으로부터 환유에 의해 문법 표지가 발전된 경우이다. 인접성은 실제 세계에서 뿐 아니라 추상적인 세계에서도 나타나는데 이러한 인접성에 의해서도 문법 표지가 발달될 수 있다. 언어적 문맥 세계와 인간의 정신세계 속에서의 인접성 문제를 살펴보기로 하자.

널리 알려진 대로 영어의 *go*는 미래시제표지로 사용되어 *be going to, be gonna* 등으로 발전하였다. 그런데 Hopper & Traugott(1993: 81)에서 잘 지적하고 있듯이, 많은 사람들은 이 발달을 [이동동사 > 미래표지]라고 생각하는데 이렇게 생각하면 [물리적 세계 > 문법 개념 세계]로의 변화라고 생각을 하게 되고, 이 변화를 두 영역을 가로질러 나타난 은유라고 보게 된다. 그러나 이러한 분석은 중요한 점을 간과하고 있는데, 그것은 이 변화에 작용한 환유의 역할이다. 영어의 *go*가 모든 문맥에서 미래표지로 쓰이는 것은 당연히 아니다. 미래표지는 *be going to*만이 그렇게 발전했고 또한 *to* 다음에도 반드시 동사가 나오는 구문에만 해당된다. 다음의 예를 보자.

(15) a. I am going to study hard. I am gonna study hard.

     b. I am going to school. *I am gonna school.

     c. [Are you going to come to the party?]

          Yes, I am going to. *Yes, I am gonna.

여기에서 중요한 것은 *to* 이하의 부사구가 원래 목적을 나타내는 것이었다는 점이다. 즉 원래는 *going*이 실제로 신체적인 이동을 뜻하고 *to* 이하가 'in order to'의 뜻을 가지는 구문에서만 쓰였다. 예를 들어 *I was going to be married.*는 *I was going for the purpose of getting married.*의 뜻으로만 쓰였다. 그런데 사람들은 어떤 발화를 들으면서 다만 그 표면적인 명제만을 받아들이는 것이 아니다. 대화란 '의미 협상'이라는 지적과 같이, 청자는 그 발화의 명제와 아울러 화자의 진의, 그 명제가 끼치는 상황적 영향, 그 이외에 적절해 보이고 정보성이 있는 여러 가지 추론들을 하게 된다. 그런데 어떤 사람이 '나는 결혼하기 위하여 가고 있었다'라는 말을 듣게 되면, 그 청자는 화자가 특별히 그렇지 않다는 이야기를 하지 않는 한, 그러한 의도가 잘 이루어졌을 것이라고 추론하게 되어 있다. 또한 원래 구문의 *go*는 이동을 뜻함으로써 미래의 한 시점, 즉 의도된 행위가 발생하는 미래 지점을 지표로 정하는 미래지향성을 띠게 된다. 이처럼 *be going to*는 미래지향성과 의도성이 결합함으로써 본격적인 문법적 미래 표지로 발전하였다. 또한 *be going to*는 원래의 구문이 현재진행형이었기 때문에 이동의 현재성을 강조함으로써 그 지시하는 미래가 현재에 밀접한 관계를 맺고 있는 아주 가까운 미래임을 표시한다. 이처럼 본격적인 미래 표지로 발전하게 되면 의도성이 없는 다른 동사들도 별다른 제약없이 쓰일 수 있게 되어 *He is going to be killed.*나 *You are gonna like it.*과 같은 구문도 가능하다. 또한 미래 표지 조동사와는 의미상 중복 때문에 같이 공기할 수 없게 되어 **You will be gonna like it.*과 같은 문장은 성립하지 않는다. 이와 같이 영어의 *be going to*의 미래 표지로의 변화는 언어 사용자들의 심리상의 인접성에 기초한 환유적 문법화의 한 예이다. Hopper & Traugott(1993)에서는 이 변화를 단순히 은유에 의한 것으로 분석할 경우 왜 현재 진행형과 의도 표시의 부정사 구문이 이 변화에 관련되어 있는지를 설명할 수 없으며, 특히 'go'를 뜻하는 동사들이 다른 언어에서 미래 표지가 아닌 다른 문법 표지로 변화하는지를 설명할 수 없다고 하였다. 실제로 여러 언어에서 보면 'go'가 과거나 완료상, 수동태, 원격지시사 등과 같이 다양한 기능으로 변화한 것이 보인다.

환유와 문법화의 관계를 설명하기 위한 또 다른 예로 영어의 접속사 *while* 의 변화를 살펴보기로 하자.6) 원래 이 접속사의 어원은 고대영어의 [þa hwile þe](that-Dat time-Dat that '-인 그 때에')라는 동시성을 표시하는 우언적 구문이다. 이것은 후기 고대영어에 와서 *wile*이라는 접속사로 변하게 되었다. 접속사로 변하는 과정에서 엄격한 동시성의 의미가 사라지면서 여러 가지 화용적인 추론이 생겨나게 되었다. 따라서 종속절에서 표시하는 상황이 주절에 대한 시간적인 한계를 정해 줄 뿐 아니라, 주절의 사건에 대한 상황, 즉 배경을 지정해 주게 되었다. 다음의 예를 보자.

(16) Đæt lastede þa [xix] winttre wile Stephne was king.
'That lasted those 19 winters while Stephen was king.'

(ChronE [Plummer] 1137.36)

위의 예문 (16)은 '그 재앙이 19년 동안 지속되었는데 그 기간 동안 스티븐이 왕이었다', '그 재앙이, 스티븐이 왕이었던 19년 동안 지속되었다' 등의 동시성 의미 뿐 아니라, '그 재앙이 스티븐이 왕이었기 때문에 그 재위 19년 동안 지속되었다'는 뜻을 가진, 사건의 배경을 지정해 주는 절을 이끌어 들이는 접속사로 발전하게 된 것이다. 그런데 이것이 14세기 말이 되면 다음의 예 (17)에서 보듯이 배경의 의미가 시간의 의미보다 더 강하게 나타나는 예문들이 보인다.

---

6) Traugott & König(1991)에서 요약.

(17) Thar mycht succed na female, Quhill foundyn mycht be ony male.
'No female was able to succeed while any male could be found.'

(1375, Barbours Bruce 1.60 [OED])

위의 예문 (17)에서는 '남자가 있는 한'이라는 뜻으로 배경을 나타내는 접속사가 된 것이다. 17세기에 들어서면서, 시간상의 중복이나 사건과 배경의 관계로부터 새로운 추론이 발달하게 되면서 반의나 경이감, 양보 등의 의미가 추가되게 되었다. 다음의 예를 보자.

(18) Whill others aime at greatnes boght with blod,
Not to bee great thou stryves, bot to bee good.
'While others aim at greatness that is bought with blood, you strive to be not great but good.'
(1617, Sir W. Mure, Misc. Poems xxi.23 [OED], Hopper & Traugott 1993: 85에서 재인용)

위의 예 (18)에서는 접속구문의 의미가 '비록 다른 사람들은 명성을 얻기 위해 다른 사람들의 피를 흘릴지라도'에서처럼 양보의 의미를 갖게 된다.

지금까지의 변화를 정리하여 보면 접속사 *while*은 [구체적인 시간적 상황 > 두 사건의 동시성에 대한 상관성 > 두 명제 간의 대조성에 대한 평가]의 변화 경로를 거쳤다. 이와 같은 변화들은 모두가 우리의 인식 세계 속의 인접성에 의해서 생겨난 것들이다.[7]

---

7) 이와 같은 심리적 인접성은 위의 여러 예에서 보는 바와 같이 추론에 의해 활성화되어 실제 발화와 해석 상황에 적용된다. 즉 환유와 대화상 추론은 밀접한 관계를 맺고 있으며, 이러한 현상은 문법화의 모형 중 '환유-은유 모형'에서 잘 포착되고 있다(§7.5 참조).

6.4 재분석

재분석이란 용어는 문법화론에서 오랜 동안 사용되어 온 개념으로 일찍이 Lord(1973, 1976)나 Langacker(1977: 58)에서 소개된 바 있다. 특히 Langacker(1977)는 통사적 재분석을 논하면서 재분석을 '어떤 표현 형식의 변화에 있어서 외형상으로는 어떤 직접적이거나 근본적인 변화가 나타나지 않는 변화'라고 정의하였다. 이것은 다시 말하면 언어 사용자가 언어 형태의 구조를 인식하는 방법의 변화를 가리키는 것으로 외형상의 변화는 아니라는 뜻이다. 이것을 Traugott(1980: 49)에서는 언어 형태의 구조적인 경계를 다시 설정하는 것이라고 설명한다. 유사하게 Myhill(1988: 353)에서는 재구조(restructuring)라는 용어를 사용하고 있다. 또한 C. Lehmann(1991: 494)에서는 재분석이, 기준 역할을 할 수 있는 어떤 패턴을 전제로 하고 있다는 것에 초점을 두고, 재분석을 유추의 일종으로 파악하고 있다. Marchese(1986: 273)에서의 지적과 같이, 문법 형태의 구조를 재분석함으로써 복잡한 구조가 단순한 구조로 파악된다는 점에서 볼 때 재분석은 단순화와 밀접한 관련을 갖고 있다. 그러나 또한 Heine(1993: 117)에서 지적한 바와 같이, 재분석은 새로운 구조를 언어에 들여오기 때문에 문법을 복잡하게 할 수도 있는 것이다.

가장 흔히 생각해 볼 수 있는 재분석의 예는 단어 형성에 있어서 합성어를 만드는 융합(fusion) 현상을 들 수 있을 것이다. 예를 들어 현대 영어에서 매우 흔히 사용되는 접사에 의한 파생은 원래 합성어로 출발한 것이었다. 다음의 경우들을 보자.

(19) cild-had   'condition of a child'   > childhood
     freo-dom   'realm of freedom'   > freedom
     man-lic   'body/likeness of a man'   > manly

(Hopper & Traugott 1993: 41)

위의 예 (19)에서 보듯이 접사 -hood, -dom, -ly 등은 원래 완전한 명사에서 출발한 것이었다. 이와 같은 변화에서는 구조상의 경계가 다시 분석되어 원래는 [[cild][had]]가 [childhood]로 파악되게 된다. 또한 앞에서 논의한 바 있는 미래표지 be going to V의 경우에도 간략하게 표시하면 [[be going] [to V]]가 [[be going to [V]]로 재분석되어, go가 본동사로 파악되던 것이 V가 본동사로 파악되는 재분석 과정을 거친 것이다.

재분석의 예는 특히 명사의 전치 수식어구의 변화에서 두드러지게 나타난다. 영어의 head, top, side, back 등과 같은 관계표시 명사들(relator nouns)은 전치사의 발전에 관여되어 있다. 다음의 예들을 보자.

(20) a. in the stead of NP > instead of NP
　　 b. on the top of NP > on top of NP, (atop)
　　 c. by the side of NP > beside NP
　　 d. at the back of NP > at back of NP

위의 예 (20)에서 보는 바와 같이, 관계표시 명사어구들에서는 원래 관계표시 명사어가 가장 핵심적인 단어로 인식되었었는데, 이것은 이들 명사에 정관사가 쓰였다는 점에서 잘 드러난다. 그러나 이러한 어구에서의 핵심이 뒤의 명사에로 옮겨져 감에 따라 앞의 관계표시 명사들은 관사도 잃고 음운적인 소실도 생겨서 더 간략하게 되었다. 이들의 구조상의 재분석은 다음 (21)과 같이 표시할 수 있을 것이다.

(21) [[top] of NP] > [[top of] NP]

이러한 재분석에 의해 융합을 거친 변화는 behind, below, because,

become, before, believe, belong, between, beyond 등의 *be*-계 단어들과
about, above, afore, aloft, amid, amiss, apart, aside 등의 *a*-계 단어들에서
매우 많은 예들을 찾을 수 있다.

위에서 예로 든 것보다는 좀 더 문법성이 강한 문법소로의 문법화 과정에
나타난 재분석의 예를 살펴보기로 하자. 먼저 Romance어의 미래시제표지에
대하여 살펴보자.8) 라틴어에서의 미래는 다음의 예 (22)에서 보듯이 인칭,
수, 시제를 포함한 굴절형으로 표시되었다.

(22) cantabo
     sing.1.Sg.Fut
     'I will sing.'

그런데 라틴어에서의 *have* 동사에 해당하는 *habere*와 동사의 부정사형으
로 이루어진 우언적 구조가 위에서 본 굴절형 시제표지를 물리치고 본격적
인 시제표지로 발전하게 되었다. 원래의 *habere* 동사의 구문은 다음과 같았
다.

(23) Haec habeo   cantare
     these have.1.Sg.Pres sing.Inf
     'I have these things to sing.'

위의 예 (23)에서 쓰인 *habere* 동사는 '소유'나 '존재' 개념을 표시하는
동사였는데 특정한 상황, 특히 동사의 목적어가 동명사에 의해 수식을 받을
경우에는, 이 동사가 일종의 '의무'의 뜻을 지니게 되거나 미래지향적 의미
를 갖게 되었다. 이것은 원래 동명사가 의무를 표시하기도 했었기 때문에

---

8) 이 로맨스어의 미래표지에 대하여는 이미 Fleischman(1982), Pinkster(1987), Bybee *et
   al.*(1994) 등에서 많이 언급되어 있는데 여기에서 소개하는 것은 Hopper & Traugott(1993:
   42ff)에서의 설명과 예문들에 기초하여 요약 설명한 것이다.

그 영향을 받은 것이 아닌가 추측되기도 한다. 이처럼 동명사가 목적어의
수식어로 쓰인 경우는 다음의 예에서 볼 수 있다.

(24) Aedem habuit   tuendam
     house had   look.after.Ger
     'He had a house to look after.'

위의 예문 (24)에서는 '집'이란 목적어를 '돌보다'의 동명사형이 수식하고
있다. 일반적으로 세상사의 관점에서 볼 때, 내가 돌볼 집이 있다면 그 집을
돌볼 의무가 있을 것이며, 또한 장차 그 집에서 산다든가 하는 미래의 의도
가 있을 것이다. 이와 같이 동명사형과 의무·미래지향성과의 상관관계 때문
에 Pinkster(1987)는 *habere*+부정사형의 미래시제 표지가 원래 *habere*+동명
사형의 대체가능 형태에서 유래한 것으로 생각한다. 그런 세부적인 문제는
차치하고, *habere*는 결국 미래지향적 의미를 갖게 되었다. 그런데 라틴어의
어순의 유동성에 의해 위에 제시한 예문은 다음 (25)와 같이 다른 어순으로
도 등장하였다.

(25) Haec cantare habeo
     these sing.Inf. have.1.Sg.Pres

이러한 구문이 재분석의 측면에서 볼 때 가지는 의미는 첫째, 위와 같은
어순에서 본동사 *hab*-와 부정사 보어 *cantare*를 가지고 있는 구조가
[[cantare] habeo]의 구조를 갖고 있으며, 둘째, 이러한 구조가 의무나 미래
지향성을 보이는 문맥에 있었다는 것이다. 이러한 상황에서 언어사용자가
이 구문을 그 기저에 두 개의 절이 있다고 보지 않고 하나의 단위로 인식하
여 [cantare habeo]로 파악하게 되었다. 이러한 재분석을 거친 후 형태소 경
계가 무너지고 음운적 소실이 일어나는 등의 일련의 변화를 거쳤으며, 의미

에 있어서도 미래지향성으로부터 미래로의 재분석이 일어났는데, 결과적으로 이러한 원래의 *habere* 구문은 미래 표지로 변신하게 되었다. 이러한 변화는 다음 (26)과 같이 요약될 수 있다.

(26) 고대 라틴어 [[cantare] habeo] >
     후기 라틴어 [cantare habeo] >
     프랑스어   [chant-e-r-ai]

영어에서 *may, can, must, do* 등과 같은 서법 조동사들은 종래에는 단순히 통사적인 변화로만 간주되어 왔지만, 이들의 변화는 문법화론에서 매우 중요한 의미를 가진다.[9] 14-15세기의 중세 영어에서는 다음과 같은 구문 또는 형태가 있었다.

(27) a. *do* 동사를 이용하지 않는 의문문 도치 또는 부정문
     b. can, may와 같은 동사가 목적어인 명사구나 보어인 to-부정사를 동반
     c. 서법동사의 과거분사형
     d. 서법동사들의 중첩

그러나 16세기 근대 영어에 들어오면서 (27b), (27c), (27d)형의 구문들은 다 소실되었고 (27a)형 구문도 *do* 동사 구문으로 대치되기 시작하였다. Lightfoot(1982)에서는 이와 같은 고대 및 중세 영어로부터 근대 영어로 변화한 과정에서 일어난 문법의 변화를 다음과 같이 설명한다. 고대 및 중세 영어에서는 AUX 범주에 Tense만이 있었고, *can, could, may, might, must, shall, should, will, would, do, did* 등은 다른 일반 동사들과 똑같이 행동하였다. 근대 영어에 와서는 AUX 범주에 기존의 Tense 이외에 Modal이라는 새로운 범주가 들어가게 되었다. Modal에는 *can, could, may* 등의 위에 나열

---

9) Hopper & Traugott(1993: 45ff)에서 요약.

한 동사가 들어가게 되었는데, 이들 Modal 동사가 AUX 범주에 속하는 이유 때문에 문법에 큰 변화가 왔다. 이러한 문법의 변화는 무엇보다도 본동사의 범주에서 일부를 서법 조동사로 재분석함으로써 생겨난 것인데, 이것은 새로운 문법 범주를 만들어 냈다는 점에서 매우 혁신적인 변화이다. Lightfoot (1991)는 중세 영어로부터 근대 영어로의 변화에 두 가지 연속적인 변화가 포함되어 있다고 보았다. 첫째는 위에 말한 서법 조동사가 생겨난 것이고, 둘째는 조동사가 아닌 동사가 의문문에서 도치되거나 부정문에서 부정어를 선행할 수 없게 된 변화라는 것이다. Lightfoot(1991)의 연구가 보여주는 중요한 점은 위와 같은 재분석에 많은 요인이 얽혀 있음을 밝혀 주었다는 점이다. Hopper & Traugott(1993: 48)이 언급한 바와 같이 대부분의 문법화 현상은 그 상황을 자세히 살펴보면 결국 하나의 원인에서가 아니라 다양한 원인에 의해서 생겨난 경우가 많다.

6.5 화용적 추론

화용적 추론(Pragmatic Inference)에 대해 논의하기 전에 먼저 일반적인 추론에 대해 살펴볼 필요가 있다. 추론에는 일반적으로 세 가지의 형식이 있다. 곧, 연역적 추론(deduction), 귀납적 추론(induction), 귀류적 추론 (abduction)이 그것이다. [규칙→ 경우→ 결과]의 형식을 갖춘 추론은 연역적 추론에 해당하고, [경우/결과→ 규칙]의 형식을 갖춘 것은 귀납적 추론에 해당한다. 한편 [결과/규칙→ 경우] 혹은 [결과→ 경우/규칙]의 형식을 갖춘 추론은 귀류적 추론이라 한다.[10) 이러한 형식을 삼단논법으로 만들어 보면 <도표 6-5>와 같다.

---

10) 귀류적 추론은 Peirce(1931)에 의해 제시된 개념으로 학자에 따라 '가추법(假追法)'이라 부르기도 한다.

연역적 추론	귀납적 추론
[규칙 → 경우 → 결과]	[경우 → 결과 → 규칙]
규칙: 모든 사람은 죽는다.	경우: 소크라테스는 사람이다.
경우: 소크라테스는 사람이다.	결과: 소크라테스는 죽었다.
→ 결과: 소크라테스는 죽는다.	→ 규칙: 모든 사람은 죽는다.

귀류적 추론	
[결과/규칙 → 경우]	[결과 → 경우/규칙]
결과: 소크라테스는 죽었다.	결과: 소크라테스는 죽었다.
규칙: 모든 사람은 죽는다.	→ 경우: 소크라테스는 사람이었다.
→ 경우: 소크라테스는 사람이었나보다	→ 법칙: 모든 사람은 죽나보다.

〈도표 6-5〉 연역법, 귀납법, 귀류법

위와 같은 추론의 형식들에 대해 Anttila(1972: 197)에서는, 연역적 추론은 'x가 사실이어야 한다', 귀납적 추론은 '시험을 해 보니 x가 실제로 사실이다', 귀류적 추론은 'x가 사실일지 모른다'라는 것을 보이는 추론이라고 하였다. 즉, 연역법은 결과를 찾아내며, 귀납법은 규칙을 찾아내고, 귀류법은 경우나 법칙을 짐작해내는 방식이다. 이러한 추론들은 실제로 문법화에서 두루 나타난다. 그러나 문법화에 있어서 가장 중요한 것은 귀류적 추론이다. 왜냐하면 Antilla(1972: 197)에서 지적한대로, 연역적 추론은 위험부담도 적고 소득도 적어서 실제로 새로운 것을 아무 것도 가져다 줄 수 없다. 흔히 귀납적 추론이라고 생각하던 추론이 실제로는 귀류적 추론인 경우가 흔하며, 설령 실제로 귀납적 추론에 의한 것들의 경우라도, 귀납적 추론은 절대적인 결론에 도달할 수 없고 다만 개연성만 제시해 줄 뿐이다. 이에 반해서 언어 현상의 추론 방식과 또한 대부분의 문법화를 일으키는 추론은 귀류적 추론이다. 특히 Andersen(1973)에서는 인간의 언어뿐만 아니라 인간의 보편적인 문화 패턴을 형성하는 데에 귀류적 추론이 사용되고 있다고 보았다. 만일 인간의 언어가 기계적인 언어이었다면 연역과 귀납의 두 가지 추론

방식으로 모든 논리가 구성될 수 있겠지만, 인간의 언어는 매우 복잡하고, 단순한 정보에만 관심을 두는 것이 아니라 인간 감정의 섬세한 부분이 고려 대상이 되며 또한 끊임없이 변하고 있기 때문에 이들 두 가지 추론만으로는 설명이 불가능한 경우가 많다. 사실상 Hopper & Traugott(1993: 40)이 지적한 바와 같이, 귀류적 추론에 의해 재분석이 일어나고 이것에 의해 문법화가 발생한다. 그런데 귀류적 추론은 늘 연역적 추론과 귀납적 추론을 동반하여 언어현상에 나타난다. 다시 말해, 귀류적 추론을 귀납적 방식으로 계속 검증해나가고 — 즉 귀류적 추론에서의 가설을 실제 데이터와 비교해보고 — 또한 그 가설에 기초하여 새로운 발화를 계속함으로써 연역적 방식으로 언어를 사용한다. 이러한 귀류적 추론에 의해 문법이 변한다고 볼 수 있다.[11]

추론이 문법화에서 가지는 대표적인 특성은 문법소의 의미 변화라고 할 수 있다. 이러한 의미 변화의 과정은 다음과 같은 단계들을 거친다. 첫 단계에서는 한 어휘소나 문법소가 본래의 의미만을 가지고 있다. 다음 단계에서는 본래의 의미 이외에 다른 의미가 암시되어 있다. 청자는 이와 같이 암시된 의미가 그 언어 형태의 의미와 관련이 있는 것으로 파악하게 되는 일이 반복된다. 마지막 단계에서는 그와 같이 반복적으로 나타나던 암시적 의미가 마침내 실제 의미의 일부가 되어 버린다. 이러한 과정을 함축의 관습화, 혹은 함축의 규약화(conventionalization of implicature)라고 부른다.[12] 이러한 변화는 처음에는 대화상의 함축이었다가 결국 실제 의미로 관습화되는 현상이 되는데 이로써 어휘소나 문법소의 의미에 첨가가 일어나게 되는 것이다. 이때문에 이러한 변화를 의미추가(semanticization)라고도 부른다. 엄격한 의미에서는 추론의 관습화에 의한 의미추가만이 진정한 의미추가라고 할 수 있다. 왜냐하면, 은유에 의한 의미추가는 실제로 의미소실과 같은 것

---

11) (귀류적) 추론에 기초하여 재분석을 통해 이루어진 문법화의 예는 재분석을 설명한 부분에서 설명한 바 있다(§6.4 참조).

12) 이러한 관습화는 화용적 강화(pragmatic strengthening; Traugott 1989)나 '문맥적 재해석' (context-induced reinterpretation; Heine et al. 1991a)이라고 부르기도 한다.

으로 볼 수도 있기 때문이다(이성하 1996c). 만일 어휘소 x가 영역 D에서 y라는 의미를 갖고 있을 때, 이 어휘소가 은유에 의한 확장으로 영역 D'에서 y'이라는 의미를 갖고 다시 영역 D"에서 의미 y"을 갖게 된다고 하면, 한편으로는 x의 의미가 y+y'+y" 등으로 의미추가가 일어나는 것 같지만, 또 한편으로는 의미요소로서의 제한을 가하고 있던 영역이 점차 확장되어 영역이 의미요소에서 사라지게 되므로 결국은 의미의 일반화를 가져오게 되는 과정, 즉 의미소실을 가져 오기 때문이다. 그러나 추론의 관습화는 영역의 확대 혹은 결과적으로 일어나는 제한 영역의 소실을 가져오지 않기 때문에 순수한 의미에서 의미의 추가만을 가져온다고 할 수 있다.[13]

추론(inference)과 함축(implicature)은 어떠한 관계인가? 먼저 용어의 면을 보자면, 추론(inference)은 때로는 추정이라고도 불리며, 함축(implicature)은 추의, 함의, 함언 등으로도 불린다.[14]

Bybee *et al*.(1994)에서는 추론과 함축의 관계를 다음과 같이 잘 요약하여 말하고 있다.

(28) 추론과 함축은 사실상 같은 동전의 두 면에 불과하다. 화자는 자신이 한 말 이상으로 무언가를 함축하고 청자는 화자의 말에서 단언한 것 이상의 것을 추론한다. (p. 274)

위 (28)에서 보듯이 추론과 함축은 결국 같은 것을 보는 두 가지 시각, 즉 화자의 시각과 청자의 시각에 따라 정의한 것일 뿐이다.

함축과 추론은 문법화에서 중요한 역할을 한다. 이와 관련하여 은유의 경우를 예로 들어 보자. 은유는 문자적인 의미를 의도하지 않았다는 점에서

---

13) 이러한 의미추가 과정에서 이전의 의미가 소실될 수도 있지만 이것은 별개의 문제이다.
14) 추론의 경우에는 대부분의 학자가 추정보다는 추론이라는 용어를 사용하기 때문에 여기서도 그대로 따르기로 하고, 함축의 경우에는 추의, 함언 등의 용어는 많이 쓰이지 않고 또한 논리적으로 필연적인 의미관계를 가리키는 'entailment'가 흔히 함의라고 불리기 때문에 용어상의 구별을 위해 함축이라고 부르기로 한다.

일종의 간접화행이라고 볼 수 있는데 대화상의 함축이라고 하는 것이 없다면 은유는 은유로서 받아들여질 수가 없다. 청자는 화자의 언외 의미를 추론함으로써 의미 있는 언어 행위를 만들어 가는 것이다. 또한 이러한 함축이 관습화됨으로써 '살아 있는 은유'는 결국 '사은유(死隱喻)'로 넘어가게 된다. 이러한 관습화는 문맥에 의존하던 의미가 실제 문법소나 어휘소의 의미로, 즉 대화상의 의미가 언어 형태 자체의 의미로 고정되었다는 점에서 볼 때 간접화행이 직접화행으로 변화한 것이다.

추론이나 함축의 관습화를 문법화의 기제로 본 연구들은 많이 있는데, 특히 Dahl(1985), Bybee(1988b), König(1988), Traugott(1989), Traugott & König(1991), Faltz(1989), Heine et al.(1991a) 등을 들 수 있다. 그러나 추론이 기계적으로 문법화를 일으키는 것은 물론 아니다. 추론이란 인간의 인지 활동으로서 문맥과 상황, 개인적인 지식, 관련된 가정들에 많이 의존하고 있기 때문이다. 따라서 Sweetser(1988: 392)에서는 이러한 측면을 강조하여 배경추론(background inference)이라는 용어를 사용하고 있다. 이처럼 상황에 의해 추론된 함축은 원래의 의미와 병존하다가 때로는 그 문법소나 어휘소의 원래 의미를 제치고 자신이 일차적인 의미로 기능하기도 한다. 물론 Bußmann(1990: 335)의 지적과 같이, 어떤 어휘의 의미에 대해서 어느 것이 원래 의미이고 어느 것이 추론된 의미인지 그 구별을 정하는 것은 경험적으로 어려움이 많다. 따라서 화용적 추론과 의미 변화를 연결해 주는 것은 바로 언어 사용자의 머릿속에서 일어나는 원래의 의미와 추론된 의미와의 합류(merger)라고 볼 수 있다. 이러한 합류를 의미견인(sense attraction)이라고도 부른다.

추론이 관습화되는 데에는 사용빈도가 중요한 요소로 작용한다. 왜냐하면 어떤 언어 형태의 사용과 관련해서 언어 사용자가 추론을 할 경우에 그 해당 어휘나 문구가 아주 드물게 쓰였다면 그러한 추론의 강도를 보강해 줄 수가 없기 때문에 아주 고립적인 경우가 되고 말 것이다. 이와는 반대로, 그러한 언어 형태가 빈번하게 나타나게 되면 추론이 점점 강화되어서 결국은 의미의 일부로서 편입되게 된다. 이러한 이유 때문에 은유에 의한 의미 확장 현상이나 혹은 어휘적 변화가 급작스럽게 발생하는 것과는 대조적으로 추론의 관습화에 의한 의미 변화는 비교적 서서히 발생한다.

추론의 관습화가 실제 문법화에서 일어나는 예들을 살펴보자.15) 한국어의 행위동사 중에는 '두다', '놓다', '넣다' 등의 배치동사(配置動詞; placement verb)가 있다. 이들 중에 '두다'와 '놓다'는 '-어 두-'와 '-어 놓-'의 연계동사 구문(serial verb construction)으로부터 문법화한 여러 문법기능이 있다. 다음의 예를 살펴보자.

(29) a. 그는 돈을 서랍에 두었다.　　　--- 본동사, 물리적 배치
　　 b. 그는 점심을 든든히 먹어 두었다.　--- 완료, 미래준비
　　 c. 그는 책을 책상 위에 놓았다.　　 --- 본동사, 물리적 배치
　　 d. 그는 문제를 풀어 놓았다.　　　 --- 완료, 미래준비

위의 예 (29)에서 보면 원래 어떤 사물을 어떤 장소에 배치하는 의미를 가지던 '두다'와 '놓다'가 다른 동사와 연계동사 구문에서 쓰이면서 어떤 행위가 완료됨을 나타낼 뿐 아니라 그러한 행위가 미래에 대한 대비 행위였음도 나타낸다. 이러한 의미 변화는 다음과 같은 추론의 단계를 거친 것으로 보인다.16)

(30) 제1단계: A가 B를 C에 두었다.
　　 제2단계: A의 행위는 동기가 있었으며 따라서 목적이 있었다.
　　 제3단계: 행위의 결과는 A가 의도한 것이며 따라서 결과는 바람직한 것이

---

15) 다음에 소개하는 한국어의 문법화와 추론의 역할에 대한 예는 이성하(1996a,b,c)에 기초한 것이다.
16) '두다'와 '놓다'의 문법화 과정은 유사한 점도 있고 섬세하게 다른 점들도 있는데 이러한 변화는 매우 흥미로운 것이다(자세한 논의는 이성하 1996c 참조).

었다.

제4단계: A는 그 바람직한 결과적 상태를 유지 보존하기를 원한다.

제5단계: A는 결과적 상태를 유지 보존한다.

또한 한국어에는 '버리다', '치우다' 등의 제거동사(除去動詞; displace-ment verb)가 있는데, 이 중에서 '버리다'의 문법화와 관련된 예들을 살펴보자.

(31) a. 그가 신문을 쓰레기통에 버렸다. --- 본동사, 물리적 행위

    b. 그가 그녀의 밥을 먹어 버렸다. --- 완료, 화자의 평가

      (completiveness > irretrievability > undesirability > malefaction)

위의 예문 (31b)는 완료적인 상을 표시해 줄 뿐 아니라 해당행위에 대한 화자의 가치 평가, 즉 해당행위가 다시 환원불가능함, 바람직하지 않음, 악의성 등을 나타내고 있다. 이러한 의미를 고려하면 예문 (31b)는 다음과 같이 풀어 쓸 수 있다.

(32) 그가 그녀의 밥을 완전히 먹어 없앴다.

    그가 그녀의 밥을 먹어서 없어진 밥을 돌이킬 수가 없다.

    그가 그녀의 밥을 먹은 것은 좋지 않은 일이었다.

    그가 그녀의 밥을 먹어서 그녀에게 손해를 입혔다.

그러면 위와 같이 다양한 부가적 의미들은 어떻게 생겨났을까? 이러한 의미추가 현상은 화용적 추론에 의한 것이다. 여기에서의 화용적 추론은 다음과 같은 단계들을 거친 것으로 보인다.

(33) [X가 Y해 버렸다.] 환경: Y는 끝점이 있는 종결동사이고 같이 나타나는 '버리다'도 종결성이 강한 동사이다.

제1단계: > 사건 Y는 완전하게 일어났다.

제2단계: > 사건 Y는 돌이킬 수 없다.

제3단계: > 사건 Y는 바람직하지 않다.

제4단계: > X는 Y를 의도했고 이것은 악의적이다.

위 (33)에서 본 화용적인 추론은 현대 한국어의 문법화된 '버리다'에서 일종의 다의어처럼 나타나고 있으며, 문맥에 따라 이들 중 어느 의미가 선택된다. 예를 들어서 맨 마지막에 나타난 악의성 의미는 주어가 정신능력이 있는 유정 행위자(sentient agent)이어야 하며, 경험자 또한 이러한 경험으로부터 고통을 당할 수 있는 정신능력이 있는 대상이어야 한다. 따라서 이러한 조건이 문맥에서 성립하지 않으면 이와 같은 의미는 선택되지 못한다. 예를 들어 '아이스크림이 녹아 버렸다.'는 예문에서는 완전함, 돌이킬 수 없음, 바람직하지 않음 등의 의미는 가능하지만, 아이스크림이 유정 행위자가 아니기 때문에 악의성의 의미는 가질 수 없다. 또한 '그가 나무를 베어 버렸다.'라는 예문에서는 비록 행위자는 유정성 조건을 갖추고 있지만 피동주가 무정물이기 때문에 마찬가지로 악의성 의미로는 해석되지 않는다.

지금까지 살펴본 예에 나타난 화용적 추론이 어느 정도 관습화되었는지 잠시 살펴보자. 다음의 예를 보자.

(34) 그가 그녀의 밥을 먹어 버렸다. 그러나

　　a. *먹는 일이 완전히 끝나지 않았다.

　　b. *그 먹은 일은 얼마든지 돌이킬 수 있다.

　　c. ??그것은 잘 한 일이다.

　　d. ?그것은 그녀에게 도움이 되었다.

위의 예 (34)에서 보면 추론에 의해 생겨난 의미가 추가적인 언명에 의해 쉽게 취소되지 않는 것을 알 수 있다. 따라서 그러한 추론의 관습화가 상당히 진전된 것으로 보인다.

Bybee *et al.*(1994: 199ff)에서 논의한 영어의 서법 조동사 *should*의 문법화를 통해 추론에 의한 문법화의 또 다른 예를 찾아볼 수 있다. 영어의 *should*는 현재, 과거, 미래의 개연성을 표시하는데 쓰인다. 이러한 인식론적 서법동사로서의 용법에는 개연성 표시 기능뿐만 아니라 의무성 표시 기능도 있다. 다음의 예를 보자.

(35) a. The letter should arrive sometime next week. (미래)
　　 b. The letter should be in the mail. (현재)
　　 c. The letter should have come last week. (과거)

위의 예 (35)처럼 개연성과 의무성이 둘 다 가능한 경우를 개연성 의미만이 가능한 문장으로 만들려면 의무성으로 해석될 수 있는 가능성을 억제해야 한다. 예를 들어 다음 (36)의 경우에서처럼 가주어 *it*를 쓰게 되면 의무성이 불가능해짐으로써 개연성만 나타나게 된다.

(36) It should take me about four hours to get there.

이와 같은 현상을 보면 의무성은 개연성을 함축하고 있다. 즉 의무성이 개연성을 함축하고 있다가 의미상 의무성 해석이 불가능한 경우에 개연성이 나타나는 것이다. 현재의 의무성을 나타내는 용법은 최근에 발전한 용법인데, 이것으로부터 인식론적 용법, 즉 개연성의 용법이 나온 것으로 보아, 현재의 개연성 용법은 더욱 최근의 용법인 것 같다. 따라서 의무성에서 개연성이 함축되고 이것이 점점 더 관습화되어 인식론적 서법으로 발달하는 것으로 보인다. 이러한 발전 과정은 다음과 같이 표시할 수 있다.

(37) 의무성　　 > 　　의무성　　 > 　　의무성　　 > 　　개연성
　　　　　　(+개연성의 함축)　(+개연성의 관습화)　(+의무성)

Traugott(1989), Traugott & König(1991), Bybee(1988a) 등에서는 공통적으로, 행위자 중심의 서법에서 인식론적 서법으로 발전하는 데에 함축의 관습화가 있다고 보고 있다. 특히 Traugott & König(1991: 194-195)에서 소개하는 영어의 접속사 *since*의 문법화는 함축의 관습화가 선명하게 드러나는 경우이다. 다음의 용례를 보자.

(38) a. I have done quite a bit of writing since we last met.
    b. Since Susan left him, John has been very miserable.
    c. Since you are not coming with me, I will have to go alone.

(Bybee et al. 1994: 197)

원래의 접속사 *since*는 예문 (38a)에서와 같이 'time after'의 뜻으로만 쓰였었다. 그런데 사람들은 두 가지의 시간적으로 연결된 사건을 인과적으로 연결되었다고 추론하는 경향이 있기 때문에 시간적 접속의 의미를 갖는 *since*가 차츰 원인의 의미를 갖는 접속사로 사용되는 변화를 겪었다.17) 따라서 예문 (38b)는 'Susan이 떠난 이후'와 'Susan이 떠났기 때문에'의 두 가지의 의미가 다 가능하게 되었다. 두 의미 중의 선택은 물론 문맥에 의존하게된다. 그러나 이와 같은 추론이 완전히 관습화되어 *since*의 의미로 편입됨으로써 현대 영어에서와 같이, 원인의 의미로만 사용될 수 있는 (38c)와 같은 구문도 *since*로 연결이 가능하게 되었다.

---

17) 시간적 순서에서 인과적 순서를 추론하는 것은 post hoc ergo propter hoc('이것 후에, 따라서 이것 때문에')이라고 불린다. 이것은 논리학에서 대표적인 논리적 오류 중의 하나이지만 사람들이 일상생활에서 일반적으로 사용하는 귀류적 추론 중의 하나이다.

6.6 조화

의미 변화의 기제로서 조화라는 개념을 제시한 것은 Bybee *et al.*(1994)에 서이다.18) 조화(Harmony)는 서법성을 나타내는 문법소가 그 의미상 조화를 이루는 언어 형태가 나타나는 문맥에서만 쓰이다가 이와 유사한 의미를 가 진 문맥으로 점점 확대되어 쓰이게 되는 현상을 가리키는 것이다.

이러한 결합에서 흥미로운 것은 서법성이 두 가지 언어 형태의 중복에 의해 배가되는 것이 아니라 둘이 조화를 이루고 있다는 것이다. 예를 들어 *He may possibly come*이란 문장은 *may*와 *possibly*에 의해 가능성의 의미가 배가되는 것이 아니라 *He may come*과 가능성의 강도상 같은 의미를 갖고 있다는 것이다.19) 원래 *should*는 접속법의 종속절에 쓰일 때 약한 의무를 표시하였다. 다음 Coates(1983)에서의 예들을 보자(Bybee *et al.* 1994: 215에 서 재인용).

(39) a. It is essential that on this point the churches should learn from each other.
b. I suggested that they should put (a)round each carriage door a piece of beading.

위의 예문 (39)에서는 주절의 *essential*이나 *suggest*와 같은 술어 때문에 종속절의 *should*가 조화된 문맥을 가지고 있어서 *should*를 약한 의무성의 의미로 해석할 수도 있고, 아무런 의미를 가지고 있지 않은 것으로 해석할

---

18) 이 용어는 Lyons(1977: 807)가 사용한 '서법적 조화(modally harmonic)'란 용어에 착안한 것인데, Lyons는 이 용어를 서법 동사와 부사가 같은 정도의 서법성을 나타내는 상황을 일컬을 때 사용한 것이었다. 이 용어는 Coates(1983)에서 더 확장되어 쓰여서 다른 어떤 종류의 단어이든지 구이든지 서법 동사와 같은 정도의 서법성을 나타내는 상황을 가리키 는 용어로 쓰이게 되었다.

19) 영어의 이 예와 평행적인 한국어 예에서도 비슷한 현상이 나타난다. 즉, '그가 올지도 모른 다'와 '그가 어쩌면 올지도 모른다'와 같은 두 문장에서 가능성이란 서법성은 크게 차이가 나지 않는다.

수도 있다. 그러나 다음 (40)의 예들은 *should*에 의무성의 의미가 전혀 없는
경우이다.

(40) a. Is it legitimate that they should seek to further that aim by democratic
and constitutional means?
b. It was inevitable that Peter Ustinov should join the exclusive four-star
club by writing, producing, directing and starring in one film.

*Should*가 아무런 의미 첨가 기능은 없다하더라도 의미상으로 *should*의 의
미와 일종의 유사성을 보이고 있다. 즉, *legitimate*란 단어가 법적으로 허용
된 것을 뜻하고 *inevitable*은 일종의 운명과 같은 것을 뜻하기 때문이다. 하지
만, 그러한 유사성조차 나타나지 않는 순수한 차원에서의 의미 부재가 다음
의 예 (41)에서 나타난다.[20]

(41) The police are expecting that the Libyans should make the first move.

위와 같은 의미의 조화성에 기초하여 접속법의 종속절에서 *should*가 쓰일
때 주절에 나타나는 술어들을 Bybee *et al.*(1994: 216)에서는 다음 (42)와
같이 정리하고 있다.

(42) a. 약한 의무성과 조화를 이루는 술부 형태
essential, fitting, important, necessary, right, appropriate, better,
expedient, inevitable, legitimate, natural, suggest, agree, ask, decide,
suggestion, determination
b. 약한 의무성과 조화를 이루지 않는 술부 형태

---

20) Bybee *et al.*(1994: 215)에 나타난 이 예문은 Bybee *et al.*에 따르면 원래 1984년 2월에
영국 텔레비전의 방송에 나타난 문장이다. 영국어에서는 접속법에서 *should*가 아직도 널
리 쓰이지만 미국어에서는 대개 생략된다.

distasteful, funny, ironical, keen, sad, shameful, understandable, undesirable, think, basis, condition, danger, idea, notion, wish

또한 약한 의무성이나 예정 같은 의미와의 조화성에 의한 *should*의 발달 단계는 다음 (43)과 같이 세 단계로 정리된다.

(43) 제1단계: *should*가 의미상 조화되는 문맥에서 나타난다. *should*는 의미를 추기할 수도 있고 추가하지 않을 수도 있다. *essential, suggest*와 같은 주절 술부와 함께 쓰인다.

제2단계: *should*가 의미상 조화되는 문맥에서 나타난다. *should*는 의미를 추가하지 않는다. *legitimate, inevitable* 등의 주절 술부와 함께 쓰인다.

제3단계: *should*가 약한 의무성을 나타내는 서법 형태로가 아니라 접속법의 종속절을 표시하는 형태로 언어 사용자가 재분석함으로써 조화성이 있거나, 조화성이 없거나, 심지어는 조화성을 깨뜨리는 의미를 가진 주절 술부와 함께 쓰인다. *funny, distasteful* 등과 같은 가치 판단이나 사실전제 동사(factive verb)들, 그리고 *think, expect* 등과 같은 심리 태도를 나타내는 동사들의 주절 술부와 함께 쓰인다.

이와 같은 세 단계는 통시적인 데이터의 통계에 의해 실제로 뒷받침되고 있다. 즉, 1000~1200 A.D.경의 데이터에서 조화성 문맥에 *should*가 나타나고, 비조화성 문맥에서는 1350 - 1600 A.D.에 와서야 *should*가 나타난다는 것이다.

문법화의 기제로서의 조화는 문법화의 단계에 있어서 아주 후기에 적용된다고 할 수 있다. 그것은 조화가 이루어지기 위해서는 문법소가 이미 의미의 상당한 부분을 잃어버린 후이어야 하기 때문이다. Bybee *et al.*(1994: 294)에서는 조화에 의한 문법화가 비단 서법 형태뿐 아니라 시제, 또는 부정, 성, 수 등의 일치도 조화에 의해 이루어질 수 있다고 보았다. 조화가 문법화에 있어서 아주 후기에 해당된다고 하는 것은 위에 예로 든 문장 (40)과 (41)에서 should가 미국어의 경우에는 생략되는 것이 일반적이라는 점에서도 알수 있다. 의미가 소실되어 의미에 기여를 못하게 되면서 결국 형태도 존재가치를 잃고 소실되는 것이라고 할 수 있다.

그러나 Lessau(1994)에서도 지적했듯이, 조화를 과연 문법화의 기제로 볼수 있을지는 분명하지 않다. 우선 조화라고 하는 것이 무엇인지 그 정의도 뚜렷하지 않다. 위의 should의 예를 들어 보자면, should가 약한 의무성의 의미를 가짐으로서 의미상으로 조화가 잘 되는 문맥에 나타나다가 후에는 조화가 잘 안 되는 문맥에도 쓰이게 되었다고 할 때, 과연 조화가 문법화의 기제, 즉 문법화를 일으키는 원동력이라고 할 수 있을 것인지 매우 의심스러운 일이다. 혹시 주절의 술어의 의미가 의무성의 의미를 가지고 있음으로 해서 종속절에도 의미상으로 조화가 잘 되는 should를 끌어들이고, 술어가 가지고 있는 의무성의 의미 때문에 should의 의무성의 의미가 필요 없어져서 그러한 의미 소실을 가져왔다고 본다면 조화를 의미 변화(의미 소실)의 기제로 볼 수는 있지만, 이것은 입증하기 어려운 일이다.

6.7 일반화

일반화(Generalization)란 어휘소의 의미가 점점 특수성을 잃어 일반적인 의미를 갖게 되는 의미 변화과정을 가리키는 것이다. 일반화는 Bybee & Pagliuca(1985: 63)에서의 지적대로 문법화에서 두 가지 중요한 의미를 가진다. 첫째는 의미의 특수성이 적을수록 그 해당 어휘소가 쓰일 수 있는 범위가 넓기 때문에 그것이 쓰이는 분포가 넓다는 점에서 일반적이라 할 수 있고, 둘째는 그 어휘소의 의미 자질이 특수 자질이 적다는 점에서 일반적이라 할 수 있다. 어떤 어휘소 x의 기능이 다른 어휘소 y보다 더 '일반적'이라거나

'일반성(generality)'이 높다고 할 때는 x가 y의 모든 기능을 다 포함하고, 그 외에 다른 기능을 더 가지고 있을 때를 말한다. 즉 의미는 감소되고 기능은 증가되는 이중적인 현상인데, 이렇게 보면 의미의 복잡성과 기능의 다양성은 서로 상보적 관계에 있는 셈이 된다. 사실상 문법화에 있어서 의미 감소가 일어난다고 하는 것은 Givón(1973), Fleischman(1982) 등을 위시하여 많은 연구에서 주장된 바 있다. 그러나 Bybee & Pagliuca(1985)에서는 일반화를 문법화에 동반되는 단순한 부수적 현상으로서가 아니라, 문법화가 일어나기 위한 예비단계에서 필수적인 과정으로 보았다는 점에서 커다란 차이가 있다. 즉 문법소의 의미는 추상적이기 때문에 구체적인 의미를 가진 어휘소는 이러한 추상적인 기능을 갖기 위해서 먼저 의미의 일반화가 일어나야 한다고 본 것이다.

일반화를 논하는데 있어 용어상으로 한 가지 주의할 것이 있다. 일반적으로 말해 일반화는 점점 '보통'이 되어 가는 것이고, 전문화(specialization)는 점점 '특별'한 것이 되어가는 것이라고 볼 수 있기 때문에, 이들 두 용어가 서로 반의어 관계에 있는 것처럼 생각되기 쉽다. 그러나 문법화론에서 말하는 일반화는 의미에 관해 말하는 것이고 전문화는 기능에 관해 말하는 것이므로 이들 둘은 반의어 관계가 아니고, 오히려 긴밀한 관계이다. 즉 전문화에 의해 어떤 특정한 문법소가 선택되고, 선택된 문법소들은 점점 더 일반화된 의미를 갖게 되는 것이다.

형태소의 의미 감소, 즉 일반화가 반드시 문법화 현상이 되지는 않는다는 지적도 있다. Matisoff(1991: 385)에서는 이처럼 문법화라고 할 수 없는 의미의 일반화 현상을 관용어화(idiomatization)라 부른다. 예를 들어서 일본어에서 메이지 시대에 *waishatsu*가 영어 *white shirt*에서 차용되어 '서양식 정장용 흰 셔츠'를 의미하던 것이 의미 일반화를 일으켜 '서양식 셔츠'를 의미하게 되어서, 결국은 'blue white shirt'처럼 의미 충돌이 일어나는 표현인 *aori waishatsu*가 가능하게 된 것이 관용어화이다.[21] 또한 Lahu어에서는 '유럽

인'을 가리키는 말로 *Kâlâ-phu*('white Indian')란 말을 썼었는데 그 뒤로 흑
인미국인들을 접하게 되면서 이 단어의 사용이 곤경에 처하게 되었다. 결국
은 *Kâlâ-phu-nâ*ʔ('black white-Indian')란 모순적 구조를 가진 표현을 사용하
게 되었다. Matisoff(1991)에서 제시한 이러한 예들은 의미의 일반화가 반드
시 문법화는 아니라는 것을 보여준다.

물론, Bybee & Pagliuca(1985)나 Bybee *et al.*(1994)에서나, 일반화가 문
법화에 있어서의 의미 변화의 유일한 양식이라고 주장한 바는 없다. 다만,
이들의 주장은, 문법화 현상에는 항상 의미의 일반화가 동반되며, 이것이
문법화의 의미 변화의 가장 큰 양식이며, 또한 문법화가 일어나기 위한 예비
적 단계에서 필수적이라는 것이다. 따라서 이들은 은유라든가 혹은 문맥에
의해 유도된 재해석과 같이 다른 많은 학자가 문법화의 의미 변화 기제라고
주장한 것들을 크게 중요시하지 않고 있다. 특히 Heine *et al.*(1991a)에서
은유에 의한 변화라고 주장한 바 있는 변화들을 실제로 추론이나 일반화에
의한 것이라고 주장함으로써(p. 283) 일반화에 문법화 상의 비중을 더 크게
두고 있다.

의미 일반화에 관하여 널리 알려진 것은 영어의 조동사 *can*과 *may*에 관한
것이다. Bybee(1988b)에서 소개된 *can*의 경우를 예로 들어 보자.

(44) can
    ⅰ. mental ability: mental enabling conditions exist in an agent for the
        completion of the predicate situation
    ⅱ. general ability: enabling conditions exist in an agent for the completion
        of the predicate situation
    ⅲ. root possibility: enabling conditions exist for the completion of the
        predicate situation

21) 이 '와이셔츠'는 우리말에서도 일본으로부터 재차용되었기 때문에 Matisoff(1991)의 예는
한국어에서도 그 설명이 똑같이 적용된다고 할 수 있다.

Bybee *et al.*(1994)에서는, *can*이 처음에는 *read, spell, paint* 등과 같은 정신 능력에 중점을 두는 단어들과만 공기하다가 점차 *sew, cook, build, plant* 등과 같이 정신적인 능력과 신체적인 능력을 포괄하는 단어들로 쓰임이 확대되었음을 밝혔다. 인간의 많은 행위가 정신적인 능력뿐 아니라 신체적인 능력을 포괄하고 있기 때문에 이와 같이 [정신적 능력 > 정신적 능력+신체적 능력]의 변화가 생겼다고 본다. 이러한 확대를 거쳐 *can*이 행동주의 일반적인 능력을 가리키는 단어로 바뀌면서 결국은 *swim*이나 *lift*처럼 정신적인 능력보다는 신체적인 능력에 더 중점을 두는 단어들과 공기할 수 있게 되었다. 이러한 일반화를 거쳐 위 (44)의 (i)에서 (ii)로의 변화가 생겼다. 또한 (iii)의 기본적인 가능성(root possibility)의 경우에도 마찬가지의 변화 과정을 거쳤을 것으로 본다. 어떤 상황을 가능하게 하는 힘이 행동주와 일반적인 상황, 사회적인 상황에 있을 때 기본적인 가능성이 있다고 볼 수 있다. 그런데 사람이 어떤 행위를 할 수 있는지의 여부가 외부적인 상황에 의존하고 있다는 사실을 감안하면 이러한 변화도 자연스럽게 일어날 수 있으며, 이것이 일반화 현상이라고 보는 것이 Bybee *et al.*(1994)의 입장인 것이다. 이것을 간단하게 정리하여 보면 가능성의 존재 위치가 [행동주의 정신 > 행동주 > 전체 상황]으로 점차 확대되었다고 할 수 있다.

일반적으로 은유에 의한 변화로 보고 있는 진행형과 *go-future*의 경우에 대한 Bybee *et al.*(1994)의 관점을 살펴보자. 인간의 행위란 모두가 장소적인 차원뿐 아니라 시간적인 차원을 가지고 있다. 따라서 원래 *go*와 같은 이동행위도 공간뿐만 아니라 시간적인 진행을 본질적으로 포함하고 있기 때문에, 이러한 변화를 공간의 영역에서 시간의 영역으로의 은유에 의한 변화로 보기에는 적절하지 않다. 즉 이동행위자는 이미 처음부터 공간적인 위치뿐 아니라 시간적 위치를 가지고 있으므로 공간에서 시간으로 영역의 변화는 없다. 이러한 논의는 Bybee & Dahl(1989)에서도 지적되고 있다. 따라서 진행형과 *go-future*에서 설명되어야 하는 것은 어떻게 공간적인 의미가 사라지고 시간적인 의미만 남게 되었는가 하는 것으로 본다. Bybee *et al.*(1994)에 따르면, 'be at doing'의 형태에서 발전한 진행형은, 원래 행위의 장소가 중요한 역할을 하는 *fishing, bathing*의 행위와 같이 공간과 시간이 모두 나타나는 구문으로부터 시작되었다. 그 후에, 반드시 특정 장소에서만 이루어지지 않아도 되는 *working, helping* 등과 같은 행위를 표시함으로써 공간성이 덜 중요한 구문으로 이동하였다. 그 다음 단계에서는 장소가 전혀 문제가 되지 않는 *talking, singing*과 같은 행위를 표시하는 구문으로 이동하게 되어 결국은 시간적인 계속성을 표시하는 진행형이 나타났다. 또한 이 진행형은 일반화를 더 거쳐서 진행상으로부터 미완료상을 나타내는 표지로 변함에 따라서 엄격한 의미의 진행뿐 아니라 습관적인 반복을 나타내는 문법상 표지 역할을 하기도 한다는 것이다. 이러한 변화를 정리해 보면 다음 (45)와 같다.

(45) fishing, bathing > working, helping > talking, singing
　　장소+ + 시간　 >　장소- + 시간　 >　　시간
　　진행상　 >　　진행상　 > 진행상 > 미완료상

또한 Bybee *et al.*(1994)에서는 *go-future*의 경우에도, *We are going to Windsor to meet the King.*에서처럼 장소적인 이동이 시간적 이동을 포함하고 있기 때문에 처음에는 이러한 장소적/시간적 이동을 표시하던 구문에서 점점 시간성에 중점이 있는 구문으로 이동하여 결국은 시간적인 이동 즉 미래시제 표지로 발전하게 되었다는 것이다.

Bybee & Pagliuca(1985: 60)에서는 의미의 일반화, 해당 어휘의 사용빈도, 그리고 음운적 감소, 이 들 세 가지 간의 상관관계가 있음을 지적하고 있다. 이들의 주장은 특히 다음 (46)과 같은 인용문에서 잘 드러난다.[22]

---

22) 이와 같은 입장을 평행성 가설 혹은 평행 축소 가설(parallel reduction hypothesis)이라 부르는데 평행성 가설은 §5.3.4 참조.

(46) 의미가 일반화되고 사용 범위가 넓어지면서 빈도는 증가한다. 그리고 이것
이 자동적으로 음운적 감소와 때로는 융합으로 나아가게 한다. (Bybee &
Pagliuca 1985: 76)

일반화에 관해 한 가지 근원적인 문제는 의미요소의 점진적인 소실에 의
한 의미 일반화가 실제로 어떻게 일어나느냐 하는 것이다. 이 문제는 사실상
Bybee *et al.*(1994: 289-290)에서 제기되고 있다. 이 연구에서는 일반화가
실제 변화 기제인지 아니면 어떤 기제에 의해 일어난 변화를 단순히 의미
일반화라는 형식으로 기술하는 것에 불과한지가 분명하지 않다고 보았다.
또한 은유에 의한 변화로 보던 여러 가지 변화가 사실상 일반화에 의한 변화
라고 보아야 한다고 주장하면서도, 이러한 변화가 더 세분된 작은 은유들로
이루어져 있을 수도 있다고 양보하는 한편, 또한 문맥을 고려한 더 많은 연
구가 나오기 전까지는 일반화를 변화의 기제라고 볼 수 있다는 약간은 모호
한 입장을 취하고 있다.

이성하(1996c: 52)에서는 일반화는 그 자체로서 기제가 아니라 현상으로
보고, 일반화가 은유에 의해서 일어나는 예를 들고 있다. 이 연구에서는 한
국어 동사 '버리다'의 의미 변화를 <도표 6-6>과 같이 보이고 있다.

제1단계	제2단계	제3단계	제4단계
lexical throw away physical removal animate agent physical object from Location1	metaphorical leave/abandon physical removal animate agent	metaphorical quit/stop removal animate agent	metaphorical disappear/spoil removal

〈도표 6-6〉 한국어 '버리다'의 의미 일반화

<도표 6-6>과 같은 '버리다'의 여러 가지 의미는 다음과 같은 공시적인 예들에서 나타난다.

(47) 제1단계: 신문을 쓰레기통에 버렸다.
　　　제2단계: 고향을 버리고 타향으로 갔다.
　　　제3단계: 그런 나쁜 생각은 버려라.
　　　제4단계: 애를 안 때리면 버린다.

위의 예 (47)에서 제 2, 3, 4 단계에 나타나는 예는 추상적인 '버림'을 뜻하기 때문에 어떤 중심적인 위치로부터의 이탈을 의미하는 것이다.

일반화가 문법의 변화와 관련하여 일종의 기제로서 생각될 수 있다는 근거는 언어습득에서 찾아볼 수 있다. 언어를 배우는 아이는 어떤 문법적 자질을 해당 문법 범주 안에 모두 확대하여 쓰는 단계가 있다. 예를 들어서 -ing형의 형태소를 배우게 된 아이는 이 형태소를 해당 문법 범주 즉 동사 범주에 모두 확산하여 쓰게 된다(Crystal 1991: 159). 이러한 일반화 과정에서 지나치게 일반화할 경우에는 많은 실수를 하게 되는데 이 현상을 과잉일반화(overgeneralization)라고 부른다.

일반적으로 문법화에서 나타나는 의미 변화는 일반화이다. 의미의 일반화에 반대되는 의미축소화(narrowing)는 어휘의 의미 변화 현상으로는 발견되는 경우가 있으나 문법화에서는 거의 발견되지 않는다.

6.8 흡수

흡수(Absorption)란 한 문법소가 원래 담당하고 있던 기능을 잃어버리면서 그것이 쓰이는 문맥에서 의미를 얻게 되는 것을 가리킨다. 문법화라는 과정은 계속적으로 일어나고 있는 것이기 때문에 옛 문법소는 점점 쇠퇴해지고 새 문법소가 등장하여 옛 문법소를 대체해 버리게 되는 것은 널리 알려져 있으며 이것을 재건(renewal)이라 부른다. 또한 이들이 서로 공존하다가 그중 하나가 주도적인 문법소가 되면서 다른 경쟁자들이 쓰이던 문맥에서까지 해당 문법기능을 전담하게 되는 것을 전문화(specialization)라 한다.23) 이와 같이 재건과 전문화를 통한 대체 현상은 지금도 계속되고 있다. 예를 들어, 기본적인 가능성을 표시하는데 있어서 *can*이 *may*를 대체해 가고 있고, 영어의 진행형이 단순 현재를 대체해 가고 있으며, *will*이 *shall*을 대체하는 반면, *will*은 다시 *be going to*에 의해 대체되어 가고 있다. 또한 독일어나 화란어에서 완료가 단순과거를, 또한 프랑스어와 스페인어에서는 'go'-future가 합성형 미래시제를 대체해 가고 있다(Bybee *et al.* 1994: 295-296). 이러한 대체과정에서 옛 문법소는 완전히 소멸되기도 하지만 때로는 주된 기능에서 밀려나 이차적인 기능을 맡기도 한다. 그런데 이처럼 주된 기능에서 밀려나 이차적인 기능을 맡게 된 옛 문법소는 그것이 쓰일 수 있는 상황이 제한되어 있어서 그러한 문맥에서 새로운 의미를 얻게 되는데 이것이 곧 흡수라고 일컫는 것이다.

　문법화와 관련하여 흡수의 예를 들어 보자. 많은 언어에서 접속법 표지는 직설법 표지에서 발달되었다. 그런데, 시제와 상과 같은 문법 범주는 주로 주절에서 쓰이게 되기 때문에 새로이 등장하는 문법소는 주로 주절에 있는 옛 문법소가 '공격' 대상이 된다. 따라서 옛 문법소는 종속절에서 더 오래 견딜 수 있게 되는데, 특히 종속절이 어떤 주장이나 단언과 같은 내용이 아니라 소망이나 명령 등의 내용을 포함할 경우에는 더욱 오래 동안 그 용법이 살아남게 된다. 이와 같이 용법이 종속절만으로 제한되게 되는 경우에 옛 문법소는 자신의 의미를 거의 다 잃어버리고 종속절의 문맥에 있는 의미를 차츰 흡수하게 된다. 따라서 이러한 과정을 거친 문법소는 주절에 쓰이게 되는 경우에도 명령이나 가벼운 의무와 같이 새로 흡수된 의미를 갖게 된다.

---

23) 전문화에 대해서는 §5.2.3 참조.

이러한 변화는 화용적인 원인에 의한 것이 아니라 순수하게 언어적 맥락에 의한 것이기 때문에 다른 변화와는 크게 구별된다.

흡수는 일종의 의미 첨가 현상이기 때문에, 문법화는 의미 약화나 의미 소실을 동반한다고 보는 기존의 관점과 충돌하는 것처럼 보인다. 이러한 점을 고려하여 Bybee *et al.*(1994)에서는 흡수와 같이 근본적인 변화는 문법화가 거의 끝점에 가까워 문법소가 외부로부터의 의미 유입에 저항할 수 없을 정도로 의미가 약화된 다음에만 가능한 변화라고 주장한다. 다시 말하면, 흡수는 의미 약화와 모순적인 것이 아니라, 의미 약화가 끝난 후에만 발생하는 것이다.

6.9 문법화의 단계와 기제

어떤 문법화 현상은 때로 한 가지 기제만으로 설명이 가능한 때가 있다. 그러나 문법화의 일반적인 기제를 한 가지만으로 정할 수는 없다는 것이 일반적인 견해이다. 물론 어떤 기제를 설정하고 그러한 기제를 광범위하게 정의하면 모든 변화를 설명할 수도 있겠지만 이러한 '포괄적'인 방식은 극단으로 가게 되면 흔히 설명력이 없는 영가설(零假說: null hypothesis)처럼 되어 버리기 때문에 학문적 가치를 가지기 어렵다. 언어변화가 인간의 인지적 책략에 의해 유발되고 있으며 인지적 책략이 한 가지로 획일적인 것이 아니라면, 전반적인 언어변화에는 많은 기제가 관련되어 있으며 한 가지 변화에도 여러 가지의 기제가 작용할 수 있다고 생각하는 것은 매우 합리적이다. 이러한 점에 착안하여 Bybee *et al.*(1994)에서는 여러 가지의 문법화 기제를 인정하고 이 기제가 문법화의 진행 정도에 따라 얼마나 밀접한 관련성을 보이는지 설명하고 있다. <도표 6-7>은 Bybee *et al.*(1994: 297)에 제시된 도표이다.

```
초기                    중기              후기
──── 은유 ── ───
──────────────────── 추론 ──────────────────→
──────────────────── 일반화 ────── ── ── ──
                        ────────── 조화 ──→
                        ────────── 흡수 ──→
```

〈도표 6-7〉 문법화의 단계별 기제

<도표 6-7>에서 보듯이 은유는 문법화의 초기에만 작용한다. 그 이유는 문법화소의 의미가 있어야 그 의미가 은유적으로 사용될 수 있는데, 문법화가 어느 정도 진행되고 나면 의미가 거의 다 소실되어 은유적으로 사용될 수 있는 의미 자체가 없기 때문이다. 한편, 조화나 흡수는 의미 기능이 아주 약화된 다음에만 가능한 것이기 때문에 초기단계에서는 나타나지 않고, 주로 후기에만 나타나게 된다. 일반화는 의미를 점점 약화시키는 기제이기 때문에 초기·중기 단계에서 활발하게 사용되는 데 반해, 후기에 가서 의미기능이 약화되고 나면 실제로 의미요소가 별로 남아 있지 않기 때문에 일반화가 사용되지 못한다. 그러나 추론은 대화의 의미협상 과정에서 늘 일어나는 것이며, 모든 언어 형태는 그것이 사용되는 문맥이 있기 때문에 문법화의 전 단계에 거의 고루 사용된다. 위에서 본 바와 같이 어떤 문법화 현상을 기술하는 데 있어서 사용되는 기제는 반드시 어느 한 가지로 국한되는 것이 아니고, 여러 가지의 기제가 동시에, 혹은 연쇄적으로 작용하고 있는 것이다.

제7장 문법화의 모형들

　문법화론 학자들은 문법화 현상을 설명하기 위한 많은 모형을 제시하였다. 문법화 현상은 음운적, 통사적, 의미적 변화가 모두 포함되지만 문법화 모형들이 설명하고자 하는 것은 의미 변화이다. 다시 말하자면 한 어휘소가 문법소로 변한 경우 어떠한 개념상의 변화가 생기며 그러한 개념상의 변화가 어떻게 생겨나는지 설명하고자 하는 것이다. 그동안 문법화론 학자가 제시한 모형은 다양해서 하나의 모형으로 통합할 수가 없다. 문법화론에서 제시된 모형을 분류한 방식으로 대표적인 것은 Willet(1988)과 Heine *et al.*(1991a)을 들 수 있는데, 여기에서는 주로 후자의 분류법에 따라 모형을 소개하고 전자의 분류법은 주로 그 내용상 관련이 있는 곳에서 병행하여 소개하기로 한다.[1] 이 장에서는 탈색 모형, 잃고-얻기 모형, 중복 모형, 원형 확대 모형, 환유-은유 모형 등 다섯 가지의 모형을 살펴보기로 한다.

---

1) 이 두 가지 분류법 이외에도, 여기에서 다루지는 않았으나 Traugott & Heine(1991b: 2-3)에서는 (1) 어휘에서 형태소로, (2) 담화에서 형태통사론으로, (3) 유형론적 입장에서의 문법적 코드화 등 세 가지의 종류의 모형을 제시하고 있다. 이 분류법은 문법화를 언어현상의 층위에 따라 분류한 것이다.

7.1 탈색 모형

'탈색(Verbleichung)'이란 용어를 처음으로 사용한 것은 Gabelentz(1901 [1891])에서이다. 또한 Meillet(1912)에서도 '약화(affaiblissement)'나 '퇴보 (dégradation)'란 개념을 사용하였다. 그 이후로 문법화에서는 의미의 변화가 일반적으로 의미의 약화나 소실의 방향으로 이루어진다고 하는 것이 널리 받아들여지고 있는 생각이다. 이처럼 의미가 점점 '희미해지는', 즉 탈색되는 과정에 변화의 초점을 두고 있는 모형을 탈색 모형(Bleaching Model)이라 부른다. 이 모형은 <도표 7-1>과 같은 도식으로 표시할 수 있다(Heine *et al.* 1991a: 109).

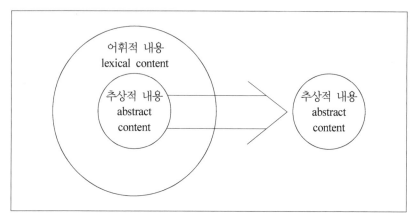

〈도표 7-1〉 탈색 모형

<도표 7-1>에서 보면 최초의 어원어는 그로부터 문법화된 문법소의 의미 보다 그 의미상의 크기가 더 크며, 어휘적인 의미, 즉 구체적인 개념들은 사라지고 추상적인 개념만이 남게 된다. Bybee & Pagliuca(1985)에서는 영어의 *have-to* 구문이 증거성을 표시하는 구문으로 문법화된 경우를 탈색 모

형으로 설명하고 있다. 이러한 문법화에서는 원래 *have-to* 구문이 문장의 행동주에 대해 가지고 있던 '의무성'의 개념이 문장 명제의 진위성에 대한 '의무성', 즉 증거성표지로 발전하게 된 것이다. 다음 영어의 예를 보자.

(1) a. Ingrid has to arrive before we do (because she promised to help with the preparations).

   b. Ingrid has to arrive before we do (because she set out an hour earlier).
   (Bybee & Pagliuca 1985: 73-74)

위의 예 (1a)는 'Ingrid'가 약속한 말 때문에 자신이 일찍 도착해야하는 부담을 지게 되는 것이므로 이 경우의 문법표지 *have-to*는 의무성 표지이다. 그러나 (1b)의 경우에는 'Ingrid'가 한 시간 일찍 출발으로써 세상에 대한 우리의 지식체계 안에서 볼 때 'Ingrid'가 일찍 도착한다는 명제가 사실이어야만 하는 것이다. 즉, 이 경우의 문법표지 *have-to*는 증거성표지이다. 이러한 변화를 Bybee & Pagliuca(1985)에서는 의미의 적용 영역을 변화시키는 작용, 즉 은유에 의해 이루어진 것이라고 본다. 이처럼 의미의 일반화를 일으키는 기제가 은유라고 보는 견해를 Willet(1988)에서는 은유확장 가설 (metaphorical extension hypothesis)이라 불렀다. 또한 이 연구에서는 범언어적으로 증거성표지의 문법화들을 논하면서 모든 문법화 모형 중에서 이 은유확장 가설에 따른 모형이 가장 설명력이 있다고 보았다.

탈색 모형에 의하여 문법화를 설명한 다른 예로는 Givón(1973)이 있다. 이 연구에서는 동사로부터 시상태 표지로 발전하는 문법화 과정을 연구하면서, 동사의 의미를 보면 이 동사가 시상태 표지로 변화할 때에 어떤 의미 기능을 가지게 될지 미리 예측이 가능한데, 그 이유는 문법화된 시상태 표지의 의미가 그 어원어의 내적 의미 구조에 이미 포함되어 있기 때문이라고 하였다. 동사를 따라 다니는 전제와 함의 등이 시간의 축에 정렬되는 일정한 방식이 있으며 이러한 정렬 방식이 바로 시상태 체계의 핵심이라고 보았다.

따라서 문법소의 의미는 이미 어원어의 의미 안에 포함되어 있다는 것이다. 이러한 특징 때문에 Willet(1988)에서는 Givón(1973)의 견해를 포함 가설 (containment hypothesis)이라 불렀다. 포함 가설에 의한 탈색 모형은 시상태 체계처럼 시공간의 개념이 문법화하는 과정에는 비교적 잘 적용된다. 그러 나 문법소들의 문법적 의미가 그 어원어의 의미로부터 예측이 가능하다는 가설이 모든 문법화 현상에 규칙적으로 적용될 수 있는지는 확실하지 않다. 문법화 현상이 예측불허한 방향으로 자의적으로 변화하는 것은 아니고 점진 적이며 또한 일정한 원리를 따라 움직이고 있기 때문에 문법소의 의미와 어원어의 의미 사이에 밀접한 관련성이 있다는 것은 부정할 수 없다. 그러나 이러한 관련성이 반드시 포함관계라고 보는 것은 무리가 있다.

C. Lehmann(1982)에서의 의미 변화 이론도 탈색 모형의 예로 들 수 있다. 이 연구에서 설정한 여섯 가지 변수 가운데 크기(integrity)가 탈색과 관련하 여 설명된다. 이 크기는 의미상이나 음운상의 크기를 모두 포함하는 개념이 며, 문법화 과정에서 이들 모두 공통적으로 축소현상을 겪게 된다.[2] 의미상 의 축소 현상은 탈의미화(desemanticization)라 불리는데, 이것은 의미고갈 (semantic depletion), 혹은 탈색(bleaching)이라고도 불린다. C. Lehmann (1982: 127)에서 들고 있는 다음의 예들을 보자.[3]

(2) a. Latin *de* → French *de*
     1. x is on top of y, then x moves down and away from y
     2. x moves from y
     3. x from/of y

---

2) C. Lehmann의 이론은 §5.1 참조.
3) C. Lehmann(1982: 127-128)에서는 Latin어의 *hac hora* 'at this hour'가 Portuguese의 *agora* 'now', Spanish의 *ahora* 'now'로 변화한 예를 들어, 시간적 위치, 시간적 단위, 그리고 화자 를 표시하는 직시소를 의미 요소로 가지고 있던 최초의 구조에서 시간적 단위가 탈색을 통해 소실되어 '지금'이란 의미로만 사용되는 예도 함께 들고 있다. 그러나 이것은 어휘화 로 보는 것이 더 적절하다.

b. OE *sceal* → ModE *shall*

  1. x has to do something, and it is to pay/return money/thing to y

  2. x has to do something

  3. x will do something

위의 예 (2a)에서 보듯이 라틴어의 *de*는 Romance어를 거쳐 프랑스어로 오는 과정에서 차츰 의미 요소들을 잃어버려서 처음에는 라틴어의 '-의 위에 있다가 그곳으로부터 내려오다'라는 의미가 Romance어에서는 '-로부터 이동하다'로, 그리고 프랑스어에 와서는 '-의' 혹은 '-로부터'와 같이 점진적으로 탈색된 것을 볼 수 있다. 예 (2b)에서는 현대영어의 *shall*의 고어형인 *sceal*이 '해야할 일이 있으며 그 일은 남에게 빚을 갚는 것이다'라는 의미가 '-를 해야 한다'로 그리고 더 나아가 '-할 것이다'로 탈색된 것을 볼 수 있다.

탈색 모형의 장점은 문법화에서 생겨나는 의미 변화가 대개는 의미의 일반화라는 점을 잘 설명해 준다는 것이다. 또한 이 모형은 의미의 일반화를 통해서 어원어의 분포가 넓어지고 이러한 분포상의 확대를 통해 문법화가 가속화된다는 것, 또한 문법소들의 의미가 대개는 매우 추상적인 개념이라는 것 등을 잘 포착할 수 있다. 그러나 모든 문법화가 반드시 소실이나 축소만으로 설명될 수 있는 것은 아니다.4) 왜냐하면 소실이나 축소는 대개 문법화의 어휘적 층위에서 일어나지만, 문법화의 더 거시적 층위에서는 소실이 아닌 추가 현상도 많이 나타나기 때문이다. 다음에서 살펴보고자 하는 잃고-얻기 모형에서는 이 점이 강조되고 있다.

---

4) Heine *et al.*(1991a: 40-41)에서는 시공간적으로 유동성이 전혀 없는 개념이라고 할 수 있는 신체부위를 표시하는 명사가 역동적인 공간적 관계표지어로 발전하는 예를 들어, 탈색이나 소실을 가지고는 전혀 설명할 수 없는 경우들을 보이고 있다. 그 예로 Papago어에서 보이는 [hand > from], [eye > to/toward] 등의 변화를 들고 있다.

7.2 잃고-얻기 모형

탈색 모형은 의미의 소실 혹은 약화에 초점을 두고 있지만 실제 문법화에서 나타나는 의미추가 현상을 간과할 수 없다는 입장을 취하는 문법화론 학자가 제시한 것이 곧 잃고-얻기 모형(Loss-and-Gain Model)이다. 즉 탈색 모형이 [AB > B]의 형식을 취하는 데 비해 잃고-얻기 모형에서는 [AB > BC]의 형식처럼 문법화에서 의미의 소실과 추가가 동시에 일어난다고 보는 것이 잃고-얻기 모형이다. 이 모형은 <도표 7-2>와 같이 표시될 수 있다 (Heine *et al.* 1991a: 110).

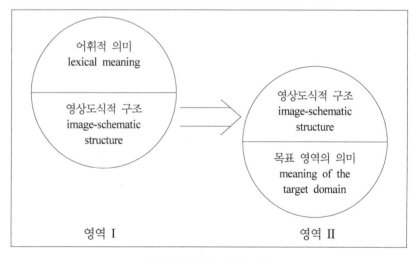

〈도표 7-2〉 잃고-얻기 모형

<도표 7-2>에서 보듯이 잃고-얻기 모형에 따르면, 근원 영역에서의 어원 어의 의미는 어휘적 의미와 영상도식적 구조(image-schematic structure)로 이루어져 있는데 이로부터 문법화가 일어나는 과정에서 어휘적 의미는 소실 되고 영상도식적 구조만이 목표 영역으로 전이되며 이러한 전이과정에서

목표영역에 있는 새로운 의미가 추가된다.

잃고-얻기 모형을 주장한 대표적인 연구는 Sweetser(1988)이다. 이 연구에서는 문법화 과정에서 의미 소실이 의미추가에 의해 균형을 이루고 있다고 보았다. 한 어원어가 의미 변화를 겪게 될 때에는 근원 영역에 있는 어원어의 의미 구성 요소로부터 일종의 골격이라 할 수 있는 영상도식적 구조가 목표 영역으로 전이된다. 즉 한 어원어의 근원 영역에 있는 모든 의미가 목표 영역으로 전이되는 것이 아니라 영상도식만이 전이된다. 그런데 이 영상도식적 구조가 목표 영역으로 전이될 때에는 원래의 의미에서 복잡한 내용이 없어지고 목표 영역으로부터 여러 가지 관련된 의미가 이 문법소의 의미로 추가되게 된다.

영어의 동사 *go*가 미래표지 *be going to*로 발전한 경우를 잃고-얻기 모형에 따라 살펴보자. 동사 *go*가 근원영역에서 단순히 이동동사로 쓰일 때에는 여러 가지 의미와 그 이동의 실현 방식에 있어서 여러 가지 가능성을 의미의 일부로 포함하고 있다. 예를 들어 이동하던 사람이 가는 도중에 다시 뒤돌아올 수도 있고, 앞을 보며 가는 대신 뒤를 바라보며 앞으로 갈 수도 있고, 이동하는 속도를 바꿀 수도 있다. 동사 *go*에는 이러한 여러 의미와 더불어 <도표 7-3>에서 보는 것과 같은 영상도식적 구조가 의미의 일부로 포함되어 있다(Sweetser 1988: 391).

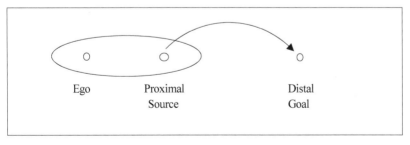

| Ego | Proximal Source | Distal Goal |

〈도표 7-3〉 'go'의 영상도식

　동사 *go*가 미래시제를 나타내는 표지로 문법화하는 과정에서는 근원 영역에서의 세 가지 개념, 즉 두 장소 간의 선적 관계, 근접 장소에 있는 자신의 위치, 근접 위치로부터 원격 위치로의 이동 등의 개념이 전이된다. 이들 세 가지 영상도식적 개념은 목표 영역으로 전이될 때에 각각에 해당하는 목표 영역의 개념으로 전이된다. 즉, 장소 간의 선적인 관계는, 한 시간의 점에서 다른 시간의 점으로 이동하려면 그 중간의 모든 '시간의 점'들을 거쳐야 된다는 시간적 선적 관계로 전이된다. 근접 장소에 있는 자신의 위치라는 개념은, 자신이 현재라는 시간에 근접하여 있다는 자신의 시간적 위치로 전이된다. 또한 근접 위치로부터 원격 위치로의 이동이란 개념은, 시간의 이동은 현재라는 근접 위치로부터 미래라는 원격 위치로만 이동할 수 있다는 시간적 이동의 방향성으로 목표 영역에 전이된다. 이러한 개념의 전이 과정에서 이동동사 *go*는 많은 세부적인 의미를 잃어버렸지만 대신 미래성, 의도성, 예측성 등의 의미를 문법성이라는 목표 영역에서 추가로 얻게 된다.

　Traugott & König(1991)에서는, 영어의 접속사 *considering, supposing, while* 그리고 독일어의 *weil*의 문법화를 잃고-얻기 모형으로 설명하고 있다. 문법화 초기 단계에서 나타나는 의미 변화는 반드시 탈색이라고 볼 수 없으며 오히려 화용적 추론에 의해서 의미추가 혹은 의미 강화가 일어난다. 추론에는 은유와 환유가 있으며 은유는 어떤 대상을 다른 대상으로 지시하려하는 일종의 문제 해결 전략인데 반해, 환유는 간접적으로만 나타나있는 의미를 구체화하여 지시하는 기능, 즉 정보의 강화 기능이 있다. 다음의 예를 보자.

(3) a. I have done quite a bit of writing since we last met.

　　b. Since Susan left him, John has been very miserable.

　　c. Since you are not coming with me, I will have to go alone.

　　d. Since you are so angry, there is no point in talking with you.

(Traugott & König 1991: 194-195)

위의 예를 보면 (3a)에서는 접속사 *since*가 단순히 시간적인 관계만을 나타낸다. 그러나 예 (3b)에서는 시간적인 관계나 인과적인 관계를 모두 나타낼 수 있다. 예 (3c)와 (3d)에서는 시간적인 관계는 부적절하고 인과적인 관계만을 나타낸다. Traugott & König(1991)에서는 이처럼 시간적인 관계로부터 인과적인 관계로 의미 변화가 일어나는 것이 화용적 추론에 의한 것이라고 보았다.5) 범언어적으로 많은 언어에서 시간성-인과성의 의미가 중의성을 띠는 접속사가 나타난다.6) 그런데 중요한 점은 시간성 표지가 추론에 의해 인과성이란 개념의 의미 추가를 겪게 된다는 것이다. 그러나 그와 같은 의미 추가 현상이 일반적이긴 하지만, 다음의 예는 모든 문법화가 반드시 동일한 패턴을 따르는 것은 아님을 잘 보여준다.

(4) a. since: 시간 표지 > 시간-인과 표지 공존
     b. now: 시간 표지 > 시간-인과 표지 공존 > 시간 표지
     c. consequently: 시간 표지 > 시간-인과 표지 공존 > 인과 표지

위의 예 (4)에서 보듯이 문법화하는 어원어는 의미가 추가되기도 하고 소실되기도 한다. 따라서 Traugott & König(1991: 190)에서는 의미 탈색과 의미추가 모두가 문법화에 나타난다는 것을 인정하고, 의미추가는 대개 문법화의 초기에 의미 탈색은 대개 문법화의 후기에 많이 나타난다고 하였다. Dahl(1985)에서도 상의 발전에 있어서 새로운 의미가 추가되는 예를 보이고 있다. 상에는 일차적인 의미가 있고 이것에서 발전하는 이차적 의미가

---

5) 역사적으로 인과관계가 시간관계를 표시하던 데서 추론에 의해 발달하였다고 밝힌 예들은 많이 있다(Geis & Zwicky 1971; Abraham 1976; Braunmüller 1978 등).

6) 이러한 언어들의 예는 다음과 같다. English: *since, consequently*; German: *infolgedessen* (therefore); French: *puisque* (< Latin: *posteaquam* 'after', 'ever since'); Spanish: *pues* (< Latin: *post*); Swedish: *eftersom, emedan* (cf. < *medan* 'during'); Romanian: *din moment ce* 'from the moment on', 'because'; Dutch: *want* 'because' (<PGmc 'when+then'); Estonian: *pärāst* 'after, because of'; Finnish: *koska* 'when', 'because', 'as' (Traugott & König, 1991: 195).

있다. 이차적인 의미는 추론에 의한 의미이다. 다음의 예를 보자.

(5) John has left.

위의 영어의 예 (5)를 보면 기본적으로는 완료상을 나타내고 있지만, 완료상의 일차적인 의미인 행동의 완료를 나타낼 뿐 아니라 이차적인 의미인 '추론(inferential)'의 의미를 가지기도 한다. 즉, 'John'이 일하는 사무실이 빈 것을 보고 그가 퇴근을 했음에 틀림없다고 생긱힐 때 이리한 완료상을 쓰게 되는데, 이것은 어떤 사건이 완료되었음을 추정하게 해 주는 결과를 보고 역으로 그 사건을 추정하는 것이기 때문에 추론의 의미를 가진다. 추가적인 의미가 습득되는 것은 함축이 관습화되면서 생겨난 것이다. 의미 추가의 다른 예로는 완료나 과거완료와 같은 상들이 가까운 과거 혹은 먼 과거의 표지로 발전하는 과정을 들 수 있다(Dahl 1985: 11). Dahl(1985)에서는 의미 추가의 가장 직접적인 기제를 문맥적 함축이라고 보았는데, 이러한 이론적 입장을 Willet(1988)에서는 '함축 모형'이라고 불렀다.

문법화를 잃고-얻기 모형으로 설명한 또 다른 예는 Hopper(1979, 1982)에서 찾아볼 수 있다. 이 연구에서는 여러 언어에서의 완료상 체계를 논하면서 이 완료상이 담화 상에서 갖는 기능을 분석하였다. 다음의 Malay어 예를 보자.

(6) a. Anjing-*lah* yang hilang, bukan kuching
  dog-Emph which lost not cat
  'It was a dog I lost, not a cat.'

  b. Mati-*lah* anak raja itu
  die-Perf son king the
  'The prince died/has died.'

위의 예 (6a)에서는 강조사 *lah*가 명사에 붙어서는 단순히 강조를 나타내지만 (6b)에서처럼 동사에 붙게 되면 완료상을 표시하게 된다. Hopper(1979, 1982b)에 의하면 이 완료상은 이야기를 서술하는 과정에서 사건들의 순차적인 배열을 표시하던 담화 기능으로부터 발전하였다. 즉, 이야기 속에서 사건이 순서를 가지고 배열되려면 각 사건이 개별적이고 경계를 가진 사건이어야 한다는 사실이 각 사건의 완료적 해석을 유도하고, 이러한 완료적인 해석이 완료상이나 과거시제로 문법화했다는 것이다. 즉 완료표지는 원래 담화 기능상의 의미로부터 문법화한 것이다. Malay의 *lah*는 문법화를 거치면서 완료상이라는 문법적 의미가 추가되었는데, 이 의미는 담화라는 화용적 영역으로부터 온 것이다.

Herring(1988)에서는 Tamil의 완료상표지 *viṭu*가 담화적 기능에서 문법화하였음을 보이고 이 문법화에서 여러 가지 화용적 의미가 문맥에 따라 *viu*의 의미로 추가되었다고 보았다. 이와 같은 과정을 통해 추가된 의미로는 '확정성', '동사적 행위의 강조', '사건의 종결과 그 영향', '사건의 순차성' 등이 있다.

문법화 과정에서는 어원어의 의미가 소실되기도 하고 추가되기도 하는데 이처럼 추가되는 의미는 목표영역의 문법적 특성에서 오기도 하고, 담화와 같은 화용적 특성에서 오기도 한다. 잃고-얻기 모형은 이러한 의미 소실과 추가 현상을 잘 설명해 주는 장점이 있다. 그런데 잃고-얻기 모형은 너무 단순하기 때문에 의미 추가가 구체적으로 어떻게 일어나는 것인지 모형 자체에서는 설명할 수 없다는 단점이 있다.

7.3 중복 모형

지금까지 살펴본 탈색 모형과 잃고-얻기 모형은 모형의 특성상 근원 영역과 목표 영역이 나뉘어 있어서 문법화의 진행은 점진적이라는 것을 설명하는 데에 기본적인 난점이 있다. 이러한 난점을 보완한 모형이 중복 모형이다. 이 중복 모형(Overlapping Model)은 <도표 7-4>와 같은 도식으로 나타낼 수 있다(Heine *et al.* 1991a: 111).

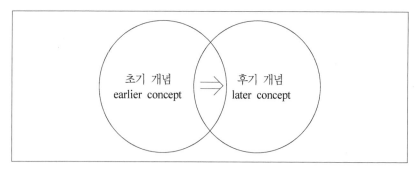

초기 개념
earlier concept

$\Rightarrow$

후기 개념
later concept

〈도표 7-4〉 중복 모형

<도표 7-4>로 보인 중복 모형에서는 근원영역에서의 초기 개념이 목표영역에서의 후기 개념으로 발전할 때에 개념의 중복 현상이 일어나는 것임을 보여 준다. 여기서의 중복이란 Hopper(1991)에서의 층위화(layering)와 거의 동일한 개념이다. 즉, 중복이란 문법화에서 이전 단계와 그 후속 단계 사이에 경계가 선명하지 않고, 두 단계에서의 의미기능이 중간 단계에서는 모두 공존하여 나타난다는 문법화의 특징을 가리키는 것이다. 이처럼 중복 현상이 나타나는 단계가 있음으로 해서 한 언어형태가 여러 가지 의미를 가지기도 하고, 한 의미가 여러 언어 형태에 의해 표시되기도 함으로써, 의미의 모호성을 만들어낸다. 중복 모형은 바로 이러한 현상에 초점을 맞추어 언어 변화를 설명하고자 하는 모형이다. 영어의 시상태 동사들의 공시적인 의미 분포를 연구한 Coates(1983)의 연구는 중복 모형에 잘 어울리는 예로 볼 수 있다. 다음의 예를 보자.

(7) a. I can only type very slowly as I am quite a beginner.

   b. Well I think there is a place where I can get a cheap kettle.

   c. Can I pour you your tea?

(Coates 1983: 87-95에서 발췌 인용)

영어의 양태 조동사 *can*의 용법에 대한 위의 예에서 보면 (7a)는 '능력'을 (7b)는 '가능성'을 (7c)는 '허용'을 나타낸다. 이처럼 *can*은 공시적으로 많은 용법을 가지고 있다. Bybee *et al.*(1994), Bybee(1988b)에 따르면 이와 같은 여러 의미는 원래 인간의 '정신적인 능력'을 표시하는 의미에서 점차 발전한 것이다. 가능성이란 개념은 처음에는 정신적인 능력에서 신체적인 능력으로, 또한 그로부터 일반적인 능력으로, 그리고는 원초적인 가능성으로, 더 나아가 사화·물리·상황적 가능성 등으로 발전한 것이다. 그런데 이러한 여러 가지 의미는 각 시기별로 한 가지만 쓰이는 것이 아니라 점진적으로 생겨난 새로운 의미는 *can*이란 의미 안에 중복되어 있어서 의미의 중복이나 중의성이 나타날 수 있다. 따라서 *can*은 위의 예문들에서 보는 바와 같이 공시적으로 다양한 의미를 가지고 있다.

이러한 중복 모형은 문법화뿐 아니라 일반적인 언어변화에 모두 적용될 수 있다. 언어변화에는 급작스런 변화는 없으며, 비록 속도에는 차이가 있지만 모두 점진적으로 변화하고 있고, 이러한 점진적인 변화에는 늘 이전 단계와 그 후속 단계 사이에 중복기를 가지기 때문이다. 이런 점에서 언어형태의 음운상의 크기 변화는 <도표 7-5>와 같이 나타난다.

변화 단계	1 단계	2 단계	3 단계
음운 형태	완전한 형태	완전한 형태 축소된 형태	축소된 형태

<도표 7-5> 중복 모형에 따른 음운 변화 단계

<도표 7-5>에서는 제2단계에서 중복이 일어나는 것을 보인다. 예를 들어 영어의 미래표지 중의 하나인 *be going to*는 현재 완전한 형태인 *be going to*와 축소된 형태인 *be gonna*가 있는데, 현재에는 이 두 형태가 모두 쓰이므로 제2단계의 중복기에 해당된다. 앞으로 미래형은 반드시 *gonna*만 쓰이고 *be going to*는 순수하게 *go* 동사의 진행상의 표지로만 쓰이게 되는 때가 온다면 그 때는 제3단계에 해당이 될 것이다.

중복 모형은 가장 단순하게는 세 개의 연속적인 단계로 표시되어 있다. 그러나 문법화가 [하나의 어원어 > 하나의 중복 단계 > 하나의 문법소]와 같은 방식으로만 진행되는 것이 아니라, 중복 단계도 여러 개가 될 수 있고, 또한 한 문법소가 다시 문법화의 시발점이 되어 더 문법적인 문법소로 발전할 수 있기 때문에 위에서 제시한 모형은 가장 기본적인 단위만 표시한 핵모형일 뿐이다. 따라서 이 모형은 문법화의 연쇄현상을 나타내는 더 확장된 모형으로 발전시킬 수 있는데 이것을 연쇄모형(chain model)이라고도 부른다.

중복 모형은 Lessau(1994: 626-627)에서도 지적한 바와 같이 문법화뿐만 아니라 모든 언어변화의 일반적인 원칙이라고 할 수 있는 문맥의존성으로부터 자연적으로 얻어지는 것이기 때문에 그 자체로서 크게 특별한 점이 없다고 볼 수도 있다. 그러나 중복 모형은, 다른 언어학적 전통에서와는 달리 문법화론 학자가 가장 중요하게 생각하는 범주의 유동성이라든가 언어변화의 단일방향성 등을 강조하였다는 점에서 우수한 모형이다.

7.4 원형 확대 모형

탈색 모형이나 잃고-얻기 모형 등은 주로 그 적용 범위가 문법화에서의 의미 변화를 설명하는 데에 국한되어 있지만 원형 확대 모형(Prototype

Extension Model)은 의미 범주의 변화뿐만 아니라 의미 범주의 구조도 고려
되어 있다는 점에 그 특징이 있다. 이 모형은 <도표 7-6>과 같은 도식으로
나타낼 수 있다(Heine *et al.* 1991a: 112).

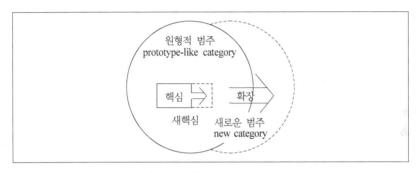

〈도표 7-6〉 원형 확대 모형

<도표 7-6>을 보면, 지금까지 살펴본 모형에서는 하나의 범주에서 다른
범주로 전이되는 과정에 초점을 둔 것과는 대조적으로 원형 확대 모형에서
는 하나의 범주가 어떠한 조정과정을 거치는가에 초점이 맞추어져 있음을
알 수 있다. 이 모형에 따라서는 문법화 과정에서 하나의 범주가 어떻게 조
정되거나 확장되어 나가는가를 보이는데 이러한 조정 혹은 확장은 은유나
유추와 같은 기제에 의해 이루어진다고 할 수 있다.[7] Givón(1989)에서는
원형 확대가 인간의 감각, 인지, 언어의 모든 영역에서 범주화의 가장 일반
적인 원리라고 보고, 범주의 가장자리 영역이 선명치 않기 때문에 이러한
영역의 확대가 가능하다고 하였다. Aijmer(1985)에서는 원형 확대 모형에
따라 문법화를 설명하고 있다. 원형은 초점으로서의 기능을 가지고 있으며
이로부터 확장을 통해 다른 의미가 만들어지고, 이러한 원형 확장은 그 개념

---

7) Heine *et al.*(1991a)에 따르면 원형 확대 모형은 Givón(1989)의 원형 확대 이론에 바탕을
   둔 것인데 Givón은 원래 이 모형을 문법화에 적용한 것은 아니었다(Heine *et al.* 1991a:
   112).

이 가지고 있는 의미 변화의 가능성과 일치한다고 하였다. 즉 원형 확대는 공시적인 의미 분포와 통시적인 의미 변화 방향을 동시에 설명할 수 있다는 것이다. 원래 원형 이론에 따르면 한 개념에 속하는 의미들은 하나의 원형 의미를 중심으로 하여 그 주변으로 비원형적 의미들이 원형과의 근접성에 비례하는 거리를 유지하며 배치되어 있다. 이러한 이미지 때문에 원형 이론은 '계란 후라이'에 비유되기도 한다. 그런데 문법화에서 원형 이론이 가지는 관련성은 하나의 의미가 변화할 때에 그 의미의 비원형적 의미들의 방향으로 확장된다는 것이다. Aijmer(1985: 11-20)에서 들고 있는 원형 확대 모형의 예를 살펴보자.

(8) a. Tostenc ðiode ða ʒefeht willaY
'Destroy the people who want fight.' (Vesp. Ps. 67, 31: Visser 1969: 1677)

b. I wol gladly yelden hire my place '..........' (Chaucer, c.1386: Visser 1969: 1678)

c. Tell them you had an automobile accident and your car won't operate.

d. he þonne wile deman ... anra gehwilcum
'he then will judge each' (Dream of the Rood, 103: Visser 1969: 1693)

e. You will light my fire at 7 o'clock
(1905, Onions, An Adv Eng Syntax, 136: Visser 1969: 1697)

f. I am aferd there wylle be somethyng amyss
(c.1450, Coventry Myst; Assumption 349: Visser 1969: 1701)

g. yn drunkenes men wyl rage
(1303, Rob of Brynne. Handl. Synne 9713: Visser 1969: 1681)

h. Hwœnne wylle ʒe synʒan œfen oþþe nihtsanʒc?
'When "will" you sing the evening or night song?'
(Ælfric, Colloq 276: Visser 1969: 1681)

위의 예에서 보면 원래 영어의 *will*은 (8a)에서와 같이 '의지'만을 나타내는 동사였다. 예문 (8b)에서는 외부적인 환경에 대해 순응하는 의미를 가짐으로서 '의지'의 의미가 약화되고 '미래성'이 엿보이기 시작한다. 예 (8c)에 서는 일종의 능력을 나타내고, 예 (8d)에서는 '의지'와 '미래성' 모두가 나타 나서 어느 쪽으로든 해석이 가능하다. 예문 (8e)에서는 '의무성'이 드러나기 시작하고, (8f)에서는 '지식적 판단', 즉 증거성을 나타내는 용법으로 쓰였다. 예문 (8g)에서는 '경향성'을 나타내고 있고, 예문 (8h)에서는 '습관성'을 나 타내고 있다. 이와 같은 여러 가지 변화는 가장 원형적인 용법인 '의지' 표지 에서 확장된 것이다. 즉 적극적인 욕구를 나타내는 술어, 인간을 행동주로 나타내는 주어, 적극적인 활동을 표시하는 본동사 등의 세 가지 의미를 갖춘 의지 표지로부터 이들 의미 자질들이 차츰 주변적 자질로 확장되어 가면서 새로운 의미가 나타난 것이다. 이러한 원형으로부터의 의미 확장에 의한 의 미 변화를 Aijmer(1985: 19)에서는 <도표 7-7>과 같은 확장 도식으로 나타 내고 있다.

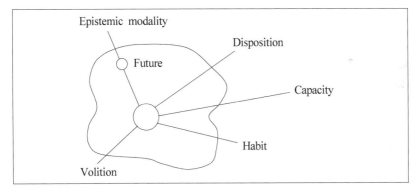

〈도표 7-7〉 원형 확장에 따른 *will*의 의미 변화

Raumolin-Brunberg(1994)에서는 영어의 부정대명사들의 변화를 원형 확 대 모형으로 설명하고 있다. 이 연구에서는 *man*과의 합성어, *one*과의 합성 어, *body*와의 합성어, 그리고 단순 대명사 등의 빈도를 통시적으로 분석하여,

man-합성어와 단순 대명사의 쓰임이 줄어들고 *one*-합성어와 *body*-합성어는 쓰임이 점점 늘어나는 것을 보였는데 이와 같은 빈도의 증감이 부정대명사 범주의 원형 확대에 의한 것이라고 하였다.[8]

원형 확대 모형은 문법화에 수반되는 많은 현상을 모두 포착하여 설명하지는 못하지만, 한 개념의 문법화 이전 상태와 문법화 이후 상태 사이에 동일한 개념성이 있음을 나타내준다. 따라서 문법화의 변화가 자의적인 것이 아니라 절대적인 제한이 있음을 보이고 있다는 점에서 훌륭한 모형이다. 특히 이 모형은 의미의 일반화와 문맥에 따른 의미 변화 등을 원형 확대를 이용해 잘 설명해준다는 점에서 높이 평가할 만하다.

7.5 환유-은유 모형

지금까지 우리는 네 가지의 모형을 살펴보았다. 이들 모형은 다 각각 장단점이 있다. 즉 각각의 모형은 문법화의 다양한 측면 중에서 어떠한 측면을 잘 설명하는 장점이 있는 반면, 다른 측면은 잘 설명하지 못하는 단점을 가지고 있다. 지금까지의 모형들의 장점을 모두 취하고 단점을 보완하여 만든 모형이 환유-은유 모형(Metonymic-Metaphorical Model)이다. 이 환유-은유 모형에서는 문법화에 나타나는 두 가지 원동력이라 할 수 있는 요소를 포함하도록 만들었다. 이 두 가지 원동력 중의 한 가지는 하나의 인지적 영역에서 다른 인지적 영역으로 전이되는 은유의 과정이고 또 다른 한 가지는 문맥에 의해 유도된 재해석 즉 환유의 과정으로서 이 환유의 과정은 연속적으로 의미 중복을 발생시켜서 연쇄 구조를 갖게 한다. 이러한 모형은 <도표 7-8>

---

8) 여기서의 *one*-합성어는 *someone, anyone, everyone, each one* 등이며, *body*-합성어는 *somebody, anybody, everybody, nobody,* 단순 대명사는 *some, any, every/each, none,* 그리고 *man*-합성어는 *man*이 '남자', '인간'의 뜻으로가 아니라 사람을 부정(不定)으로 지칭할 때 사용하는 경우를 가리킨다.

과 같은 도식으로 표시될 수 있다.(Heine *et al.* 1991a: 114)

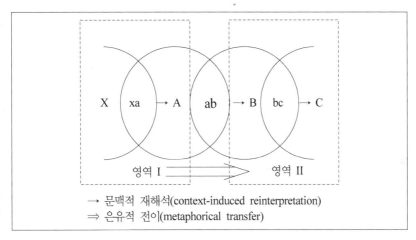

→ 문맥적 재해석(context-induced reinterpretation)
⇒ 은유적 전이(metaphorical transfer)

〈도표 7-8〉 환유-은유 모형

<도표 7-8>은 크게 두 부분으로 나뉘어져 있다. 하나는 작은 원의 점진적인 이동이고 또 하나는 사각형 간의 이동이다. 작은 원에는 각 원마다의 핵심의미가 있고 각 원이 이동을 하면서 겹치는 곳에는 중첩된 의미가 있다. 이러한 중첩 현상에 의해서 하나의 개념이 다음의 개념으로 변화할 때에 언어 사용자는 그 분절점을 느끼지 못하는 것이다. 이처럼 미세한 점진적인 변화는 언어사용자들이 언어형태의 사용에서 문맥에 의해 유도되는 재분석을 이용하는 과정을 보여준다. 이때의 문맥에 의한 재분석은 그 언어형태가 가지고 있는 원형적 의미에서부터 상황적으로 약간만 수정된 것이고 따라서 이러한 과정은 기본적으로 환유적 과정이다. 또한 이러한 변화는 국지적인 것이므로 미시적인 영역이다.

<도표 7-8>에서 사각형에 의해 표시된 것은 개념이 속한 영역을 나타낸다. 한 개념의 연속변이는 어느 정도의 변화 후에 보면 최초의 영역인 [영역 I]을 벗어나 [영역 II]에 위치하는 개념으로 변화되어 있게 된다. 이처럼 [영

역 I > 영역 II]의 변화는 범위가 큰 구조에 속하는 것으로 변화의 진행중에
는 알아보기가 어려운 것이다. 이러한 변화는 대개 변화가 어느 정도 진행된
후에 그 결과로서 알 수 있다. 따라서 이 변화는 거시적인 영역에 속한다.
거시적인 구조에서 나타난 변화를 살펴보면 개념의 소속 영역이 변화했기
때문에 이러한 변화과정은 은유적 과정이다.

이처럼 환유-은유 모형에 따르면 문법화는 문맥에 의한 재분석이라는 환
유에 의해 점진적으로 변화를 거쳐 가는데 일련의 변화를 겪고 난 후에 결과
적으로 보면 개념의 변화에 영역의 변화가 있어서 은유의 기제가 사용되었
다고 판단하게 되는 것이다.

문법화를 환유-은유 모형으로 설명할 수 있는 예를 Heine *et al.*(1991a:
70-71)의 예를 통해 살펴보자.

(9) a. Henry is going to town.
   b. Are you going to the library?
   c. No, I am going to eat.
   d. I am going to do my very best to make you happy.
   e. The rain is going to come.

위의 예에서 보면 (9a)의 *be going to*는 장소적 이동을 표시하는 문자적
의미를 가지고 있는데 반해 (9e)에서의 *be going to*는 시간적 이동을 표시하
는 은유적 의미를 가지고 있다. 그런데 이 두 가지의 문자적, 은유적 용법은
여러 가지의 중간 단계에 해당하는 용법이 있다. 예를 들어 위 (9a)와 (9b)의
이동동사로서의 용법과 (9e)의 시제표지 용법이 일종의 양극처럼 있고 (9c)
와 (9d)는 일종의 중간 단계를 형성하고 있다. 예 (9c)는 (9b)의 대답으로서
일차적으로는 '의도'를 이차적으로는 '예측'을 나타내면서도 한편 원래의 의
미인 장소적 이동의 개념도 남아있다. 예 (9d)는 (9c)와 유사하면서도 장소적
이동의 개념은 없다. 예 (9e)에서는 '의도'는 없고 '예측'의 의미만 남아 있

다. 이러한 의미는 환유적 관계에 있는데 이와 같은 환유는 언어사용자들의
담화 화용적인 조정에 의해 생겨난다. 즉 어떤 발화를 해석하는 데 있어서
한 개념이 그 사용된 문맥적 특성에 의해 의미가 조절되는 것이다. 이것을
'문맥에 의해 유도된 재해석(context-induced reinterpretation)'이라 부른다.
　문맥적 재해석은 다음과 같은 세 단계를 거치게 된다(Heine *et al.* 1991a:
71-72).

(10) 제1단계: 언어 형태 F는 그것이 나타나는 특정한 문맥인 C에서 초점적 의미
　　　A이외에 B라는 의미를 얻게 된다. 이때에 문맥 C에서는 A나 B가 모두 암시
　　　될 수 있기 때문에 중의성을 갖게 된다. 둘 중에서 어느 것이 선택되는가는
　　　대개 상황에 따라 결정된다. 화자가 A를 의도했는데 청자가 B로 해석하거나
　　　화자가 B를 의도했는데 청자가 A로 해석하거나 하는 일이 모두 가능하다.
　　　제2단계: F는 B라는 의미가 존재하게 됨으로써 B와는 적합하지만 A와는
　　　적합하지 않은 새로운 문맥에서 사용될 수 있게 된다.
　　　제3단계: B는 관습화된다. 이제 A와는 적합하지 않은 그런 의미 자질을 포
　　　함하는 이차적인 의미 초점을 형성하게 됨으로써 F는 A와 B라는 다의어들
　　　을 가지게 되며 이것은 궁극적으로는 동음어로 발전하게 된다.

　위에서 보여주는 대로, 환유-은유 모형에 따르면 하나의 개념은 차츰 차츰
새로운 의미들을 문맥에 의해서 습득하게 되고, 새로 습득된 의미는 의미초
점으로 변화하면서 다시 그것으로부터 관련된 다른 의미로 변화하여, 마침
내는 최초의 의미와는 다른 영역에 있는 새로운 의미로 쓰이게 된다.
　환유-은유 모형에서는 언어변화의 미시구조와 거시구조를 동시에 나타내
준다. 언어변화론에서는 미시구조에 관심을 갖게 되면 언어변화의 경계를
설정할 수 없이 점진적인 변화 현상을 보게 되고, 거시구조에 관심을 갖게
되면 언어변화의 초기와 후기 사이에 일종의 도약이 있음을 보게 된다. 그런
데 환유-은유 모형에서는 이들 두 가지 현상이 결국은 동전의 양면에 불과하
다. 이들 두 가지 현상은 <도표 7-9>와 같이 요약될 수 있다.

거시구조	미시구조
인지적 영역 유사성, 유추 인지적 영역 간의 전이 은유	문맥 대화상의 함축 문맥에 의해 유도된 재해석 환유

〈도표 7-9〉 문법화의 거시구조와 미시구조

　<도표 7-9>에 따르면 문법화 현상은 크게는 인지적인 영역에서 일어나는 언어의 인지적 책략에 따르는 구조와 실제 대화 행위에서 문맥에 따라 일어나는 언어의 화행적 책략에 따르는 두 가지 구조로 이루어져 있다.

　환유-은유 모형은 다른 모형에 비해 비교적 복잡한 구조를 가지고 있어서 다른 단순한 모형이 설명할 수 없던 측면이 고루 잘 설명되도록 한 장점이 있다. 특히 종래 서로 양립할 수 없다고 보았던 은유와 환유라는 기제가 결국은 거시·미시의 두 구조로 나누어진 모형 안에서 잘 조화를 이루고 있음을 보여 준다. 이 모형은 다른 모든 모형이 유효하게 설명하는 부분을 모두 취합하고 잘 설명하지 못하던 단점을 잘 보완한 모형이다. 또한 그동안 문법화론 학자들이 추론이나 은유, 환유 등을 문법화의 기제로 주장하면서 많은 논의를 해왔는데, 환유-은유 모형은 이러한 상호대립적 의견을 하나로 통합하여 이들의 상호관련성을 정리하였다는 것이 장점이라 할 수 있다. 따라서 이 모형에서는 문법화론에서 자주 제기되는 문제, 즉 문법화가 연속성을 보이기도 하고 불연속성을 보이기도 한다는 문제를 잘 해결하고 있다. 연속성이 지속되어 궁극적으로는 불연속성처럼 보이는 결과를 만들어내며, 불연속성처럼 보이는 현상이 그 변화의 내부과정은 실상 연속성이 있다는 것을 환유-은유 모형이 설명해주기 때문이다.

제8장 문법화의 실례

　이 장에서는 문법화에 실제 어떠한 예들이 있는지 살펴보기로 한다. 문법화의 광범위한 실례들을 포괄적으로 다루기는 불가능한 일이므로 여기서는 문법화가 이루어지는 층위에 따라서 어휘적 층위, 통사적 층위, 담화적 층위의 세 층위로 나누어 살피기로 한다. 물론 문법화 현상이 언어 사용상에서 나타나는 것이고 따라서 문법소의 변화가 항상 문맥의존적이기 때문에 이들 세 층위가 분명한 경계를 가지고 있지는 않다. 즉, 어휘적 층위에서의 문법화가 그 문맥이 되는 통사구조와 아무런 관계가 없이 일어나는 것이 아니며, 마찬가지로 통사적 층위에서의 문법화가 그 문맥이 되는 담화의 구조와 아무런 관계가 없이 일어나는 것이 아니다.[1] 그러나 설명의 편의상 각 층위에서의 변화가 두드러지는 예들을 중심으로 살펴보기로 한다.[2]

---

1) 문법화된 문법소가 여기에서 사용하는 층위별 분류에 따라 특정한 범주를 형성하지 않기 때문에 각 층위별로 문법화 실례를 살펴보는 것은 단순히 기술의 편의를 위한 것이다.
2) 각 층위별 소제목들은 논의의 편의상, 어휘적 층위에서는 어원어별로, 그리고 통사적 층위와 담화적 층위에서는 문법소별로 나누었다.

8.1 어휘적 층위의 문법화

이 단락에서는 어휘적 층위에서의 문법화 현상을 살피고자 한다. 어휘적 층위의 문법화는 대개 자립어에서 형태소로의 변화를 가리키는 것인데, 이러한 문법화 과정을 형태소화(morphologization)라 부른다. 지금까지 문법화론에서 흔히 연구된 문법화 현상들은 대부분 어휘적 층위의 문법화였다. 그 것은 단어 층위가 다른 층위에서보다 상대적으로 문법화 현상을 확인하기에 쉽기 때문이다. 여기서는 신체부위 명사, 시간표시 명사, 관계표시 명사, 행위동사, 이동동사, 존재동사들의 문법화 실례를 살펴보기로 한다.

8.1.1 신체부위 명사의 문법화

인간의 신체부위를 나타내는 말들은 문법화의 어원어가 되는 때가 많다. 신체부위를 나타내는 말들은 인간에게 가장 쉽고 편리한 준거점을 제시해 주기 때문에 신체부위 표시어가 다른 대상물들에 은유적으로 사용되는 경우가 많다. 은유는 문법화의 초기에 매우 활발하게 작용하여 의미 확장에 큰 역할을 하고, 의미 확장은 사용 빈도수를 늘려줌으로써 문법화를 가속화시킨다. 다음의 예를 살펴보자.

(1) Kono

　　a. bóó '손, 팔'

　　b. mɔ̀tó　nì　　wán　kɔ̀mbá　bóó
　　　car.Det　Cop.Pst　Emph　Komba　Poss
　　　"Komba had in fact a car."

위의 예 (1)을 보면 아프리카어인 Kono에서는 '손'을 나타내는 단어인 *bóó*가 발전하여 소유를 표시하는 후치사로 발전한 것을 알 수 있다. '손'이 소유표지로 발전한 언어는 Kono뿐 아니라 Bambara, Ewe, Zande, Ngbaka, Egyptian 등이 있고, 비록 완전히 문법화되지는 않았으나 한국어에서도 소유의 개념을 표시하는 방법 중의 하나로 '-의 손안에' 또는 '-의 수중(手中)에'라는 우언적 표현이 있는 것도 유사하다 할 수 있다. 이처럼 '손'이 소유를 표시하는 것은 소유를 위한 획득 행위에서 손이 가장 중요하게 쓰이기 때문이라고 볼 수 있다. 그러나 '손'뿐만 아니라 '몸', '머리' 등도 소유표지로 발전한 경우가 있다.3)

신체부위 표시어가 문법화한 다른 예를 보자. 신체부위 중에서 자주 문법화의 예로 꼽히는 것은 신체의 전면을 나타내는 '앞, 머리, 가슴'과 뒷면을 나타내는 '등, 뒤'가 있다.4) Svorou(1994: 162)에서 들고 있는 영어의 예를 보자.

(2) a. Jerome came/went to the back of the house.
   b. Jerome came from the back of the house.
   c. Jerome went in back of the house.
   d. Jerome came from in back of the house.
   e. Jerome went behind the house.
   f. Jerome is behind the house.

위의 예 (2)에서는 사람의 등을 나타내는 단어가 지표인 '집'의 뒤쪽 혹은 그 뒷 지역과 관련하여 여러 가지 이동 혹은 상황을 나타낸다. 앞과 뒤는 단순히 처소적인 의미를 나타낼 뿐만 아니라, 각종 문법적 개념의 표지로 발달되는데 Svorou(1994: 170-171)는 이와 같은 문법소를 <도표 8-1>과 <도

---

3) '머리'가 소유를 표시하는 언어에는 Bambara가 있고 '몸'이 소유를 표시하는 언어에는 Ngbaka같은 언어가 있다.
4) 많은 언어에서 '앞'과 '뒤'는 여기에서 다루고 있는 신체표지어와 후에 다루게 될 관계표지어의 두 가지 의미상 동의어로 많이 사용되어서 명확한 구분을 정하기가 곤란한 경우가 많다.

표 8-2>와 같이 정리하였다.

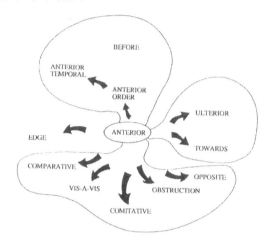

〈도표 8-1〉'앞'의 의미 지도

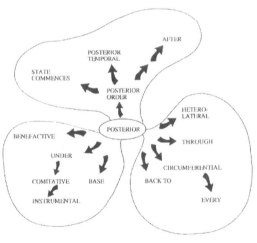

〈도표 8-2〉'뒤'의 의미 지도

이처럼 신체부위를 표시하는 단어가 처소표지로 발전하게 되는 것은 매우 일반적이다. Heine(1997a)에서는 이와 같은 문법표지들은 <도표 8-3>과 같은 문법화 과정을 거치는 것으로 보고 있다.

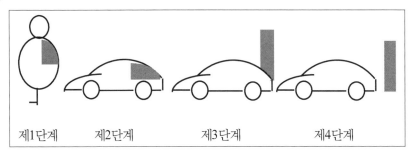

제1단계　　　제2단계　　　　　제3단계　　　　　제4단계

〈도표 8-3〉 신체표시어에서 처소표지로의 개념적 전이

<도표 8-3>에서 보면 신체의 부위를 가리키던 명사가 장소를 나타내는 문법소로 변화하면서 제1단계는 사람의 신체부위 표시, 제2단계는 사물의 부위 표시, 제3단계는 사물의 접촉 지역 표시, 제4단계는 사물에서 분리된 지역 표시 등을 단계적으로 거치게 되는 것이다.

신체부위 중에 '몸', '머리', '배' 등을 나타내는 명사들은 간혹 재귀형 대명사로 발전하기도 한다. 다음의 예를 보자.

(3) Bari

nye rerem mugun

he kill body

'He is killing himself.'

(Spagnolo 1933: 139-140; Heine & Reh 1984: 272에서 재인용)

위의 예 (3)을 보면 Bari어에서 원래는 '몸'을 나타내는 *mugun*이란 단어가 재귀형 대명사로 발전한 예를 볼 수 있다. 이 뿐 아니라 신체부위를 나타내는 명사들은 매우 다양한 문법 개념으로 발전하는 예가 많은데 그 이유는 신체부위를 나타내는 명사들은 인간에게 늘 편리한 준거점을 제공해 줌으로써 개념의 전이를 통해 쉽게 의미 확장이 가능하기 때문이다.

8.1.2 시간표시 명사의 문법화

여러 언어에서 시간을 나타내는 명사나 명사어구들은 특별한 파생을 거치지 않고도 부사로 사용되는 경우가 많다. 다음 영어의 예를 살펴보자.

(4) a. Today we celebrate the anniversary.
    b. I will see you tonight.
    c. It rained this morning.
    d. He died last month.
    e. He goes to school next year.

위의 예 (4)에서 보듯이 일반적으로는 명사나 명사어구인 표현들이 부사로 사용되었다. 이러한 현상은 한국어의 경우에도 마찬가지이지만, 한국어는 '철수가 {오늘 아침, 오늘 아침에} 학교에 갔다'에서처럼 조사가 비교적 자유롭게 생략될 수 있는 언어이므로 꼭 명사가 부사로 변화하였다고 주장하기는 어려울 것이다. 그런데 다음 예에서와 같이 시간표시 명사가 의미가 변화하면서 부사로 사용되는 예도 있다.

(5) Zande
    a. areme '오늘'
    b. mo a gbi areme
      'You will be burnt presently.'

위의 예 (5)에서 보면 Zande어에서 '오늘'이란 뜻을 가진 *areme*란 단어가 '즉시, 곧'이란 의미를 가진 부사로 문법화한 것을 알 수 있다. 이것은 거시적인 시간의 관점에서 보면 '오늘', 즉 '당일'은 '곧'이란 의미와 상통하기 때문이다. 이러한 경우에는 '오늘'이 시간적으로 매우 가까운 근접 미래표지 로 발달한 것이다.

그런데 이와는 반대로 '오늘'이란 명사가 부사화되면서 과거시제표지로 변화하는 예들이 보인다. 문법성의 관점에서 보면 과거시제표지는 단순한 시간성 부사보다는 문법성이 더 강한 문법소이다. 이러한 변화는 여러 언어 에서 나타나는데 이 언어들을 정리해보면 <도표 8-4>와 같다.

언어	어원어('오늘')	문법소(과거시제)
Nyabo	këté	kɛ̈ë̈
Tepo	kɛ́kɛ́gbò	kɛ̀
Grebo	tɛtinɛ́ɛ̀	ɔ
Grand Bassa	ɓózèe	zèe
Klao Talo	sɔnatí	(front vowel)

〈도표 8-4〉 '오늘'이 과거시제표지로 문법화한 예

일반적으로 시간을 나타내는 명사들은 시제표지로 문법화하는 경우가 많 이 있다. 위에서 예로 든 '오늘'이 과거시제표지가 된 것은 그 중 하나이다. 과거시제표지도 많은 언어에서 더 세분하여 '최근 과거(immediate past)', '먼 과거(remote past)', '고대 과거(ancient past)', '오늘 중 과거(hodiernal past)', '오늘 이전 과거(pre-hodiernal past)', '어제 과거(hesternal past)', '어 제 이전 과거(pre- hesternal past)' 등으로 나뉘는데 '오늘'의 경우는 대개 '오늘 중 과거표지'로 발전한다. 이처럼 '오늘'이 '오늘 중 과거표지'로 발달 한 것은 특별한 설명이 필요 없을 만큼 자연스러운 일이다. 즉 발화자가 발 화 당시의 그 날(즉, '오늘')에 관하여 언급할 때, 대개의 경우 당일에 발생할 사건·상황에 대한 예측보다는 당일에 이미 발생한 사건·상황을 진술하는 경 우가 많으므로 '오늘'이 당일의 과거 즉 '오늘 중 과거'로 발달할 가능성이 많은 것이다. 이외에도 시간표지 단어들이 여러 가지 과거표지로 발달한 경우가 많다. 즉 '어제', '며칠 전', '오래 전' 등을 나타내는 명사들은 흔히 각각 어제 과거(hesternal past), 최근 과거(immediate past), 먼 과거(remote past) 등으로 문법화한다. '내일'이란 단어도 미래시제로 발전하는 예가 많이 보인다. 다음의 예를 보자.

(6) Neyo
　　é yi lɛ saaa nà ɟɔɟɔɔ pi wéé
　　I Pot Fut also your corn.Def fix Exclam
　　'Later (in the day), I will cook your corn.' (Marchese 1984: 207)

위의 예 (6)에서 lɛ는 원래 '내일'이란 뜻의 kɛɛlɛ에서 발전한 것이다. '내일' 이 미래표지로 발전하는 것은 직관적으로 분명한 것 같다. 즉 현재 이후의 미래 시점에 위치하고 뚜렷한 시간적 경계를 가진 가장 가까운 시간 단위는 내일이기 때문이다. 이처럼 '내일'이 미래시제로 발전하는 예는 여러 언어에 서 보이는데 이들 중 몇을 정리해보면 <도표 8-5>와 같다(Marchese 1984: 192-193 참조).

언어	어원어('내일')	문법소(미래시제)
Neyo	kɛɛlɛ	lɛ
Cedpo	kà	kà
Tepo	bàbà	bà
Bakwé	sremagbàpek	pe
Mandinka	sina	si

〈도표 8-5〉 '내일'이 미래시제표지로 문법화한 예

시제표지로의 발전 중에서 특기할 만한 것은 과거시제는 위에서 본 바와 같이 복잡한 하위범주를 가지고 있지만, 미래시제는 현재시제와 혼합하여 쓰이는 경우가 많고, 현재시제와 나뉘어 있는 경우에도 대개 '가까운 미래'와 '먼 미래' 정도로 시간의 축에서는 비교적 간단하게 분류된다.[5] 그러나 기능상의 축에서는 하위범주가 매우 복잡해서 '능력', '목적', '가능성', '개연성', '의무', '양보' 등 많은 의미기능을 갖고 있다. 지금까지 본 것처럼 시간을 표시하는 명사가 시제표시로 발달한 예가 여러 언어에서 나타난다.

8.1.3 관계표시 명사의 문법화

관계표시 명사란 전후 좌우 상하 등의 개념을 나타내는 단어들을 가리키는 것이다. 이러한 단어들은 흔히 신체부위를 표시하는 단어와 밀접한 관계를 맺고 있어서 많은 언어에서는 이들 둘이 같은 단어인 경우가 많다. 그 이유는 사람에 관한 언어 형태들이 일반적인 사물에 은유적으로 적용되어 쓰이는 것이 아주 일반적이기 때문이다. 사람이나 사물을 중심으로 한 상대적 관계의 위치를 나타내는 이 단어들은 대개 처소표지, 즉 장소를 나타내는 문법소로 발전한 경우가 가장 많다. 다음의 예를 보자.

(7) Susu
   a. bui, bunyi '아래부분, 아래쪽'
   b. a   na   tebeli   bun(ma)
     3.Sg Cop table under
     'He is under the table.' (Friedländer 1974: 40)

위의 예 (7)에서 보면 Susu에서는 '아래부분', '아래쪽'을 나타내는 말이 '-의 아래'라는 후치사로 문법화한 것을 알 수 있다. 그러나 다음 예에

---

5) 한국어의 경우에도 '가까운 미래'와 '먼 미래'는 '-겠'과 '-ㄹ 것이-'에 의해 쓰임이 다르게 나타난다.

서 보듯이 장소표지에서 시간표지로 더 문법화하는 경우도 많이 있다.

(8) Lingala
    a. (li)bosó '앞',
    b. (li)bosó '앞에'
    c. bosó mwána azaláká bôngó té
       'Formerly, this boy was not like this.' (Everbroeck 1958: 75)

위의 예 (8)에서는 Lingala에서 '앞'이라는 관계표지 명사가 장소표지 부사로 그리고 더 나아가 시간표지 부사로 발전한 것을 알 수 있다. '앞'이 과거의 시간을 표시하고 있다. 그런데 흥미로운 것은 같은 '앞'이란 단어가 미래의 시간을 표시하기도 한다. 다음의 예를 보자.

(9) Shona
    a. mberi '앞'
    b. zvi-uya   zvi-ri   mberi-yo
       Cl.8-excellent Cl.8-be front-Dem
       'Good things are ahead.' (Hannan 1987: 75)

(9)에서 예로 든 Shona에서는 '앞'이 미래를 나타낸다. 이것은 시간의 흐름을 파악하는 두 가지 모형의 차이에서 오는 것이다. 즉 한 모형은 시간이라는 공간을 사람이 여행하는 인간이동 모형이고(ego-moving model), 또 한 모형은 사람은 그대로 있고 시간이 사람을 향해 다가오는 시간이동 모형이다(time-moving model). 인간이동 모형에서는 '앞'이 미래이지만 시간이동 모형에서는 '앞'이 과거이다.[6]

관계표지들의 발전은 물리적인 공간을 표시하는 처소표지로 발전할 뿐

---

[6] Lakoff & Johnson(1980: 40-45), Lakoff & Turner(1989: 44-46), 이성하(1996c: 285-287) 참조.

아니라, 심리적인 공간이라 할 수 있는 논리적 연결을 위한 표지로 발전하는
예들도 있다. 다음의 예를 보자.

(10) Hausa
    a. kâi   'top'
    b. (à) kân kāyā
        on   load   'on the load(s)'
    c. (à) kân wannàn màtsalā
        about   this   matter   'about this matter'
    d. (à) kân   fadàn
        because.of the.fight   'because of the fight' (장태상, p.c.)

위의 예에서 보면 Hausa에서는 (10a)에서처럼 '꼭대기'를 나타내는 단어
*kâi*가 (10b)에서처럼 '-의 위에'라는 전치사로, (10c)에서처럼 '-에 대하여'라
는 전치사로, 그리고 더 나아가 (10d)의 경우처럼 '-때문에'라는 추상적인
의미의 전치사로 문법화한 것을 알 수 있다.
  그뿐만 아니라 관계표시어들이 진행형처럼 시상태표지로 발전한 경우들
도 있다. 다음의 예를 보자.

(11) Susu
    a. fè '측면'
    b. fè '-의 옆에'
    c. a   wali-fe
    3.Sg work-Prog
    'He is working (right now)'   (Friedländer 1974: 24)

위의 예 (11)에서 보면 '측면'이란 어원어가 '-의 옆에'라는 부치사뿐 아니
라 진행형으로도 발전하게 된 것을 알 수 있다. '측면'이 진행형으로 발전하

는 것은 준거점과 대상물 간의 병치적인 존재관계가 행위자의 존재와 행위/
사건 간의 시간적 공존을 표시하기 때문이다.[7]

한국어의 경우에도 장소표지가 심리적인 공간 표지로 발전한 경우가 많
다. 다음의 예를 보자.

(12) a. 병원의 자동문을 지나 밖에 나서자, 바람이 확 끼쳐 왔다.
　　 b. 이런 편지를 받은 것은 생각/뜻밖이었다.
　　 c. 세월을 기나리는 도리밖에 없지.
　　 d. 단 하나밖에 없는 아들이…

　　　　　　　　　　　　　(안주호 1997[1996]: 208-209에서 발췌 인용)

위의 예를 보면 '-밖에'는 구체적 공간 지시에서 심리적 공간지시로
다시 부정성의 의미를 지니는 것으로 발전한 것을 알 수 있다(안주호,
1997[1996]: 207-210).[8] 한국어의 경우에는 '터', '동안', '즈음', '지경',
'데', '바' 등 많은 의존명사가 원래는 물리적인 공간을 지시하다가 심리적인
공간을 나타내는 형태로 문법화한 경우가 많이 있는데, 이것은 많은 언어에
서 공통적으로 일어나는 현상이다.

8.1.4 행위동사의 문법화

행위동사는 그 의미상의 역동성 때문에 문법화하는 경우가 많다. 행위동
사의 범주에는 많은 동사가 포함되어 있지만 이들 중에 특별히 사물을 두거
나 치우거나 다루는 것을 의미하는 동사가 주로 많이 문법화한다. 이들 동사
는 대개 완전한 동사로서의 기능을 맡고 있다가 차츰 문법적인 기능을 떠맡

---

7) 이와 유사한 현상은 한국어의 '-고 있'에서도 나타난다(이성하 1996c: 97-102 참조).
8) 박승윤(1997)에서도 '-밖에'는, 통사적으로는 후치사구에서 한정조사로, 의미상으로는 장
　 소에서 한정으로, 음운상으로는 [pak':e]에서 [p'ak'e]로 변화하였음을 보이고, 이러한 문법
　 화의 특징을 일반적인 '약화' 현상으로 보았다.

게 되기 때문에 시제, 상, 태와 같이 술어나 명제를 수식하는 역할을 하게
되는 경우가 많다. 예를 들어 완료상이나 과거시제의 어원어 중에는 '끝내다
(finish)'가 가장 많다. 다음의 예를 보자.

(13) a. Sango

        fadesó   mbi   ça va   awe

        now   1.Sg   recover finish

        'Now I am completely recovered.' (Bybee *et al.* 1994a: 71)

    b. Tok Pisin

        tupela   i   pren   pinis

        two.fellow be   friend   finish

        'The two are real friends.' (Bybee *et al.* 1994a: 71)

중앙아프리카의 크리올 언어인 Sango에서는 위의 예 (13a)에서 보듯이
awe('finish')가 사건의 완전성, 즉 완료상을 나타내고 있다. 영어에 기초하
여 만들어진 Tok Pisin에서도 영어의 *finish*에 해당하는 *pinis*가 완료상뿐만
아니라 위의 예 (13b)에서 보듯이 강조의 의미나 혹은 최상급 등을 나타낸다.
행위동사 중의 하나인 '만지다(touch)'도 시제표지로 발전하는 예가 있다.
다음의 예를 보자.

(14) Chinese

     tā   zài   jiā   li   kàn   zhe   zàzhì (他在家里看着雜誌)

     3.Sg be.at house interior read touch   magazine

     'He is reading magazines in the house.' (Matisoff 1991: 417)

위의 예 (14)에서 나타나는 중국어의 *zhe*는 원래 완전한 동사인 *zháo* '着
(만지다)'에서 발전하였는데, 지금은 진행형을 나타내는 문법소가 되었다.[9]

'만지다'는 이와 같이 상을 나타낼 뿐만 아니라 수동태를 나타내는 문법소가 되기도 한다. 예를 들어 Thai의 *thìuk*는 '만지다, 맞추다, 닿다' 등의 의미를 가진 동사인데 문법화하여 수동표지가 되었다(Haspelmath 1990; Matisoff 1991).

행위동사의 대표적인 동사들인 '놓다'와 '두다' 그리고 '버리다'와 '치우다'도 많은 언어에서 문법화 현상을 보인다. 이성하(1996a,b; 1996c: 17-74)에서는 한국어의 이 네 동사의 문법화 과정을 연구하였는데 이 중에서 '두다'의 예를 들어보면 다음과 같다.

(15) a. 그는 요리를 해 두었다.
　　 b. 그는 밥을 먹어 두었다. (?먹어 두고 있는 중이다)
　　 c. 제 실엔 사오나ᄫᆞᄃᆡ 웃사람두고 더으냥 ᄒᆞ야 (석보상절 9:13-14)
　　 d. 평생을 두고 그 여자를 사랑하였다.
　　 e. 한 여자를 두고 두 남자가 싸운다.
　　 f. (밥통에서 김이 나는 걸 보니) 엄마가 밥을 해 두었다.

위의 예에서 보면 (15a)는 음식을 어느 장소에 두는 문자적인 뜻 이외에 행위가 완료되었음과 그것이 어떤 미래적 필요를 위한 준비 행위였음을 나타낸다. (15b)에서는 '두다'를 문자적으로 해석하기에는 부자연스럽고 미래를 위한 준비 행위의 완료를 나타내고 있다. 따라서 진행형과 함께 사용하면 부적절하다. (15c)에서는 '-두고'가 현대어의 '-보다'처럼 비교급의 기준점 표지로 사용되었다. 예문 (15d)는 '동안'처럼 일종의 시간적 지속을 나타내는 조사로 사용되었다. (15e)에서는 '-을 두고'가 그 의미 기능상 일종의 주제를 표시하는 것으로 사용되고 있다. 또한 (15f)에서는 증거성표지(evidential marker)로 사용되었다. 그러나 이 마지막 용법은 한국어에서는

---

9) Sian Yen (p.c)에 따르면 중국어의 *zhào* (着)는 원래 '만지다'보다는 접촉행위의 종결부분이 강조된 '붙다'에 의미적으로 더 가깝다(이성하 1996c: 316 참조).

크게 발달하지 않았는데 그것은 이미 증거성표지로 자리를 굳힌 '-구나'가
있기 때문인 것 같다(이성하 1996c: 34-35).[10]

많은 언어에서 배치동사들은 한국어의 '두다'와 유사한 문법화 현상을 보
인다. 다음 Lahu의 예들을 보자.

(16) a. yɔ-hi á-qhɔ tí   chɛ   taa   ve
       3.Pl home only stay Perf Ptl
       'They just stayed at home.'

   b. cɔ   taa   ve   và?-ó-qoo
      boil Perf Gen pig-head
      'a pig's head that has been boiled' (Matisoff, 1991: 396-398)

위의 예 (16)에서는 원래 '놓다, 두다' 등의 의미를 가지고 있던 동사 *taa*
가 완료상을 나타내는 문법소로 변화한 것을 알 수 있다. 한국어의 경우에서
도 그러했듯이 이러한 완료성을 나타내는 문법소는 흔히 미래의 필요를 대
비하는 준비성 표지로도 발달한다. 다음의 예들을 보자.

(17) a. Malayalam
       moohan pooyI (iTTu) viid, kand,   veyccu
       Mohan go   (Perf) house see.Pst keep.Pst
       'Mohan went and saw the house (so that he would have no difficulty
       in locating it at any other time in the future).' (Nayar 1983: 177)

   b. Japanese
      ryoori-o   shi-te-oi-ta
      cooking-Acc do-Conn-Perf-Pst

'I have (already) cooked (for some purpose).' (Ono 1992: 375)

c. Newari

jī-ī   chǫn-gu   chē   miy-a   tǫy-a
I-Erg   you-Gen   house sell-Part keep-PD
'I've already sold your house (for you or some other purpose).'

(Genetti 1986: 63)

위의 예 (17)에서는 Malayalam의 vay-('누다')와 일본어의 oku('두다'), Newari의 tǫl-('두다')이 미래준비성이라는 관점을 표시하는 완료형으로 발전한 예를 보여준다. 이 예문들은 각각 한국어의 '집을 봐 두었다'나 '요리를 해 두었다', '집을 팔아 두었다'와 의미상으로 거의 완벽한 일치를 보인다. 이와 같이 단순히 사물을 한 곳에 두는 의미를 가진 배치동사가 미래적인 준비를 나타내는 표지로 발전한 데에는 다음과 같은 추론이 관습화한 것으로 보인다(이성하 1996c: 26).

(18) 제1단계: A가 B를 C에 위치하게 한다.
     제2단계: 이 행위는 동기가 있으며 따라서 의도적이다.
     제3단계: 이 행위의 결과는 A가 의도한 것이며 따라서 결과는 바람직하다.
     제4단계: A는 행위의 결과 상태를 유지 지속시키기를 원한다.
     제5단계: A는 결과 상태를 유지 지속시킨다.

(18)에서 보이고 있는 추론은 사람이 하는 일은 모두 동기가 있다는 세상사에 관한 일반적인 생각이, 특히 미래에 쓸 수 있도록 사물을 어느 곳에 두는 행위에 적용됨으로써 생겨난 것이다. 물론 사물의 장소적 배치와 행위 결과의 인과관계상의 배치는 은유적 관계를 갖고 있기도 하다. 이와 같은 추론이나 은유적 관계는 인간에게 매우 보편적이기 때문에 많은 언어에서 이들 배치동사가 유사한 문법화를 거친다고 할 수 있다.[11]

8.1.5 이동동사의 문법화

'오다'와 '가다'로 대표될 수 있는 이동동사는 행동주의 신체적인 이동을
나타내는 동사들로서 그 의미가 인간에게 가장 기본적인 동작을 표시하고
있기 때문에 문법화에 매우 빈번하게 나타난다. 특히 '가다'는 거의 대부분
의 언어에서 문법화된 것처럼 생각된다. 한국어의 '가다'는 다음에서 보는
것처럼 매우 다양한 개념을 나타내는 문법적 표지로 발달하였다.12)

(19) a. 꿋꿋하게 살아가라.
  b. 성실하게 살아왔다.
  c. 그 사람의 입이 돌아갔다.
  d. 그 사람의 입이 돌아갔더니 이제 다시 제 자리로 돌아왔다.
  e. 그 환자의 체온이 점점 내려간다.
  f. 그 환자의 체온이 너무 낮더니 이제 다시 정상으로 돌아왔다.

위의 예에서 보면 (19a)와 (19b)는 계속상(continuative aspect)을 나타내며
다만 현재를 기준으로 하여 기준점으로부터의 이동인지 기준점으로의 이동
인지에 따라서만 '가다'와 '오다'가 다르게 사용되었다. 즉 직시적 중심이
주어의 시간적 위치이다. 예문 (19c)와 (19d)는 상태변화상(change-of-state
aspect)을 나타내는데, 상태변화상은 '변화'에 초점이 있으며 이 점에서 비교
적 균질의 상황이 지속됨을 나타내는 계속상과 구별된다. 여기에서는 변화
가 바람직한지 바람직하지 않은지에 따라서 '오다'와 '가다'가 다르게 사용
된다. 즉 화자의 가치평가상 '좋음'이 직시적 중심이 된다. 예문 (19e)와
(19f)도 앞의 두 예문과 유사한데 여기서의 직시적 중심은 '정상 상태'가 된
다. 이와 같은 관점의 표시는 모두 철저한 문법화를 거쳐서 수의성이 없어졌

---

11) 배치동사들의 범언어적 문법화 과정에 관한 논의는 이성하(1996c: §2.1; §5.1.1) 참조.
12) 예문 (19c)와 (19e)는 이기동(1977: 152)에서 인용.

기 때문에 '오다'와 '가다'를 바꾸어서 쓰게 되면 문장은 틀리게 된다.13)

이동동사는 위 예문 (19a)와 (19b)의 경우처럼 직시적 중심이 시간이 되는 경우가 범언어적으로 많이 나타나는데, 이러한 시간적 개념이 점점 발달하여 시제표지로 발달하는 예가 많이 나타난다.14) 다음의 예들을 보자.

(20) a. Mandarin Chinese

     wǒ qù chī fàn (我去吃飯)

     I   go eat rice

     'I will eat rice.' (Juliett W. Du, p.c.)15)

  b. Negerhollands

     Wel, am loo maa een guŋgu baal

     Intj 3.Sg Fut make a big ball

     'Well, he's (soon) going to give a big ball.' (Stolz 1986: 166)

위의 예 (20a)에서 보면 '가다'를 나타내는 중국어의 *qù*가 미래시제표지로 변한 것을 알 수 있다. Negerhollands의 예 (20b)에서는 원래 '가다, 달리다'의 뜻을 가진 *loop, lo(o)*가 미래시제표지로 발달한 *lo(o)*의 쓰임을 보여준다. 다음으로 '오다'를 나타내는 동사들이 문법화한 예들을 보자.

(21) a. Malinke

     a be na   mita

     he be come take

     'He will take.' (Marchese 1986: 123)

---

13) 이와 같은 경우 어떤 문장들은 문법상 비문이라고 할 수는 없겠으나 최소한 화용적으로 비문이 된다.

14) '가다'는 주로 미래시제나 기대상(prospective aspect) 표지로 발달하는데 예외적으로 과거 시제나 완료상으로 발전한 예가 있다. 흥미로운 것은 '오다'는 그 의미가 반의어 관계에 있으면서도 그것이 시간성을 나타내는 문법 표지가 될 때에는 '가다'와 마찬가지로 대부분 미래시제나 기대상을 나타내는 표지가 된다는 것이다. 이 두 어원어의 비대칭성에 대한 논의는 이성하(1996c: §4.1.3 & §5.3.1) 참조.

15) 중국어에서는 *lái*(來) 'come'도 미래시제표지로 문법화하였다(Matisoff 1991).

b. Swedish

jag   kommer att   träffa honom

1.Sg Aux   Comp meet   him

'I'll meet him (without having planned that).' (Werner 1986: 103)

위의 Malinke의 예 (21a)에서는 '오다'의 뜻을 가진 *na*가 미래시제로 변한 것을 보여주고, Swedish의 예 (21b)에서는 마찬가지로 '오다'의 뜻을 가진 *kommer*가 비계획적 미래를 표시하는 문법표지로 변한 것을 알 수 있다. 이동동사의 연구로 주목받을 만한 연구는 Lichtenberk(1990)이다. 이 연구에서는 '오다' '가다' '돌아오/가다'의 여러 가지 의미 기능과 이들이 어떠한 의미 연쇄적 구조를 가지고 있는지 상세히 논하였다.[16] '오다'의 의미 구조는 <도표 8-6>와 같다.

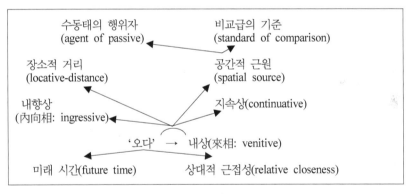

〈도표 8-6〉 '오다'의 문법화

<도표 8-6>에서 보면 '오다'는 미래의 시간을 나타내는 시제표지를 비롯하여 지속상이나, 내향상, 내상 등을 나타내는 상표지, 장소적인 거리나 공간적인 근원 등의 표지, 그리고 수동태의 행위자나 비교급의 기준, 상대적 근

---

16) 이들 이동동사가 어떠한 영상도식을 통해서 발전하는지에 대한 논의는 이성하(1996c: §5.3) 참조.

접성 등을 나타내는 문법표지로 발달하였다. '가다'의 의미 구조는 <도표 8-7>과 같다.

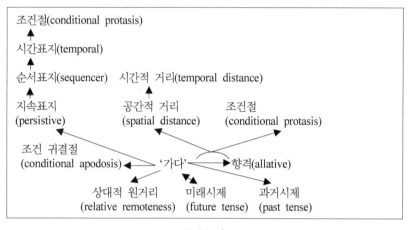

〈도표 8-7〉 '가다'의 문법화

<도표 8-7>에서 보면 '가다'는 '오다'보다 더 복잡한 의미 연쇄현상을 보인다. '오다'와 마찬가지로 시제표지로 발달하기도 하고 격표지나 시·공간적인 거리표지 등으로 발달하였다. 또한 지속표지라든가 순서표지, 시간표지, 조건절표지, 조건 귀결절표지 등과 같이 접속기능을 나타내는 문법소로도 발달하였다. 이동동사 '돌아오/가다'의 의미 구조는 <도표 8-8>과 같은 도식으로 나타낼 수 있다.

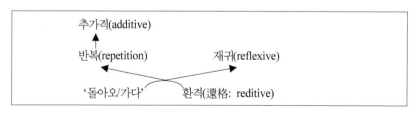

〈도표 8-8〉 '돌아오/가다'의 문법화

<도표 8-8>에서 보면 '돌아오/가다'는 '오다', '가다'보다 의미 구조가 비교적 단순하다. 출발점으로 되돌아오는 환격을 비롯하여 반복이나 재귀형표지, 추가격표지 등으로 의미가 확장된 것을 알 수 있다.

위에서 살펴본 바와 같이, 이동동사 중에서 '오다'와 '가다'가 매우 복잡한 의미 기능로 문법화하였는데 이처럼 다양한 문법화 현상을 보이는 이유는 인간의 이동 양식 중에서 '오다'와 '가다'가 가장 기본적인 형태이며, 또한 '뛰다', '튀다', '걷다', '닫다', '옆걸음치다' 등의 경우처럼 부수적인 방식이나 태도 등을 표시하지 않고 있어서 의미적으로 일반화되어 있기 때문이다. 이러한 의미적 단순성은 다른 영역의 '이동'에도 쉽게 전이될 수 있기 때문에, 이들 두 동사가 이동동사 중에서도 가장 많이 문법화한 것이다. 이것은 문법화를 위해 개념이 전이될 때에는 자세한 사항은 무시되고 전체적인 뼈대구조처럼 주로 추상적인 요소만 전이된다는 Talmy(1983, 1988)에서와 Sweetser(1988)에서의 지적과 상통한다.

8.1.6 존재동사의 문법화

존재동사는 상태동사 중에서 가장 기본적인 동사이다. 따라서 비활동적 개념을 나타내는 많은 문법표지는 존재동사에서 발전하였다. 존재동사는 그 의미가 매우 단순해서 영어의 경우처럼 의미가 거의 없는 계사(copula)와 형태가 같은 경우도 있고, Hebrew와 같이 존재동사가 문장에서 표시되지 않는 언어들도 있다. 한국어의 존재동사인 '있다'와 '계시다'의 문법화 과정을 간략히 살펴보자.[17]

존재동사 '있다'의 고대 한국어 형태는 '잇다', '이시다'이었다. 이 동사들은 비종결표지인 '-어'의 뒤에 결합하여 연계동사 구문(serial verb construction)인 '-어 잇-', '-엣-' 등의 형태로 발전하였다. 이 문법소들은 처음에는

---

17) 이들 동사의 문법화에 관한 자세한 소개는 이성하(1996c: Ch. 3)를 참조.

'-한 상태로 있다'와 같은 결과상을 나타내었는데, 17세기부터는 '-엇-'이 등장하면서 완료상과 과거표지로 발전하였다. 이것은 후에 '-었-'으로 발전하게 되고, 원래의 연속동사구문인 '-어 있-'은 계속해서 결과상표지로 남게 되었다. 한국어는 17세기 이전에는 과거표지 형태소가 없이 주로 시간을 나타내는 부사로 시제를 표시하였는데,[18] 17세기부터 존재동사로부터 과거표지가 생겨나게 된 것이다.

'있다'는 다른 비종결표지인 '-고'의 뒤에 결합하여 '-고 있-'형의 진행형이 생겨나게 되었다. 또한 다른 비종결표지인 '-게'와 결합하여 [-게-하-어-잇-](= -게 하였-)으로부터 미래성 표지인 '-겠-'이 문법화하기도 하였다.

'있다'는 또 다른 가닥으로 문법화를 겪었는데 그것은 비종결표지인 '-어'의1 앞에 결합하여 '잇어', '이시어' 등의 형태에서 '-서'가 생겨난 것이다. '-서'는 다양한 의미 기능을 갖고 있다. 먼저 다음의 예들을 보자.

(22) a. 소인은 ... 요동 잣 안해셔 사노라. (번역노걸대 1517)
  b. 내 되 흑당의셔 글 빈호라. (번역노걸대 1517)
  c. 네 언제 왕경의셔 떠난다? (번역노걸대 1517)
  d. 네 사랑이 포도주에서 지남이라. (솔로몬아가 1: 4)
  e. 우리 그냥 거기에 들어가서 자고 갑시다. (역주번역노걸대 1995)
  f. 당신이 이렇게나 값을 불러서 무엇하겠습니까? (역주번역노걸대 1995)
  g. 길에서 떨어져서 뒤를 보고 길가에서 뒤 보지는 마시오. (역주번역노걸대 1995)
  h. 밥을 못 먹어서 매우 배가 고픕니다. (역주번역노걸대 1995)

위의 예에서 보면 (22a)와 (22b)는 장소를 나타내는 처소격 중에서도 'x 안에 있으면서'라는 의미를 가지는 내격(內格: essive/inessive)의 의미를 갖고 있다. 예 (22c)와 (22d)는 모두 'x로부터 이탈하여'라는 의미를 가지는

---

18) 예를 들어 '네 아비 ᄒᆞ마 주그니라(네 아버지가 이미 죽었다)'에서처럼 'ᄒᆞ마(=벌써, 이미)'나 기타 시간표지 부사가 시제표지 보조어로 사용되었다.

탈격(ablative)의 의미를 갖고 있다. 특히 (22d)의 예는 비교구문에서 기준점을 나타내던 탈격인데 현대어에서는 '-보다'로 대체되었다. 예 (22e)와 (22f)는 모두 순차성표지(sequential)의 의미를 가지고 있어서 앞 명제와 뒷 명제를 순서상으로 연결하는 구실을 하고 있다. 이러한 순서는 (22e)에서처럼 순수히 시간적 순서일 수도 있고 (22f)에서처럼 양보(concessive)의 의미를 가진 논리적 순서일 수도 있다. 예 (22g)와 (22h)는 조건(conditional)과 원인(causal)을 나타내는 문법소로 발전한 예이다. 이와 같은 의미들은 그 발달한 순서가 위 예문 (22)의 [a/b > c/d > e/f > g/h]로 아주 분명한 시간적인 순서를 나타내준다(이성하 1996c: 141-142). 이러한 의미 발달 과정의 순서는 인지 속에서 <도표 8-9>와 같이 흥미로운 확장을 거쳤음을 알 수 있다.

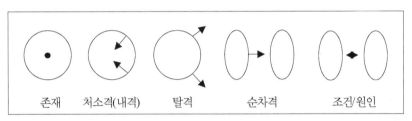

| 존재 | 처소격(내격) | 탈격 | 순차격 | 조건/원인 |

〈도표 8-9〉'있다' 〉'-서'의 의미 확장 과정

존재동사는 한국어뿐 아니라 다른 언어에서도 많은 문법화 현상을 보여준다. 존재동사로부터 발달한 것 중 가장 많이 발견되는 문법표지는 미완료상이다. 미완료상에는 진행상(progressive), 계속상(continuative), 지속상(durative), 시발상(inceptive) 등이 포함된다. 다음의 예들을 보자.

(23) a. Kikongo

　　 y-a-ka(la)　　　 kanga

　　 1.Sg-Pst-exist　 bind

　　 'I was binding.' (Laman 1912: 159-160; Heine & Reh 1984: 88)

b. Tyurama

me na me wu

1.Sg be.at 1.Sg eat

'I am eating.' (Prost 1964; Heine & Reh 1984: 117)

위의 예 (23a)에서 보면 Kikongo의 존재동사 *kala*가 진행상표지인 *ka(la)*로 발전한 것을 보여준다. 마찬가지로 예 (23b)에서는 Tyurama의 존재동사 *na*가 진행상으로 발전한 것을 보여준다. 존재동사는 대부분 미완료상표지로 발전하지만 드물게는 완료상으로 발전하기도 한다. 물론 완료상과 과거시제 표지인 '-었-'이 문법화된 한국어도 이 드문 예중의 하나이다. 여러 가지 시제와 상의 발전은 시간의 축에 놓인 사건과 그 결과의 도식에서 어느 부분에 초점이 맞추어지느냐에 따라 달라지는 것이다. <도표 8-10>은 초점과 문법 표지의 상관관계를 잘 설명해준다(이성하 1996c: 278).

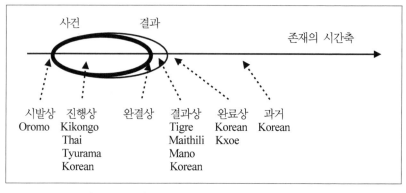

〈도표 8-10〉 존재동사의 초점과 문법표지의 발달

<도표 8-10>에서 보면 한 사건이 존재의 축에 놓여져 있는데 이 전체적인 도식 중의 어느 부분에 초점이 맞추어졌느냐에 따라서 문법화하는 개념이 달라진다. 특이한 것은 한국어는 이 도식의 여러 곳에 초점을 자유로이 이동

시켜서 여러 문법소가 만들어진 것을 볼 수 있는데, 이처럼 초점을 이동시키는 것은 비종결표지들의 의미 역할에 의한 것이다. 즉 방법을 표시하는 '-게'는 미래지향성을 통해 미래표지로, 사건의 분리를 표시하는 '-고'는 사건의 중복을 통해 진행표지로, 그리고 사건의 순차성을 표시하는 '-어'는 사건의 종료를 통해 완료/과거표지로 발달하였다.

존재동사는 기본적으로 장소적 개념이 전제되어있기 때문에 처소격표지로 발전한 예도 많다. 예를 들어서 Svorou(1994 [1988])와 Matisoff(1991) 등에는 존재동사가 처소격표지로 발전한 예를 가진 많은 언어를 소개하고 있다. 다음 예들을 살펴보자.

(24) a. Ewe

    me kpɔ lɔri le mɔ dzí

    1.Sg see lorry at street top

    'I saw a lorry on the street.' (Lord 1989: 61)

  b. Hmong

    nws pw nyob hauv txaj

    3.Sg lie be.at inside room

    'He's sleeping in the room.' (Matisoff 1991: 418)

  c. Yao Samsao

    yiə yiəm Samsàaw tshuət-səy tâay

    1.Sg be.at Samsao emerge-world come

    'I was born in Samsao.' (Matisoff 1991: 418)

위의 예에서는 존재동사인 Ewe의 *le*, Hmong의 *nyob*, Yao Samsao의 *yiəm* 등이 '-에', '-에서'의 의미를 가진 처소표지 부치사로 변화한 것을 알 수 있다. 이처럼 존재동사가 처소표지로 발전하게 되는 것은 존재동사가 기본적으로 장소적 개념을 전제하고 있기 때문이며, 어떤 행위가 이루어지기 위해서는 행동주가 그 곳에 존재하여야 하기 때문이다. 그런데 [행동주 x가 장소 y에 있어 행위 z를 한다]라고 하게 되면 언어사용자들은 x의 존재에 초점을 두지 않기 때문에 [x가 y에서 z를 한다]고 재해석을 하게 될 것이기 때문에 존재동사에서 처소표지로 문법화하는 것은 자연스러운 일이다.

8.2 통사적 층위의 문법화

문법화 현상은 어휘적 층위에서와 마찬가지로 통사적 층위에서도 매우 다양한 모습으로 나타난다. 여기서는 특별히 절들을 여러 가지 의미 기능으로 연결시키는 절 연결사(clause linker)(=절 접속사; clausal connective)의 문법화에 초점을 두고 살펴보고자 한다.

대부분의 발화는 문장의 단위로 이루어진다. 발화행위는 시간상에 놓여지기 때문에 문장들은 발화되는 순서가 있다. 순서상 서로 인접한 문장들은 논리상으로 결속성을 가진다. 이러한 결속성은 때로는 구체적으로 표시되지 않아서 청자의 추론에 맡겨지기도 하지만 때로는 그러한 결속성을 언어적 장치에 의해 표시하기도 한다. 후자와 같은 경우에는 위치와 같은 구문적 특성에 의존하기도 하고, 여러 가지 어휘적 장치를 사용하기도 하는데, 이때 사용되는 어휘적 장치를 연결사라고 한다. 이러한 변화 속에서는 원래 문장 단위였던 언어형식이 연결사의 사용에 의해 절의 단위로 바뀌게 되며 이러한 변화를 위계적 강등(hierarchical downgrading) 혹은 탈문장화(desentential-tialization)라 부른다(Lehmann 1988).

8.2.1 복합문의 유형과 문법화

연결사의 문법화를 논의하기 전에 복합문의 유형을 문법화론의 관점에서 살펴보기로 하자. Hopper & Traugott(1993: 169-171)에서는 절들을 의미-통사적 형태에 따라 세 가지로 구분하였다. 첫째는 병렬구문(parataxis)인데 병렬구문이란 두 개의 절이 서로 독립적인 관계를 가지고 있는 경우이다. 이때는 의존성이 없어서 두 개의 절은 자립적이라 할 수 있다. 둘째는 종속구문(subordination)인데 종속구문이란 두 개의 절이 의존성을 갖고 있어서 한 절이 다른 절 안에 안기는 내포(embedding)의 관계를 가진다. 셋째는 병렬구문과 종속구문의 중간 단계로서 종렬구문(從列構文; hypotaxis)이라 부른다.19) 종렬구문은 두 개의 절이 상호의존적이지만 내포관계는 없다. 다음의 예들을 보자.

(25) a. Veni, vidi, vici.
   'I came, I saw, I conquered.'
   (c.146 Suetonius, Jul. 37; Hopper & Traugott 1993: 172)

   b. Kōto-o nui-de   hangā-ni   kaketa
      coat-O take.off-DE hanger-on   hung
      'I took my coat off and hung it on a hanger.'
      (Hopper & Traugott 1993: 174)

   c. I think the guy who just walked out of the store resembles the photo in the post-office window. (Hopper & Traugott 1993: 176)

위의 예 (25a)에서는 세 개의 절이 아무런 연결 표시 없이 병렬적으로 배치되어 있다. 다만 철자법상으로 쉼표를 사용했다는 것과 이런 문장이 읽힐 때는 하나의 억양곡선 안에 들어간다는 것이 이 전체가 하나의 문장임을

---

19) 원래 그리스어의 *hypotaxis*는 영어의 *subordination*의 의미를 가진 단어이므로 이 둘을 별개의 유형으로 나누는 것은 용어상 변별력이 없으나 여기서는 Hopper & Traugott(1993)의 분류법을 그대로 사용하였다.

설명해 준다. 이것은 대표적인 병렬구문이다. 문법화의 관점에서 보면 병렬 구문은 가장 문법화가 덜 된 구문이다.

다음의 예 (25b)는 일본어의 예인데 여기서는 '옷을 벗다'와 '옷걸이에 걸다'라는 뜻을 가진 두 개의 절이 연결사인 -de에 의해 연결되어 있다. 이러한 구문은 많은 언어에서 일어나는 현상으로 연계동사 구문(serial verb construction)이라 불린다. 이러한 연계동사 구문에서는 대개 하나의 핵심적인 절이 있고 하나는 부속적이며 두 절 중에서 하나만이 시제나 상이나 태와 같은 표지를 동반한다. 또한 두 절은 대개 주어나 목적어 등이 공유되어서 각 절에서 이들을 다 제시하지 않고 한 번만 제시한다. 이러한 점에서 볼 때 종렬구문은 상호의존적이다. 종렬구문은 병렬구문보다 문법화가 더 진행된 경우이다.

위의 예 (25c)는 [who just walked out of the store]라는 절이 [I think the guy resembles the photo in the post-office window]라는 절 안에 안겨 있다. 이처럼 내포관계를 가지고 있기 때문에 두 개의 절 사이의 관계는 매우 의존적이고 결합력이 매우 크다. 물론 이러한 종속구문이 가장 문법화가 많이 이루어진 경우이다. 이러한 논의를 정리하여 세 가지 구문의 특성을 도표로 보이면 <도표 8-11>과 같다(Hopper & Traugott 1993: 170-171).

	병렬구문	종렬구문	종속구문
의존성	-	+	+
내포성	-	-	+
중심성	(큼) < < < < < < < < < < < < < < < < < (작음)		
결합성	(작음) > > > > > > > > > > > > > > > > > (큼)		
표지의 명백성	(큼) < < < < < < < < < < < < < < < < < (작음)		

〈도표 8-11〉 복합문의 유형과 특징

<도표 8-11>에서 보면 두 절 상호간의 의존성과 내포성 여부에 따라 세

구문의 특징이 정해진다. 또한 의미-기능적 중심성은 병렬구문에서는 두 절 모두가 중심적이지만 종속구문으로 가면서 중심성이 줄어들어 결국은 부수 적인 요소가 되고 만다. 결합성은 병렬구문에서 가장 적고 종속구문으로 갈 수록 결합성이 커져서 결국은 내포적인 관계까지 이르게 된다. 한편 병렬구 문 쪽에서는 절의 연결을 나타내는 문법표지가 분명하게 드러나는 경우가 많고 대신 종속구문으로 갈수록 이러한 문법표지는 덜 분명하여 마침내는 아무런 문법표지가 없이 위치만 가지고도 연결관계를 나타내기도 한다. 이 제 절을 연결하는 연결사의 문법화에 대해서 살펴보자.

8.2.2 보문 연결사의 문법화

보문 연결사는 하나의 절이 보문(complement)이 되는 절을 취하기 위하여 그 경계에 사용하는 표지인데 흔히 보문자 혹은 보문소(complementizer)라 고도 부른다. Antilla(1989 [1972]: 151)는 많은 언어에서 대명사나 부사에서 연결사가 발전하는 예를 들고 있다. 다음의 예를 보자.

(26) a. English
　　　I think that; You come tomorrow.
　　　　>> I think that you come tomorrow.

　　b. German
　　　Ich vermute das; Du kommst.
　　　'I think this/that. You come.'
　　　　>> Ich vermute, dass du kommst.

　　c. Finnish
　　　Minä luulen että. Sinä tulet.
　　　'I think thus. You come.'
　　　　>> Minä luulen, että sinä tulet.

위의 예에서 보면 예 (26a), (26b), (26c)는 모두 비슷한 의미를 가진 병렬적인 어원 구문에서 비슷한 형태의 종속구문으로 변화하면서 'this', 'that', 'thus' 등의 대명사 혹은 대명사에서 발전한 부사 등으로부터 연결사가 문법화하는 것을 볼 수 있다. 이러한 문법화는 인지적으로 강한 동기를 가진 것으로 보인다. 즉 물리적인 실제 세계에서의 대상을 가리키는 직시적 대명사류가 텍스트에서의 명제내용을 가리키는 것으로 발전한 것이다. 이러한 변화는 Traugott & König(1991)에서 제시한 세 가지 의미-화용적 경향 중의 두 번째, 즉 외적/내적 상황에 기초한 의미가 텍스트에 기초한 의미로 변한다는 경향의 대표적인 예로 들 수 있다.[20]

위의 예에서 보는 바와 같이 직시성은 담화에서 매우 중요한 개념이다. 연결사는 흔히 담화상의 화자-청자 상호교환을 통해 문법화된다. 이처럼 담화로부터 문법화된 연결사는 인도유럽어의 경우에 빈번히 나타난다. 예를 들어 영어의 의문사인 *who?*나 *which?* 등이 사람이나 사물에 대한 보충설명을 이끌어오는 연결사, 즉 관계대명사로 발전한 것이다. 이러한 발전은 다음 (27)과 같이 나타낼 수 있다.

(27) I met the man.
　　 Who?　　　　　　　⇒ I met the man who came yesterday.
　　 He came yesterday.

보문 연결사의 대표적인 어원어는 '말하다' 류의 발화동사이다. 발화동사가 인용문이나 종속절, 조건절 등의 연결을 위한 연결사로 문법화한 예는 매우 빈번하다. 다음의 예들을 보자.

---

20) 이들 세 가지 경향성에 대하여는 §1.2.4와 §4.6 참조.

(28) Sranan

  a. Ma wan dei Anansi taigi hem weifi a taki: ...

    but one day Anansi talk his wife ? talk: ...

    'But one day, Anansi said to his wife: ...'

  b. kofi gwe sondro taki amba sien

    Kofi go without that Amba seehim

    'Kofi went away without Amba seeing him.'

(Ebert 1991: 86; Lord 1989: 334)

위의 (28)은 영어를 기초로 하여 만든 Surinam에서 사용되는 피진이며 크리올인 Sranan의 예인데, (28a)의 *taki*는 영어의 *talk*에서 온 것으로 맨 끝의 *taki*는 인용문을 유도하는 연결사이다. 예 (28b)에서는 *taki*가 종속절을 유도하는 연결사이다. 발화동사는 일반 언어뿐만 아니라 특히 피진이나 크리올과 같은 언어 형식에서 연결사로 채택되는 경우가 많다.[21] 여기서는 Lord(1976)의 연구에 기초한 Hopper & Traugott(1993)에서의 설명을 통해 그 문법화 과정과 동기에 대해 간단하게 살펴보자.

아프리카의 Ewe어에서는 *bé*('말하다')가 연결사로 문법화하는 현상을 보인다. 먼저 다음의 예들을 보자.

(29) a. Me-bé me-wɔ-e

    I-say I-do-it

    'I said, "I did it."/I said that I did it.'

---

21) 이와 같은 피진이나 크리올 중에는 위에 예를 든 Sranan뿐 아니라 Saramaccan, Tok Pisin, 서 아프리카 피진, 나이지리아 피진, 자바 크리올, Negerhollands 등 많은 피진, 크리올 언어가 발화동사를 연결사로 사용하고 있다. 이러한 발화동사의 문법화에 대해서는 Lord(1976), Heine & Claudi(1986)의 연구에서 자세히 다루고 있다.

b. Me-gblɔ   bé   me-wɔ-e
   I-say   say   I-do-it
   'I said that I did it.'

위의 예 (29a)에서 보면 *bé*가 본동사이고 뒤에 따라오는 절을 특별한 연결사 없이 유도하여 일종의 연결사 역할을 하고 있다. 그러나 (29b)에서는 의미상으로는 같은 *gblɔ*('말하다')라는 단어가 쓰이게 되면 연결사 *bé*가 필요하게 된다. 동사 *bé*의 문법화 초기 단계에서는 *gblɔ*와 같이 발화행위를 나타내는 동사에만 *bé*가 쓰이다가 다음 단계에서는 발화 동사 뿐 아니라 '쓰다(write)', '동의하다', '알다', '믿다', '보다', '잊다' 등과 같이 인지·지각 등을 나타내는 동사가 본동사로 쓰일 때에 함께 쓰여서 연결사의 기능을 갖게 된다. 이들 동사류는 공통적으로 발화, 인지, 지각의 내용이 되는 명제가 목적어로 나오게 되며, 이러한 명제는 대개 절의 형태를 갖추고 있으므로 *bé*는 연결사로서의 역할을 하게 되는 것이다.

발화동사인 '말하다'가 연결사로 문법화되는 동기에 대해서 Hopper & Traugott(1993: 180ff)은 다음과 같이 설명한다. 담화에서 표현되는 소망, 공포감, 경이감 등이 대개는 단순히 개인적인 문제가 아니라 어떤 대상물과의 관계에서 결과적으로 발생하는 현상이다. 이러한 담화 내에서 '말하다'라는 동사는 빈번하게 사용된다. 다음의 그리스어 신약성경의 예를 들어 보자.

(30) Hoi de   anthrōpoi ethaumasan <u>legontes</u> potamos estin
     the then men   wondered   saying   what-kind-of is
     houtos hoti kai hoi anemoi kai hē thalassa hupakouousin autō
     this   that and the winds and the sea   obey
     him
     'And people were amazed, saying: "What kind of man is this, that the winds and the sea obey him?"' (마태복음 8: 27)

위의 예 (30)에서 *legontes*('saying')는 앞의 본동사 *ethaumasan* ('wondered')의 사실상의 연결사이다. 사람은 어떤 특정 대상에 대해 놀라움을 겪게 되면 바로 그 놀라움을 겪는 순간에 크게 발화를 하게 된다는 것이다. 위와 같은 문장은 현대영어식으로 번역하게 되면 "And people wondered to one another what kind of man this was, that the wind and the sea obeyed him."(Hopper & Traugott 1993: 181)이라 하여야 더 적절할 것이다. 이와 같이 인지·지각 동사를 본동사로 취하는 문장에서만 연결사 역할을 하던 발화동사는 점점 그 영역이 확대되어 궁극적으로는 모든 동사에도 연결사로서 역할을 하게 된다.

권재일(1998)에서는 한국어 인용표지 연결사의 문법화 현상을 다루면서 현대 한국어의 인용표지 '-고'의 문법화를 <도표 8-12>와 같은 과정으로 밝혔다.

인용 동사 겹침(ᄒ고 말ᄒ다)
>> 'ᄒ고'의 서술기능 약화
>> 'ᄒ고'의 형태 약화(ᄒ고 > 코 > 고)
>> '-고'의 인용표지로 기능 보편화

〈도표 8-12〉 인용표지 '-고'의 문법화 과정

<도표 8-12>를 보면 인용동사였던 'ᄒ다'가 '말ᄒ다'와 같은 다른 인용동사와 겹쳐지면서 의미의 잉여성 때문에 서술 기능이 약화되었으며, 음운형태상으로도 약화되어 마침내 '-고'라는 인용표지가 문법화되어, 이 인용표지가 19세기말 개화기부터 본격적으로 인용표지로 사용되게 되었다는 것이다.[22] 이러한 분석에 따르면 한국어에서 인용문을 유도하는 보문 연결사도

---

[22] 안주호(1991)에 의하면 이 인용표지 '-고'는 18세기말의 <일동장유가>에서 최초로 나타난다(권재일 1998에서 재인용). 손성옥(2011)에서는 15세기에 나타나는 '-코'가 인용표지인 '하고'의 축약형일 가능성을 논의하고 있다.

발화동사와 관련하여 생겨난 것이다.

8.2.3 조건표지 연결사의 문법화

조건표지 연결사는 문법화론에서 많은 학자의 관심을 받아온 문법소이다. 특히 조건은 인과관계, 가정, 반사실성, 양보 등 인접한 범주와의 상호작용을 통해 매우 복잡한 형태를 띠고 있다(구현정 1998, 1999). 이처럼 범주 상으로 밀접한 관계를 맺고 있는 인접 범주는 문법화 과정에서도 상호관련성을 보이고 있다. 조건표지 연결사는 여러 가지 어원어로부터 문법화한다.23) 조건의 개념이 문법화하는 경로와 이들의 상호작용을 Traugott(1985: 299)에서는 <도표 8-13>과 같은 인지지도로 나타내고 있다.

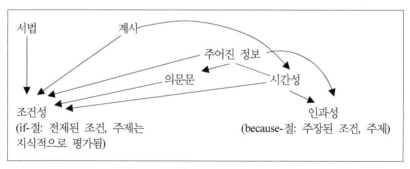

〈도표 8-13〉 조건의 문법화 지도

영어에 나타난 조건표지 연결사의 문법화 현상은 다음 예에서 찾아볼 수 있다.

(31) Suppose the news is true, what shall we do?

---

23) 대표적으로는 양태표시어, 의문형, 비순간성 시간표시어, 계사구문, 주어진 정보 표시어 (주제표시어) 등을 들 수 있다(Traugott 1985: 290-292).

위의 예 (31)에서는 원래 '가정'이란 양태성을 의미하는 *suppose*란 단어가
조건을 나타내는 연결사로 사용되었다. 이러한 용법은 원래 명령법으로부터
시작되었으며 아직도 명령법의 구문상 흔적이 남아있다. 이것은 한국어의
다음 (32)와 같은 구문과 평행적인 용법으로부터 시작된 것이다.

(32) a. 그 소식이 사실이라고 가정해 봐. 어떻게 할 거야?
     b. 그 소식이 사실이라고 쳐. 어떻게 할 거야?

가정뿐만 아니라 가능, 소망, 의심 등과 같은 양태성도 조건으로 문법화하
는 예가 많이 있다. Mandarin Chinese의 소망동사 *yào* 'wish'가 조건표지로
쓰이는 것이 그 중 한 예이다. 영어의 대표적인 조건표지 *if*는 그것이 문법화
하기 이전의 어원이 확정되지 않았으나 OED에 따르면 Old High German이
나 Old Norse, Swedish 등에서 'doubt', 'challenge', 'condition' 등을 나타내
던 단어와 관련이 있는 것으로 보이는데, 이 경우에도 양태성이 조건표지로
발달하였다고 할 수 있을 것이다.

의문형으로부터도 조건표지가 발달하는데 Haiman(1978: 570-571)에서는
다음과 같은 예를 들고 있다.

(33) a. E   -si   -ve baigu -e
        come 3.Sg.Fut Q   will.stay 1.Sg
        'Will he come? I will stay/If he (will) come, I will stay.'
     b. Is any among you afflicted? Let him pray. (야고보서 5: 13)
     c. Do they but see a corner of his hat, they go away happy.

위의 예 (33a)는 의문문을 나타내는 Hua의 -*ve*가 의문사로도 사용될 수
있고 조건을 나타내는 표지로도 사용될 수 있음을 보여준다. 마찬가지로 예
(33b)와 (33c)는 의문문의 형태가 조건표지로 사용되었다.[24] Haiman은 이와

같이 의문문에서 조건문이 문법화하는 과정을 다음과 같은 담화적 책략에서
나온 것으로 보고 있다.

(34) A: Is he coming?
     B: Yes.   ⇒ 'If he is coming, I'll stay.'
     A: Well then, I'll stay.

위의 예에서 보듯이 어떤 명제가 의문문으로 제시되고 그에 대한 긍정적
인 대답이 그 명제의 진실성을 확보하면 그 다음에 제시되는 명제는 앞의
명제를 전제하게 되는 것이다. 이와 같은 의문문과 조건문의 상관성은 다음
(35)와 같이 한국어에서도 볼 수 있다.

(35) a. A: 돈을 안 줘?
        B: 그래.   >> 돈을 안 주면 나도 일 안 해.
        A: 그럼 나도 일 안 해.

     b. A: 당신이 장관이야?
        B: 그래.   >> 당신이 장관이면 난 대통령이다.
        A: 그럼 난 대통령이다.

위의 예 (35)에서 보듯이 의문문은 뒤의 명제에 대한 조건 혹은 전제로서
의 기능을 가진다. 이처럼 의문문은 조건문의 전제를 설정해주는 장치 중의
하나이다.[25]

---

24) 흥미로운 것은 예 (33b)가 한국어 성경에서는 다음과 같은 평행성을 보인다.
   a. 개역성경, 1954: 너희 중에 고난당하는 자가 있느냐? 저는 기도할 것이요...
   b. 공동번역, 1977: 여러분 가운데 고난을 당하는 사람이 있으면 그 사람은 기도를 해야
      합니다.
25) 따라서 Haiman(1978)은 조건절은 주제라고 주장하였다. W. Lehmann(1982)도 그리스어
   의 *hypothesis*와 라틴어의 *condicio*가 둘 다 주제를 가리키는 용어라고 말하고 조건절이
   후행문장의 전제이며 전체 문장에서의 주제임을 주장하였다. 구현정(1989b)에서도 국어

조건표지의 어원 중에는 시간을 나타내는 단어가 많다. 예를 들어 영어의 *when(ever), so long as*는 대표적인 경우라 할 수 있다. 다음의 예를 보자.

(36) When Bill came home, John left.

위의 (36)은 단순히 시간을 나타내어 과거 어느 특정한 사건에서 한 시간적 지점을 나타내는 시간표시 연결사인 *when*과, 조건을 나타내어 과거의 어느 기간 동안 반복적으로 여러 시간적 지점을 나타내는 조건표시 연결사인 *when* 사이에 의미적 모호성을 가지고 있다. 이러한 차이는 한국어에서는 다음과 같이 나타낼 수 있다.

(37) a. Bill이 왔을 때 John이 떠났다.
 b. Bill이 오면/오기만 하면/올 때마다 John이 떠났다.

위의 예 (37)에서 보듯이 영어의 연결사 *when*은 시간표지와 조건표지의 두 가지 기능을 가지고 있다. 원래 시간을 나타내는 단어가 조건을 나타내는 문법소로 바뀌었다는 것은 시간표지에 의해 이끌린 명제가 뒷 명제에 대한 배경, 즉 전제나 주제로서의 역할을 하게 된다는 것이다. 즉 두 명제를 하나의 시간적 틀에 넣어 하나는 전제, 즉 배경으로서 그리고 하나는 초점, 즉 전경으로서 배치하는 것이다. 이러한 배경-전경(background-foreground)의 개념은 한국어의 조건표지 문법화와도 밀접한 관계를 맺고 있다. 다음의 예를 들어보자.

(38) a. 그대가 나를 사랑하면 나도 그대를 사랑하겠다.
 b. 사랑이 그대를 부르거든 즉시 그에 귀를 기울이라.

의 조건이 주제가 됨을 밝히고 있다.

현대 한국어에서 조건을 나타내는 형태에는 여러 가지가 있지만 가장 전형적인 형태는 어미 '-(으)면'과 '-거든'에 의해 표시된다(구현정 1996a [1989]). 이 조건표지는 역사적으로 오랫동안 형태-의미적인 안정성을 보이고 있다. 이 조건표지들의 그 어원적 구성을 살펴보면 다음과 같다(구현정 1989a: 15; 1989b; 1996a: 163-164).

(39) a. -으면: -으며(동시적 연결) + -는(주제표지)
    b. -거든: -거-(미지각) + -드-(과거지각 '-더-'의 변이형태) + -ㄴ(주제표지)

위의 분석에 따르면 두 문법소는 공통적으로 주제표지를 조건표지의 일부로 가지고 있다. (39a)의 '-(으)면'은 시간적으로 동시성을 나타내주는 '-으며'가 결합함으로써 조건표지에 의해 이끌린 명제를 배경 즉 전제로 제시하고 있다. (39b)의 '-거든'은 조건의 원형태 *'든/든'에서 발달한 것인데(구현정 1996a [1989]), 이것은 비순간성 시간표시어와 주제표시어의 결합형이라고 말할 수 있다.

8.3 담화 층위의 문법화

지금까지는 형태소화 과정과 연결사의 문법화에 대해서 살펴보았다. 이제는 좀 더 문법화의 대상 영역을 넓혀서 담화 층위에서 일어나는 문법화 과정을 살펴보자. 물론 앞서 살펴본 형태소화 과정과 연결사의 문법화 과정에도 담화 층위에서의 정보가 관여하고, 담화 층위에서 일어나는 문법화 현상도 결과적으로는 어떤 문법소를 만들어 내므로 이 들 세 층위를 분명하게 나누는 일은 불가능하다. 여기서는 담화에서 사용되는 중요한 개념인 주제표지와 주제전환표지의 문법화에 대하여 살펴보기로 한다.

8.3.1 주제표지의 문법화

주제는 기본적으로 담화 층위의 개념이다. 주제는 다양한 형태로 제시되는데 작게는 조사와 같은 형태소로 표시하기도 하고, 주제를 제시하는 절을 그 주제에 대한 설명부(comment)의 절과 병렬적으로 연결하여 표시하기도 한다. 나아가 주제를 제시하는 문장에 의해 담화의 주제를 표시하기도 한다. 다음의 예를 살펴보자.

(40) a. 옛날에 한 도적이 있었습니다. 그가 하루는 …
     b. 옛날에 한 도적이 있었는데, 그가 하루는 …
     c. 도적은 …

위의 예에서 (40a), (40b)와 같은 경우의 '있다' 동사는 제시표지 (presentative)의 역할을 하고 있는데 여기서는 주제를 나타내고 있다. 예 (40c)의 '-은'은 형태소적으로 주제를 표시하는 조사이다. 한국어에서는 동사 '있다'가 주제표지로 자주 사용되었다. 다음의 예들을 보자.

(41) a. 한 어린 사람이 이셔 제 부모 사라실 때예 … (몽어노걸대 1741)
     b. 바리새인 중에 니고데모라 하는 사람이 있으니 … (개역성경 요한복음3: 1)
     c. 사흘되던 날에 갈릴리 가나에 혼인이 있어 … (개역성경 요한복음 2: 1)

위의 예들은 모두 담화 주제가 바뀌는 지점에 위치한 문장이다. 예 (41a)는 한 어리석은 사람의 이야기를 소개하기 위한 도입이고, 예 (41b)는 니고데모라는 사람을, 예 (41c)는 한 혼인잔치에 관하여 이야기를 전개하기 위한 도입이다. 그러나 이러한 용법으로 쓰인 존재동사 '있다'는 더 이상 문법화되지 않고 현대 한국어에서는 거의 소멸되었다.

한국어의 또다른 존재동사 '계시다'는 '있다'와 유사하게 주제표지의 역할을 하다가 용법이 문법화되지 않고 비생산적인 구문이 되었다. 그러나 존 칭주어 격조사 '-께서'로 문법화한 것은 존재동사의 문법화와 관련하여 주목 할 만하다.26)

Shibatani(1991)에서는 일본어와 필리핀어의 주제표지를 연구하여 주어표 지는 주제표지가 문법화한 것임을 보였다. 이것은 Givón(1976)과 더불어 담 화적 기능어가 통사적 기능어로 문법화한 예를 보인 중요한 연구이다.

8.3.2 주제전환표지의 문법화

담화에서는 때로 주제(화제)의 전환이 필요한데 주제의 전환을 표시하는 문법소의 문법화 과정을 살펴보기로 하자. 영어에서는 *O, that reminds me* 나 *by the way, guess what, you know what* 등이 주제를 바꾼다는 신호로 사용된다. 한국어에서도 '맞아', '아니(근데)', '그러나 저러나', '그나저나', '하여튼', '어쨌든' 등이 주제전환표지로 사용된다(박성현 1996; 구현정 1997: 87에서 재인용). 이러한 주제전환표지는 아직은 계열적 유동성이 커 서 문법화의 정도가 매우 낮다고 할 수 있다. 그러나 어떤 언어에서는 주제 표지가 문법화를 거쳐 그 사용이 의무화되어 있는 경우도 있다. 다음의 예 를 보자.

---

26) 이 문법화 현상은 다음과 같은 경로를 거쳤을 것으로 생각된다(이성하 1996c: 152-153).
  1단계: 명사₁-주격조사   동사(계시)-어, 명사₂-주격조사   동사₂
  2단계: 명사₁-주격조사   동사(계시)-어,   동사₂
  3단계: 명사₁   동사(계시)-어,   동사₂
  4단계: 명사₁계시어   동사₂
  5단계: 명사1께서   동사₁
  이태영(1993 [1988]: 55-60)에서는 '-께서'의 어원을 존재동사 '계시다'와, '끠셔' [장소+ 탈격]의 두 가지로 보았다(유사한 논의는 손성옥 2002 참조).

(42) a. Tok Pisin

    Bandarap em   i-kuk-im

    Bandarap 3.Sg Pred-cook-Trans

    'Bandarap (new subject) he cooked it.' (Sankoff 1977: 68)

  b. Baka

    kɔ̀, Waito à   kɔtɔ̀ nɛ̀. ʔe kɔ̀, wó ngɔ gɔ namɛɛ̀

    then Waito Asp arrive here 3.Sg then 3.Pl Asp go In.fmake

    'And then Waito arrives here. And then they do the following.'

                              (Heine *et al.* 1993: 221)

  c. Baka

    kɔ̀ ngaà,   ma   mɛɛ̀ bèlà ode

    Top 1.Sg.Emph 1.Sg do   work Neg

    'As for me, I am not going to do the job.' (Heine *et al.* 1993: 221)

위의 예를 보면 Tok Pisin의 (42a)의 예에서는 *em*이 전환된 주제인 주어를 표시한다. 이 *em*은 영어의 3인칭 단수 대명사 *him*에서 온 것으로 완전한 문법소로 문법화되었다. 예 (42b)와 (42c)는 모두 Baka의 예인데, (42b)에서는 ɔ̀가 담화에서 새로운 단락이 시작됨을 표시하는 역할을 하고 있으며 (42c)에서는 ɔ̀가 담화에서 새로운 주제를 표시하는 역할을 하고 있다. 이러한 담화 기능어인 ɔ̀는 원래 '거기'의 뜻을 가진 단어이었는데 '그때'라는 의미로 바뀌었고 여기에서 담화의 새 단락 혹은 새 주제표지로 문법화하게 된 것이다. 이러한 문법화에서는 흥미로운 문법화의 방향성을 보여준다. 원래 장소적 개념의 '거기'에서 시간적 개념의 '그때'로 영역의 변화가 있었음을 알 수 있는데, 이것은 Heine *et al.*(1991a: 55)에서 제시한 은유의 개념적 이동 방향인 [장소>시간]을 그대로 따르고 있다. 한편 '거기'나 '그때'와 같은 장소/시간적 직시소에서 담화와 같은 텍스트적 직시소로 이동한 것은

Traugott & König(1991)에서 제시한 의미-화용적 변화의 경향성 중 두 번째의 경향성인 [외적/내적인 상황 > 텍스트적 상황]의 변화를 그대로 따르고 있다.

지금까지 살펴본 주제전환표지의 문법화에서 인칭직시소(*em*), 장소직시소(*j*), 시간직시소(*j*) 등이 사용되었다는 것은 언어 사용자들이 담화라는 추상적인 대상을 그보다는 훨씬 구체적인 물리적 대상으로 은유적으로 파악하고 있음을 보여주는 것이다.

제9장 문법화의 이론적 쟁점

문법화 이론이 발전해 감에 따라 다양한 이론적 쟁점이 대두되었다. 여기서는 그동안의 쟁점 중에서, 문법화라는 개념의 적용 범위, 문법화와 밀접한 관련을 맺고 있는 현상, 인접 언어와의 접촉에 의한 지역적 현상, 그리고 문법화 이론의 타당성에 의문을 제기하는 방향성 문제 등을 소개한다.

9.1 문법화의 개념 적용 범위

문법화 연구에서는 초기부터 그 개념의 적용 범위를 어떻게 한정할지에 대해 논의가 있었다. 대표적인 예로, 일찍이 Meillet가 현대 독일어의 *heute* 'today'가 Old High German의 *hiu tagu* 'this day'에서 유래되었음을 문법화의 예로 제시하였는데, 이것은 최종적으로 만들어진 것이 문법적인 항목이 아니라 내용어이기 때문에 문법화의 논의로는 부적절한 예임은 2.1.1에서 소개한 바 있다. 이러한 예들은 어휘화의 예이므로 문법화의 논의 대상 범주 안에 포함되지 않는다. 그러나 좀 더 미묘한 변화가 있는데 여기서는 어순 변화와 범주의 상대적 문법성, 범주내적 변화의 문제를 살펴본다.

9.1.1 어순 변화

언어는 모든 층위에서 변화하는데 어순도 예외가 아니다. 영어의 예를 들어 보면, 고대영어에는 어순이 고정되어 있지 않았지만 대개는 한국어처럼 동사가 뒤에 나오는 SOV의 어순이었다가 중세영어로 오면서 현대영어와 같이 목적어가 뒤에 나오는 SVO의 어순으로 변화하였다. 이와 같은 SOV > SVO 어순 변화는 프랑스어, 이탈리아어, 스페인어, 스웨덴어, 아이슬랜드어 등 여러 인도유럽어에서도 발견된다(Gelderen 2011: Ch.9). 이와 반대로, 중국어의 경우에는 지난 2,000년 동안 SVO어순에서 SOV어순으로 변화한 것으로 보이며(Li & Thompson 1974b), Cushitic어에 속하는 Ma'a어를 비롯하여 Austronesian어, Tai-Kadia어, Afro-Asiatic어, Austroasiatic어 등 여러 언어에서도 SVO > SOV로의 어순 변화가 있었다는 논의가 있다(Gelderen 2011: 353-363).[1]

일반적으로 문법화를 '문법성의 증가 현상'이라고 정의하면 어순 변화를 문법화에서 논의하는 것이 어려워진다. 그 이유는 우선, 어떤 어순이 다른 어순보다 문법성이 더 적거나 커야 논의가 성립될 터인데 어순의 상대적 문법성을 따지는 것이 불가능하기 때문이다. 더욱 상황이 복잡하게 되는 것은 위에서 본 바와 같이, 어떤 언어는 SOV에서 SVO로, 어떤 언어는 SVO에서 SVO로 변화하는데, 그렇다면 어순 변화는 일정한 변화 방향이 있는 것이 아니며, 따라서 문법화에서 중요한 원칙이라 할 수 있는 단일방향성을 위배하는 것이다.

그럼에도 불구하고, 어순 변화는 문법화 학자들로부터 중요한 연구 대상으로 간주되어 왔다. 대표적으로, 현대 문법화 이론의 창시자라 할 수 있는 Meillet는 언어의 문법적 표현의 발달에 있어서 그 근원은 단어뿐만 아니라

---

1) 중국어가 SVO어순에서 SOV어순으로 변화하고 있다는 Li & Thompson(1974b)의 주장에 대해 Sun(1996)은 통계적으로 90% 이상의 경우에서 목적어가 동사를 뒤따른다는 점을 증거로 들어 반박하고 따라서 중국어는 아직도 SVO 어순의 언어임을 주장하고 있다.

어순 변화가 될 수도 있다고 주장하였다. 즉, 한 문장의 어순은 그 문장에서 어느 성분이 주어이며 어느 성분이 목적어임을 표시해 주는 것이므로 어순은 매우 중요한 문법 장치이며 어순의 변화는 문법 장치의 변화라 볼 수 있는 것이다. 따라서 Meillet는 어순 변화를 문법화의 예로 간주하고 있다. 이러한 상황에 대해 Hopper & Traugott(2003: 60)에서도, 비록 어순이 단일 방향적이지 않으므로 좁은 의미의 문법화 정의에 부합하지 않지만, 어순은 문법적 장치, 특히 형태통사적인 언어표지들을 구조화하여 주기 때문에 넓은 의미의 문법화에 해당하는 것으로 보아야 한다는 입장을 취하고 있다.

9.1.2 범주의 상대적 문법성

문법화가 문법성의 증가 현상을 가리키는 것으로 볼 때, 이러한 관점은 모든 문법범주의 문법성이 정해져 있다거나, 문법성을 측정해 볼 수 있다거나, 최소한 두 가지 문법범주가 있을 때 어느 범주가 다른 범주보다 더 문법성이 높은지를 판단하는 것이 가능함을 전제로 한다. 그러나 언어학에서 범주에 대한 이해는 매우 제한적이며 범주의 상대적인 문법성을 판단하는 일은 쉬운 일이 아니다. 앞에서 문법화는 다음과 같이 일차적 범주에서 연속변이를 통해 부차적인 범주로 이동해 감을 살펴보았다(§5.2.5).

(1) 명사 / 동사 >> 형용사 / 부사 >> 전후치사 / 접속사 / 조동사 / 대명사 / 지시사

그런데 이 연속변이를 보면 부차적인 범주에 속하는 범주, 즉 문법화가 일어난 범주가 문법성의 정도에 있어서 상호 간 서열이 정해져 있지 않음을 알 수 있다. 예를 들어, 후치사가 접속사로 발달했다든가, 지시사가 대명사로 발달했을 때에, 이러한 현상을 문법화 현상으로 볼 수 있을지 여부는 접속사와 전치사, 그리고 지시사와 대명사 사이에 어느 범주가 문법성이 더 많은지

를 판단하는 일과 직결되어 있다. 이러한 변화는 실제로 관찰된 바 있다. 다음은 Genetti(1991: 229)에서 보여 주는 Newari어의 예이다.

(2) a. gyas   na   bsgyur
       right   Loc   turn
       'Turn to the right.'

  b. me   yod   na du-ba 'byung
     fire   be   if smoke become
     'If there is fire, there is smoke.'

위의 예에서 *na*는 (2a)에서는 장소를 나타내는 후치사로 쓰인 데 반해, (2b)에서는 조건을 나타내는 접속사로 쓰였음을 알 수 있다. 이러한 현상을 Genetti(1991: 231-232)에서는 문장 내의 논항 사이의 역할을 표시하던 언어형식이 명제 사이의 역할을 표시하는 언어형식으로 확장된 것으로 보았다. 이러한 분석은 Diehl(1975: 101-104)에서 제시한 [사회적 > 처소적 > 시간적 > 논리적] 영역으로 점진적으로 확장되는 패턴에 따른 것으로, 예를 들어, 장소에 관한 문법표지는 네 가지 영역에서 공동격(사회적), 처소격(처소적), 시간표시 접속(시간적), 조건표시 접속(논리적)으로 나타난다는 것이다.

이와 같은 Newari어의 현상은 비단 *na*뿐만 아니라 다수가 있는데, 이러한 상황을 Genetti는 명사 형태소가 동사 형태소로 재분석됨으로써 일어난 변화로 분석하고 있다. 그러나 논의의 대상이 되고 있는 문법형태가 어휘적인 요소에서 발전한 것이 아니어서 전통적인 관점에서의 문법화로 보기 어렵고, 후치사가 접속사보다 덜 문법적이라 볼 수 없으므로 문법성의 증가를 따질 수도 없음을 지적하고 있다(1991: 247-248). 그러나 범주상으로는 후치사에서 접속사로의 변화가 단일방향적이라는 점, 기능상으로는 문법형태가 층위화 현상을 보인다는 점, 의미상으로는 Traugott & König(1991)의 세 가지 의미·화용적 경향성이 모두 나타난다는 점, 또 개념적 전이에 있어서도 Heine *et al.*(1991a,b)에서 제시하는 은유의 방향성이 모두 잘 드러난다는 점을 들어, Newari어 후치사로부터 접속사로의 변화를 문법화의 예로 제시하고 있다.

이처럼 특정한 변화가 문법화의 여러 가지 특성을 띤다는 점에서 문법화 현상으로 판단하는 것은 충분히 납득할 수 있는 일이나, 이러한 변화가 전통적인 의미에서 문법성의 증가를 나타내는 범주 간 이동으로 보기 어렵다는 점에서는 이러한 방식의 판단이 문제의 근본적인 해결이라 보기는 어렵다. 즉, 이러한 방식에 따른 문법화 여부의 판단은, 특정한 변화가 문법성의 정도에 차이가 있는 범주 간의 이동을 포함하지 않을 때에, 전통적인 문법화의 특징과 얼마만큼 유사성을 보여야 하는지에 대한 확실한 기준을 제시하기 어렵기 때문이다.

9.1.3 범주내적 변화

앞에서 살펴본 바와 같이 문법화는 통상 범주간의 이동으로 파악된다. 즉, 범주적으로 볼 때 문법화의 방향성은 명사, 동사 등과 같은 일차적 범주에서 전치사, 접속사 등과 같은 이차적인 범주로 변화하는 것이다. 그런데 이와 같은 범주 구분은 실제 많지 않은데 비해 문법화에 나타나는 변화는 매우 미세한 변화로 이루어져 있어서 그 다양성이 매우 크기 때문에 문법화를 단순히 범주상의 변화로 정의하기가 어려워진다. 즉, 각각의 모든 변화를 범주 간의 이동으로 파악하기에는 범주의 개수가 현저하게 모자라는 것이다. 다시 말하면, 문법화가 수없이 많이 일어난 후에야 비로소 범주상의 변화를 파악할 수 있게 되며, 따라서 범주간의 이동이 없는 문법화 현상이 매우 많이 관찰된다. 앞에서 살펴보았던 다음 영어의 예를 보자(§6.3 참조;

Hopper & Traugott 2003[1993]: 91에서 재인용).

(3) a. '-는 동안'(시간적 배경)
Ðæt lastede þa [xix] winttre wile Stephne was king.
'That lasted those 19 winters while Stephen was king.'

(ChronE [Plummer] 1137.36)

   b. '-는 한'(상황적 조건)
Thar mycht succed na female, Quhill foundyn mycht be ony male.
'No female was able to succeed while any male could be found.'

(1375, Barbours Bruce 1.60 [OED])

   c. '-는 반면, 비록 -하더라도'(양보)
Whill others aime at greatnes boght with blod, Not to bee great thou
stryves, bot to bee good.
'While others aim at greatness that is bought with blood, you strive to
be not great but good.'   (1617, Sir W. Mure, Misc. Poems xxi.23
[OED])

위의 예문을 보면, 접속사 while은 시간이 변함에 따라 점차 '-는 동안'
> '-는 한' > '비록 -하더라도'의 뜻으로 발전하여, [구체적인 시간적 상황
> 두 사건의 동시성에 대한 상관성 > 두 명제 간의 대조성에 대한 평가]의
변화 경로를 거쳤다. 그런데 이처럼 의미의 주관화 경향성을 보여 주는 변화
가 모두 while이 접속사인 동안에 생겨난 것이다. 따라서 명사 while이 접속
사 while로 발달한 변화는 일차적 범주에서 이차적 범주로 이동한 전형적인
문법화 현상이지만, while이 접속사의 범주에 있는 동안 일어난 흥미로운
변화는 그 자체로서는 문법화로 보기가 어려운 것이다.

이와 유사한 예는 매우 많다. 한 예로 영어의 전치사 against는 '직선의,
똑바른'의 뜻을 가진 gagn/gegn 위에 만들어진 것으로 부사 again의 발달과
중첩되어 있다. 즉, '똑바른', '반복', '대항하여'가 같은 뿌리에서 발달한 것

이다. *against*는 전형적인 '대항하여'의 뜻 이외에도 다양한 의미를 갖고 있다. 이들의 의미 중 일부를 간단하게 정리해 보면 다음과 같다(이성하 2002).

(4) a. 은유(공간, 물리적 방향성 > 시간적 인접성)
         drawing towards; near the beginning of; close to
      b. 일반화(방향성 > 비방향성)
         near, adjoining
      c. 주관화(물리적 환경 > 인간중심성)
         in preparation for; (preparation) in view of

이처럼 *against*가 은유, 일반화, 주관화 등 다양한 의미 변화 기제를 통해 흥미로운 의미 변화를 겪었지만 이러한 변화과정은 모두 *against*가 전치사로서의 기능을 가진 상황에서 겪은 것이다.

이성하(2002)에서는, 문법소는 일단 문법화되고 나면 의미 내용이 탈색되어 주변 환경에 쉽게 영향을 받게 되므로 이차적인 범주에서 더 활발한 변화가 일어날 수밖에 없으며, 이러한 변화는 모두 문법적인 변화임에도 불구하고 단순히 문법 범주상의 이동이 없다는 이유로 문법화 연구 대상에서 제외된다면 문법화 연구의 범위가 과도하게 위축되고 학술적으로도 문법화 이론이 덜 흥미로운 이론이 될 것이라 지적하였다. 이러한 이유로, 특정한 변화가, 어휘적인 범주가 아닌 문법적인 범주 내에서 이루어지는 의미, 형태, 통사 등 모든 측면의 문법적인 변화로서 단일방향성을 위배하지 않는 한 문법화로 간주할 것을 제안하고 있다.

9.2 문법화와 관련 현상

문법화는 언어의 여러 가지 변화 현상 중의 한 가지일 뿐이며, 따라서 모든 언어변화가 문법화 현상이 아닌 것은 매우 분명하다. 또한 문법화에서 일어나는 변화가 반드시 문법화에 국한해서만 일어나는 것은 아니다. 예를 들어, 문법화는 대개 음운변화를 동반하는데 이때 일어나는 음운변화는 어휘가 겪는 음운변화와 같이, 문법화 현상으로 볼 수 없는 일반적인 음운변화 현상과 동일한 유형의 변화인 경우가 많다. 마찬가지로 형태통사적인 축약 현상도 문법화뿐만 아니라 일반적인 언어변화에서도 자주 관찰된다.

여기서는 문법화와 밀접한 관련을 맺고 있는 언어변화 현상 몇 가지를 소개하고자 한다. 특히 의미 변화, 구문화, 화용화, 어휘화에 초점을 누어 살펴보기로 한다.

9.2.1 의미 변화

우리가 사용하는 언어는 단어를 기본 단위로 하고 있으며, 따라서 언어 사용과정을 통해 단어는 의사소통이라 부르는 의미협상에 지속적으로 노출되어 있다. 이 과정에서 말하는 사람은 자신이 하고자 하는 말을 일부만 하게 되고, 듣는 사람은 자신이 들은 말의 의미를 통상적인 의미 이외의 다른 의미가 있을 수 있다는 가정 하에 좀 더 많은 의미를 그로부터 이끌어내며, 이러한 과정이 반복되기 때문에 단어의 의미는 지속적으로 변화한다.

문법화는 기본적으로 문법적인 기능의 생성과 관계가 있으며, 기능은 개념과, 개념은 의미와 불가분의 관계에 있기 때문에, 문법화는 반드시 의미 변화를 수반한다고 할 수 있다. 그러나 그 역으로, 의미 변화가 있었다고 해서 반드시 문법화가 일어난 것으로는 볼 수 없다. 즉 문법화는 의미 변화 유형 중의 한 하위 유형으로 볼 수 있는 것이다.

단어의 의미는 다양한 고유의미와 함축의미를 갖고 있어서 이중 특정 의미요소가 강화되거나 삭제되거나 새로운 의미요소가 추가되어 시간이 지난 후에는 원래의 의미와 연관을 짓기 어려울 정도로 크게 변화하는 경우가 많다. 따라서 전통적으로 의미 변화는 규칙적인 음운변화와 달리 매우 불규칙적인 것으로 여겨졌다. 예를 들어, 라틴어에서 '왼쪽'의 뜻을 나타내는 *sinister*라는 단어는 현대영어에서는 '불길한, 사악한, 재난의'의 뜻을 갖고 있고, '무리 중에서'라는 뜻으로 출발하여 '선택된, 모범이 되는'이라는 뜻을 가졌던 라틴어의 *egregious*는 현대영어에서 '엄청난, 터무니없는'의 뜻을 가진 단어로 바뀌었다. 한국어의 경우에도, 중세국어에서 '표지, 증거, 서명' 등의 뜻을 가지고 있던 '보람'이라는 단어는 현대국어에서 '만족스러운 느낌'을 뜻하는 단어로 의미가 변화되었고, '경계가 없다'는 뜻을 가진 'ᄀᆞ이없다'가 현대에는 '불쌍하고 가련하다, 가엽다'의 뜻을 가진 단어로 바뀌었다. 이러한 변화를 보면 단어의 의미 변화는 매우 불규칙한 것으로 보일 수도 있다.

그러나 많은 역사의미론 학자는 단어의 의미 변화가 매우 규칙적이라는 것을 증명해 보였다. 특히 Traugott & Dasher(2002)에서는 많은 의미 변화가 규칙적으로 일어나고 있음을 잘 보여준다. 또한 이러한 변화가 일반 어휘의 의미 변화뿐만 아니라 문법화에 동반되는 의미 변화에서도 동일하거나 유사하게 나타난다는 점을 보여주고 있다. 특히 Hopper(1991)는 문법화의 원리를 소개하면서(§5.2 참조) 이러한 원리가 일반적인 언어변화에도 일어난다는 주장을 호칭어 *miss*, *mrs*(misiz)와 그 어원어인 *mistress*의 예를 들어 다음과 같이 보이고 있다.

(5) a. 층위화: 세 단어는 동일한 어원에서 출발하여 각각 다른 정도의 축약현상을 보이며 호칭어 체계에서의 층위화를 보여주고, 최근에는 *miss*와 *mrs*의 중립형인 *ms*[miz]까지 합세하여 복잡한 층위를 이루고 있다.
   b. 분화: 호칭어 *miss*, *mrs*, *ms*는 원래 어원어인 *mistress*로부터 분화되었다.
   c. 전문화: *mistress*의 근원을 소급하기 어려우나 이 단어는 *mother*, *widow*, *gossip* 등 다양한 친족어나 신분표지어, 관계표지어 등의 하나로서 여러 단어 중 이 단어가 호칭어의 어원으로 전문화되었다.

    d. 의미지속성: *mrs*가 기혼여성에게만 한정해서 쓰이는 것은 *mistress*가
       *master*의 여성형이라는 역사적 사실이 반영되어 그 의미가 지속되고 있는
       것이며, 18세기부터 *miss*가 미혼여성을 가리키기 위해 사용되기 시작되었
       는데 이것도 현대영어에서 여성에게만 한정해서 쓰이는 것도 의미의 지속
       현상이다.

    e. 탈범주화: *miss, mrs, ms*는 모두 대체적으로 명사가 갖고 있는 전형적인
       특징인 관사 동반, 지시사 동반, 소유격 변화 등의 가능성에 제약을 갖고
       있다.

위에서 보는 바와 같이, 문법화에는 반드시 개념 변화, 의미 변화가 동반
되지만 의미 변화가 있다는 것이 곧 문법화가 일어났다는 것이 아니며, 문법
화를 설명해 주는 원리는 일반적인 어의변화에도 적용이 가능한 경우가 많
다. 따라서 문법화와 의미 변화는 밀접한 관계를 맺고 있으나 이 두 가지를
혼동하거나 혼용해서는 안 될 것이다.

9.2.2 구문화

구문(construction)이란 형태와 의미가 쌍을 이루는 언어형식(form-
meaning pairing)을 가리키는 것으로(Goldberg 1995: 4) 작은 단위로는 *anti-,
pre-, -ing* 등과 같은 형태소로부터 단어, 합성어는 물론, 관용어구, 그리고
일부 내용이 채워지도록 공백이 포함된 관용 표현, 심지어는 'the-비교, the-
비교' 구문과 같이 상호의존적인 형태, 타동사 구문, 피동 구문 등 다양한
언어형식이 포함된다. 즉 조합 규칙에 의해 의미를 파악할 수 있는 형식이
아니면 언어형식의 크기와 관계없이 모두 구문으로 보는 것이다. 언어가 구
문으로 이루어져 있다고 생각하는 학자들의 언어학 이론은 구문문법
(Construction Grammar)으로 잘 대표된다. 전통적으로 언어가 기본단위인
어휘(lexis)가 통사규칙에 의해 조합된다는 생각 대신, 구문문법에서는 문법

의 기본단위는 구문이라고 보고 있다.

그런데 구문문법에서 구문으로 간주하는 요소들은 문법화론에서 어휘소(lexeme; lexical form)라고 부르는 언어형식과 문법소(gram; grammatical form)라고 부르는 언어형식이 모두 포함된다. 구문문법에서는 문법에 대응하는 어휘라는 개념이 사용되지 않기 때문이다. 통상 구문문법은 공시적 현상에 주로 주목하고 있는데, 일부 학자들은 통시적으로 구문이 생겨나는 과정에 관심을 갖기도 한다. 이처럼 통시적으로 구문이 생겨나는 과정을 구문화(constructionalization)라 하는데, 이 구문화는 어휘소라고 부르는 일반적인 단어가 만들어지는 현상과, 문법소가 만들어지는 현상, 즉 문법화를 포괄하는 개념이다. 따라서 Traugott & Trousdale(2013, 2014)에서는 어휘적 구문화(lexical constructionalization)와 문법적 구문화(grammatical constructionalization)을 구분하고 있다. 예를 들어, 명사, 동사, 형용사 등이 만들어지는 구문화는 어휘적 구문화라 하고, 시상태 표지나, 격표지, 접속사 등이 만들어지는 구문화는 문법적 구문화라 하는 것이다.

구문화와 문법화가 밀접한 관계를 맺고 있는 것은 구문화 연구의 대상 안에 문법항목의 생성이 포함되고 있기 때문일 뿐만 아니라, 문법화도 구문에 의존적이기 때문이다. 즉 문법화란 대개는 단일 항목이 문법적인 특징을 획득해 가는 것이 아니라, 특정 항목이 그 주변에 나타나는 항목과 함께 어우러진 상태에서 그 전체적인 덩어리가 문법화를 겪는 것이기 때문에 문법화와 구문은 매우 밀접한 관계를 맺고 있는 것이다(§5.3.1 참조; Heine 1993, Kuteva 2001a(김주식 2006역), Himmelmann 2004: 31).

뿐만 아니라, 구문화와 문법화는 여러 가지 측면에서 공통점을 보이는데, 의미탈색과정도 유사하고(Hilpert 2008, Colleman & De Clerck 2011), 도식성, 생산성, 조합성 등의 면에서 변화를 겪는 것도 비슷하며(Trousdale 2008, 2010), 변화가 전체적으로 점진적이라는 점(Traugott 2008, Traugott & Trousdale 2010, 2013)도 흔히 공통적이다.

이처럼 문법화와 구문화는 밀접한 관계를 맺고 있다. 분석 대상의 측면에서 보면, 문법화는 구문화 중 일부현상, 즉 문법적인 기능을 가진 구문의 생성 과정을 연구 대상으로 하는 이론으로 볼 수 있으며, 문법적 구문화는 문법화와 거의 동일한 개념으로 볼 수 있다.

9.2.3 화용화

화용화(pragmaticalization)는 주로 담화표지의 발달에 대한 논의와 관련이 있는 개념이다. 담화표지(discourse marker; §2.3.7)는 Fraser(1996: 186)에서와 같이 주로 담화에서 전후관계의 연결을 도와주는 언어형식으로 정의된다. 그런데 일부 학자는 이른바 담화표지란 화용, 즉 담화의 서법성을 표시하는 장치라는 점에서 '담화표지'보다는 '화용표지'라고 이름 붙이는 것이 적합하다고 생각하고 있다(Lauwers *et al.* 2012: 2). 담화표지를 화용표지라 명명하게 되면 화용표지의 생성과정은 화용화가 되는 것이다.

담화표지(=화용표지)의 생성에 관하여는 이 과정이 문법화인지 아닌지에 대한 논란이 오랫동안 계속되었다. 이 논란의 핵심은 담화표지의 기능이 문법적 기능인가 아닌가 하는 것이다. 담화표지의 기능이 문법적이라면 담화표지의 생성을 가리키는 화용화는 당연히 문법화의 한 부류가 될 것이다.

그런데 담화표지의 생성과정은 일반적인 문법표지의 생성과정과는 다른 점이 있다. 통상 문법화의 방향성은 문법소가 점점 독립성을 잃어버리고 다른 형태소에 의존적이 되는 것이 일반적인데('통합적 유동성과 고정' 참조, §5.1.6) 담화표지의 방향성은 표지가 대개 형태통사적으로 점점 더 독립적이 되어서 문장에 의존적이지 않게 되는 특징을 갖는다. 그리고 문법화 과정에서는 문법소가 점점 일차적 범주에서 이차적 범주로 이동하는 데 반해, 담화표지는 그 성격이 매우 비균질적인 부류이어서 특정한 문법범주의 지위를 부여하기가 어렵다.

그럼에도 불구하고, 담화표지가 담화 또는 텍스트를 구조화하는 기능을 갖고 있다는 점에서 문법기능을 갖고 있다고 주장할 수 있다. 따라서 Aijmer(1997), Waltereit(2006) 등과 같이 문법화와 화용화를 엄격하게 분리하는 학자도 있지만, 대개는 담화표지의 기능이 문법적이라는 점을 인정하여 Traugott(1995), Barth & Couper-Khulen(2002), Diewald(2006, 2011), Dostie(2004), Wischer(2000), 이성하(2014a) 등 많은 문법화 학자는 담화표지의 생성을 문법화에 속하기는 하지만 전형적이지 않은 문법화 현상으로 간주하고 있다.

9.2.4 어휘화

어휘화(lexicalization)는 언어변화의 최종 산물이 기능어 범주에 속하는 문법형태가 아니라 내용어 범주에 속하는 어휘항목일 때 그 생성과정을 일컫는 개념이다(§2.1.1). 그러나 어휘화라는 개념은 그 적용범위에 따라 매우 다른 과정을 가리킬 수도 있다.

예를 들어, 이성하(2011c: 174-175)에 따르면, 가장 획기적인 어휘화는 아무 것도 없던 데에서 새로운 단어를 만들어 내는 것(word coinage *ex nihilo*)이며, 기존의 단어를 조합하여 새로운 개념의 단어를 만들어 내는 것(단일어화; lexical univerbation)도 어휘화의 하나이다. 그런데 단일어화는 어휘항목에 기초하여 생겨날 수도 있고 문법항목에 기초하여 생겨날 수도 있는데, 후자의 경우처럼 문법항목으로부터 새로운 단어로 만들어지게 되면 이 경우는 문법적 항목이 어휘적 항목으로 발달한 것이므로 문법화의 역방향적 변화가 된다. 이러한 경우에는 어휘화가 이른바 역문법화(degrammaticalization)의 한 가지가 되는 것이다(Kurylowicz 1975[1965]: 52, Brinton & Traugott 2005: 78-83 참조(2015 최전승·서형국 역)).

어휘화가 역문법화의 예가 되는 범주에 있어서 '더 문법적인 항목'이 '덜 문법적인 항목'이 되는 경우에 간혹 논의가 된 바가 있다. 예를 들어, *She is gone, He is finished* 등과 같이 영어의 *be*-완료구문에 나타나는 과거분사형이 형용사로 쓰이게 되는 예라든가, 스페인어의 경우 동사 *calmar* '진정시키다'가 현재분사형 굴절을 하여 *calmante* '진정시키는'이 되었다가 이것이 명사 '신경안정제'라는 명사로 바뀐 것 등이 역문법화를 동반한 어휘화의 예가 될 수 있다(Brinton & Traugott 2005: 78-79; Moreno Cabrera 1998: 218-219).

요약하면, 어휘화와 문법화는 어떤 언어형태가 생겨난다는 점에서는 공통점이 있으나, 어휘화는 내용어라 할 수 있는 일차범주어가 생성되는 것을 가리키는 데 반해 문법화는 기능어라 할 수 있는 부차범주어가 생성되는 것을 가리킨다는 점에 있어서 두 가지는 다르고, 어휘화의 한 부류인 역문법화의 경우는 문법화와 그 변화의 방향성이 정반대라는 점에서 더 큰 차이가 있다. 이 역방향성이 관찰되는 경우가 있어서 문법화의 이론에 문제점이 있다고 생각하는 학자도 있다(자세한 내용은 §9.4 참조).

9.3 언어접촉과 지역적 현상

언어변화의 원인은 다양하게 나타날 수 있다. 특히 언어는 사용자에 의존적인 의사소통 도구이기 때문에 한 언어의 사용자가 다른 언어의 사용자와 접촉함에 따라 소통의 도구인 언어에 변화가 생겨날 수 있으며, 이러한 접촉이 빈번하게 대규모로 지속적으로 일어날 경우에는 변화의 패턴에도 지역적 현상이 나타나게 된다. 여기서는 접촉에 따른 변화와 언어내적인 변화, 그리고 언어변화의 지역 현상에 대해 간단하게 살펴본다.

9.3.1 접촉유인 변화와 언어내적 변화

접촉유인 문법화(contact-induced grammaticalization), 즉 언어 간의 접촉에 의한 문법변화는 언어의 모든 층위에서 일어날 수 있다. 그동안의 문법화 연구는 주로 언어내적 변화, 즉 사용자의 인지작용에 따른 문법 변화에 주목하여 왔다. 그러나 세계 인구의 절반 이상이 이중언어사용자(bilinguals)로 생각되며(Grosjean 1982) 이중언어사용자들은 두 개 이상의 언어에 빈번히 노출되어 있을 뿐만 아니라, 개인적으로도 한 두뇌에 두 개의 언어체계가 공존하는 셈이어서 두 언어 사이에 활발한 상호작용이 있을 수밖에 없다. Heine & Kuteva(2011: 292)에 따르면 언어접촉 상황에서 일어나는 접촉유인 언어적 전이(context-induced linguistic transfer)는 다음과 같이 분류된다.

(6)

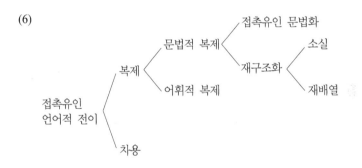

위에서 보는 바와 같이 접촉유인 문법화는 복제(replication) 중에서도 문법적 복제(grammatical replication)의 한 유형이다. 예를 들어, Breu(2004)에 따르면, 관사체계가 없는 슬라브 언어 중 하나인 Upper Sorbian은 독일 동부에서 사용되는데, 관사체계가 발달된 독일어의 영향으로 '이'의 뜻을 가진 근접 지시사를 정관사로 사용하게 되었다. 이 접촉유인 문법화를 통해 현재

의 Upper Sorbian에서는 지시사는 *tóne/tene/tane*로, 정관사는 *tón/te/ta*로 별도의 체계를 형성하게 되었다.

이와 같은 접촉유인 문법화는 단순히 외국어의 단어를 들여다 쓰는 차용(borrowing)이나, 외국어 단어를 자국어로 번역하여 쓰는 어휘적 복제(lexical replication; calquing, loan-translation)와 현저하게 다른데, 그 이유는 이 두 가지는 근본적으로는 어휘의 생성과 관련된 것인데 반해, 접촉유인 문법화는 문법의 변화, 즉 문법의 생성과 관련된 것이라는 점이다. 또한 접촉유인 문법화는 재구조화(rearrangement)와도 다른데 그 이유는 재구조화는 자신의 언어에 있는 기존의 문법형태가 배열이 달라지거나 아예 소실되는 등 재구조화하는 것이기 때문에 문법적인 변화는 있으나 문법형태가 새로 생성되지는 않기 때문이다.

그동안의 문법화 연구는 인간의 개념세계에서의 변화, 즉 인지작용과 언어가 실제 담화에서 사용되는 맥락 의존성에 따라 의미협상 과정에서 생겨나는 변화에 초점을 두어 이루어져 왔다. 즉 해당 언어의 내적인 구조, 언어사용자의 인지활동, 그리고 이 두 가지 간의 상호 작용에 대해 집중적으로 연구를 하였다. 이러한 개별언어에서의 문법화 연구 성과를 바탕으로 언어내적 요인에 따른 범언어적 변화 패턴, 즉 유형론적인 함의를 찾아내거나, 언어사용자의 요인에 따른 변화 패턴, 즉 인지적인 의미를 찾아내는 데에 많은 연구가 이루어졌다. 그러나 최근 언어 간의 접촉에 따른 문법화 현상에 대한 관심이 높아지면서 다양한 연구가 나오게 되었고, 단순히 언어내적 특징과 인지작용만으로 설명하기 어려운 현상이 이 접촉유인 문법화 연구에 의해 밝혀지기 시작하였다.[2]

---

2) 언어접촉에 의한 문법화, 그리고 문법화의 지역적 현상에 대해서는 Kuteva(2001b), Heine & Kuteva(2005, 2006), Bisang(2008), Matras(2011) 등 참조.

9.3.2 지역현상

언어 간의 접촉은 흔히 지역적으로 집중되는 특징이 있다. 이는 대개 복수의 언어가 지리적으로 인접해 있는 곳에서 언어사용자들의 상호작용이 일상화되는 경우가 많기 때문이다. 위에서 예로 든 Upper Sorbian에서 정관사 체계가 주변언어인 독일어의 영향으로 새로 생겨난 것도 독일 동부지역에서 일어난 지역현상 중 하나이다.

또 다른 예로 Heine & Kuteva(2011)에서는 인도아리아어 중 하나인 Romani의 미래표지 발달에 관한 예를 들고 있다. 웨일즈 지역에서 사용되는 Romani어에는 영어의 *be going to*의 영향으로 이동동사 *go*가 미래표지로 발달하였다(Boretzky 1989). 또한 발칸지역의 언어에서는 '원하다'와 같은 원망동사가 미래시제로 발달한 예가 많이 발견된다. 그런데 흥미로운 것은 Romani어가 웨일즈에서는 영어의 영향으로 이동동사가 미래시제로 문법화되었지만, 발칸지역에서는 주변 언어의 영향으로 원망동사가 미래시제로 문법화되었다는 것이다. 이처럼 같은 언어 내에서도 그 사용지역이 어느 곳이냐에 따라 문법화 양상이 달라질 수 있다는 것은 문법화에 지역현상이 있다는 것을 보여주는 것이다. 이처럼 지역적인 특징을 보여주는 지리적인 영역을 슈프라흐분트(Sprachbund; 언어구역)라 부른다.

9.4 방향성과 이론적 타당성

문법화 이론이 단순히 언어변화를 설명하는 이론으로서가 아니라 언어의 표상과 사용과 관련된 인간 인지활동을 확인해 볼 수 있는 창의 역할을 할 수 있으며, 언어의 여러 가지 현상에 대한 근본적인 설명력을 제공할 수 있을 것이라는 학계의 기대로 문법화 이론이 큰 발전을 거듭하게 됨에 따라 이론적 타당성에 대한 학계의 성찰도 활발하게 이루어졌다. 이러한 성찰에는 문법화 학자에 의한 다양한 이론내적 비평뿐만 아니라, 문법화 이론의 밖에서, 특히 형식주의 이론틀로 언어를 연구하는 학자들에 의한 비판이 함께 등장하였다. 여기서는 문법화 이론이 설명하기 어려운 것처럼 보이는 역문법화 현상과, 더 나아가 본격적으로 문법화 이론의 타당성에 이의를 제기하는 형식주의적 비판에 대해 살펴보기로 한다.

9.4.1 역문법화

문법화의 가장 핵심적인 주장 중의 하나는 문법형태가 생겨나는 과정은 방향성이 있다는 것이며 그 방향성이 단일방향적이어서 그 방향에 역행하는 변화는 문법표지의 생성과정에서 일어나지 않는다는 것이다. 즉, 의미의 차원에서는 구체적인 것에서 추상적인 것으로, 음성·음운의 차원에서는 자립적인 것에서 의존적인 것으로, 기능의 차원에서는 어휘적인 것에서 문법적인 것으로, 그리고 범주적인 차원에서는 일차적인 것에서 이차적인 것으로 변화한다는 것이며, 이러한 방향성을 거슬러서 변화하지는 않는다는 것이다. 그런데 언어변화 현상 중에는 이러한 방향성이 위배되거나 위배되는 것으로 보이는 현상이 있다. 이처럼 방향성이 위배되는 경우를 역문법화(degrammaticalization)라 한다.

이미 앞에서 어휘화가 역문법화와 밀접한 관계를 맺고 있음을 살펴보았다(§9.2.4). 그러나 문법화의 방향성은 다양한 층위에서 일어나지만 역문법화 논의는 주로 기능과 범주의 차원에서의 현상에 초점이 맞추어져 있다. 이러한 차원에서 보면 역문법화는 다음과 같은 방향으로 이동하는 특징을 가진다.

(7) 역문법화: (i) 문법적인 것 > 어휘적인 것
　　　　　　　 (ii) 더 문법적인 것 > 덜 문법적인 것

역문법화의 예로서 어휘화의 예가 되는 경우는 앞에서도 간략하게 언급이
있었다(§9.2.4). 그 외에도 이차적 범주라 할 수 있는 전치사가 동사나 명사
로 사용된 예로 the *ups* and *downs, an out, to out* someone, to *up* the sale
price 등이나, 파생접사가 명사로 쓰이는 the use of *isms, my ex* 등의 예는
역문법화에 따른 어휘화의 예로 들 수 있다.[3]

이와 유사한 현상으로, 문법적인 언어형태가 어휘적인 언어형태로 사용되
는 이른바 전화(轉化; conversion)라 부르는 현상이 있다. 예를 들어, *calen-
dar, table, book* 등과 같은 명사를 동사로 사용하거나 *take, go, like, must,
do, don't* 등과 같은 동사 또는 동사류를 명사로 사용하는 예는 광범위하게
나타난다. 이처럼 어떤 언어형태를 그것이 속한 문법범주 이외의 문법범주
로 사용하는 경우를 전화라 한다. 이와 같은 전화현상은 언어에 보편적으로
나타나는 현상의 한 가지로서 대개 용법의 시작이 즉각적이고 그 부류도
어휘적인 것에 한정되어 있기 때문에, 문법이 생겨나 언어체계 전체에 영향
을 주는 문법화와는 근본적으로 차이가 있다.

그런데 문법화 이론의 관점에서 볼 때 특이한 종류의, 좀 더 본격적인 의
미의 역문법화 현상으로 다음과 같은 사례가 보고되었다. 우선 Burridge
(1995, 1998)에 따르면, 미국 펜실베이니아 지역에서 사용하는 독일어의 경
우 원래 영어의 *would*에 해당하는 가정법 과거형 조동사 *wotte*가 있는데
이 조동사가 그 어원어 *welle*의 의미와 유사한 '원하다, 희망하다'의 뜻을
가진 본동사로 사용되게 된 것이다. 원래 '원하다'에 해당하는 동사 *winsche*
가 있는데 이 동사는 *wotte*가 사용영역을 확장함에 따라 이제는 낮은 빈도로
만 사용되고 있다(Norde 2012: 87). 이러한 현상은 조동사가 일반동사에서

---

3) 역문법화에 관하여는 Ramat(1992), Giacalone Ramat(1998), Traugott(2001), Norde(2009; 김진수 외 2013역)), Hopper & Traugott(2003: §5.7), 김혜리(1998, 2001), Viti(2015) 등을 참고할 수 있다. 한국어를 대상으로 한 역문법화 현상에 대한 논의로는 고영근(1970), 안주호(2001, 2002b), 김유범(2006), 최윤지(2008), 노명희(2013a,b), 강희숙(2012) 등을 참고할 수 있다. 일부학자들은 '역문법화' 대신 '탈문법화'라는 용어를 사용하기도 한다.

발전한 점을 고려하면 [일반동사 > 조동사 > 일반동사]의 방향성을 보이는 특이한 예라 할 수 있다.

9.4.2 이론적 타당성 논쟁

문법화 이론에 대한 성찰과 검토는 일부 학자의 경우 이론적 타당성 자체를 부정하는 입장으로 나타났다. Newmeyer(1998)를 비롯한 이러한 비판의 움직임은 1990년대 후반에 일기 시작하여 2001년 *Language Sciences* 23권에 비평 논문 6편이 실린 것이 정점이 되었다. 이 학술지에 실린 논문에서 비평가의 요지는 크게 두 가지로, 첫째로 문법화란 실제로 독립되어 있는 원리에 의해 일어나는 현상이 아니라 다른 일반적인 언어변화 현상이 외관상으로 그렇게 보이는 부수현상(epiphenomenon)에 불과하다는 것과, 둘째로 문법화의 방향성과 일치하지 않는 반례가 있으므로 문법화의 원리는 원리로서 인정하기 어렵다는 것이다(Newmeyer 2001, Joseph 2001, Campbell 2001, Janda 2001).[4]

이러한 비판에 대해 여러 문법화 학자가 문법화 이론을 옹호하는 논증을 제시하였다(Haspelmath 1996, 1999, 2004, Dahl 1996, Hopper & Traugott 2003: §5.7, Heine 2004, 이성하 2014c 등 참조). 이러한 반박논리의 핵심은, 문법화 이론은 형식주의 이론이 아닌 기능주의 이론이기 때문에, 특정한 원리가 반례가 하나라도 있는지 여부가 초점이 아니라 얼마나 강력한 경향성을 띠고 있느냐가 관심이라는 것이다. 실제로 문법화의 가장 근간이 되는 단일방향성 원리의 경우, 단일방향성이 지켜지는 문법변화는 시대와 언어를 가로질러 광범위하게 거의 보편적으로 또한 지속적으로 나타나지만 (Andersen 2001, Dahl 2000), 그 방향을 거슬러 일어나는 반례는 극히 드물

---

4) 문법화의 이론적 타당성을 부정한 국내학자의 연구로는 '-로써'의 경우를 다룬 임창국 (2008) 참조.

어서 불과 몇 개 안 되는 예만 알려져 있고, 그러한 반례들조차 실제로는 그 변화의 원인을 다른 방법을 통해 설명할 수 있는 경우가 대부분이다. 또한 반례조차도 그 방향성이 문법화된 경로를 정확하게 되짚어 오는 방향, 즉 [A > B > C > D > C > B > A]와 같이 대칭적 역방향(mirror-image reversal)으로 일어난 예는 발견되지 않는다(위의 §9.4.1에서 소개한 Pennsylvania German의 경우에도 세부사항을 보면 대칭적 역방향의 변화가 아니다).

결론적으로 말해, 문법화 이론에 대한 타당성 논란은 형식주의와 기능주의라는 기본적인 입장의 차이에서 비롯된 것이며, 형식주의는 단 하나의 반례도 인정하지 않는 정확하고 불변하는 원리를 발견하는 것에 초점을 맞추는 데 반해, 기능주의는 언어의 기능, 언어의 현장적 사용, 사용자들의 상호작용, 사용상의 경향성, 경향성의 강도 등에 초점을 맞추고 있는 것이 근본적인 차이점이다. 범주의 유동성, 문법의 비고정성, 인간 인지의 유연성, 언어사용의 맥락의존성 등과 마찬가지로 문법변화도 절대불변의 원리에 의해서가 아니라 일반화할 수 있는 경향성에 의해 일어나는 것으로 볼 수 있다.

■ 참고 문헌

강덕구. 2004. 한일 양국어 보조용언의 문법화 과정에 대하여. 일어일문학 21: 1-20 (대한일어일문학회).

상녁구. 2008. 日本語と韓国語の補助用言の 文法化現象に関する研究. 부산대학교 박사학위 논문.

강소영. 2001a. 문법화 과정에 있는 '-ㄹ 터이-'에 관하여. 이화어문논집 19: 259-274 (이화여자대학교 이화어문학회).

강소영. 2001b. 명사구 보문 구성의 문법화 연구: '보문화소#보문명사+이-'를 중심으로. 이화여자대학교 박사학위 논문.

강소영. 2005a. 공시적인 문법화 과정 연구. 이화어문논집 23: 135-156 (이화여자대학교 이화어문학회).

강소영. 2005b. 구어 담화에서의 '그래 가지고'의 의미. 한국어 의미학 16: 1-21 (한국어의미학회).

강수진. 2009. '-겠'의 문법화에 대한 인지의미론적 설명. 한국어 의미학 29: 1-27 (한국어의미학회).

강은국. 1993. 조선어 접미사의 통시적 연구. 서울: 서광학술자료사.

강정희. 1982. 제주방언과 문법화과정에 대하여. 국어학 11: 71-87 (국어학회).

강정희. 2002. 제주방언 공간 명사의 문법화 현상 - 부사 'ᄒᆞᆷ, ᄒᆞ썰, 고째'의 형성과정을 중심으로. 한국언어문학 49: 515-535 (한국언어문학회).

강정희. 2012. 문법화로 본 제주방언의 가능 표현 연구: '-어지다' 구문을 중심으로. 방언학 16: 241-271 (한국방언학회).

강헌규. 1989 [1988]. 한국어 어원연구사. 서울: 집문당.

강희숙. 2012. 통신언어에 나타난 역문법화 현상 고찰: 접두사 '개-'의 용법을 중심으로. 한민족어문학 61: 61-87 (한민족어문학회).

고영근. 1970. 현대국어의 준자립형식에 대한 연구. 어학연구 6.1: 17-55 (서울 대학교 어학연구소).

고영근. 2012. 민족어의 격 어미 및 부치사; 첨사 범주와 그 유형론적 함의. 국어 학 65: 73-108 (국어학회).

고영근·남기심. 1993. 표준국어 문법론. 개정판. 서울: 탑출판사.

고영진. 1995. 국어 풀이씨의 문법화 과정에 관한 연구. 연세대학교 박사학위 논문.

고종열. 2015. 한국어와 몽골어의 격형태 대조 연구. 충북대학교 박사학위 논문.

곡효여. 2014. 현대중국어 'V個X'구문의 어법특성 연구. 성균관대학교 박사학 위 논문.

곽노경. 2011. 문법화와 부정관사 un의 진화. 프랑스어문교육 38: 153-170 (한국 프랑스어문교육학회).

구종남. 2000. 담화표지 '뭐'의 문법화와 담화 기능. 국어문학 35: 5-32 (국어문 학회).

구현정. 1989a. 현대 국어의 조건월 연구. 건국대학교 박사학위 논문.

구현정. 1989b. 조건과 주제. 언어 14: 53-75 (한국언어학회).

구현정. 1995. '-구-'계열의 어미와 확인법. 언어학 17: 25-45 ((사)한국언어학 회).

구현정. 1996a [1989]. 조건의 원형태와 '-거든'. 제효 이용주박사 회갑기념논문 집, 117-131. 서울 한샘출판사. (1996, 우리말 의미 연구. 서울: 박이정 재출판).

구현정. 1996b. 'Hopper & Traugott(1993) Grammaticalization' 강독. 한국 담화 인지언어학회 특강.

구현정. 1997. 대화의 기법. 서울: 한국문화사.

구현정. 1998a. 현대국어에 나타나는 조건 형태의 문법화. 어문학연구 8: 1-13 (상명대학교 어문학연구소).

구현정. 1998b. 조건의 의미에 관한 인지적 접근 - 인접 범주와의 관련성을 중심으로. 어문학연구 7: 91-122 (상명대학교 어문학연구소).

구현정. 1999. 범언어적으로 본 조건 범주의 문법화. 한국어 의미학 4: 161-188 (한국어의미학회).

구현정. 2003. 한국어 '주다'류 동사의 문법화 양상. 언어학 37: 3-24 ((사)한국언어학회).

구현정 (Koo, Hyun Jung). 2005a. At the crossroad of negative and affirmative: Strategic uses of negation in Korean. Paper presented at the 2005 Southeastern Conference on Linguistics (SECOL-72), North Carolina State University, Raleigh, NC.

구현정. 2005b. 담화 맥락에서의 조건 표지: 조건에서 공손으로. 담화와 인지 12.2: 1-22 (담화인지언어학회).

구현정. 2008. "아니, 안 하는 게 아니잖아": 부정 표현의 문법화. 담화와 인지 15.3: 1-27 (담화인지언어학회).

구현정. 2009. 언어 속의 신체: 한국어 '머리'를 중심으로. 언어와 언어학 46: 1-27 (한국외국어대학교 언어연구소).

구현정. 2010. 패러다임과 패러다임의 결합: 조건표지 확대 현상의 문법화적 접근. 한글 287: 45-71 (한글학회).

구현정. 2013. '-기는' 구문의 문법화. 담화와 인지 19.3: 1-28 (담화인지언어학회).

구현정·이성하. 2001. 조건 표지에서 문장종결 표지로의 문법화. 담화와 인지 8.1: 1-19 (담화인지언어학회).

구현정·이성하 (Koo, Hyun Jung & Seongha Rhee). 2006. Cognitive-semantic network: The case of Korean instrumental. 언어과학연구 38: 93-119 (언어과학회).

구현정·이성하 (Koo, Hyun Jung & Seongha Rhee). 2013a. "I will do it... but I'm asking you to do it": On the emergence of polite imperative from promissive. *Procedia: Social and Behavioral Sciences* 97: 487-494.

구현정·이성하 (Koo, Hyun Jung & Seongha Rhee). 2013b. On an emerging paradigm of sentence-final particles of discontent: A grammaticalization perspective. *Language Sciences* 37: 70-89.

국립국어원. 1995. 국어학의 번역 술어 연구. 서울: 국립국어원(책임연구원 임동훈).

권명식. 2002. 스와힐리어의 {nje/ndani}를 통해 본 '내외' 개념의 문법화 양상. 한국아프리카학회지 15: 181-207 (한국아프리카학회).

권명식. 2004. 스와힐리 *mbele/nyuma*를 중심으로 한 '전후' 개념의 문법화 양상. 한국아프리카학회지 20: 3-32 (한국아프리카학회).

권명식. 2005. 문법화의 단방향성 - 콩고 샤바 스와힐리어의 언어변화를 중심으로. 아프리카 연구 19: 3-39 (한국외국어대학교 아프리카연구소).

권영환. 1993. 도움풀이씨의 문법화. 부산한글 12. 한글학회 부산지회.

권영환. 1996. 매인이름씨 구성의 씨끝되기에 대하여. 우리말연구 6: 115-140 (우리말연구회).

권익수 (Kwon, Iksoo). 2012. Viewpoint in the Korean Verbal Complex: Evidence, Perception, Assessment and Time. Ph.D. dissertation, University of California, Berkeley.

권재일. 1985. 현대국어의 의존명사연구. 소당 천시권박사 화갑기념 국어학논총. 서울: 형설출판사.

권재일. 1987. 의존구문의 역사성. 말 12: 5-24 (연세대학교 한국어학당).

권재일. 1989. 문법범주 실현 방법의 역사성. 건국어문학(겨레어문학) 13·14: 9-34 (건국대학교 국어국문학연구회).

권재일. 1994. 한국어 문법의 연구. 서울: 서광학술자료사.

권재일. 1996. 문법 형태소의 소멸과 생성. 한국어 토씨와 씨끝의 연구사. 서울: 도서출판 박이정.

권재일. 1998. 한국어 인용 구문 유형의 변화와 인용표지의 생성. 언어학 22:

59-79 ((사)한국언어학회).

김광해. 1984. 국어 의문사의 발달에 대한 연구. 국어교육 49·50: 249-272 (한국 국어교육연구회).

김기혁. 1984. 어휘의 화석화와 보조동사. 연세어문학 17: 5-27 (연세대학교 국 어국문학과).

김기혁. 1995. 국어 문법 연구 -형태·통어론-. 서울: 박이정.

김동민. 2014. 한국어 관형형 어미 '-을'의 문법화. 한국어학 62: 123-147 (한국 어학회).

김명희. 1984. 국어 동사구 구성에 나타나는 의미 관계 연구. 이화여자대학교 박사학위 논문.

김명희. 1996a. 문법화의 틀에서 보는 보조동사구문. 담화와 인지 2: 129-146 (담화인지언어학회).

김명희. 1996b. 'Hopper & Traugott(1993) *Grammaticalization*' 강독. 담화인지 언어학회 특강.

김문기. 2007a. 한국어 매인풀이씨 연구. 부산대학교 박사학위 논문.

김문기. 2007b. 매인풀이씨의 문법화 양상. 우리말연구 20: 203-225 (우리말 학회).

김문웅. 1975. 국어의 허사 형성에 관한 연구. 경북대학교 석사학위논문.

김문웅. 1978. 접미사화의 고찰. 국어교육연구 10: 85-108 (국어교육학회).

김문웅. 1979. 불완전명사의 어미화. 국어교육논지 7. 대구교육대학교.

김문웅. 1982. '-다가'류의 문법적 범주. 한글 176: 149-178 (한글학회).

김미영. 1995a. 조동사의 변천과 접어의 설정 가능성. 어문학교육 17: 21-33 (한 국어문교육학회).

김미영. 1995b. 중세국어 '-어 브리다'와 현대국어 '-어 버리다'. 동남어문논집 5: 139-166 (동남어문학회).

김미영. 1996. 국어 용언의 접어화에 관한 역사적 연구. 동아대학교 박사학위 논문.

김미형. 1995. 한국어 대명사. 서울: 한신문화사.

김민국. 2011. '말이다' 구성의 문법화와 화용화. 국어학 62: 73-106 (국어학회).

김민수·하동호·고영근. 1960. 국어문법론연구. 김민수 외. 1986에 수록.

김민수·하동호·고영근 (공편). 1986. 역대 한국문법대계. 서울: 탑출판사.

김민주 (Kim, Minju). 2008. A corpus-based study of the grammaticalization of 'take' into instrumental, sequential, and causal markers in Korean. 언어 33.3: 387-420 (한국언어학회).

김민주 (Kim, Minju). 2009. The intersection of the perfective and imperfective domains: A corpus-based study of the grammaticalization of Korean aspectual markers. *Studies in Language* 33.1: 175-214.

김민주 (Kim, Minju). 2010. The historical development of Korean *siph-* 'to think' into markers of desire, inference, and similarity. *Journal of Pragmatics* 42.4: 1000-1016.

김민주 (Kim, Minju). 2011a. *Grammaticalization in Korean: The Evolution of the Existential Verb* (Saffron Korean Linguistics Series 5). London: SOAS, University of London.

김민주 (Kim, Minju). 2011b. The historical development of the Korean suffix *-key*. *Japanese/Korean Linguistics* 19: 435-448.

김민주 (Kim, Minju). 2015. From choice to counter-expectation: Semantic-pragmatic connections of the Korean disjunctive, concessive, and scalar focus particle *-na*. *Journal of Pragmatics* 80: 1-21.

김방한. 1957. 국어 주격접미사 '이'고. 논문집 5 (서울대학교).

김봉주. 1993. 형태론. 서울: 한신문화사.

김상윤. 2002. 문법화 과정의 의미론적 연구 - '법(法)'을 중심으로. 어문논집 12: 59-78 (중앙어문학회).

김선아. 2004. 현대 중국어 동사의 문법화 - '虛化動詞'류를 중심으로. 중국언어연구 19: 113-133 (한국중국언어학회).

김성화. 1990. 현대국어의 상연구. 서울: 한신문화사.

김수경. 2015. 영어 복합전치사의 문법화. 동아대학교 박사학위 논문.

김승곤. 1970. 주격조사의 어원고. 학술지 12: 127-141. (건국대학교).

김승곤. 1978. 한국어 조사의 통시적 연구. 건국대학교 박사학위 논문.

김승곤. 1992a. 우리말 토씨의 발달 원리. 김승곤 (편). 1992b.에 수록.

김승곤 (편). 1992b. 국어토씨연구. 서울: 서광학술자료사.

김승곤 (편). 1992c. 한국어 토씨와 씨끝. 서울: 서광학술자료사.

김아림 (Kim, Ahrim) 2015. The Pragmatics and Evolution of the Utterance-Final Particles -ketun and -canha in Modern Spoken Korean, Ph.D. dissertation. University of New Mexico.

김언주. 2002. 15세기 매인이름씨 '드'의 특징에 대하여. 우리말연구 12: 1-21 (우리말학회).

김영욱. 1995. 문법형태의 역사적 연구. 서울: 도서출판 박이정.

김영희. 1975. '다-아서'에서 '다가'까지. 연세어문학 6: 83-108 (연세대학교 국어국문학과).

김완진. 1957. -n, -l 동명사의 통사론적 기능과 발달에 대하여, 국어연구 2. (서울대학교 국어연구실).

김용경. 2002. 문법화의 단계성에 대한 고찰. 한글 256: 45-68 (한글학회).

김원회 (Ким, Уон-Хой). 2001. За Диахроничния Развой на Показателното Местоимение в българския книжовен език - върху материал от текста на Псалтира(불가리아어 지시 대명사의 통시적 발전 연구 - 시편 문헌을 중심으로). 슬라브어연구 6: 61-80 (한국슬라브어학회).

김원회. 2004. 고대 교회 슬라브어 지시대명사 Tb의 문법화 연구 - 고대 교회 슬라브어, 불가리아어, 러시아어, 체코어의 용례분석을 중심으로. 언어와 언어학 33: 35-52 (한국외국어대학교 언어연구소).

김유범. 2003. 15세기 국어 문법형태소와 문법화. 어문논집 48: 39-64 (민족어문학회).

김유범. 2006. 형용사 '지다'의 형성과 역문법화. 우리말연구 18: 123-141 (우리 말학회).

김윤정. 2008. '被'의 문법화 연구. 언어과학연구 46: 201-219 (언어과학회).

김은미 (Kim, Eunmi). 2015. Diachronic and Synchronic Properties of English Prepositions in Emotion Constructions: From a Grammaticalization Perspective. 한국외국어대학교 박사학위 논문.

김은일. 2003. *As well as*의 문법화로 인한 *and*와의 기능적 경쟁. 현대문법연구 33: 99-117 (현대문법학회).

김인순. 2010. '被'구문의 문법화 연구. 중국학논총 29: 1-20 (고려대학교 중국 학연구소).

김재명. 2005. 독일어 능동 완료형과 수동형에 나타난 문법화 현상. 언어학 43: 57-83 ((사)한국언어학회).

김정민. 1995. '가지고/갖고'의 문법형태소화. 국어학회 제 22회 국어학 공동연 구회 발표 논문.

김정민 (金廷珉). 2010. 文法化理論を応用した日韓語の文末形式に関する対 照研究 - 「のだ」と「것이다」の意味変化の対比を中心に. 일본학보 84: 153-164 (한국일본학회).

김정민 (金廷珉). 2011a. 「みたいな」と「다는」に関する日韓対照研究. 일본학 보 89: 49-60 (한국일본학회).

김정민. 2011b. 體言締め文에 관한 일고찰 : 일본어와 한국어의 대조를 통하여. 인문연구 63: 151-182 (영남대학교 인문과학연구소).

김정민. 2012. 한일 문말형식의 증거성과 의외성 기능 - '것이다'와 'のだ'를 중심으로. 인문연구 66: 27-48 (영남대학교 인문과학연구소).

김정민·Horie (Kim, Joungmin & Kaoru Horie). 2009. Intersubjectification and textual functions of Japanese *noda* and Korean *kes-ita*, *Japanese/ Korean Linguistics* 16: 279-288.

김종학. 1982. 국어 어휘의 의미 변화양상에 대한 시고. 어문논집 16. (중앙대학교).

김태엽. 1987. '가지다(持)'의 문법화에 대하여. 대구어문논총 5: 21-36 (대구대학교).

김태엽. 1990. 의존명사 '것'의 문법화와 문법 변화. 우리말글 8: 177-198 (대구어문학회).

김태엽. 1998. 국어 비종결어미의 종결어미화에 대하여. 언어학 22: 171-189 ((사) 한국언어학회).

김태엽. 2000. 국어 종결어미화의 문법화 양상. 어문연구 33: 47-68 (충남대학교 어문연구회).

김태엽. 2001. 기능어의 문법화. 우리말글 23: 1-24 (우리말글학회)

김태엽. 2002a. 담화표지되기와 문법화. 우리말 글 26: 61-80 (우리말글학회).

김태엽. 2002b. 국어 문법화의 양상. 인문과학연구 24: 1-22 (대구대학교 인문과학연구소).

김태호 (Kim, Taeho). 2004. Grammaticalization of the negation marker in Korean: Negation marker to discourse marker. 비교문화연구 8: 21-43 (경희대학교 비교문화연구소).

김한샘. 2006. 말뭉치에 기반한 공간 명사의 의미 변화 연구. 반교어문연구 21: 159-186 (반교어문학회).

김현옥 (Kim, Alan Hyun-Oak). 2006. Grammaticalization in sentence-final politeness marking in Korean and Japanese. Susumu Kuno *et al.* (eds.) *Harvard Studies on Korean Linguistics* 11: 72-85. Cambridge: Department of Linguistics, Harvard University.

김현옥 (Kim, Alan Hyun-Oak). 2011. Rhetorical questions as catalyst in grammaticalization: Deriving Korean discourse marker *ketun* from conditional connective. *Journal of Pragmatics* 43: 1023-1041.

김현주. 2010. 국어 대우법 어미의 형태화 연구. 고려대학교 박사학위 논문.

김혜경. 2010. '힘의 이동'의 관점에서 본 '使'의 탈범주화. 중국어교육과연구 12: 1-19 (한국중국어교육학회).

김혜리. 1998. 영어에 나타난 역문법화 현상. 영어학연구 6: 147-162 (한국영어
학학회).

김혜리 (Kim, Hyeree). 2001. Remarks on the unidirectionality principle in
grammaticalization. *Folia Linguistica Historica* 22: 49-65.

김혜리. 2006. *Naught, nought, not:* 문법화 관점에서의 연구. 현대문법연구 45:
237-256 (현대문법학회).

김혜리·손성옥(Kim, Stephanie Hyeri & Sung-Ock Sohn). 2015. Grammar as
an emergent response to interactional needs: A study of final *kuntey*
'but' in Korean conversation. *Journal of Pragmatics* 83: 73-90.

김홍실. 2015. 현대 중국어 '頭'의 문법화에 대한 소고. 중국언어연구 60:
483-513 (한국중국언어학회).

김희진 (Kim, Hijean). 2004. Grammaticalization of the [The fact is that]-clause
construction. 현대문법연구 35: 63-81 (현대문법학회).

김희진 (Kim, Hijean). 2008. Processes underlying the development of Korean
intensifiers: The cases of *nemwu, nemwunemwu* and *nem.* 언어학 16:
163-192 (대한언어학회).

나라바야시, 아이 (奈良林愛). 2007. 양태를 나타내는 '-게 ᄒᆞ엿-'의 의미 변화에
대해서. 국어학 49: 189-224 (국어학회).

남기심. 1994. 국어 연결어미의 쓰임. 서울: 서광학술자료사.

남미정. 2010. 국어의 문법화에 대한 재고. 한국어학 49: 209-233 (한국어학회).

남미정. 2011. 보조사 '까지, 마저, 조차'의 발달과 의미 관련성. 국어사연구 12:
169-192 (국어사학회).

남성우. 1982. 국어의 의미 변화 연구. 언어와 언어학 8: 81-90 (한국외국어대학
교 언어연구소).

노명희. 2013a. 국어의 탈문법화 현상과 단어화. 반교어문연구 35: 129-164 (반
교어문학회).

노명희. 2013b. 접미사 부류의 탈문법화 양상. 국어학 67: 107-143 (국어학회).

노진서. 2006. 지각 동사 'see' 구문의 문법화 과정. 영미어문학 81: 187-203 (한국영미어문학회).

동소현. 2008. 移動動詞の文法化に關する一考察 -「いく」「くる」を中心に. 한국외국어대학교 박사학위 논문.

리의도. 1989. 우리말 이음씨끝의 통시적 연구. 건국대학교 박사학위 논문.

리의도. 1990. 우리말 이음씨끝의 역사. 서울: 어문각.

목정수. 2001. {좀}의 기능과 문법화. 언어학 28: 77-100 ((사) 한국언어학회).

목지선. 2015. 국어 입말의 비격식체 종결어미 연구. 경상대학교 박사학위 논문.

문미선. 2003. 문법화와 의미론적 재해석. 인문논총 10: 21-40 (서울여자대학교 인문과학연구소).

문병열. 2015. 한국어 조사 상당 구성에 대한 연구 - [조사+용언 활용형]의 경우. 서울대학교 박사학위 논문.

문영호·권종성·리정용·최병수·박애순·김길연·서춘희·리근용·주향숙. 1993. 조선어빈도수사전. 평양: 과학백과사전 종합출판사 (서울: 한국문화사 (영인) 1994).

문흥. 2012. 한어구어습용어 연구 - 어법, 의미, 화용을 중심으로. 청주대학교 박사학위 논문.

박강훈 (朴江訓). 2012a. 韓日両言語における除外表現の文法化. 일본어학연구 35: 137-151 (한국일본어학회).

박강훈 (朴江訓). 2012b. 方言接觸による文法化をめぐって. 일어일문학연구 83.1: 203-219 (한국일어일문학회).

박강훈 (朴江訓). 2014a. 韓日両言語における副助詞の文法化. 일본어문학 61: 37-56 (한국일본어문학회).

박강훈 (Park, KangHun). 2014b. A contrastive study of Japanese and Korean negative sensitive items: A grammaticalization approach. *Language Sciences* 45: 152-172.

박강훈 (朴江訓). 2015. 韓日両言語における文法化の対照研究の諸相. 일본

어문학 64: 33-52 (한국일본어문학회).

박경선. 2003. 영어의 일부 서법 조동사의 문법화에 관하여. 언어와 언어학 32: 41-54 (한국외국어대학교 언어연구소).

박경은. 2015. 문법화의 통시적 고찰 - 쑤코타이시대 태국어 방향동사 /paj/와 /maa/. 한국태국학회논총 22.1: 159-181 (한국태국학회).

박근영. 2000. '거시기'의 문법화. 한국어 의미학 7: 29-48 (한국어의미학회).

박근영. 2001. 한국어 지시 대용어의 문법화. 한국외국어대학교 박사학위 논문.

박기성. 1997. 보문소 '것'과 한국어의 종속연결어의 문법화. 인문논총 50.1: 105-123 (부산대학교).

박미정·손성옥 (Park, Mee-Jeong & Sung-Ock Sohn). 2002. Discourse, grammaticalization, and intonation: The analysis of -ketun in Korean. Japanese/ Korean Linguistics 10: 306-319.

박상수 (Park, Sangsoo). 2002. A diachronic analysis of the grammaticalization of English modal auxiliaries. 현대문법연구 30: 1-39 (현대문법학회).

박상수 (Park, Sangsoo). 2006. The development of complementizer and relativizer that in the history of English. 영어학연구 22: 197-217 (한국영어학회).

박상수. 2008. 보문소로 문법화된 that과 for의 통사자질. 언어과학 15.2: 61-80 (한국언어과학회).

박상택. 2014. 현대 몽골어 후치사 연구. 단국대학교 박사학위 논문.

박상택·고종열. 2014. 현대 몽골어 후치사의 문법화에 대한 연구. 몽골학 38: 91-117 (한국몽골학회).

박선옥. 2002. 국어 보조동사 연구. 중앙대학교 박사학위 논문.

박선자. 2008. '-이, 이, 이-'의 범주 의미론적 상관성. 한국어 의미학 27: 75-102 (한국어의미학회).

박성하 2015. 현대중국어 '要'의 양태기능과 문법화 연구. 성균관대학교 박사학위 논문.

박성현. 1996. 한국어 말차례체계와 화제. 서울대학교 박사학위 논문.

박승윤. 1994. 문법화 현상 - 국어와 영어에서의 재범주화. 인문과학 24: 101-113 (성균관대학교 인문과학연구소).

박승윤. 1997. '밖에'의 문법화 현상. 언어 22.1: 57-70 (한국언어학회).

박승윤. 2003. 국어 수혜격 구문의 문법화. 담화와 인지 10.1: 105-120 (담화인지 언어학회).

박용찬. 2014. 중세국어 '다가'와 '-어 다가'의 문법화 - '번역노걸대', '번역박통 사'와 '노걸대언해', '박통사언해'의 비교를 중심으로. 한국어학 65: 175-209 (한국어학회).

박원기. 2007. <水滸傳>의 동태조사. 중국어문논총 35: 1-20 (고려대학교 중국 어문연구회).

박원기. 2009. 근대중국어 '走在這裏來'구조 중 '在'의 문법화. 중국어문학논집 59: 243-261 (중국어문학연구회).

박원기. 2010a. 근대중국어 전치사 '취(就)'와 '향(向)'의 문법화와 그 기제. 중 국어문논총 44: 57-85 (고려대학교 중국어문연구회).

박원기. 2010b. 근대중국어 제우(際遇)의미 '득(得)'의 문법화. 중국어문논총 47: 45-64 (고려대학교 중국어문연구회).

박원기. 2011. 古漢語조동사 '解'의 문법화와 발전. 열린정신 인문학연구 12.2: 65-89 (원광대학교 인문학연구소).

박원기. 2012. 중국어와 문법화. 서울: 학고방.

박원기. 2013. 고한어 양태부사 '好'의 문법화와 그 발전과정. 중국어문논총 59: 1-28 (고려대학교 중국어문연구회).

박원기. 2014a. 부사 '直'의 '簡直' 의미 기능의 발전과 그 문법화. 중국어문논총 61.1: 109-140 (고려대학교 중국어문연구회).

박원기. 2014b. 중고중국어 어기부사 '定'의 의미 분화와 문법화 과정. 중국어문 논총 64: 29-56 (고려대학교 중국어문연구회).

박인선 (Park, Insun). 1994. *Grammaticalization of Verbs in Three Tibeto-*

Burman Languages. Ph.D. dissertation. The University of Oregon, Eugene, OR.

박주영. 2000. '것'의 문법화. 한말연구 7: 201-222 (한말연구학회).

박지영. 2014. 현대중국어 방위사 '裏'와 '中'의 의미 특징과 문법화 연구. 이화여자대학교 박사학위 논문.

박진호. 2011. 시제, 상, 양태. 국어학 60: 289-322 (국어학회).

박진호. 2015a. 보조사의 역사적 연구. 국어학 73: 375-435 (국어학회).

박진호. 2015b. 언어유형론이 한국어 문법 연구에 계시하는 것들. 일어일문학연구 94.1: 3-27 (한국일어일문학회).

박진호. 2016. 문법에서의 환유. 제43회 한말연구학회 전국학술대회 특강. 특강자료집 73-83.

박향란. 2004. 고대 중국어 '所'의 문법화 연구. 중국문학 42: 219-241 (한국중국어문학회).

박향란. 2012. "給"의 다중 문법화. 중국어문학 60: 581-601 (영남중국어문학회).

박향란. 2013. V不C의 문법화. 중국학연구 65: 183-205 (중국학연구회).

배주용. 2015. 영어 담화표지에 관한 연구 - *well, like, indeed, I think*의 기능과 사용을 중심으로. 부산대학교 박사학위 논문.

배현숙. 2000. 국어 용언의 문법화 연구: 그 원인과 원리 규명을 중심으로. 고려대학교 박사학위 논문.

백낙천. 1999. 문법화와 통합형 접속어미. 동국어문학 10/11: 259-282 (동국대학교).

백낙천 (Baek, Nak-chen). 2005. Morpho-syntactic properties of the auxiliary verbs in Korean. 한국언어문화 28: 229-248 (한국언어문화학회).

백낙천. 2007. 국어 문법화 연구의 이론적 배경과 특징. 한국사상과 문화 39: 309-328 (한국사상문화학회).

백낙천. 2009. 국어의 문법화 현상에 대하여. 한국언어문화 39: 241-257 (한국언어문화학회).

백미현. 1998. 완결상의 문법화. 언어 19: 143-161 (충남대학교 어학연구소).

백은희. 2012. 중국어 개체양사의 출현과 문법화 과정에 대한 통시적 고찰. 중국
문학 72: 349-376 (한국중국어문학회).

백정혜 (Baik, Junghye). 2003. On interaction of semantic levels and
grammaticalization. 언어과학연구 24: 111-130 (언어과학회).

백정혜 (Baik, Junghye). 2006a. *Grammaticalization of English Spatial
Prepositions and Its Educational Implications.* 한국외국어대학교 박사
학위 논문.

백정혜 (Baik, Junghye). 2006b. Grammaticalization of spatial nouns. 담화와 인
지 13.3: 25-41 (담화인지언어학회).

백정혜 (Baik, Junghye). 2011a. From 'follow' to 'counter-expectation' concepts:
A case of Korean postposition 'ttala(se)' 언어과학연구 58: 93-110 (언
어과학회).

백정혜 (Baik, Junghye). 2011b. Twisted perspectives: Grammaticalization of
ablative in Korean and English. 현대영미어문학 29.1: 1-29 (현대영미
어문학회).

백정혜 (Baik, Junghye). 2012. On the emergence of diverse functions of as:
A grammaticalization perspective. 담화와 인지 19.3: 157-172 (담화인
지언어학회).

백정혜 (Baik, Junghye). 2014a. On the development of negative stance markers
from nominals in Korean. 언어와 언어학 63: 59-85 (한국외국어대학교
언어연구소).

백정혜 (Baik, Junghye). 2014b. On frequency-meaning correlation - A case of
English prepositions 'from' and 'to'. 현대영미어문학 32.3: 87-113 (현
대영미어문학회).

백정혜 (Baik, Junghye). 2015. From proximity to separation: Grammaticali-

zation of the English preposition beside. 언어와 언어학 69: 27-50 (한국
외국어대학교 언어연구소).

범금희. 2002a. {어 가지고}와 관련된 문법화 현상에 대하여(1). 어문학 75:
21-38 (한국어문학회).

범금희. 2002b. {어 가지고}와 관련된 문법화 현상에 대하여(2). 배달말 30:
23-40 (배달말학회).

범노신. 2014. <노걸대>, <박통사>의 한어 보어 구조 연구. 서울대학교 박사학
위 논문.

성기은. 2015. 현대중국어 주관성 동량사의 문법화 연구. 연세대학교 박사학위
논문.

손경옥. 2004. 동사 '有'의 문법화 현상 연구. 중어중문학 34: 61-77 (한국중어중
문학회).

손성옥 (Sohn, Sung-Ock). 1992. Speaker-oriented and event-oriented causals:
A comparative analysis of -nikka and -ese. Korean Linguistics 7: 73-83.

손성옥 (Sohn, Sung-Ock). 1994. The development of epistemic causality in
Korean. Korean Linguistics 8: 67-83.

손성옥 (Sohn, Sung-Ock). 1995. On the development of sentence-final particles
in Korean. Japanese/Korean Linguistics 5: 219-234.

손성옥 (Sohn, Sung-Ock). 1998a. From quotation to sentence-final particles. In
Ross King (ed.), Papers from the 9th International Conference on
Korean Linguistics. City University of New York.

손성옥 (Sohn, Sung-Ock). 1998b. The grammaticalization of particles in
Korean. Selected Papers from the 11th International Conference on
Korean Linguistics, July 6-9, 1998. University of Hawaii at Manoa. 서
울: 한국문화사.

손성옥 (Sohn, Sung-Ock). 2002. The grammaticalization of honorific particles
in Korean. In: Ilse Wischer & Gabriele Diewald (eds.) New Reflections

on Grammaticalization, 309-325. Amsterdam: Benjamins.

손성옥 (Sohn, Sung-Ock). 2003. On the emergence of intersubjectivity: An analysis of the sentence-final *-nikka* in Korean. *Japanese/Korean Linguistics* 12: 52-63.

손성옥 (Sohn, Sung-Ock). 2006. Frequency effects in grammaticalization: From relative clause to clause connective in Korean. *Japanese/Korean Linguistics* 15: 184-195.

손성옥 (Sohn, Sung-Ock). 2010a. Nominalization in Korean conversation: A case of *-nun ke-ya.* In: Sang-Oak Lee (ed.), *Contemporary Korean Linguistics: International Perspective.* 서울: 태학사.

손성옥 (Sohn, Sung-Ock). 2010b. The role of frequency and prosody in the grammaticalization of Korean *-canh-.* In: An Van linden, Jean-Christophe Verstraete & Kristin Davidse (eds.) *Formal Evidence in Grammaticalization Research,* 245-273. Amsterdam: Benjamins.

손성옥 (Sohn, Sung-Ock). 2011. Historical development of quotative constructions in Korean. *Japanese/Korean Linguistics* 18: 126-143.

손성옥 (Sohn, Sung-Ock). 2013. Dialogic contexts for the emergence of new grammar: The case of final *-ketun* in Korean. In: Sung-Ock Sohn, Sungdai Cho & Seok-Hoon You (eds.) *Studies in Korean Linguistics and Language Pedagogy,* 185-199. 서울: 고려대학교 출판부.

손성옥 (Sohn, Sung-Ock). 2015. Grammaticalization. In: Lucien Brown & Jaehoon Yeon (eds.) *The Handbook of Korean Linguistics,* 320-336. Oxford: Wiley-Blackwell.

손성옥·김지은 (Sohn, Sung-Ock & Jieun Kim). 2008. A corpus-based discourse analysis of *icey* in Korean: A diachronic and synchronic perspective. *Korean Linguistics* 14: 177-202.

손성옥·김혜리 (Sohn, Sung-Ock & Stephanie Hyeri Kim). 2014. The interplay of discourse and prosody at the left and right periphery in Korean: An analysis of *kuntey* 'but'. In: Kate Beeching & Ulrich Detges (eds.) *Discourse Functions at the Left and Right Periphery: Crosslinguistic Investigations of Language Use and Language Change*, 221-249. Leiden: Brill.

손성옥·박미정 (Sohn, Sung-Ock & Mee-Jeong Park). 2003. Indirect quotations in Korean conversations. *Japanese/Korean Linguistics* 11: 105-118.

손성옥·Strauss (Sohn, Sung-Ock & Susan Strauss). 1998. The intersection of diachronic syntax and current morphology: An analysis of *-ey* and *-eyse* in Korean. *Selected Papers from the 11th International Conference on Korean Linguistics, July 6-9, 1998*. University of Hawaii at Manoa. 서울: 한국문화사.

손성호. 2000. 독일어의 상과 문법화. 독일언어문학 14: 25-39 (독일언어문학연구회).

손세모돌. 1996. 국어 보조용언 연구. 서울: 한국문화사.

손춘섭. 2014. 국어 어원별 접사화에 대한 연구. 한국어 의미학 45: 31-67 (한국어의미학회).

손혜옥. 2012. '가지다' 구성의 문법화에 대한 공시적 분석. 한국어학 55: 207-238 (한국어학회).

손호민 (Sohn, Ho-min). 2003. A grammar of *pota* 'to see': A panchronic perspective. Invited keynote presentation at the 10th Japanese Korean Linguistics Conference, University of Arizona, Tucson, AZ.

손호민. 2008. 한국어의 유형적 특징. 한글 282: 61-95.

손호민 (Sohn, Ho-min). 2014. Evolution of Korean honorifics: A grammaticalization perspective. Paper presented at the 22nd Hahn Moo-Sook Colloquium in the Korean Humanities in Honor of Young-Key Kim Renaud: Language Power and Ideology in the Koreas:

Honorifics and Politeness. Department of East Asian Languages and Literatures. May 3, 2014.

손호민·손성옥 (Sohn, Ho-min & Sung-Ock Sohn). 1996. Grammaticalization in Korean: A field of *Notaci* (< No Touch). Paper presented at the 10th International Conference on Korean Linguistics, July 1996, Griffith University. Brisbane, Australia.

송경안. 2011. 청자-화자 간 역동과 일본어 대명사의 문법화. 언어학 19.1: 61-78 (대한언어학회).

송대헌. 2014. 한국어 명사의 문법화 양상 연구. 청주대학교 박사학위 논문.

송대헌·황경수. 2013. 한국어 연결어미 '-니까'의 문법화 연구. 새국어교육 96: 321-343 (한국국어교육학회).

송재목. 1999. 몽골어 동사 'ge- (말하다)'의 문법화에 대하여. 언어학 24: 165-185 ((사)한국언어학회).

쉬리 (徐麗; Xu, Li). 2015. 현대중국어 '往A里V' 구문의 의미와 문법화 연구. 중국문학 83: 225-266 (한국중국어문학회).

시정곤. 2010. 국어 명사의 문법화 과정에 나타난 특이 유형에 대하여. 언어연구 26.1: 105-127 (한국현대언어학회).

신근영 (Shin, Keun young). 2010. Auxiliary selection and the role of transitivity in grammaticalisation: The Korean auxiliary verbs *pelita* and *malta*. *Journal of Historical Pragmatics* 11.1: 96-121.

신용권. 2007. <노걸대>, <박통사> 제간본에 나타난 한어 문법 변화 연구: 한어의 성격 규명과 문법화 현상을 중심으로. 서울대학교 박사학위논문.

신용민. 2006. 언어변천과 문법화의 관점에서 본 독일어 전치사 *von*과 한국어 처소격 '-에'와 속격 '-의'. 독일어문학 32: 145-163 (한국독일어문학회).

안규동. 2005. 문법화의 의미일반성 딜레마: 한국어 '자빠지다'를 중심으로. 언어과학연구 32: 159-178 (언어과학회).

안규동 (Ahn, Kyou-Dong). 2015. A Usage-Based Approach to Complex

Prepositions in English: With Special Reference to Analogy-Driven Grammaticalization. 한국외국어대학교 박사학위 논문.

안미경 (Ahn, Mikyung). 2007a. Grammaticalization through analogy - A case of some complex prepositions. 언어와 언어학 40: 47-63 (한국외국어대학교 언어연구소).

안미경 (Ahn, Mikyung). 2007b. Grammaticalization of English causal connective on account of. 현대문법연구 49: 127-147 (현대문법학회).

안미경 (Ahn, Mikyung). 2009a. English Causal Complex Prepositions: A Grammaticalization Perspective. 한국외국어대학교 박사학위 논문.

안미경 (Ahn, Mikyung). 2009b. Diachronic processes and synchronic degree of grammaticalization of English causal complex prepositions. 현대문법연구 56: 103-121 (현대문법학회).

안미경 (Ahn, Mikyung). 2009c. Synchronic consequences of diachronic changes: With reference to English causal complex prepositions. 언어과학연구 49: 141-158 (언어과학회).

안미경 (Ahn, Mikyung). 2010a. From 'favor' to 'cause': The English causal adposition *thanks to* and its Korean counterpart *tekpwuney*. *Language Sciences* 32: 579-587.

안미경 (Ahn, Mikyung). 2010b. Grammaticalization on the language processing level: The case of *owing to* and *due to*. 언어와 언어학 49: 131-150 (한국외국어대학교 언어연구소).

안미경 (Ahn, Mikyung). 2012. Pragmatic marker *you know* in social interaction and language teaching. 외국어교육연구 26.2: 27-46 (한국외국어대학교 외국어교육연구소).

안병희. 1967. 문법사. 한국문화사 대계 V 한국어발달사. 고대민족문화연구소.

안소민. 2012. '給'의 문법화 양상과 그 기제. 언어와 정보 사회 17: 147-174 (서강대학교 언어정보연구소).

안신혜. 2013. <석보상절>에서 보이는 의존명사의 문법화. 겨레어문학 30: 129-149 (겨레어문학회).

안신혜. 2014. 의존명사의 의미와 문법화. 겨레어문학 52: 69-92 (겨레어문학회).

안신혜. 2015. 의존명사의 명사성과 '-오-'의 실현 양상 연구. 건국대학교 박사학위 논문.

안주호. 1991. 후기 근대국어의 인용문 연구. 자하어문논집 8: 359-408 (상명대학교 국어교육과).

안주호. 1994. 동사에서 파생된 이른바 '후치사류'의 문법화 연구. 말 19: 133-154. (연세대학교 한국어학당).

안주호. 1996. 한국어 명사의 문법화 현상 연구. 연세대학교 박사학위논문.

안주호. 1999. '-기'형 연결어미 '기에, -길래, -기로'의 특성과 문법화 과정. 언어학 24: 187-212 ((사)한국언어학회).

안주호. 2000. '그러-' 계열 접속사의 형성과정과 문법화. 국어학 35: 113-141 (국어학회).

안주호. 2001. 한국어의 문법화와 역문법화 현상. 담화와 인지 8.2: 93-112 (담화인지언어학회).

안주호. 2002a. [원인]을 나타내는 연결어미에 대한 통시적 고찰 -<노걸대언해>류를 중심으로. 언어학 34: 133-158 ((사) 한국언어학회).

안주호. 2002b. 한국어에서의 역문법화 현상에 대하여. 언어학 10.4: 23-40 (대한언어학회)

안주호. 2003. 인용문과 인용표지의 문법화에 대한 연구. 담화와 인지 10.1: 146-166 (담화인지언어학회).

안주호. 2004a. '-는 법이다'류의 양태표현 연구. 국어학 44: 185-211 (국어학회).

안주호. 2004b. 명사 '모양'과 '법'의 공시성과 통시성. 국어교육 114: 167-198 (한국어교육학회).

안주호. 2006. 현대국어 연결어미 {-니까}의 문법적 특성과 형성과정. 언어과학연구 38: 71-91 (언어과학회).

안주호. 2011. 현대국어 {-고}계열 조사의 문법화 연구. 한국어 의미학 34: 213-233 (한국어의미학회).

안효경. 2000. 현대국어 의존명사 연구. 가톨릭대학교 박사학위 논문.

안효팔. 1983. 허사화의 연구. 경남대학교 석사학위논문 (경남어문 8. 경남어문학회 출간).

양용준. 2007. 영어와 한국어의 문법화에 대한 통시적 고찰. 영어영문학연구 33.3: 191-217 (대한영어영문학회).

양인석 (Yang, In-Seok). 2000. The emerging particle *poko* in Korean: A grammaticalization. In Videa P. De Guzman & Byron W. Bender (eds.) *Grammatical Analysis of Austronesian and Other Languages: Studies in Honor of Stanley Starosta*, 62-79. Hawaii: University Press of Hawaii.

양지현. 2015. '-하-' 축약에 관한 연구. 경상대학교 박사학위 논문.

엄수진 (Eom, Su-Jin). 2003a. Grammaticalization of quasi-modal auxiliaries: With special reference to *be going to* and *have to*. 언어과학연구 24: 167-188 (언어과학회).

엄수진 (Eom, Su-Jin). 2003b. Comparisons of *must* and *have-to* from a discourse-pragmatic perspective. 언어과학연구 25: 179-194 (언어과학회).

엄수진 (Eom, Su-Jin). 2007. Making sense out of five senses. 담화와 인지 14.1: 113-134 (담화인지언어학회).

여나. 2014. 문법화의 틀에서 본 한국어 처격조사 - '에서'와 '에게'를 중심으로. 한남어문학 38: 149-167 (한남대학교 한남어문학회).

여나. 2015. 문법화로 본 한국어 조사와 중국어 개사의 대조 연구. 한남대학교 박사학위 논문.

예선희. 2008. '공포(terror)'와 관련된 단어의 문법화에 대한 연구 - 'terribly'와 'afraid'를 중심으로. 신영어영문학 39: 221-234 (신영어영문학회).

예선희. 2010. 척도초점사 *even*의 문법화에 대하여 - 주관화, 상호주관화, 서법성을 중심으로. 현대영어영문학 54.4: 157-172 (한국현대영어영문학회).

예선희. 2012. '좇다(follow)'를 어원으로 하는 용언과 보조사의 의미분화, 의미확장 및 의미오류 분석 - 문법화의 관점에서. 신영어영문학 51: 241-256 (신영어영문학회).

예선희 (Yae, Sun-Hee). 2014a. On the increase of speaker-orientation from modality to mood of 'fear'-predicates in English. 언어연구 31.1: 165-182 (경희대학교 언어연구소).

예선희 (Yae, Sun-Hee). 2014b. Modality and grammaticalization in the conjunctive lest-construction. 외국어교육연구 28.1: 37-50 (한국외국어대학교 외국어교육연구소).

예선희 (Yae, Sun-Hee). 2015. Stance-variations of 'fear'-derived intensifiers in Korean. 언어과학연구 75: 189-204 (언어과학회).

오규환. 2008. '같-'의 활용형의 문법화와 관련된 몇 문제. 형태론 10.2: 353-372.

오상석 (Oh, Sang-suk). 1998a. Grammaticalization of agent-oriented modality in Korean: Ability, permission, and obligation. *Selected Papers from the 11th International Conference on Korean Linguistics, July 6-9, 1998.* University of Hawaii at Manoa. 서울: 한국문화사.

오상석 (Oh, Sang-suk). 1998b. A Syntactic and Semantic Study of Korean Auxiliaries: A Grammaticalization Perspective. Ph.D. dissertation, University of Hawaii at Manoa.

왕군상 (王君湘; Wang, Jun Xiang). 2013. 被動標記 '着(著)' 的來源和演變. 중국학논총 41: 19-54 (고려대학교 중국학연구소).

왕군상 (王君湘; Wang, Jun Xiang). 2014. 方所介思·著(着)'的使用和語法化. 중국학논총 46: 177-214 (고려대학교 중국학연구소).

우창현. 2004. 종결어미 '디'의 문법화. 언어학 85: 65-84 ((사) 한국언어학회).

유경희. 2008. 日本語の否定疑問文に関する研究 ー 「(ノ)デハナイカ」の文

法化를中心に -. 한국외국어대학교 박사학위 논문.

유석훈 (You, Seok-Hoon). 2003. Benefactive verbal constructions in Korean: A functional approach. 담화와 인지 10.2: 75-93 (담화인지언어학회).

유세진. 2014. 충남방언 '가다'의 문법화 연구. 충남대학교 박사학위 논문.

유수경. 2013. 문법화를 통해 형성된 '下來' 의미의 점이적 특성 분석. 중국문학 연구 50: 151-167 (한국중문학회).

유승국. 2014. 통사적 구성 부사(어)구와 문법화에 대하여. 어문론집 59: 41-63 (중앙어문학회).

유창돈. 1962. 허사화 고구. 인문과학 7: 1-25 (연세대학교 인문학연구원).

유현경. 2003. 연결어미의 종결어미적 쓰임에 대하여. 한글 261: 123-148 (한글 학회).

윤보영·김인균. 2012. '블-+어'의 문법화에 대한 고찰. 동남어문논집 33: 5-24 (동남어문학회).

윤보영·김인균. 2013. 'ㄱ장'의 변화 양상 연구. 우리말연구 32: 63-87 (우리말 학회).

윤유정. 2004. 허화 및 어법화의 개념과 과정. 중국어문학논집 29: 217-237 (중 국어문학연구회).

윤유정. 2006a. 현대중국어 구어에서의 '來'와 '去'의 어법화. 중국어문학논집 36: 111-135 (중국어문학연구회).

윤유정. 2006b. 현대중국어에서 '得'자의 어법화 현상 고찰. 중국어문학논집 41: 75-97 (중국어문학연구회).

윤유정. 2009a. '得'자 상태보어구문의 문법화 연구. 연세대학교 박사학위 논문.

윤유정. 2009b. 어법화 측면에서 본 상태보어와 빈어의 위치 문제. 중국언어연 구 28: 85-117 (한국중국언어학회).

윤종태. 2008. 문법화 이론을 통한 이중 접어화 현상의 재해석. 이탈리아어문학 24: 115-135 (한국이탈리아어문학회).

윤종태. 2009. 이탈리아어 완료시제 우언형의 문법화에 대한 소고. 이탈리아어문학 28: 133-151 (한국이탈리아어문학회).

윤종태. 2010. 이탈리아어 접어대명사의 최종적인 문법화 과정에 나타난 어휘화. 이탈리아어문학 30: 121-150 (한국이탈리아어문학회).

윤종태. 2012. 이탈리아어 접어대명사의 역문법화 현상에 대한 연구. 이탈리아어문학 37: 113-132 (한국이탈리아어문학회).

이강호. 2001. 현대독일어의 새로운 언어변화의 특징 - 문법화를 중심으로. 독일어문학 14: 303-327 (한국독일어문학회).

이금영. 2015. '-니' 통합형 어미의 문법화 양상. 어문연구 85. 25-52 (이문연구학회).

이금희. 2005. 인용문 형식에서 문법화된 어미·조사 연구. 성균관대학교 박사학위 논문.

이금희. 2006. 인용문 형식의 문법화 - 문법화 과정과 문법화 정도에 대하여. 국어학 48: 233-258.

이금희. 2012. 의존명사의 문법화 정도와 양태적인 의미 - '-기 마련이다, -는 법이다, -기 십상이다, -기 일쑤이다'를 중심으로. 어문연구 40.3: 57-89.

이금희. 2013. 종결어미 '-(으)ㄴ 걸', '-는걸'과 '-(으)ㄹ 걸'의 문법화 과정과 의미 특성. 한국어 의미학 42: 111-139 (한국어의미학회).

이기갑. 1981. 15세기 국어의 상태 지속상과 그 변천. 한글 173·174: 401-422 (한글학회).

이기갑. 1993. 한국어의 문법화. 언어와 문화 8. 목포대학교.

이기갑. 2010. 담화표지 '그냥', '그저', '그만'의 방언 분화. 방언학 11: 5-35 (한국방언학회).

이기동. 1977. 동사 '오다' '가다'의 의미 분석. 말 2: 139-159 (연세대학교 한국어학당).

이기백. 1958. 주격조사 '이'에 대한 연구. 어문학 2: 94-124 (한국어문학회).

이남경. 2015. 반사실적 소사 было 구문의 문법화와 TAM(시제-상-양상). 슬라브학보 30.1: 261-298 (한국슬라브유라시아학회).

이동국. 2010. 미래조동사 문법화의 코퍼스 분석 - *be going to*를 중심으로. 영어학 10.2: 277-298 (한국영어학회).

이동석. 2014. 중세국어 '거긔' 구성의 의미 기능과 문법화. 국어사연구 19: 171-201 (국어사학회).

이병기. 2006. 한국어 미래성 표현의 역사적 연구. 서울대학교 박사학위논문.

이병선. 1976. 주격조사 연구 - 고대국어 주격조사와 '가'의 발달을 중심으로 -. 국어국문학 72·73: 15-45 (국어국문학회).

이성하 (Rhee, Seongha). 1996a. Pragmatic inferences and grammaticalization of serial verbs of displacement in Korean. *Berkeley Linguistics Society* 22: 328-339.

이성하 (Rhee, Seongha). 1996b. Grammaticalization of Korean placement verbs. *The SECOL Review* 21.2: 141-182.

이성하 (Rhee, Seongha). 1996c. *Semantics of Verbs and Grammaticalization: The Development in Korean from a Cross-Linguistic Perspective.* Ph.D. dissertation. The University of Texas at Austin. 서울: 한국문화사.

이성하 (Rhee, Seongha). 1997. Pragmatics of metaphor. 논문집 (어문학·인문과학편) 30: 359-409. 한국외국어대학교.

이성하. 2000. 의미적 일반성과 문법화: 한국어 동의어쌍을 중심으로. 언어과학연구 18: 187-208 (언어과학회).

이성하 (Rhee, Seongha). 2001. Grammaticalization of diminutives in Korean. 언어와 언어학 28: 133-149 (한국외국어대학교 언어연구소).

이성하 (Rhee, Seongha). 2003a. When stop goes further: From *malta* 'stop' to auxiliary verbs in Korean. 한말연구 13: 309-339.

이성하 (Rhee, Seongha). 2003b. Eating is contemptible: Grammaticalization of ingestion verbs in Korean. *Japanese/Korean Linguistics* 12: 40-51.

이성하 (Rhee, Seongha). 2006. Grammaticalization of postpositional particles from spatial terms in Korean. *Japanese/Korean Linguistics* 14: 139-150.

이성하 (Rhee, Seongha). 2007. What's grammatical in grammaticalization? 현대 문법연구 48: 109-143 (현대문법학회).

이성하. 2008a. 문법화 연구에서의 구어의 의의. 언어과학연구 47: 209-235 (언어과학회).

이성하 (Rhee, Seongha). 2008b. On the rise and fall of Korean nominalizers. Maria José López-Couso & Elena Seoane (eds.), *Rethinking Grammaticalization: New Perspectives* (Typological Studies in Language 76), 239-264. Amsterdam: John Benjamins.

이성하 (Rhee, Seongha). 2009. Through a borrowed mouth: Reported speech and subjectification in Korean. *LACUS Forum* 34: 201-210.

이성하 (Rhee, Seongha). 2011a. Grammaticalization in Korean. In: Heiko Narrog & Bernd Heine (eds.). *The Oxford Handbook of Grammaticalization,* 764-774. Oxford: Oxford University Press.

이성하 (Rhee, Seongha). 2011b. Nominalization and stance marking in Korean. In: Foong Ha Yap & Janick Wrona (eds.), *Nominalization in Asian Languages: Diachronic and Typological Perspectives.* 393-422. Amsterdam: John Benjamins.

이성하 (Rhee, Seongha). 2011c. On terminology issues in grammaticalization studies. 현대문법연구 66: 167-198 (현대문법학회).

이성하 (Rhee, Seongha). 2012. Context-induced reinterpretation and (inter)subjectification: The case of grammaticalization of sentence-final particles. *Language Sciences* 34.3: 284-300.

이성하 (Rhee, Seongha). 2013. "I know I'm shameless to say this": Grammaticalization of the mitigating discourse marker *makilay* in Korean. *Procedia - Social and Behavioral Sciences* 97: 480-486.

이성하 (Rhee, Seongha). 2014a. "I know you are not, but if you were asking me": On emergence of discourse markers of topic presentation from hypothetical questions. *Journal of Pragmatics* 60: 1-16.

이성하 (Rhee, Seongha). 2014b. Analogy-driven grammaticalization: A case of grammaticalization of sentence-final markers from concomitance-connectives. 언어연구 31.3: 591-614 (경희대학교 언어연구소).

이성하. 2014c. Recent trends and issues in grammaticalization studies. 한국영어학회 2014년 겨울학술대회 초청특강, 2014년 12월 6일. 성균관대학교.

이성하 (Rhee, Seongha). 2015. On the emergence of Korean markers of agreement. *Journal of Pragmatics* 83: 10-26.

이성하·구현정 (Rhee, Seongha & Hyun Jung Koo). 2014. Grammaticalization of causatives and passives and their recent development into stance markers in Korean. *Poznań Studies in Contemporary Linguistics* 50.3: 309-337.

이성하·구현정 (Rhee, Seongha & Hyun Jung Koo). 2015. Analogy-driven inter-categorial grammaticalization and (inter)subjectification of -na in Korean. *Lingua* 166: 22-42.

이소흔. 2013. '-다니'류에 대하여. 어문연구 41.2: 125-149 (한국어문교육연구회).

이수련. 2003. '있다'의 문법화에 대한 의미.화용적 연구. 국어학 42: 177-205 (국어학회).

이숙. 2012. 현대국어 '-단다' 구문의 문법화 동기에 대한 고찰. 영주어문 23: 161-184 (영주어문학회).

이숭녕. 1958. 주격 '가'의 발달과 그 해석. 국어국문학 19: 53-57 (국어국문학회).

이숭녕. 1976. 15세기 국어의 쌍형어 '잇다, 시다'의 발달에 대하여. 국어학 4: 1-23 (국어학회).

이승연. 2010. 특수조사 '-(이)나마'의 문법화 연구. 한국어학 49: 293-317 (한국어학회).

이승욱. 1981. 부동사의 허사화 -주격접미사 {가}의 발달에 대하여-. 진단학
　　보 51: 183-202 (진단학회).

이승욱. 1986. 존재동사 '시-'의 변의. 국어학신연구 1: 348-366. 서울: 탑출판사.

이승욱. 2001. 문법화의 단계와 형태소 형성. 국어학 37: 263-283 (국어학회).

이영제. 2012. '로써'의 문법화 재론 - 통시 형식 통사론적 분석을 중심으로.

이원표. 1994. 상호교류에서 문법화로: 수사적 표현 '왜냐면-'구문의 경우를 중
　　심으로. 사회언어학 2.1: 21-54 (한국사회언어학회).

이원표. 1999. 인용조사 '-고'의 담화분석: 간접인용의 주관화와 문법화를 중심
　　으로. 사회언어학 7.1: 179-220 (한국사회언어학회).

이윤희. 2015. 영어 서법조동사에 관한 통시적 연구. 대구가톨릭대학교 박사학
　　위 논문.

이은정. 1992. 남북한 어문규범 어떻게 다른가. 서울: 국어문화사.

이정애. 1998a. '가지고'의 문법화 과정. 언어 23.1: 87-110 (한국언어학회).

이정애. 1998b. 문법화의 이론적 배경과 연구의 흐름. 한국언어문학 40: 149-169
　　(한국언어문학회).

이정애. 1999. 국어 화용표지의 연구. 전북대학교 박사학위 논문.

이정옥. 2014. 'テクル'의 문법화와 의미기능 - <대상의 공간이동>을 중심으로.
　　일본근대학연구 46: 41-59 (한국일본근대학회).

이주행. 1988. 한국어 의존명사의 통시적 연구. 서울: 한샘.

이지양. 2003. 문법화의 이론과 국어의 문법화. 정신문화연구 26.3: 211-239 (한
　　국학중앙연구원).

이지현. 2007. 현대 중국어 피동표지 '讓'의 문법화 과정 분석. 중국어문학논집
　　44: 155-173 (중국어문학연구회).

이태영. 1984. 동사 '가다'의 문법화에 대하여: 특수조사 '가(서)'의 설정을 위하
　　여. 국어국문학 92: 421-440 (국어국문학회).

이태영. 1985. 주격조사 {가}의 변화기제에 대하여. 국어문학 25: 607-627 (국어
　　문학회).

이태영. 1987. 동사 '겨다'의 문법화 과정. 한국언어문학 25: 67-84 (한국언어문학회).

이태영. 1991. 근대국어 {-씌셔}, {-겨셔}의 변천과정 재론. 주시경학보 8: 88-107 (주시경학회).

이태영. 1993 [1988]. 국어 동사의 문법화 연구. 서울: 한신문화사.

이태영. 1997. 국어 동사의 문법화 유형 - '가지고', '더브러', '드려', '호야'를 중심으로. 제 4회 서울 국제 언어학 학술대회 (SICOL-'97) 발표 논문.

이현숙 (Lee, Hyun Sook). 2005. A grammaticalization-based study on negative polarity items. 언어과학연구 33: 289-306 (언어과학회).

이현숙 (Lee, Hyun Sook). 2010. Grammaticalization of *though* in English. 현대문법연구 62: 295-315 (현대문법학회).

이현숙 (Lee, Hyun Sook). 2011. Grammaticalization of Concessive Markers in English from Verbal and Nominal Sources. 한국외국어대학교 박사학위 논문.

이현숙 (Lee, Hyun Sook). 2013a. On the grammaticalization pathways of the English stance marker *let alone*. 언어과학연구 67: 207-222 (언어과학회).

이현숙 (Lee, Hyun Sook). 2013b. Displacement verbs and speaker-stance indication. 현대문법연구 71: 75-94 (현대문법학회).

이현숙 (Lee, Hyun Sook). 2014. How does co-existence in the mental and physical domain go for concessives?. 언어과학연구 71: 217-236 (언어과학회).

이현희. 1982a. 중세국어 의문법에 대한 통시적 연구. 국어연구 52: 1-110. (서울대학교 국어연구회).

이현희. 1982b. 국어 종결어미의 발달에 대한 관견. 국어학 11: 143-163 (국어학회).

이현희. 2009. '조초'의 문법사. 진단학보 107: 129-175 (진단학회).

이현희. 2010. '채'와 '째'의 통시적 문법. 규장각 36: 73-133 (서울대학교 규장각 한국학연구원).

이호승. 2003. 형태론적 문법화의 특성과 범위. 어문연구 31: 97-120 (한국어문교육연구회).

이효상 (Lee, Hyo Sang). 1991. *Tense, Aspect, and Modality: a Discourse-Pragmatic Analysis of Verbal Affixes in Korean from a Typological Perspective*. Ph.D. dissertation. University of California, Los Angeles.

이효상. 1997. 문법화와 범시적 언어연구. 한국언어학회 1997 겨울연구회 특강.

이희숙. 2008. 러시아어의 *дать* 'to give'와 '주다'의 문법화 현상. 언어학 16.2: 255-271 (대한언어학회).

이희승. 1956. 존재사 '있다'에 대하여, -그 형태요소로의 발전에 대한 고찰-. 서울농대 50주년 기념논문집.

임규홍. 1995. 담화표지 '뭐냐'와 '있지'에 대하여. 어문학 56: 51-68 (한국어문학회).

임규홍. 1998. 국어 '말이야'의 의미와 담화적 기능. 담화와 인지 5.2: 159-179 (담화인지언어학회).

임규홍. 2005. 국어 담화 표지 '자'에 대한 연구. 우리말글 34: 99-121 (우리말글학회).

임규홍. 2009. 경상방언 담화표지 '아이가'에 대한 연구. 어문학 104: 141-177 (한국어문학회).

임규홍. 2011. 경상방언 담화표지 '마'에 대한 연구. 배달말 48: 1-33 (배달말학회).

임근석. 2008. 문법적 연어와 문법화의 관계. 국어학 51: 115-147 (국어학회).

임병권. 2008. 商周시기 피동문과 피동사 '于'의 문법화에 관한 연구. 중국인문과학 38: 21-39 (중국인문학회).

임영택. 2011. 21세기 중국어 문법화연구 개황 - 중국 대륙의 연구상황을 중심으로. 중어중문학 50: 261-286 (한국중어중문학회).

임지룡. 1997. 인지의미론. 서울: 탑출판사.

임창국. 2008. '-로써'의 문법화: 복합술어에서 후치사로. 생성문법연구 18.2:

255-270 (한국생성문법학회).

임혜순. 2000. 영어 조동사 do의 문법화에 대한 고찰. 영어학연구 9: 99-119 (한국영어학학회).

장숙영. 2008. <노걸대>, <박통사> 언해류에 나타난 한국어 이음씨끝의 통시적 연구. 건국대학교 박사학위 논문.

장요한. 2013. 국어 접속어미의 통시적 연구: '커니와'와 '-다니'의 통시적 변화를 중심으로. 어문학 119: 1-26 (한국어문학회).

장호종. 2003. '말다'의 의미와 용법. 한국어학 20: 221-239 (한국어학회).

전재호. 1988. '더블다' 관련 어휘의 의미에 관한 통시적 고찰. 국어학 17: 33-63 (국어학회).

전태현·목정수. 2005. 인도네시아어 피동 구문 연구: 대조 유형론적 관점에서. 이중언어학 27: 161-184 (이중언어학회).

전후민. 2014. '다가'의 변천사. 우리말글 63: 29-68 (우리말글학회).

정경애. 2004. 우리말 실사의 접두사 되기 연구. 동아대학교 박사학위 논문.

정광. 1968. 주격 '가'의 발달에 대하여 ─근대국어 자료의 해석을 중심으로─. 우리문화 2. (서울대학교).

정교환. 1980. 국어 의미 변화의 연구. 논문집 2: 67-104 (창원대학교).

정민영. 2003. 접미사 '-머리'에 대하여. 언어학연구 7: 233-255 (한국중원언어학회).

정언학. 2002. '-고 잇다' 구성의 문법화에 대한 통시적 연구. 진단학보 94: 167-203 (진단학회).

정언학. 2003. 중세국어 '-어 이셔 > -에셔 > -어셔'의 문법화에 대한 연구. 어문연구 31.4: 33-58 (한국어문교육연구회).

정언학. 2007. 보조용언 구성의 문법화와 역사적 변화. 한국어학 35: 121-165 (한국어학회).

정연우. 2005. 러시아어 동사 시제 체계의 문법화. 언어과학연구 35: 241-258 (언어과학회).

정연우. 2007. 러시아어에서 필요성과 관련된 서법적 표현의 문법화 연구. 한국외국어대학교 박사학위 논문.

정연우. 2008a. 러시아어의 필요성과 관련된 양상술어의 문법화. 노어노문학 20.2: 3-31 (한국노어노문학회).

정연우. 2008b. 러시아어 양상술어의 발달에 작용한 문법화 기제. 슬라브학보 23.3: 33-64 (한국슬라브유라시아학회).

정연우. 2009. 러시아어 양상보조사의 문법화 변수. 슬라브학보 24.4: 255-277 (한국슬라브유라시아학회).

정연희. 1999. '-때문에' 구성에 나타나는 문법화 현상. 한국어문학연구 10: 307-318 (한국외국어대학교 사범대학 한국어문학연구회).

정연희. 2001. 한국어 연결어미의 문법화. 한국외국어대학교 박사학위 논문.

정연희. 2012. 한국어 가치표현 '-을 만하다'의 문법화 연구. 언어와 언어학 55: 263-285 (한국외국어대학교 언어연구소).

정윤희. 2005a. 국어 의문사 '뭐'의 의미 분석. 겨레어문학 35: 109-131 (겨레어문학회).

정윤희. 2005b. '마곰'의 문법화. 문화콘텐츠연구 10: 229-245 (동의대학교 인문사회연구소, '인간과 문화연구'로 학술지 개명).

정은. 2003. 문법화의 관점에서 본 *across*의 의미 변화 연구. 언어과학연구 25: 257-276 (언어과학회).

정재영. 1996[1993]. 의존명사 'ᄃᆞ'의 문법화. 서울: 태학사.

정재영. 1997a. 한국어 명사의 문법화. 제 4회 서울 국제 언어학 학술대회 (SICOL-'97) 발표 논문.

정재영. 1997b. 명사의 문법화. 규장각 20: 127-151 (서울대학교 규장각 한국학연구원).

정환승. 2006. 태국어의 *จาก*/짝/과 *ถึง*/틍/의 문법화. 언어와 언어학 38: 109-133 (한국외국어대학교 언어연구소).

정희창. 2010. '아니요, 아니에요'의 경어법과 문법적 특징. 어문연구 38.4:

113-127 (한국어문교육연구회).

조경순. 2015. 국어 보조동사의 의미 구조와 문법화. 우리말글 64: 27-55 (우리
말글학회).

조문환. 2006. 이탈리아어 담화표지의 형태와 기능. 이탈리아어문학 19: 205-223
(한국이탈리아어문학회).

조미희. 2013. 국어 보조동사 의미의 주관화 - '-어 놓다, -어 두다', '-어 버리다,
-어 치우다' 쌍을 중심으로-. 형태론 15.1: 35-54.

조민정. 2015. 문법화에 따른 '막'의 기능 및 의미 변화 연구. 한국사전학회 학술
대회 발표논문집 117-147.

조민진. 2006. '-겟-'의 문법화 과정에 대하여 - 형태 변화를 중심으로-. 언어와
정보사회 7: 121-146 (서강대학교 언어정보연구소).

조민하. 2011. 연결어미의 종결기능과 억양의 역할. 고려대학교 박사학위 논문.

조민하. 2015. 구어 종결어미 '-잖아'의 화용적 특성과 억양의 기능 - 여성 자유
발화의 반말체를 중심으로. 화법연구 28: 165-194 (한국화법학회).

조은영·이한민. 2011. 반말체 어미 '-게'의 문법화와 의미 변화. 한국어 의미학
36: 391-417 (한국어의미학회).

조현용. 2009. 한자어계 귀화어의 유형 연구. 언어연구 26.2: 69-83 (경희대학교
언어연구소).

주경희. 2004. '좀' 문법화의 의미·화용론적 연구. 국어교육 115: 433-453 (한국
어교육학회).

주기하. 2015. 현대중국어 부사 '就'의 의미기능과 문법화 연구. 서울대학교 박
사학위 논문.

주소영. 2002. 영어와 한국어의 문법화 현상: 중복 모형과 환유-은유 모형을 중
심으로. 경북대학교 박사학위 논문.

진정란. 2006. '때문' 구성 이유 표현의 담화 문법. 언어와 문화 2.2: 1-19 (한국
언어문화교육학회).

채영희. 1995. '뿐'에 대하여. 우리말연구 5: 145-163 (우리말학회).

최규발. 2011. 현대중국어 상 표지로서의 문법화 조건 - 존재동사와 이동동사를 중심으로. 중국학논총: 31: 67-86 (고려대학교 중국학연구소).

최대희. 2012. '것' 구조의 문법화. 겨레어문학 48: 401-430 (겨레어문학회).

최동주. 1995. 국어 시상체계의 통시적 변화에 관한 연구. 서울대학교 박사학위논문.

최동주. 1999. '이'계 특수조사의 문법화. 형태론 1.1: 43-60.

최동주. 2007. 문법화의 유형과 기제. 민족문화논총 37: 521-550 (영남대학교 민족문화연구소).

최신혜·최규발. 2012. 소유·존재동사 '有'의 문법화와 정도 표현 - '有点'을 중심으로. 중국언어연구 41: 119-141 (한국중국언어학회).

최운호. 2005. 한국어 처리에서 '구묶음'을 위한 명사의 특성 연구. 서울대학교 박사학위논문.

최윤지. 2008. 자립명사로 발달하는 한자어 파생접미사에 대하여. 형태론 10.2: 319-333.

최재영. 2007. 중국어 '주다'의미 동사의 문법화 소고 - 동사 '給'의 2차변환설과 1차변환설의 비교를 중심으로. 중국학연구 41: 49-72 (중국학연구회).

최재영. 2014. 동등비교표지 '유'의 문법화 연구. 중국학연구 67: 231-257 (중국학연구회).

최재영·권선아. 2012. 전치사 '趁(着)'의 문법화 小考. 중국어문논역총간 30: 467-496 (중국어문논역학회).

최재영·권선아. 2013. 전치사 '对'의 문법화 연구. 중국어문논역총간 32: 143-171 (중국어문논역학회).

최재영·김윤정. 2008. '得'의 문법화 연구: '得'의 의미들 간의 인접성을 중심으로. 언어와 언어학 41: 249-273 (한국외국어대학교 언어연구소).

최전승. 2003. 중세국어 '-는 커니와'에서 공시적 방언형 '-은(는)커녕' 계열까지의 통시적 거리: 문법화의 한 가지 양상. 우리말글 28: 77-124 (우리말글학회).

최전승. 2007. 19세기 후기 국어에서 의존명사로의 문법화 과정과 역사적 연속성. 국어문학 43: 55-115 (국어문학회).

최현배. 1959. 우리 말본. 서울: 정음사.

최형용. 1997. 문법화의 한 양상에 대하여. 관악어문연구 22.1: 469-489 (서울대학교 국어국문학과).

하영우. 2015. 구어자료에 나타난 접속부사의 기능·형태·운율에 관한 연구. 고려대학교 박사학위 논문.

하재필 (河在必). 2014. 文法化した形式にみられる主観化 - 類義形式「(か)とおもうと」と「とたん」の比較から-. 일어일문학연구 91.1: 521-539 (한국일어일문학회).

하치근. 2003. '데' 짜임월의 문법화 과정 연구. 한글 261: 97-121 (한글학회).

한동완. 1986. 과거시제 '엇'의 통시론적 고찰. 국어학 15: 217-248 (국어학회).

한영균. 2004. 문법화와 연어 구성 변화. 국어학 44: 211-237 (국어학회).

한용운. 2001. 문법화 이론의 변이 과정에 대한 일고. 국제언어문학 4: 109-124 (국제언어문학회).

한용운. 2002. 국어의 조사화 연구. 동국대학교 박사학위 논문 (한용운 2003으로 출간)

한용운. 2003. 언어 단위 변화와 조사화. 서울: 한국문화사.

허웅. 1987. 국어 때매김법의 변천사. 서울: 샘문화사

허웅. 1988a. 16세기 국어 토씨 연구 −15세기에서 바뀌어 온 발자취를 더듬는다−. 동방학지 59: 1-67 (연세대학교 국학연구원).

허웅. 1988b. 16세기 우리말 의향법 (마침법)에 대한 연구 −15세기에서 바뀌어 온 자취를 더듬는다−. 한글 201·202: 7-56 (한글학회).

허재영. 1997. 우리말 문법화 연구의 흐름. 한말연구 3: 197-217 (한말연구학회).

허재영. 2000. 풀이말 '두다'의 문법화: 15, 16세기 국어를 대상으로. 겨레어문학 25: 181-196 (건국대학교).

허재영. 2007. 한국어 보조사의 문법화 -개화기 한국어를 중심으로-. 한민족문화

연구 22: 59-79 (한민족문화학회).

호광수. 2003[1999]. 국어 보조용언 구성 연구 – '보다'의 통사·의미적 특징을 중심으로. 조선대학교 박사학위 논문.

홍연옥. 2012. 현대 표준중국어 '有+VP' 형식의 변화와 '有'의 문법화 연구. 중국언어연구 42: 33-59 (한국중국언어학회).

홍연옥. 2013. '有'의 의미기능과 문법화 연구. 서울대학교 박사학위 논문.

홍연옥. 2014. '个'의 의미기능과 문법화 연구 : '是+个+NP' 와 'V+个+AP' 형식을 중심으로. 중국문학 79: 255-275 (한국중국어문학회).

홍윤표. 1981a. 근대국어의 '로'와 도구격. 국문학논집 10: 29-62 (단국대학교 국어국문학과).

홍윤표. 1981b. 근대국어의 처소표시와 방향표시의 격. 동양학 11: 35-54 (단국대학교 동양학연구소).

홍윤표. 1984. 현대국어의 후치사 '가지고'. 동양학 14: 25-40 (단국대학교. 동양학연구소)

홍종선. 1984. 속격, 처격의 발달. 국어국문학 91: 281-284 (국어국문학회).

홍종선. 1987. 국어 시제의 발달. 어문논집 27.1: 805-822 (안암어문학회).

황경수. 2000. 중세국어 의존 명사의 문법화에 대한 연구. 인문과학논집 20: 625-644 (청주대학교 인문과학연구소).

황병순. 2007. 문법화된 주격조사에 내재된 문법: 주격조사 '-가'를 중심으로. 어문학 97: 97-123 (한국어문학회).

황병순. 2008. 조사의 문법화 양상과 결합 원리. 배달말 43: 97-119 (배달말학회).

황병순. 2010. 양태조사 연구. 한글 290: 203-230 (한글학회).

황병순. 2014. 입말에 담긴 부름말 '어이'의 문법화. 언어과학연구 70: 487-510 (언어과학회).

Abraham, Werner. 1976. Die Rolle von Trugschlüssen in der Diachronie von Satzkonnektoren. In: Heinz Dieter Pohl & Nujikau Salnikow (eds.),

Opuscula Slavica et Linguistica., 11-72. Klagenfurt: A. Issatschenko.

Aijmer, Karin. 1985. The semantic development of *will*. In: Jacek Fisiak (ed.), *Historical Semantics, Historical Word Formation,* 11-21. Berlin: Mouton de Gruyter.

Aijmer, Karin. 1997. *I think* — an English modal particle. In: Toril Swan & Olaf Jansen Westvik (eds.), *Modality in Germanic Languages. Historical and Comparative Perspectives,* 1-47. Berlin: Mouton de Gruyter.

Andersen, Henning. 2001. Actualization and the unidirectionality of change. In: Henning Andersen (ed.), *Actualization: Linguistic Change in Progress,* 225-248. Amsterdam: John Benjamins.

Andersen, John M. 1973. *An Essay Concerning Aspect: Some Considerations of a General Character Arising from the Abbé Darrigol's Analysis of the Basque Verb.* The Hague: Mouton.

Anderson, John M. & Charles Jones. 1974. Historical Linguistics. *Proceedings of the First International Conference on Historical Linguistics,* Edinburgh, September, 1973. Amsterdam: North-Holland; New York: American Elsevier.

Antilla, Raimo. 1972. *An Introduction to Historical and Comparative Linguistics.* New York: Macmillan.

Antilla, Raimo. 1989. *Historical and Comparative Linguistics.* Amsterdam: John Benjamins. (Second edition of Antilla 1972. *An Introduction to Historical and Comparative Linguistics.* New York: MacMillan).

Arun. 1992. Explicator compound verb. *International Journal of Dravidian Linguistics.* 21.1: 99-112.

Bach, Emmon & Robert T. Harms (eds.) 1968. *Universals in Linguistic Theory.* New York: Holt, Rinehart and Winston.

Barth, Dagmar & Elizabeth Couper-Kuhlen. 2002. On the development of final *though*: A case of grammaticalization? In: Ilse Wischer & Gabriele Diewald (eds.), *New Reflections on Grammaticalization* (Typological Studies in Language 49), 345–361. Amsterdam: John Benjamins.

Bee, Darlene L. 1973. Usarufa: a descriptive grammar. In: Howard McKaughan (ed.), *The Languages of the Eastern Family of the East New Guinea Stock*. Seattle: University of Washington Press.

Benveniste, Emile. 1968. Mutations of linguistic categories. In: Winfred Lehmann & Yakov Malkiel (eds.), *Directions for Historical Linguistics: A Symposium*, 83-94. Austin: University of Texas Press.

Bisang, Walter. 2008. Grammaticalization and the areal factor: The perspective of East and mainland Southeast Asian languages. In: María José López-Couso and Elena Seoane (eds.), *Rethinking Grammaticalization: New Perspectives,* 15-35. Amsterdam: John Benjamins.

Bisang, Walter & Peter Rinderknecht (eds.) 1991. *Von Europa bis Ozeanien - von der Antonymie zum Relativsatz*. Arbeiten des Seminars für Allgemeine Sprachwissenschaft der Universität Zürich 11. Zürich: Universität Zürich.

Bloomfield, Leonard. 1933. *Language*. New York: Holt, Rinehart & Winston. (Reprinted in 1984. Chicago University Press.)

Bolinger, Dwight. 1977. *Meaning and Form*. London: Longman.

Bopp, Franz. 1816. *Über das Conjugationassystem der Sanskritsprache in Vergleichung mit Jenem der Griechischen, Lateinischen, Persischen und Germanischen Sprachen*. Frankfurt: Andreäische.

Bopp, Franz. 1833. *Vergleichende Grammatik des Sanskrit, Zend, Griechischen, Lateinischen, Litauischen, Altslawischen, Gothischen und Deutschen*. vol. 1. Berlin: F. Dümmler.

Boretzky, Norbert. 1989. Zum Interferenzverhalten des Romani. *Xeitschift für Phonetik, Sprachwissenschaft und Kommunikationsforschung* 42.3: 357-74.

Braunmüller, Kurt. 1978. Remarks on the formation of conjunctions in Germanic languages. *Nordic Journal of Linguistics* 1: 99-120.

Brinton, Laurel J. & Elizabeth C. Traugott. 2005. *Lexicalization and Language Change.* Cambridge: Cambridge University Press(최전승·서형국 역, 어휘화와 언어 변화, 2015, 서울: 역락).

Breu, Walter. 2004. Der definite Artikel in der obersorbischen Umgangssprache. In: Marion Krause & Christian Sappok (eds.), *Slavistische Linguistik 2002,* 9-57. Munich: Sagner.

Burridge, Kate. 1995. On the trail of the Conestoga modal: Recent movements of modal auxiliaries in Pennsylvania German. *La Trobe Working Papers in Linguistics* 8: 61-82.

Burridge, Kate. 1998. From modal auxiliary to lexical verb: The curious case of Pennylvania German wotte. In: Richard M. Hogg & Linda van Bergen (eds.), *Historical Linguistics 1995,* vol. 2: *Germanic Linguistics,* 19-33. Amsterdam: John Benjamins.

Bußmann, Hadumod. 1990. *Lexikon der Sprachwissenschaft.* 2nd revised edition. Stuttgart: Kröner.

Bybee, Joan L. & Östen Dahl. 1989. The creation of tense and aspect systems in the languages of the world. *Studies in Language* 13.1: 51-103.

Bybee, Joan L. 1985. *Morphology: A Study of the Relation Between Meaning and Form.* Typological Studies in Language 9. Amsterdam: John Benjamins.(이성하·구현정 역. 2000. 형태론: 의미-형태의 관계에 대한 연구. 서울: 한국문화사.)

Bybee, Joan L. 1986. On the nature of grammatical categories: A diachronic perspective. *Eastern States Conference on Linguistics* 2: 17-34.

Bybee, Joan L. 1988a. Semantic substance vs. contrast in the development of grammatical meaning. *Berkeley Linguistics Society.* 14: 247-264.

Bybee, Joan L. 1988b. The diachronic dimension in explanations. In: John A. Hawkins (ed.), *Explaining Language Universals,* 350-379. Oxford: Basil Blackwell.

Bybee, Joan L. & William Pagliuca. 1985. Cross linguistic comparison and the development of grammatical meaning. In: Jacek Fisiak (ed.), *Historical Semantics, Historical Word Formation,* 59-83 (Trends in Linguistics, Studies and Monographs 29). Berlin: Mouton de Gruyter.

Bybee, Joan L. & William Pagliuca. 1987. The evolution of future meaning. In: Anna Giacalone Ramat, Onofrio Carruba & Guilano Bernini (eds.), *Papers from the 7th International Conference on Historical Linguistics,* 59-83 (Current Issues in Linguistic Theory. 48). Amsterdam: John Benjamins.

Bybee, Joan L., William Pagliuca & Revere D. Perkins. 1991. Back to the future. In: Elizabeth Closs Traugott & Bernd Heine (eds.), *Approaches to Grammaticalization.* 2 vols., vol. 2: 17-58 (Typological Studies in Language 19). Amsterdam: John Benjamins.

Bybee, Joan L., William Pagliuca & Revere D. Perkins. 1994. *The Evolution of Grammar: Tense, Aspect, and Modality in the Languages of the World.* Chicago/London: The University of Chicago Press.

Campbell, Lyle. 2001. What's wrong with grammaticalization? *Language Sciences* 23: 113-161.

Carnap, Rudolf. 1955. On some concepts of pragmatics. *Philosophical Studies* 6. 89-91.

Chomsky, Noam. 1970. Remarks on Nominalization. In: Roderick A. Jacobs

& Peter S. Rosenbaum (eds.), *Readings in English Transformational Grammar*, 184-221. Waltham: Ginn.

Claudi, Ulrike & Bernd Heine. 1986. On the metaphorical base of grammar. *Studies in Language* 10: 297-335.

Coates, Jennifer. 1983. *The Semantics of the Modal Auxiliaries*. London/ Canberra: Croom Helm.

Colleman, Timothy & Bernard De Clerck. 2011. Constructional semantics on the move. On semantic specialization in the English double object construction. *Cognitive Linguistics* 22, 183-209.

Condillac, Etienne Bonnot de. 1746. *Essai sur l'Origine des Connaissances Humaines*. Paris.

Condillac, Etienne Bonnot de. 1749. *Traité des Systèmes*. Paris: Ch. Houel.

Coseriu, Eugenio. 1974. *Synchronie, Diachronie und Geschichte. Das Problem des Sprachwandels*. Munich: Wilhelm Fink.

Cowan, J. Ronayne & Russell G. Schuh. 1976. *Spoken Hausa*. Part 1: *Hausa Language - Grammar*. Ithaca, N.Y.: Spoken Language Services, Inc.

Craig, Collette. 1991. Ways to go in Rama: a case study in polygrammaticalization. In: Elizabeth Closs Traugott & Bernd Heine (eds.), *Approaches to Grammaticalization*. 2 vols., vol. 2: 455-492 (Typological Studies in Language 19). Amsterdam: John Benjamins.

Craig, Collette (ed.). 1986. *Noun Classes and Categorization*. Amsterdam: Benjamins.

Croft, William. 1991. *Syntactic Categories and Grammatical Relations*. Chicago: University of Chicago Press.

Croft, William. 2001. *Radical Construction Grammar: Syntactic Theory in Typological Perspective*. Oxford: Oxford University Press.

Crystal, David. 1991. *A Dictionary of Linguistics and Phonetics* (The Language

Library). 3rd edition. Oxford: Blackwell.

Dahl, Östen. 1985. *Tense and Aspect Systems.* Oxford: Blackwell.

Dahl, Östen. 1996. A posting on Linguist List 7.1158. August 18, 1996.

Dahl, Östen. 2000. The tense-aspect systems of European languages in a typological perspective. In: Östen Dahl (ed.), *Tense and Aspect in the Languages of Europe,* 3-25. Berlin: Mouton de Gruyter.

Diehl, Lon. 1975. Space case: Some principles and their implications concerning linear order in natural language. *Working Paper* 19. University of North Dakota. Summer Institute of Linguistics.

Diewald, Gabriel. 2006. Discourse particles and modal particles as grammatical elements. In: Kerstin Fischer (ed.), *Approaches to Discourse Particles,* 403-425. Amsterdam: Elsevier.

Diewald, Gabriel. 2011. Pragmaticalization (defined) as grammaticalization of discourse functions. *Linguistics* 49.2: 365-390.

Dik, Simon C. 1978. *Functional Grammar* (North-Holland Linguistic Series 37). Amsterdam: North-Holland Publishing.

Dostie, Gaétane. 2004. *Pragmaticalisation et marqueurs discursifs: Analyse sémantique et traitement lexicographique.* Brussels: De Boeck.

Dryer, Matthew. 1980. The positional tendencies of sentential noun phrases in universal grammar. *The Canadian Journal of Linguistics* 25.2: 123-195.

Ebert, Karen H. 1991. Vom Verbum Dicendi zur Konjunktion: Ein Kapitel Universaler Grammatikentwicklung. In: Walter Bisang & Peter Rinderknecht (eds.), *Von Europa bis Ozeanien - von der Antonymie zum Relativsatz,* 77-95 (Arbeiten des Seminars für Allgemeine Sprachwissenschaft der Universität Zürich 11). Zürich: Universität Zürich.

Everbroeck, Rene van. 1958. *Grammaire et Exercices Lingala.* Standaard-Boekhandel S. A. Anvers-Leopoldville.

Falsgraf·박인선 (Falsgraf, Carl & Insun Park). 1994. Synchronic and diachronic aspects of complex predicates in Korean and Japanese. *Japanese/ Korean Linguistics* 4, 221-237.

Faltz, Leonard M. 1989. A role for inference in meaning change. *Studies in Language.* 13: 317-331.

Fernández, Francisco, Miguel Fuster & Juan José Calvo (eds.). 1994. *English Historical Linguistics 1992. Papers from the 7th International Conference on English Historical Linguistics, Valencia, 1992.* Amsterdam: John Benjamins.

Fillmore, Charles J. 1968. The case for case. In: Emmon Bach & Robert T. Harms (eds.), *Universals in Linguistic Theory,* 1-88. New York: Holt, Rinehart and Winston.

Fisiak, Jacek (ed.). 1985. *Historical Semantics, Historical Word Formation* (Trends in Linguistics, Studies and Monographs 29). Berlin: Mouton de Gruyter.

Fleischman, Suzanne. 1982. *The Future in Thought and Language: Diachronic Evidence from Romance* (Cambridge Studies in Linguistics 36). Cambridge: Cambridge University Press.

Fleischman, Suzanne. 1983. From pragmatics to grammar: Diachronic reflections on complex pasts and futures in Romance. *Lingua* 60: 183-214.

Frajzyngier, Zygmunt. 1991. The *de dicto* domain in language. In: Elizabeth Closs Traugott & Bernd Heine (eds.), *Approaches to Grammaticalization.* 2 vols., vol. 1: 219-251 (Typological Studies in Language 19). Amsterdam: John Benjamins.

Frajzyngier, Zygmunt. 1996. *Grammaticalization of the Complex Sentence. A Case Study in Chadic.* Amsterdam: John Benjamins.

Fraser, Bruce. 1996. Pragmatic markers. *Pragmatics* 6: 167-190.

Friedländer, Marianne. 1974. *Lehrbuch des Susu.* Leipzig: VEB Verlag Enzy-klopädie.

Fromkin, Victoria & Robert Rodman. 1993. *An Introduction to Language.* 5th ed. New York: Hartcourt Brace College Publishers.

Gabelentz, Georg von der. 1901[1891]. *Die Sprachwissenschaft: Ihre Aufgaben, Methoden und Bisherigen Ergebnisse* (2nd ed.). Leipzig: Weigel Nachfolger.

Geis, Michael L. & Arnold M. Zwicky. 1971. On invited inferences. *Linguistic Inquiry* 2: 561-566.

Gelderen, Elley van. 2011. *The Linguistic Cycle: Language Change and the Language Faculty.* Oxford: Oxford University Press.

Genetti, Carol. 1986. The grammaticalization of the Newari verb *tol. Linguistics of Tibeto-Burman Area* 9.2: 53-70.

Genetti, Carol. 1991. From postposition to subordinator in Newari. In: Elizabeth C. Traugott & Bernd Heine (eds.), *Approaches to Grammaticalization,* 2 vols. vol. 2: 227-255. Amsterdam: John Benjamins.

Giacalone Ramat, Anna. 1998. Testing the boundaries of grammaticalization. In: Anna Giacalone Ramat & Paul Hopper (eds.), *The Limits of Grammaticalization.* Amsterdam: John Benjamins. 107-127.

Givón, Talmy. 1971. Historical syntax and synchronic morphology: An archaeo-logist's field trip. *Chicago Linguistic Society.* 7: 394-415.

Givón, Talmy. 1973. The time-axis phenomenon. *Language* 49.4: 890-925.

Givón, Talmy. 1975. Serial verbs and syntactic change: Niger-Congo. In: Charles N. Li (ed.), *Word Order and Word Order Change,* 47-112. Austin: University of Texas Press.

Givón, Talmy. 1976. Topic, pronoun, and grammatical agreement. In: Charles N. Li (ed.), *Subject and Topic,* 149-188. New York: Academic Press.

Givón, Talmy. 1981. On the development of the numeral 'one' as an indefinite marker. *Folia Linguistica Historica.* 2.1: 35-53.

Givón, Talmy. 1989. *Mind, Code and Context: Essays in Pragmatics.* Hillsdale: Erlbaum.

Givón, Talmy. 1991a. Serial verbs and the mental reality of 'event': Grammatical vs. cognitive packaging. In: Elizabeth Closs Traugott & Bernd Heine (eds.), *Approaches to Grammaticalization.* 2 vols., vol. 1: 81-127 (Typological Studies in Language 19). Amsterdam: John Benjamins.

Givón, Talmy. 1991b. The evolution of dependent clause morpho-syntax in Biblical Hebrew. In: Elizabeth Closs Traugott & Bernd Heine (eds.), *Approaches to Grammaticalization.* 2 vols., vol. 2: 257-310 (Typological Studies in Language 19). Amsterdam: John Benjamins.

Givón, Talmy (ed.). 1979. *Discourse and Syntax.* Syntax and Semantics 12. New York: Academic Press.

Goldberg, Adele E. 1995. *Constructions: A Construction Grammar Approach to Argument Structure.* Chicago: The University of Chicago Press.

Goldberg, Adele E. 2006. *Constructions at Work: The Nature of Generalization in Language.* Oxford: Oxford University Press.

Greenberg, Joseph H. 1966[1963]. Some universals of grammar with particular reference to the order of meaningful elements. In: Joseph H. Greenberg (ed.). *Universals of Language,* 73-113. The MIT Press.

Greenberg, Joseph H. 1978. How does a language acquire gender markers? In: Joseph H. Greenberg, Charles A. Ferguson, and Edith Moravcsik (eds.), *Universals of Human Language* 4 vols, vol. 3: 47-82: Stanford: Stanford University Press.

Greenberg, Joseph H. 1985. Some iconic relationships among place, time, and discourse deixis. In: John Haiman (ed.), *Iconicity in Syntax: Proceedings of a Symposium on Iconicity in Syntax, Stanford, June 24-26, 1983,* 271-287. Amsterdam: John Benjamins.

Greenberg, Joseph H., Charles A. Ferguson, and Edith Moravcsik (eds.). 1978. *Universals of Human Language.* Stanford: Stanford University Press. 4 vols.

Grosjean, François. 1982. *Life with Two Languages: An Introduction to Bilingualism.* Cambridge: Harvard University Press.

Haiman, John. 1978. Conditionals are topics. *Language* 54: 564-589.

Haiman, John. 1991. The last stages of grammatical elements: contractive and expansive desemanticization. In: Elizabeth Closs Traugott & Bernd Heine (eds.), *Approaches to Grammaticalization.* 2 vols., vol. 1: 301-314 (Typological Studies in Language 19). Amsterdam: John Benjamins.

Halliday, Michael. A. K. 1961. Categories of the theory of grammar. *Word* 17: 241-292.

Hannan, Michael. 1987. *Standard Shona Dictionary.* Harare: The College Press.

Harris, Martin & Paolo Ramat (eds.). 1987. *Historical Development of Auxiliaries.* Berlin: Mouton de Gruyter.

Harris, Martin. 1982. The 'Past Simple' and 'Present Perfect' in Romance. In: Nigel Vincent & Martin Harris (eds.), *Studies in the Romance Verb,* 42-70. London: Croom Helm.

Haspelmath, Martin. 1990. The grammaticalization of passive morphology. *Studies in Language* 14.1: 25-72.

Haspelmath, Martin. 1996. A posting at Linguist List 7.1158. August 18, 1996.

Haspelmath, Martin. 1999. Why is grammaticalization irreversible? *Linguistics* 37.6: 1043-1068.

Hapelmath, Martin. 2004. On directionality in language change with particular reference to grammaticalization. In: Olga Fischer, Muriel Norde & Harry Perridon (eds.), *Up and Down the Cline: The Nature of Grammaticalization,* 17-44. Amsterdam: John Benjamins.

Hawkins, John A. 1983. *Word Order Universals.* New York: Academic Press.

Hawkins, John A. (ed.). 1988. *Explaining Language Universals.* Oxford: Basil Blackwell.

Heine, Bernd. 1981. (collection of manuscripts, consisting of:). The morphological cycle; Nominal number inflections, prepositions, complementizer, etc.; Some basic processes; Tense and aspect. Köln: Institut für Afrikanistik, Universität zu Köln.

Heine, Bernd. 1992. Grammaticalization chains. *Studies in Language* 16.2: 335-368.

Heine, Bernd. 1993. *Auxiliaries: Cognitive Forces and Grammaticalization.* Oxford: Oxford University Press.

Heine, Bernd. 1994a. Areal influence on grammaticalization. In: Martin Pütz (ed.), *Language Contact and Language Conflict,* 55-68. Amsterdam: John Benjamins.

Heine, Bernd. 1994b. Grammaticalization as an explanatory parameter. In: William Pagliuca (ed.), *Perspectives of Grammaticalization,* 255-287. Amsterdam: John Benjamins.

Heine, Bernd. 1994c. *Some Principles of Grammaticalization.* Handout for 1992 Stanford/Berkeley grammaticalization workshop.

Heine, Bernd. 1995. *Conceptual Sources of Grammar.* Course packet for LSA Linguistics Institute 1995 lecture, Albuquerque, NM.

Heine, Bernd. 1997a. *Cognitive Foundations of Grammar.* Oxford: Oxford University Press.(이성하 · 구현정 역. 문법의 인지적 기초. 2004. 서울:

박이정).

Heine, Bernd. 1997b. *Possession.* Cambridge: Cambridge University Press.

Heine, Bernd. 2004. On the nature of the unidirectionality principle in grammaticalization. 한국외국어대학교 언어연구소 초청특강, 2004년 10월 22일.

Heine, Bernd & Ulrike Claudi. 1986. *On the Rise of Grammatical Categories: Some Examples from Maa* (Kölner Beiträge zur Afrikanistik 13). Berlin: Dietrich Reimer.

Heine, Bernd, Ulrike Claudi & Friederike Hünnemeyer. 1991a. *Grammaticalization: A Conceptual Framework.* Chicago: The University of Chicago Press.

Heine, Bernd, Ulrike Claudi & Friederike Hünnemeyer. 1991b. From cognition to grammar. In: Elizabeth Closs Traugott & Bernd Heine (eds.), *Approaches to Grammaticalization.* 2 vols., vol. 1: 149-187 (Typological Studies in Language 19). Amsterdam: John Benjamins.

Heine, Bernd, Tom Güldemann, Christa Kilian-Hatz, Donald A. Lessau, Heinz Roberg, Mathias Schladt & Thomas Stolz. 1993. *Conceptual Shift: A Lexicon of Grammaticalization Processes in African Languages.* AAP 34/35. Universität zu Köln.

Heine, Bernd & Tania Kuteva. 2002. *World Lexicon of Grammaticalization.* Cambridge: Cambridge University Press.

Heine, Bernd & Tania Kuteva. 2005. *Language Contact and Grammatical Change.* Cambridge: Cambridge University Press.

Heine, Bernd & Tania Kuteva. 2006. *The Changing Languages of Europe.* Oxford: Oxford University Press.

Heine, Bernd & Tania Kuteva. 2011. The areal dimension of grammaticalization. In: Heiko Narrog & Bernd Heine (eds.), *The Oxford Handbook of Grammaticalization,* 291-301. Oxford: Oxford University Press.

Heine, Bernd & Mechthild Reh. 1984. *Grammaticalization and Reanalysis in African Languages.* Hamburg: Helmut Buske.

Herring, Susan C. 1988. Aspect as a discourse category in Tamil. *Berkeley Linguistics Society* 14: 280-292.

Herring, Susan C. 1991. The grammaticalization of rhetorical questions in Tamil. In: Elizabeth Closs Traugott & Bernd Heine (eds.), *Approaches to Grammaticalization.* 2 vols., vol. 1: 253-284 (Typological Studies in Language 19). Amsterdam: John Benjamins.

Hilpert, Martin. 2008. *Germanic Future Constructions. A Usage-based Approach to Language Change.* Amsterdam: John Benjamins.

Himmelmann, Nikolaus. P. 2004. Lexicalization and grammaticalization. Opposite or orthogonal? In: Walter Bisang, Nikolaus. P. Himmelmann, & B. Wiemer (eds.), *What Makes Grammaticalization. A look from its components and its fringes,* 21-42. Berlin: Mouton de Gruyter.

Hjelmslev, Louis. 1935. La catégorie des cas. *Acta Jutlandica* 7.1: i-xii, 1-184. 9.2: i-vii, 1-78.

Hopper, Paul J. 1979. Aspect and foregrounding in discourse. In: Talmy Givón (ed.), *Syntax and Semantics, Discourse and Syntax,* vol. 12, 213-241. New York: Academic Press.

Hopper, Paul J. (ed.). 1982a. *Tense-Aspect: Between Semantics and Pragmatics.* Amsterdam: Benjamins.

Hopper, Paul J. 1982b. Aspect between discourse and grammar. In: Paul J. Hopper (ed.), *Tense-Aspect: Between Semantics and Pragmatics,* 3-18. Amsterdam: Benjamins.

Hopper, Paul J. 1986. Some discourse functions of classifiers in Malay. In: Collette Craig (ed.), *Noun Classes and Categorization,* 309-325.

Amsterdam: Benjamins.

Hopper, Paul J. 1987. Emergent grammar. *Berkeley Linguistics Society* 13: 139-157.

Hopper, Paul J. 1991. On some principles of grammaticalization. In: Elizabeth Closs Traugott & Bernd Heine (eds.), *Approaches to Grammaticalization*. 2 vols., vol. 1: 17-35 (Typological Studies in Language 19). Amsterdam: John Benjamins.

Hopper, Paul J. & Sandra Thompson. 1984. The discourse basis for lexical categories in universal grammar. *Language* 60: 703-783.

Hopper, Paul J. & Sandra Thompson. 1985. The iconicity of the universal categories 'noun' and 'verb'. In: John Haiman (ed.), *Iconicity in Syntax: Proceedings of a Symposium on Iconicity in Syntax, Stanford, June 24-26, 1983*, 151-183. Amsterdam: John Benjamins.

Hopper, Paul J. & Elizabeth Closs Traugott. 2003[1993]. *Grammaticalization*. Cambridge: Cambridge University Press(초판 김은일·박기성·채영희 역, 문법화, 1999 서울: 한신문화사).

Horn Tooke, John. 1857. *Epea Pteroenta or the Diversions of Purley*. 2 vols. London.

Humboldt, Wilhelm von. 1825. Über das Entstehen der grammatischen Formen und ihren Einfluß auf die Ideenentwicklung: Gelesen in der Academie der Wissenschaften am 17. Januar 1822. *Abhandlungen der Königlichen Akademie der Wissenschaften zu Berlin*. 401-430.

Jacobs, Roderick A. & Peter S. Rosenbaum (eds.). 1970. *Readings in English Transformational Grammar*. Waltham: Ginn.

Janda, Richard D. 2001. Beyond 'pathways' and 'unidirectionality': on the discontinuity of language transmission and the counterability of grammaticalization. *Language Sciences* 23.2-3: 265-340.

Jeffers, Robert J. & Arnold M. Zwicky. 1980. The evolution of clitics. In: Elizabeth Closs Traugott, Rebecca Labrum & Susan Shepherd (eds.), *Papers from the 4th International Conference on Historical Linguistics*, 221-231 (Amsterdam Studies in the Theory and History of Linguistic Science 14). Amsterdam: John Benjamins.

Jesperson, Otto. 1924. *The Philosophy of Grammar*. London: George Allen & Unwin.

Jesperson, Otto. 1942. *A Modern English Grammar*. London: George Allen.

Johansson, Stig & Knut Hofland. 1989. *Frequency Analysis of English Vocabulary and Grammar Based on LOB Corpus*. 2 vols. Oxford: Clarendon Press.

Joseph, Brian D. 2001. Is there such a thing as 'grammaticalization?' *Language Sciences* 23: 163-186.

Kölver, Ulrike. 1984. *Local Prepositions and Serial Verb Constructions in Thai*. Arbeiten des Kölner Universalien-Projekts (AKUP) 56. Köln: Universität zu Köln.

König, Ekkehard. 1988. Concessive connectives and concessive sentences: cross-linguistic regularities and pragmatic principles. In: John A. Hawkins (ed.), *Explaining Language Universals*, 145-166. Oxford: Basil Blackwell.

Knoob, Stefan. 2008. 한국어 '피동성 표현'의 지위: 유형론적 문법화의 관점에서. 한글 282: 155-194.

Krönlein, Johann Georg. 1889. *Wortschatz der Khoi-Khoin*. Berlin: Deutsche Kolonialgesellschaft.

Kuryłowicz, Jerzy. 1975[1965]. The evolution of grammatical categories. In: Eugenio Coseriu (ed.), *Esquisses Linguistiques II*, 38-54. Munich: Fink.

Kuteva, Tania. 2001a. *Auxiliation: An Enquiry into the Nature of Grammaticali-*

zation. Oxford: Oxford University Press(김주식 역, 문법화의 본질, 2006, 서울: 한국문화사).

Kuteva, Tania. 2001b. Diachronic stability of grammatical categories and areal grammaticalization. *General Linguistics* 38: 109-132.

Labov, William. 1974. Language change as a form of communication. In: Albert Silverstein (ed.), *Human Communication*, 221-256. Hillsdale: Erlbaum.

Lakoff, George & Mark Johnson, 1980. *Metaphors We Live By.* Chicago: The University of Chicago Press.

Lakoff, George & Mark Turner. 1989. *More Than Cool Reason: A Field Guide to Poetic Metaphor.* Chicago: The University of Chicago Press.

Laman, Karl E. 1912. *Grammar of the Kongo Language (Kikongo).* New York: Christian Alliance Publishing.

Langacker, Ronald W. 1977. Syntactic reanalysis. In: Charles N. Li (ed.), *Mechanisms of Syntactic Change*, 57-139. Austin: University of Texas Press.

Langacker, Ronald W. 1990. Subjectification. *Cognitive Linguistics* 1: 5-38.

Lauwers, Peter, Gudrun Vanderbauwhede & Stijn Verleyen. 2012. Introduction. In: Peter Lauwers, Gudrun Vanderbaushede, & Stijn Verleyen (eds.), *Pragmatic Markers and Pragmaticalization,* 1-9. Amsterdam: John Benjamins.

Lecercle, Jean-Jacques. 1990. *The Violence of Language.* London: Routledge.

Lehmann, Christian. 1974. Isomorphismus im sprachlichen Zeichen. In: Hansjakob Seiler (ed.), *Linguistic Workshop II. Arbeiten des Kölner Universalienprojekts 1973/74,* 98-123 (Structura 8). Munich: Fink.

Lehmann, Christian. 1982. *Thoughts on Grammaticalization: A Programmatic Sketch.* vol. 1. Arbeiten des Kölner Universalien-Projekts (AKUP) 48. Cologne: Universität zu Köln. Institut für Sprachwissenschaft (3rd ed.

2015. Classics in Linguistics 1. Berlin: Language Science Press).

Lehmann, Christian. 2015. *Thoughts on Grammaticalization* (3rd ed.). Classics in Linguistics 1. Berlin: Language Science Press.

Lehmann, Christian. 1991. Grammaticalization and related changes in contemporary German. In: Elizabeth Closs Traugott & Bernd Heine (eds.), *Approaches to Grammaticalization.* 2 vols., vol. 2: 493-535 (Typological Studies in Language 19). Amsterdam: John Benjamins.

Lehmann, Winfred P. 1963. *Historical Linguistics: An Introduction.* New York: Holt, Rinehart & Winston.

Lehmann, Winfred P. 1982. Development of conditional clauses in Early Sanskrit. Paper presented at the American Oriental Society Meeting, March 30, 1982.

Lehmann, Winfred P. & Yakov Malkiel (eds.). 1968. *Directions for Historical Linguistics: a Symposium.* Austin: University of Texas Press.

Lehmann, Winfred P. & Yakov Malkiel (eds.). 1982. *Perspectives in Historical Linguistics.* Amsterdam: John Benjamins.

Lessau, Donald A. 1994. *A Dictionary of Grammaticalization.* 3 vols. Bochum: Universitätsverlag Dr. N. Brockmeyer.

Li, Charles N. (ed.). 1975. *Word Order and Word Order Change.* Austin: University of Texas Press.

Li, Charles N. (ed.). 1976. *Subject and Topic.* New York: Academic Press.

Li, Charles N. (ed.). 1977. *Mechanisms of Syntactic Change.* Austin/London: University of Texas Press.

Li, Charles N. & Sandra A. Thompson. 1974a. Co-verbs in Mandarin Chinese: Verbs or prepositions? *Journal of Chinese Linguistics* 2.3: 257-278.

Li, Charles N. & Sandra A. Thompson. 1974b. An explanation of word order change SVO → SOV. *Foundations of Language* 12: 201-214.

Li, Charles N. & Sandra A. Thompson. 1974c. Historical change of word order: A case study in Chinese and its implications. In: John M. Anderson & Charles Jones (eds.), *Historical Linguistics. Proceedings of the First International Conference on Historical Linguistics, Edinburgh, September, 1973*, 199-217. Amsterdam: North-Holland.

Li, Charles N. & Sandra A. Thompson. 1975. The semantic function of word-order: A case study in Mandarin. In: Charles N. Li (ed.), *Word Order and Word Order Change*, 163-195. Austin: University of Texas Press.

Li, Charles N. & Sandra A. Thompson. 1976. Development of the causative in Mandarin Chinese: interaction of diachronic processes in syntax. In: Masayoshi Shibatani (ed.), *The Grammar of Causative Constructions*, 477-492. New York: Academic Press.

Lichtenberk, Frantisek. 1990. Semantic change and heterosemy in grammaticalization: developments of the verbs 'go', 'come', and 'return' in Oceanic languages. ms. University of Auckland (Published as Lichtenberk 1991).

Lichtenberk, Frantisek. 1991. Semantic change and heterosemy in grammaticalization. *Language* 67.3: 475-509.

Lightfoot, David. 1982. *The Language Lottery: Toward a Biology of Grammars*. Cambridge: The MIT Press.

Lightfoot, David. 1989. The child's trigger experience. *Brain and Behavioral Sciences* 12: 321-375.

Lightfoot, David. 1991. *How to Set Parameters: Arguments from Language Change*. Cambridge: The MIT Press.

Lord, Carol. 1973. Serial verbs in transition. *Studies in African Linguistics* 4.3: 269-296.

Lord, Carol. 1976. Evidence for syntactic reanalysis: From verb to complementizer in Kwa. Sanford B. Steever, Carol A. Walker & Salikoko S. Mufwene (eds.), *Papers from the Parasession on Diachronic Syntax, April 22, 1976*, 179-191. Chicago: Chicago Linguistic Society.

Lord, Carol. 1993. *Historical Change in Serial Verb Constructions*. Typological Studies in Language (TSL) 26. Amsterdam: John Benjamins.

Lyons, John. 1968. *Introduction to Theoretical Linguistics*. Cambridge: Cambridge University Press.

Lyons, John. 1977. *Semantics*. 2 vols. Cambridge: Cambridge University Press.

Marchand, Hans. 1969. *The Categories and Types of Present-Day English Word-Formation*. München: Verlag C. H. Beck.

Marchese, Lynell. 1984. Tense innovation in the Kru language family. *Studies in African Linguistics* 15.2: 189-213.

Marchese, Lynell. 1986. *Tense/Aspect and the Development of Auxiliaries in Kru Languages*. Arlington: The Summer Institute of Linguistics.

Matisoff, James A. 1991. Areal and universal dimensions of grammatization in Lahu. In: Elizabeth Closs Traugott & Bernd Heine (eds.), *Approaches to Grammaticalization*. 2 vols., vol. 2: 383-453 (Typological Studies in Language 19). Amsterdam: John Benjamins.

Matras, Yaron. 2011. Grammaticalization and language contact. In: Heiko Narrog & Bernd Heine (eds.) *The Oxford Handbook of Grammaticalization*, 279-290. Oxford: Oxford University Press.

Matsumoto, Yo. 1988. From bound grammatical markers to free discourse markers: history of some Japanese connectives. *Berkeley Linguistics Society* 14: 340-351.

Meillet, Antoine. 1912. L'évolution des formes grammaticales. *Scientia* 12. (Reprinted in Meillet. 1948. *Linguistique Historique et Linguistique*

Générale. 1, 130-148. Paris: Edouard Champion.

Michael, Ian. 1970. *English Grammatical Categories and the Tradition to 1800.* Cambridge: Cambridge University Press.

Moreno Cabrera, Juan C. 1998. On the relationship between grammaticalization and lexicalization. In: Anna Giacalone Ramat & Paul J. Hopper (eds.), *The Limits of Grammaticalization,* 209-227. Amsterdam: John Benjamins.

Myhill, John. 1988. The grammaticalization of auxiliaries: Spanish clitic climbing. *Berkeley Linguistics Society* 14: 352-363.

Narrog, Heiko & Bernd Heine (eds.). 2011. *The Oxford Handbook of Grammaticalization.* Oxford: Oxford University Press.

Narrog, Heiko · 이성하 (Narrog, Heiko & Seongha Rhee). 2013. Grammaticalization of space in Korean and Japanese. In: Martine Robbeets & Hubert Cuyckens (eds.), *Shared Grammaticalization with Special Focus on the Transeurasian Languages,* 287-315. Amsterdam: John Benjamins.

Nayar, Devi. 1983. *Verb Sequences in Malayalam.* Ph.D. dissertation. Jawaharlal Nehru University, New Dehli.

Newman, Paul & Russel G. Schuh. 1974. The Hausa aspect system. *Afroasiatic Linguistics.* 1.1: 1-39.

Newmeyer, Frederick. 1998. *Language Form and Language Function.* Cambridge: The MIT Press.

Newmeyer, Frederick. 2001. Deconstructing grammaticalization. *Language Sciences* 23: 187-229.

Nichols, Johanna & Alan Timberlake. 1991. Grammaticalization as retextualization. In: Elizabeth Closs Traugott & Bernd Heine (eds.), *Approaches to Grammaticalization.* 2 vols., vol. 1: 129-146 (Typological Studies in Language 19). Amsterdam: John Benjamins.

Nida, Eugene A. 1946. *Morphology: The Descriptive Analysis of Words.* Ann Arbor: University of Michigan Press.

Norde, Muriel. 2009. *Degrammaticalization.* Oxford: Oxford University Press (김진수·박미자·이숙의·이연옥 역, 탈문법화, 2013, 서울: 역락).

Norde, Muriel. 2012. Lehmann's parameters revisited. In: Kristin Davidse, Tine Breban, Lieselotte Brems & Tanja Mortelmans (eds.), *Grammaticalization and Language Change: New Reflections,* 73-109. Amsterdam: John Benjamins.

Ohori, Toshio (ed.). 1998. *Studies in Japanese Grammaticalization: Cognitive and Discourse Perspectives* (Linguistics Workshop Series 6). Tokyo: Kurosio Publishers.

Ono, Tsuyoshi. 1992. The grammaticalization of the Japanese verbs *oku* and *shimau. Cognitive Linguistics* 3.4: 367-390.

Ono, Tsuyoshi & Ryoko Suzuki. 1992. The development of a marker of speaker's attitude: The pragmatic use of the Japanese grammaticalized verb *shimau* in conversation. *Berkeley Linguistics Society* 18: 204-213.

Ortony, Andrew (ed.). 1979. *Metaphor and Thought.* Cambridge: Cambridge University Press.

Oxford English Dictionary, The. 1991. (2nd edition). Oxford: Oxford University Press.

Palmer, Frank Robert. 1993[1986]. *Mood and Modality.* Cambridge: Cambridge University Press.

Peirce, Charles Sanders. 1931. *Collected Papers.* ed. by Charles Hartshorne & Paul Weiss. Cambridge: Harvard University Press.

Percy, Walker. 1958. Metaphor as Mistake. *Sewanee Review* 66: 79-99.

Pinker, Steven. 1994. *The Language Instinct: How the Mind Creates Language.* New York: William Morrow and Company.

Pinkster, Harm. 1987. The strategy and chronology of the development of future and perfect tense auxiliaries in Latin. In: Martin Harris & Paolo Ramat (eds.), *Historical development of auxiliaries,* 193-223. Berlin: Mouton de Gruyter.

Pohl, Heinz Dieter & Nujikau Salnikow (eds.). 1976. *Opuscula Slavica et Linguistica.* Klagenfurt: A. Issatschenko.

Post, Marike. 1991. Serial verb constructions in Fa d'Ambu. Paper presented at the 21st Colloquium on African Languages and Linguistics, University of Leiden, September 1-4, 1991.

Prost, André. 1964. *Contribution à l'Étude des Langues Voltaiques.* (Mémoires de l'Institut Français d'Afrique Noire, 70). Dakar: IFAN.

Ramat, Paolo. 1992. Thoughts on degrammaticalization. *Linguistics* 30: 549-560.

Ramat, Anna Giacalone, Onofrio Carruba & Guilano Bernini (eds.). 1987. *Papers from the 7th International Conference on Historical Linguistics* (Current Issues in Linguistic Theory 48). Amsterdam: John Benjamins.

Raumolin-Brunberg, Helena. 1994. Prototype categories and variation studies. In: Francisco Fernández, Miguel Fuster & Juan José Calvo (eds.), *English Historical Linguistics 1992. Papers from the 7th International Conference on English Historical Linguistics, Valencia, 1992,* 287-303. Amsterdam: John Benjamins.

Reddy, Michael. 1979. The conduit metaphor - A case of frame conflict in our language about language. In: Andrew Ortony (ed.), *Metaphor and Thought,* 284-324. Cambridge: Cambridge University Press.

Romaine, Suzanne. 1982. *Socio-Historical Linguistics: Its Status and Methodology.* Cambridge: Cambridge University Press.

Rubba, Jo. 1990. From content to function word: The development of prepositions in Neo-Aramaic. Paper presented at the Conference on Explanation in Historical Linguistics, University of Wisconsin, Milwaukee, April 20-22, 1990.

Sadock, Jerrold & Carl Olsen. 1976. Phonological processes across word-boundary in West Greelandic. *Papers in Eskimo and Aleut Linguistics.* Chicago Linguistic Society.

Sankoff, Gillian. 1977. Variability and explanation in language and culture: clitization in New Guinea Tok Pisin. In: Muriel Saville-Troike (ed.), *Linguistics and Anthropology,* 59-73 (Georgetown University Round Table on Languages and Linguistics).

Sapir, Edward. 1921. *Language: An Introduction to the Study of Speech.* New York: Harcourt, Brace & World.

Sapir, Edward. 1965. *A Grammar of Diola Fogny.* Cambridge: Cambridge University Press.

Saussure, Ferdinand de. 1916. *Cours de Linguistique Générale.* Paris: Payot.

Schffrin, Deborah. 1994[1987]. *Discourse Markers.* Cambridge: Cambridge University Press.

Schlegel, August Wilhelm von. 1818. *Observations sur la Langue et Littérature Provençales.* Paris: Librarie Grecque-Latine-Allemande.

Schlesinger, Izchak M. 1979. Cognitive structures and semantic deep structures: The case of the instrumental. *Journal of Linguistics* 15: 307-324.

Seiler, Hansjakob (ed.). 1974. *Linguistic Workshop II. Arbeiten des Kölner Universalienprojekts 1973/74.* Structura 8. Munich: Fink.

Shibatani, Masayoshi. 1991. Grammaticalization of topic into subject. In: Elizabeth Closs Traugott & Bernd Heine (eds.), *Approaches to Grammaticalization.* 2 vols., vol. 2: 93-133 (Typological Studies in Language 19). Amsterdam: John Benjamins.

Silverstein, Albert (ed.). 1974. *Human Communication*. Hillsdale: Erlbaum.

Spagnolo, Fr. Lorenzo M. 1933. *Bari Grammar*. Verona: Missioni Africane.

Stassen, Leon. 1985. *Comparison and Universal Grammar*. Oxford: Basil Blackwell.

Stolz, Thomas. 1986. *Gibt es das kreolische Sprachwandelmodell? Vergleichende Grammatik des Negerholländischen* (Linguistik 46). Frankfurt a. M.: Peter Lang.

Strauss, Susan. 1994. A cross-linguistic analysis of Japanese, Korean, and Spanish: *-te shimau, -a/e pelita,* and the Romance reflexive *se*. *Japanese/Korean Linguistics* 4: 257-273.

Strauss, Susan. 1997. A cognitive account of the Korean morpheme *-se*: A marker of inclusiveness. *Japanese/Korean Linguistics* 6: 677-693.

Strauss, Susan. 1998a. Distinctions in completives: Japanese *-te shimau* and Korean *-a/e pelita* and *-ko malta*. Paper presented at the annual meeting of the Linguistic Society of America, New York, N.Y.

Strauss, Susan. 1998b. 'It just happened that way': The grammaticalization of accidentality in *-a/e pelita* and *-ko malta* as markers of completive aspect and affective stance. *Selected Papers from the 11th International Conference on Korean Linguistics, July 6-9, 1998.* University of Hawaii at Manoa. Seoul: Hankook Publisher.

Strauss, Susan. 2002. Distinctions in completives: The relevance of resistance in Korean *V-a/e pelita* and *V-ko malta* and Japanese *V-te shimau*. *Journal of Pragmatics* 34: 143-166.

Strauss, Susan. 2003. A cognitive account of the Korean morpheme *-se*. *Language Sciences* 25: 375-392.

Strauss, Susan. 2005. Cognitive realization markers in Korean: A discourse-pragmatic study of the sentence-ending particles *-kwun, -ney* and *-tela*.

Language Sciences 27: 437-480.

Strauss·손성옥 (Strauss, Susan & Sung-Ock Sohn). 1998 Grammaticalization, aspect, and emotion: The case of Japanese *-te shimau* and Korean *-a/e pelita*. *Japanese/Korean Linguistics* 8: 217-230.

Svorou, Soteria. 1988. *The Experiential Basis of the Grammar of Space: Evidence from the Languages of the World*. Ph.D. dissertation. University of New York at Buffalo (Published as Svorou 1994).

Svorou, Soteria. 1994. *The Grammar of Space* (Typological Studies in Language 25). Amsterdam: John Benjamins.

Sweetser, Eve Eliot. 1988. Grammaticalization and semantic bleaching. *Berkeley Linguistics Society* 14: 389-405.

Sweetser, Eve Eliot. 1990. *From Etymology to Pragmatics: Metaphorical and Cultural Aspects of Semantic Structure* (Cambridge Studies in Linguistics 54). Cambridge: Cambridge University Press.

Tai, James H.-Y. 1985. Temporal sequence and Chinese word order. In: John Haiman (ed.), *Iconicity in Syntax: Proceedings of a Symposium on Iconicity in Syntax, Stanford, June 24-26, 1983*, 49-72. Amsterdam: John Benjamins.

Talmy, Leonard. 1981. Force dynamics. Paper presented at the conference on Language and Mental Imagery, May 1981, University of California at Berkeley.

Talmy, Leonard. 1983. How language structures space. In: Herbert Pick & Linda Acredolo (eds.), *Spatial Orientation: Theory, Research and Application.*, 225-282. New York: Plenum Press.

Talmy, Leonard. 1985. Lexicalization patterns: Semantic structure in lexical forms. In: Timothy Shopen (ed.), *Language Typology and Syntactic Description*, vol. 3: 57-149. Cambridge: Cambridge University Press.

Talmy, Leonard. 1988. The relation of grammar to cognition. In: Brygida Rudzka-Ostyn (ed.), *Topics in Cognitive Linguistics,* 165-205 (Current Issues in Linguistic Theory 50). Amsterdam: John Benjamins.

Taylor, John R. 1989. *Linguistic Categorization. Prototypes in Linguistic Theory.* Oxford: Clarendon Press.

Traugott, Elizabeth Closs. 1978. On the expression of spatio-temporal relations. Joseph H. Greenberg, Charles A. Ferguson & Edith Moravcsik (eds.), *Universals of Human Language* 4 vols., vol. 3: 369-400. Stanford: Stanford University Press.

Traugott, Elizabeth Closs. 1980. Meaning-change in the development of grammatical markers. *Language Sciences* 2: 44-61.

Traugott, Elizabeth Closs. 1982. From propositional to textual and expressive meanings: Some semantic-pragmatic aspects of grammaticalization. In: Winfred P. Lehmann & Yakov Malkiel (eds.), *Directions for Historical Linguistics: a Symposium,* 245-271. Austin: University of Texas Press.

Traugott, Elizabeth Closs. 1985. Conditional markers. In: John Haiman (ed.), *Iconicity in Syntax: Proceedings of a Symposium on Iconicity in Syntax, Stanford, June 24-26, 1983,* 289-307. Amsterdam: John Benjamins.

Traugott, Elizabeth Closs. 1986. On the origins of *and* and *but* connectives in English. *Studies in Language* 10.1: 137-150.

Traugott, Elizabeth Closs. 1988. Pragmatic strengthening and grammaticalization. *Berkeley Linguistics Society* 14: 406-416.

Traugott, Elizabeth Closs. 1989. On the rise of epistemic meanings in English: an example of subjectification in semantic change. *Language* 65: 31-55.

Traugott, Elizabeth Closs. 1995. The role of the development of discourse markers in a theory of grammaticalization. Paper presented at the 12th International Conference on Historical Linguistics, Manchester, August

13-18, 1995.

Traugott, Elizabeth Closs. 1997. The discourse connective 'after all': A historical pragmatic account. Paper presented at the 16th International Congress of Linguistics, Paris, July 1997.

Traugott, Elizabeth Closs. 2003. From subjectification to intersubjectification. In: Raymond Hickey (ed.), *Motives for Language Change*, 124–139. Cambridge: Cambridge University Press.

Traugott, Elizabeth Closs. 2008. Grammaticalization, constructions and the incremental development of language. Suggestions from the development of degree modifiers in English. In: Regine Eckardt, Gerhard Jager & Tonjes Veenstra (eds.), *Variation, Selection, Development: Probing the Evolutionary Model of Language Change*, 219-250. Berlin: Mouton de Gruyter.

Traugott, Elizabeth Closs. 2010. (Inter)subjectivity and (inter)subjectification: A reassessment. In: Kristin Davidse, Lieven Vandelanotte & Hubert Cuyckens (eds.), *Subjectification, Intersubjectification and Grammaticalization*, 29–71. Berlin: Mouton De Gruyter.

Traugott, Elizabeth Closs. 2011. Legitimate counterexamples to unidirectionality. Paper presented at Freiburg University, October 17, 2001.

Traugott, Elizabeth Closs & Richard B. Dasher. 2002. *Regularity in Semantic Change.* Cambridge: Cambridge University Press.

Traugott, Elizabeth Closs & Bernd Heine (eds.). 1991a: *Approaches to Grammaticalization.* 2 vols. (Typological Studies in Language 19). Amsterdam: John Benjamins.

Traugott, Elizabeth Closs & Bernd Heine. 1991b. Introduction. In: Elizabeth Closs Traugott & Bernd Heine (eds.), *Approaches to Grammaticalization.* 2 vols., vol. 1: 1-14 (Typological Studies in Language 19).

Amsterdam: John Benjamins.

Traugott, Elizabeth Closs & Ekkehard König. 1991. The semantics-pragmatics of grammaticalization revisited. In: Elizabeth Closs Traugott & Bernd Heine (eds.), *Approaches to Grammaticalization.* 2 vols., vol. 1: 189-218 (Typological Studies in Language 19). Amsterdam: John Benjamins.

Traugott, Elizabeth Closs, Rebecca Labrum & Susan Shepherd (eds.). 1980. *Papers from the 4th International Conference on Historical Linguistics* (Amsterdam Studies in the Theory and History of Linguistic Science 14). Amsterdam: John Benjamins.

Traugott, Elizabeth Closs & Graeme Trousdale 2010. *Gradience, gradualness and grammaticalization.* Amsterdam: John Benjamins.

Traugott, Elizabeth Closs & Graeme Trousdale. 2013. *Constructionalization and Constructional Changes.* Oxford: Oxford University Press.

Traugott, Elizabeth Closs & Graeme Trousdale. 2014. Contentful constructionalization. *Journal of Historical Linguistics* 4.2: 256-283.

Trousdale, Graeme. 2008. Constructions in grammaticalization and lexicalization: Evidence from the history of a composite predicate construction in English. In: Graeme Trousdale & Nikolas Gisborne (eds.), *Constructional Approaches to English Grammar,* 33-67. Berlin: Mouton de Gruyter.

Trousdale, Graeme. 2010. Issues in constructional approaches to grammaticalization in English. In: Katerina Stathi, Elke Gehweiler & Ekkehard König (eds.), *Grammaticalization. Current Views and Issues,* 51-72. Amsterdam: John Benjamins.

Tucker, Archibald N. 1940. *The Eastern Sudanic Languages.* vol. 1. Oxford: Oxford University Press.

Vincent, Nigel & Martin Harris (eds.). 1982. *Studies in the Romance Verb.* London: Croom Helm.

Viti, Carlotta. 2015. On degrammaticalization: Controversial points and possible explanations: *Folia Linguistica* 49.2: 381-419.

Vorbichler, Anton. 1971. *Die Sprache der Mamvu* (Afrikanistische Forschungen 5). Glückstadt: J. J. Augustin.

Waltereit, Richard. 2006. The rise of discourse markers in Italian: A specific type of language change. In: Kerstin Fischer (ed.), *Approaches to Discourse Particles,* 61-67. Oxford: Elsevier.

Ward, Ida C. 1952. *An Introduction to the Yoruba Language.* Cambridge: W. Heffer.

Werner, Otmar. 1986. Neuere schwedische Modalverben und ihre deutsche Entsprechungen. In: Hans-Peter Naumann, Mitwirkung von Magnus von Platen & Stefan Sonderegger (eds.), *Festschrift für Oskar Bandle Zum 60. Geburtstag am 11, Januar 1986,* 89-106 (Beiträge zur Nordischen Philologie 15). Basel: Helbing & Lichtenhahn.

Whitney, William Dwight. 1875. *The Life and Growth of Language: An Outline of Linguistic Science.* Reprint. New York: Dover.

Willet, Thomas. 1988. A cross-linguistic survey of the grammaticalization of evidentiality. *Studies in Language* 12.1: 51-97.

Wischer, Ilse, 2000. Grammaticalization versus lexicalization: 'Methinks' there is some confusion. In: Olga Fischer, Anette Rosenbach & Dieter Stein (eds.), *Pathways of Change: Grammaticalization in English,* 355-370. Amsterdam: John Benjamins.

Wittgenstein, Ludwig. 1953. *Philosophical Investigations.* New York: Macmillan.

Wüllner, Franz. 1831. *Über Ursprung und Urbedeutung der Sprachlichen*

Formen. Münster: Theissingsche Buchhandlung.

Zheng, Dian & Meiqiao Mai (鄭奠 & 麥梅翹). 1964. *Guhanyuyufaxueziliaohui-bian* (古漢語語法學資料彙編) Beijing: Zhonghuashuju (中華書局)

Zipf, George Kingsley. 1935. *The Psycho-Biology of Language*. Cambridge: Houghton Mifflin.

■ 주제별 색인